ANALECTA
DIVIONENSIA

ANALECTA DIVIONENSIA

DOCUMENTS

INÉDITS POUR SERVIR

A L'HISTOIRE DE FRANCE

ET PARTICULIÈREMENT A CELLE

DE BOURGOGNE

TIRÉS DES ARCHIVES ET DE LA BIBLIOTHÈQUE DE DIJON

DIJON
J.-E. RABUTOT, IMPRIMEUR-ÉDITEUR.

MDCCCLXIV

JOURNAL
DE
GABRIEL BREUNOT

CONSEILLER AU PARLEMENT DE DIJON

PRÉCÉDÉ DU

LIVRE DE SOUVENANCE DE PEPIN

CHANOINE DE LA SAINTE-CHAPELLE DE CETTE VILLE

PUBLIÉ POUR LA PREMIÈRE FOIS PAR

JOSEPH GARNIER

Conservateur des Archives du département de la Côte-d'Or
et de l'ancienne province de Bourgogne,
Membre de l'Académie des Sciences, Arts et Belles-Lettres de Dijon.

TOME TROISIÈME

SOMMAIRE

JOURNAL DE BREUNOT

(QUATRIÈME PARTIE.)

1595. — Juillet-Décembre.

Nomenclature des Présidents et conseillers du Parlement, p. 1. — Procession de la Sainte-Hostie à laquelle le Roi assiste, p. 5. — Prise de Champlitte. Négociations avec les Suisses, p. 7. — Négociations avec Mayenne. Départ du Roi. Enregistrement des provisions de Biron comme gouverneur de Bourgogne, p. 8. — Edits soumis à l'enregistrement. Mort de M. du Magny, p. 9. — Représailles de Lavisey contre le Président d'Esbarres. Réouverture des audiences. Visite du chancelier au Château. Vente des meubles du conseiller Valon. Registres du Parlement bâtonnés. Vérification d'Edits ordonnée par le Roi, p. 10. — Commission pour faire payer les gages. Le Parlement mandé au Conseil d'Etat. Colloque avec le chancelier pour les gages, p. 11. — Demande du chancelier à la Cour. Il visite Talant. Vérification de l'Edit des rentes. Rétablissement de l'huissier Mangonneau. Procès Lebelin et Leblanc, p. 12. — Provisions de conseiller du fils Baillet. Observations sur l'Edit des rentes. Concussions commises par les officiers de l'évêque de Langres, p. 13. — Arrêt pour les regains. Edit du petit scel. Restitution des meubles des absents. Lettres d'abolition du vicomte de Tavanes. Enquête sur le fils Baillet. Arrivée du Roi et de Gabrielle d'Estrées. Demandes du Roi aux gens du Comté, p. 14. — Assemblée pour le collège. Loi donnée à M. de la Berchère. Ajournement du rapport sur les provisions de nouveaux conseillers et les gages des Présidents. Réception du sergent Léger et de l'huissier Prinstet, p. 15. — Breunot délégué pour poursuivre la confirmation des articles promis par Biron. Réception de Legoux de la Berchère. Remontrances sur les ravages commis par les troupes. Suppression des confréries. Obligation de prier pour le Roi. Réception d'un conseiller du Parlement de Bordeaux,

p. 16. — Rétablissement de la police. Expulsion des Minimes. Réparation des brèches. Inventaire des biens des Jésuites. Suppression des confréries. Prières pour le Roi, p. 17. — Obsèques de Henri III. Edit des tabellions et des conseillers. Réception de M. de Cypierre, p. 18. — Opposition à la création d'un siége présidial à Chalon. Erection du bailliage de Louhans. Obsèques de Henri III, p. 19. — Préséance entre les huissiers de la Cour. Provisions de Berbisey nommé conseiller. Rétablissement du lieutenant Béranger. Députation pour la réparation des brèches, p. 20. — Rapport sur les Edits des présentations et du petit scel. Mesures de sûreté générale pour la conservation de la ville, p. 21. — Tavanes présente son serment de fidélité. Réclamation des gens du Roi pour leur parquet. Expulsion des principaux Ligueurs, p. 22. — Mort de Mme Fleutelot. Communication de M. de Bonchamp, général des Monnoies, p. 23. — Accusation infâme portée contre M. et Mme de Brion. Rescriptions pour les gages. Réprimande au procureur Jachiet. Procession pour le succès des armes du Roi. Refus des Carmes de prier pour le Roi. Garde aux portes, p. 24. — Réception du procureur Marc. Mort du maire Fleutetot. Mesures de sûreté réclamées à cet effet par le Président Fremiot, p. 25. — Opposition de la mairie à l'arrêt du Parlement, p. 26. — Montholon demande que la Cour intervienne pour faire élargir son fils arrêté en Franche-Comté. Débats entre la Cour et la mairie au sujet de la garde des clefs de la ville, p. 27. — Allocution du Président Fremiot, p. 28. — Il est nommé garde des Evangiles. Obsèques du maire. Observations sur la date de cette mort, p. 30. — Procès contre M. et Mme de Brion. Opposition de la Cour aux lettres de dons. Assassinat du capitaine La Perle. Publication de la trêve avec Mayenne, p. 32. — Mort et obsèques de Vaugrenant. Biron marche au secours de Jonvelle, p. 32. — Henri de Mayenne repoussé de Seurre. Combat de Jussey. Arrivée de Villeroy, Senecey et Bernard. Départ de Villeroy. Retour de Biron. Prise de Cambray, p. 33. — Breunot exclu de la chambre des vacations. Paiement des gages et union avec la Chambre des Comptes, p. 34. — Députation de la Cour à Biron, p. 36. — Altercation entre Saumaise et Milletot. Promesse de la Chambre des Comptes de garder la société. Réclamation de la Cour sur les infractions à la neutralité avec le Comté de Bourgogne, p. 37. — Dénonciation d'Etienne Bernard faite par le procureur général, p. 38. — Arrestation d'Etienne Bernard, p. 39. — Instruction du procès, p. 40. — Il est réclamé par Mayenne et élargi sous caution par ordre de Biron, p. 42. — Visite de Mme Bernard au Président de Montholon. Rentrée du Parlement. Mort de Mme Breunot, p. 43. — Allocution du premier Président et de l'avocat général Legouz.

Préséance entre les gens du Roi. Mercuriales aux huissiers et aux officiers des bailliages, p. 44. — Coffres du grenetier Fèvre forcés par les soldats, p. 45. — Ajournement de la réception des conseillers de Souvert et de Chaudon, p. 45. — Poursuite contre les capitaines des places pour leurs exactions. Domicile des gentilhommes. Elargissement d'Et. Bernard. Commission pour réviser les registres du temps de la Ligue. Discours de Millotet. Dénonciation par la Chambre des Comptes de l'effraction des coffres du grenetier Gobin de Requeleyne par les soldats du Château. Poursuite de la Cour, p. 48. — Débats pour la réception des avocats. Querelle entre de Requeleyne et le Président Fremiot. Députation au maréchal de Biron, p. 49. — Présentation du fils Baillet. Opposition de la ville de Beaune à la commission de Le Compasseur, p. 50. — Avis donné par le Roi de son absolution par le pape, p. 51. — Réception du fils Baillet comme conseiller. Procession à l'occasion de l'absolution du Roi, p. 52. — Séance de Biron à la Cour. Il demande la réception d'un ou deux des pourvus d'office. Loi donnée à Berbisey. Mort du conseiller de Maillerois, p. 53. — Réception du conseiller Berbisey. M. Bretagne admis comme conseiller laïc. Débat entre les avocats Fevret et Richard. Décision touchant les nouveaux offices, p. 54. — Présentation de M. Giroux. Suppression dans les registres des juridictions du ressort de tout ce qui était contraire au service du Roi. Affaire des gages. Plaintes du Parlement de Dôle sur l'inexécution du traité de neutralité, p. 55.

1596.

Débat pour la préséance entre MM. de Ragny et de Varennes-Nagu, p. 56. — Nomination de Senecey comme lieutenant général en Bourgogne. Retraite du conseiller Morin, démissionnaire en faveur de B. Giroux. Décision touchant les dettes de la Cour. Collation des bénéfices accordés au Saint-Siége, p. 57. — Opposition de Tavanes à l'enregistrement des lettres de nomination de Senecey. Gages. Blâme au procureur général, p. 58. — Partage au sujet du débat entre Tavanes et Senecey. Suppression des taxes établies sur la Saône. Rapport sur l'édit des notaires, p. 59. — Règlement pour le jugement des procès portés devant les deux Parlements. Procès criminel intenté par les Souvert contre Giroux. Ajournement de la vérification des lettres de provision de l'office de conseiller accordé au sieur de Souvert. Refus d'enregistrement d'une imposition sur le vin et les denrées, p. 60. — Entrée au Palais accordée au fils Brulart nommé maître des requêtes. Arrangement du débat Giroux et Souvert, p. 61. — Enregistrement des lettres de confirmation des priviléges de la ville de Dijon. Le Parlement demande la révocation de tous les dons faits par le Roi. Dettes du Parlement, p. 62. — Rapport des députés envoyés vers le capitaine La Fortune pour traiter, p. 63. — Loi donnée à B. Giroux. Décision prise pour la réception des membres de la Cour. Réception de Giroux. La Chambre des requêtes admise à participer aux épices, p. 64. — Réception de M. de Senecey, lieutenant général. Cotisation pour le curage des cours de Renne et de Suzon, p. 65. — Autre pour le soulagement des pauvres. Réception d'un conseiller au Parlement de Dôle venant faire plainte sur les infractions à la neutralité, p. 66. — Récriminations de celui de Dijon à ce sujet, p. 67. — Procession pour le Roi. Approbation du traité de neutralité entre les deux Bourgognes, p. 68. — Assignation donnée par M. de Brion à des membres du Parlement. Enregistrement de l'édit des notaires. Poursuite pour le paiement des gages, p. 69. — Réunion de la Bresse au Parlement de Dijon. Présentation du fils Tisserand. Conférences avec Biron pour la neutralité entre les deux Bourgognes, p. 70. — Poursuite des gages. Règlement pour la nourriture des pauvres. Loi donnée au fils Tisserand. Plaintes au maréchal de Biron sur la prise du bétail par les gens de guerre, p. 72. — Réception du fils Tisserand comme conseiller. Plaintes sur les gages. Cotisation pour les pauvres. Enregistrement de l'octroi sur le vin et le fer accordé à la ville de Dijon, p. 73. — Procession pour la réduction de la ville. Décri des Monnoies, p. 74. — Présentation de l'accord entre le Roi et Mayenne. Présentation de M. Gallois. Règlement sur les Monnoies, p. 75. — Enregistrement de l'accord de Mayenne, p. 76. — Vérification de la pancarte. Articles de l'accord de Mayenne communiqués au procureur du Roi à Chalon. Déclaration obtenue par Senecey au sujet de sa réception, p. 77. — Subside sur le vin et le fer. Biron demande main-levée des arrêts sur les cotes et les octrois de Saône, p. 78. — Fremiot réélu maire de Dijon. Séance de Biron au Parlement. Ses plaintes contre les Etats, p. 79. — Poursuite contre des voleurs. Défense aux grenetiers de payer les mandements de l'Epague. Députation au maréchal. Présentation de Sayve, de Gallois. Ajournement de la vérification de nouvelles provisions d'office, p. 81. — Enquête sur Sayve. Séance du maréchal de Biron au Parlement avant son départ, p. 82. — Loi donnée à Sayve et à Gallois. Poursuite pour les gages. Réception de MM. Sayve et Gallois dans l'office de conseiller. Provisions du même office obtenues par MM. de Souvert et Vignier, p. 83. — Emeute à Dijon à l'occasion des violences commises à Chenôve par les soldats, p. 84. — Violences de ces soldats à Dijon, p. 85. — Cessation du Parlement à cause de la peste. Réception du conseiller Vignier. Serment de fidélité des habitants de Chalon. Le Président Fremiot convoqué à l'assemblée des Notables, p. 88. — Rentrée du Parlement. Rentrée du Président Jeannin au Parlement. Serment de fidélité prêté par Lartusie. Parlement cotisé pour les pauvres, p. 89.

1597.

Réception de M. de Châtillon comme bailli d'Autun. Crainte du Parlement de Dôle au sujet d'un bruit de l'invasion du Comté de Bourgogne. Brigands cantonnés à Selongey. Réception du conseiller Berbisey comme Président, p. 89. — Procession aux Carmes. Réception du conseiller Bretagne. Infraction à la neutralité des deux Bourgognes. Mesures proposées par le maire pour le soulagement des pauvres et les soins à donner aux pestiférés, p. 90. — Ordonnances qu'il publie à ce sujet, p. 91. — Réception d'Et. Bernard nommé lieutenant général au bailliage de Chalon. Election de Requeleyne comme maire de Dijon. Réception du conseiller Bossuet. Réduction des offices accordés par le traité de Folembray. Réception de M. de Souvert comme conseiller, p. 98. — Autre de M. Clermont-Tonnerre comme lieutenant général en Auxois. Refus de la mairie de Dijon de contribuer au démantèlement de Talant. Réception de Fr. de Nagu comme chevalier d'honneur. Avis donné aux villes voisines sur les déportements du capitaine La Fortune, p. 99. — Vendanges gardées par les soldats. Mort du maire de Requeleyne. Ses obsèques, p. 100. — Nouveaux refus de la mairie au sujet de Talant. La Fortune lui demande de l'argent. Rentrée du Parlement. Députation envoyée en Cour pour faire décharger la province des garnisons qui l'accablent. La mairie dénonce au chancelier les projets du Parlement contre les priviléges de la ville, p. 101. — Réception de H. de Bauffremont comme bailli de Chalon, de M. de Poligny comme conseiller, et de L. de la Madeleine comme bailli d'Auxois. Enregistrement de l'arrêt d'absolution de la princesse de Condé. Honneurs de la séance accordés à deux conseillers au Parlement de Paris. Refus réitérés de la mairie au sujet de Talant. Décision sur les gages, p. 102.

1598.

Mort de la conseillère Morin. Rapport du procureur général sur ses négociations en Cour. Assemblée pour l'affaire des prisonniers de La Fortune, p. 103. — Etat fourni par les Etats pour le paiement des dettes du pays. Placards séditieux affichés à la porte du Palais, p. 104. — Négociations pour la libération des prisonniers de La Fortune. Réception du grand-prieur de Champagne comme conseiller d'Etat, p. 105. Placards injurieux affichés devant le Palais. Plainte contre les garnisons, p. 106. — Poursuite pour la réception du sieur de Chaudon. Arrestation du receveur de Seurre. Pension de Mlle Berbisey, religieuse. Arrêt sur les dettes du pays. Ajournement d'une requête touchant les Minimes. Séance de l'évêque d'Autun au Parlement, p. 107. — Défense au sieur d'Amboise d'exécuter ses commissions sans l'attaché de la Cour. Réception d'une députation des Etats de Franche-Comté, p. 108. — Retour du maréchal de Biron, p. 109. — Il vient au Parlement faire ses propositions pour le soulagement de la province. M. d'Autun au Parlement, p. 110. — Nouvelle visite de Biron à la Cour au sujet des garnisons. Préséance entre MM. de Mercey et de Ragny, p. 111. — Aliénation des châtellenies de Rouvres, Argilly et Pontailler. Départ de Biron, p. 112. — Enquête sur M. de Chaudon. Poursuite pour le paiement des gages. Articles arrêtés entre le maréchal et les élus, p. 113. — Biron annonce la capitulation de Seurre dont il s'est porté garant. Il se fait donner le montant des gages de la Cour pour ses avances, p. 114. — Départ de Biron. Mort du conseiller Baillet père. *Te Deum* pour la paix de Vervins, p. 115. — Dénonciation à la Cour des brigues tenues pour la mairie de Dijon. Débats à ce sujet avec la Chambre de ville, p. 116. — Poursuite de l'avocat général Millotet contre B. Coussin, p. 117. — Conciliabules des partis tenus dans les maisons particulières. Abus d'autorité commis par le maire et par Millotet, p. 119. — Millotet aigrement blâmé par la Cour. Réception d'un conseiller au Parlement de Dôle, p. 121. — Ses plaintes sur les infractions à la neutralité. Plainte du baron de Lux contre les élus. Assassinat de Mme de Juilly par son beau-père. Paiement des gages du Parlement, p. 123. — Débats au sujet des augmentations obtenues par des membres de la Cour. Députation du conseiller Robelin en Cour. Enquête sur un attentat commis sur La Fortune, p. 124. — Plaintes formées par des officiers de La Fortune. Son évacuation de Seurre, p. 125. — Saisie de ses deniers par les Suisses. Débats avec la Chambre des Comptes au sujet de la connaissance de certaines causes, p. 126. — Prêche établi à Autun. Députation envoyée en Cour au sujet de l'édit sur les protestants, p. 127. — Réplique de Breunot à Montholon. Nomination des syndics. Recherche des faux sauniers. Procession des paroissiens de Saint-Pierre à Saint-Claude. Entrée du cardinal de Médicis, légat du pape, p. 128. — Passage du général des Cordeliers.

Opposition de la Cour au paiement des augmentations de gages, p. 131. — Rentrée du Parlement. Réception d'avocats. Allocution du premier Président, p. 132. — Mercuriale aux huissiers et aux magistrats du ressort, p. 133. — Assignations pour les gages du Parlement. Poursuites contre les sergents, p. 134. — Aliénation des châtellenies de Rouvres, Argilly et Pontailler. Arrêt rendu concernant la capitulation de Noyers avec le baron de Vitteaux, p. 135. — Poursuite contre les sergents, p. 136.

1599.

Règlement pour la gabelle, p. 137. — Poursuites contre les faux sauniers. Plaintes au sujet des gages, p. 138. — Ordres du maréchal de Biron pour le démantèlement de Talant et de Noyers. Révision de l'état des gages. Débats entre les présidents de Crepy et de Montholon pour leur séance. Autorisation aux habitants de Selongey de porter des armes à feu. Ordre aux louvetiers de chasser les loups. Condamnés aux galères transportés au Canada, p. 140. — Suite du débat entre les présidents, p. 141. — Nouvelle taxe du commissaire demandée par le président d'Esbarres. Déficit dans la caisse du receveur pour le paiement des gages. Présentation du fils Berbis. Ajournement des édits sur le Canada et les cabaretiers. Envoi de l'état des gages au maréchal de Biron. Lettres d'abolition obtenues par le baron de Vitteaux. Plaintes du président de Montholon contre le président d'Esbarres, p. 142. Présentation de Fremiot fils. Enregistrement de l'octroi sur le blé obtenu par la ville de Dijon, p. 144. — Réception du fils Fremiot comme conseiller. Présentation de M. Berbis et de M. Massot. Mort de Fyot l'aîné, p. 141. — Ses obsèques. Opposition du vicomte de Tavanes et des Etats de Bourgogne à l'enregistrement des lettres de doublement du petit scel. Requête pour le rétablissement des Minimes, p. 146. — Députation du Parlement à la Cour pour le paiement des gages. Rapport sur les provisions du conseiller Berbis, p. 147. — Refus d'autorisation des blanques. Désintéressement de Fremiot et Picardet. Règlement sur les chevaliers de la Cour. Obligation aux conseillers nouvellement reçus de faire faire le fonds de leurs gages, p. 148. — Difficulté soulevée par le receveur général des finances. Demande de modifier la forme de l'élection du maire. Gages. Procès de M. de Lenty contre la greffière de Mauvilly, p. 149. — Commission pour la forme de l'élection du maire. Opposition de M. Valon à la réception de Berbis, son cessionnaire, p. 150. — Projet de diminuer le nombre des échevins. Renvoi de l'affaire des Minimes. Arrêt touchant l'élection du maire. Opposition de la Chambre de ville, p. 153. — Réception de M. Massol. Protestation de la Chambre de ville contre l'arrêt. Ajournement de l'affaire des Minimes. Dénonciation en Cour des menées de la Chambre de ville contre l'arrêt, p. 154. — Le conseiller Milletot chargé d'en porter les lettres. Procession pour la réduction de la ville. Présentation de l'édit de Nantes à l'enregistrement du Parlement, p. 155. — Procession de la Sainte-Hostie, à laquelle Biron assiste. Préséance du solliciteur des affaires du Roi, p. 157. — Députation des Etats du duché pour demander le refus de l'enregistrement de l'édit de Nantes et le rappel des Jésuites, p. 158. — Affaire du solliciteur des affaires du Roi. Milletot rend compte de son voyage en Cour et de son entrevue avec le Roi. Moyen terme proposé par la Cour dans le débat pour la mairie, p. 160. — Opposition du Parlement à l'exécution d'une commission royale pour la réformation des hôpitaux, p. 162. — Question des gages du Parlement portée aux cahiers des Etats. Observations faites près de Volay, conseiller d'Etat chargé de présenter l'édit de Nantes, p. 163. — Arrêt qui enjoint aux députés de la noblesse de nommer un autre élu que M. Picardet, procureur général. Invitation de la mairie au Parlement de députer à l'élection du maire, p. 164. — Défense de Biron de publier les arrêts du Parlement touchant l'élection du maire, p. 165. — Démarches de la Cour à ce sujet. Violence de langage de Biron, p. 166-168. — Il refuse de faire exécuter les arrêts. Bon mot d'un vigneron sur le Parlement. Le baron de Lux s'interpose dans le débat, p. 169. — Ordonnance de Biron défendant d'obéir aux arrêts de la Cour, p. 170. — Blâme infligé par le Parlement au garde des Evangiles et au procureur-syndic. Biron défend aux habitants de s'assembler pour l'élection, p. 172. — Récusation insolente de l'antique maire Coussin contre la Cour, p. 173. — M. de Volay prend congé de la Cour. Biron demande excuse au Parlement. Recherche des faux sauniers. Coussin déchu de ses récusations, p. 174. — Biron mécontent de cette décision. Sommation de M. de Volay à la cour de lui faire connaître ce qu'il doit rapporter au Roi touchant l'édit de Nantes. Loi donné à Berbis, p. 175. — Réception du conseiller Berbis. Défense faite par Biron aux officiers du bailliage d'exercer la justice municipale, p. 176. — Elle est annulée par le Parlement, p. 177. — Lettres et évocations au Grand-Conseil obtenues par les héritiers de M. de Chabot-Charny. Réception de Berbisey comme substitut du procureur général. Réception des lettres du Roi touchant la forme de l'élection du maire, p. 178. — Conférence avec M. de Lux pour Biron à ce sujet, p. 176. — Nouvelles excuses faites par Biron, mais sous condition, p. 180. — Il promet de travailler au rétablissement des

Jésuites et au paiement des gages de la Cour. Néanmoins il vide les coffres avant son départ, p. 181. — Plaintes qu'en fait le Parlement au Roi. Péage établi à Pouilly-sur-Saône. Présentation de M. Jaquot, p. 182. — Péage de Pouilly. Enquête sur les abus des sergents. Lettres pour la levée des confirmations. Paiement des gages. Chambre des vacations, p. 183. — Chambre des pauvres. Ajournement de l'affaire de l'élection du maire. Expulsion des Jésuites qui étaient rentrés à Dijon, p. 184. — Opposition de la Cour à l'exécution des lettres touchant l'élection du maire, à cause des clauses insolentes qui y sont contenues. Opposition de la Cour à la translation du bureau des finances à Autun, p. 185. — Mort du président d'Esbarres. Arrêt pour l'élection du maire. Rentrée du Parlement, p. 187. — Réception du conseiller Berbisey comme président, p. 188. — Lettres d'abolition du vingtième. Autres obtenues par les capitaines du Roi. Ajournement de la réception de Jaquot. Réception du président Berbisey. Examen de l'édit de Nantes, p. 189. — Emprisonnement d'un habitant par les gens du château. Retour du président Fremiot, p. 190. — affaire du prisonnier retenu par Biron. Le Parlement en appelle en Cour. Dispute entre Gagne et Legouz de Vellepesle, p. 191.

1600.

Examen de l'édit de Nantes. Le président Fremyot insulté par le grand-prieur de Champagne, p. 192. — Ce dernier est arrêté, p. 193. — Continuation de l'examen de l'édit de Nantes. Sentence contre le grand-prieur. Procès-verbaux de la visite des hôpitaux, p. 194. — Evocation de M. Sayve. Réception d'un conseiller du Parlement de Dôle envoyé touchant la neutralité, p. 195. — Présentation de Pierre d'Esbarres. Députation nommée pour aller saluer le duc de Savoie à son passage. Modération de la composition des places de Bourgogne rendues au Roi, p. 196. — Vingtième. Lois baillées aux conseillers présentés, Jaquot et d'Esbarres. Mort du conseiller Millière, p. 197. — Bouhier débouté de sa prétention de le remplacer. Réception de P. d'Esbarres. Arrivée du duc de Savoie, p. 198. — Dispute entre Massol et le fils de Xaintonge, p. 199. — Réception de Jaquot. Réception des commissaires envoyés par le Roi pour l'enregistrement de l'édit de Nantes, p. 203. — Dispute entre les conseillers Giroux et Gallois, p. 204. — Plainte sur les gages. Rejet de l'établissement d'une chambre mi-partie. Edit touchant la gabelle, p. 205. — Evocation au Conseil de l'affaire du grand-prieur. Message du baron de Lux au Parlement, p. 206. — Octroi sur les boulangers. Plainte par la Chambre des Comptes des entreprises du Parlement sur son autorité. Vérification de l'édit sur les postes, p. 207. — Abolition pour démolitions de places. Procession pour la réduction de la ville. Poursuite de la famille de M. le baron de Thenissey contre M. de Chevigny, son meurtrier, p. 208. — Coupes de bois données à M. de Montmoyen. Justice ecclésiastique établie à Lyon. Visite des hôpitaux. Règlement des comptes d'octroi. Tentative d'empoisonnement sur la personne du Roi, p. 209. — Procession à ce sujet. Recherche des faux sauniers, p. 210. — Comptes des communautés. Règlement des taxes de la chancellerie et sur ses défauts, p. 211. — Conférence avec la chambre des Comptes pour les gages. Coupes de bois accordées à M. de Montmoyen. Nomination des syndics, p. 212. — Députation en Cour. Guerre avec la Savoie. Plaintes du Parlement à celui de Dôle pour la violation de la neutralité, p. 213. — Rentrée du Parlement. Discours de l'avocat général Legouz. Retour de Biron. Paiement des gages, p. 215.

1601.

Députation envoyée à Lyon pour saluer le Roi. Maladie de Breunot, p. 216. — Rétablissement du grand-prieur dans ses entrées au Parlement. Vérification de l'édit pour le déssèchement des marais. Démarches de la Cour pour la réunion de la Bresse à la Bourgogne. Rétablissement du grand-prieur. Retour de la députation envoyée au Roi, p. 217. — Réinstallation du grand-prieur. Etats du duché invités à solliciter la réunion de la Bresse. Arrestation illégale d'un conseiller à la chambre des Comptes, p. 218. — Biron mécontent du Parlement. Paiement des gages. Grand-prieur, p. 219. — Paiement des gages. Débats avec la chambre des Comptes. Vérification de l'édit des lieutenants alternatifs des bailliages, p. 220. — Grand-prieur. Officiers du Parlement envoyés au chapitre général de Citeaux, p. 221. — Rapport des députés envoyés en Cour. Mort de Th. Berbisey, ancien procureur général. Procession à cause du mauvais temps. Vérification de l'édit des métiers, p. 222. — Présentation des lettres de grâce obtenues par M. de Varennes-Nagu pour le meurtre de M. de Parcours. Curage du cours de Suzon, p. 223. — Arrestation de M. de Varennes. Invitation au Parlement de déléguer pour le serment des officiers de justice de la Bresse, p. 224. — Réception de M. d'Uxelles, nommé gouverneur de Chalon. Jugement de l'affaire Varennes, p. 225. — Nomination des syndics et des membres de la Chambre des pauvres. Bon accueil fait à un conseiller par la cour de Grenoble. Erection d'un présidial à Bourg, p. 226. — Propos de M. Legouz pour le collège. Réjouissances à l'occasion de la naissance du Dauphin, p. 227. — Rentrée du Parlement, p. 229. — Entérinement des lettres de grâce de M. de Varennes. Règlement pour la liquidation des dettes des communes. Edit sur les cuirs, p. 229. — Edit sur les métiers. Arrivée de Biron, p. 230.

1602.

Départ de Biron, envoyé en ambassade en Suisse, p. 230. — Débats avec le Parlement de Dôle pour des officiers du Charollais. Pancarte obtenue par les Etats, p. 231. — Défense aux gens du comté de Bourgogne de tenir bénéfices en France. Présentation de M. de Montholon fils comme président, p. 232. — Conflit de juridiction avec la chambre des Comptes. Elections municipales de Nuits dirigées par Biron. Opposition du fils Brulart à la réception de Montholon, p. 233. — Séance présidée illégalement par Montholon père. Payeur des gages emprisonné par ordre de la chambre des Comptes. Plaintes de Fremiot contre M. de Souvert pour des calomnies proférées en pleine séance des Etats, p. 234. — Biron vient au Parlement et sollicite pour l'élection de Jacquinot comme maire, p. 235. — Affaire Fremiot. Arrivée du président Jeannin. Il résigne en faveur du fils Brulart. Enquête sur le fils Montholon, p. 236. — Enquête sur le fils Brulart. Affaire Fremiot et Souvert. Département des présidents. Réception du fils Brulart. Avis de l'arrestation de Biron, p. 237. — Mesures de sûreté arrêtées par le Parlement, p. 238. — Blocus du château. Arrivée du comte de Tavanes. Conférences entre le Parlement et le baron de Lux, p. 239. — Tavanes investi du commandement de la province. Les habitants de Talant se rendent maîtres de la place. Nouvelle entrevue avec le baron de Lux, p. 240. — Chevaux de Biron emmenés à Saulx-le-Duc. Autorisation à ceux du Château de venir en ville. Arrestation de M. des Alimes. Arrivée du marquis de Mirebeau, p. 241. — Départ de M. de Lux. Mesures contre le Château. M. de Lux à Saulx-le-Duc, p. 242. — Suspension de la justice. Disputes entre des membres de la Cour. Lettres du Roi et du baron de Lux au Parlement, p. 243. — Avis donné au Roi sur ces évènements. Entrevue du capitaine du Château et des syndics de la Cour. Le marquis de Mirebeau annonce le soulèvement des Beaunois contre leur château, p. 244. — Mesures de résistance prises par le baron de Lux. Bruits semés par les partisans de Biron, p. 245. — Election du maire. Saisie de la correspondance du baron de Lux avec les capitaines. Subvention faite au marquis. — Adhésion des villes de Bourgogne. Bruit sur d'Epernon. Promesse de Damville, p. 246. — Députation en Cour pour demander la démolition du Château. Prières publiques. Lettre de Lux à la Cour, p. 247. — On lui députe le président Fremiot. Nouvelles d'Autun. Election du maire Bichot, p. 248. — Rapport de la conférence de Fremiot avec le baron de Lux. Translation de Biron et du comte d'Auvergne à Paris. Avis de l'arrivée du maréchal de Lavardin, p. 249. — Convocation de l'arrière-ban. Réception des lettres du Roi, p. 250. — Nouvelle entrevue avec le baron de Lux. Opposition de Petit à l'élection de Bichot, p. 251. — Soumission du capitaine du château de Beaune. Délai demandé par le baron de Lux pour remettre ses places, p. 252. — Avis au Roi. Lettres du Roi. Arrivée du président Jeannin, p. 253. — Narration qu'il fait au Parlement de l'affaire de Biron, p. 254. — Lux lui promet la remise de ses places. Arrivée du maréchal de Lavardin. Le dauphin nommé gouverneur de Bourgogne. Reddition des châteaux de Dijon et Saulx-le-Duc, p. 255. — Troupes contremandées. Reddition de Beaune. Traité du baron de Lux. Retour des députés en cour, p. 256. — Ils annoncent que le Roi a fait arrêter la marche des troupes, afin que la province ne soit pas foulée, p. 257.

JOURNAL
DE
GABRIEL BREUNOT

QUATRIÈME PARTIE.

AU NOM DE DIEU

MÉMOIRE DE CE QUI S'EST PASSÉ

AU PARLEMENT

PUIS LE PREMIER DE JUILLET DE L'AN 1595, TOST APRÈS LA RÉDUCTION DU CHASTEAU DE CESTE VILLE EN L'OBÉISSANCE DU ROI

jusques au 5 juillet 1602

Noms et surnoms de Messieurs les Présidents et Conseillers estans de présent en ladite Cour selon l'ordre de leurs réceptions.

Messires Denis Brulart, premier président.
       Bernard Desbarres, second président (décédé le 18 octobre 1599.)
       Pierre Jeannin, tiers président, de présent à Soissons
       Bénigne Fremiot, quart président.
       Claude Bourgeois, cinquième président.
       Nicolas de Montholon, sixième président.

Chevaliers de la cour.

MM. le vicomte de Tavannes.
de Varennes-Nagut.

Conseillers.

MM. Claude Bretagne.
Pierre Colard.
Bénigne Tisserand.
Jérôme Saumaire.
Jean Fyot.
Robert Baillet.
François Briet.
Etienne Millet.
Louis Odebert.
Gui Catherine.
Jean Bouhier.
Jean de Maillerois.
Gabriel Breunot.
Jean Fyot puisné.
Jean Gaigne.
Jacques Valon. (Résigne à M. Berbis.)
Perpetuo Berbisey.
Bénigne Ocquidam.
Pierre Quarré, commissaire aux requestes.
Pierre Bouhier, id.
Jacques Bossuet, id.
Jean de Xaintonge, id.
Claude Caterin (1), id.

(1) Claude Catherine, conseiller du Roi, commissaire aux requêtes du palais, pourvu le 18 septembre 1580, et reçu le 7 décembre suivant.

MM. Bretaigne, commissaire aux requestes.
Estienne Bernardon.
Pierre de La Grange (1),
Jean Morin.
Joseph de Veson.
Claude Peto.
Pierre Boursault.
Bénigne Milletot.
— de Cirey.
Jacques Thomas.
Michel Millière.
Jean Quarré (2).
Vincent Robelin.
François Fyot-Barain.
Jean Folin.
François Blondeau (3).
Bénigne Saumaire (4).
Nicolas Chifflot. (Par arrêt du Conseil d'Estat, il a quitté ledit Estat, et est retourné estre avocat au bailliage d'Auxois à Semeur) (5).
Jacques Févret (6).

(1) Pierre de La Grange, seigneur de Villeberny et de Vaubusin, conseiller clerc, pourvu le 9 décembre 1577, reçu le 13 janvier 1581.

(2) Jean Quarré, seigneur de Château-Renaud, pourvu le 5 octobre 1587 sur la résignation de Nicolas Berbis, son oncle, et reçu le 24 février 1588. Il remplissait avant l'office de grand gruyer de Bourgogne.

(3) François Blondeau, seigneur de la Chassagne, Saigey, Lavault et Pussy, conseiller laïc et garde des sceaux de la chancellerie de Bourgogne, lieutenant central au bailliage d'Autun, frère du conseiller J. Blondeau, auquel il succéda par lettres du 26 juillet 1593, reçu à Semur le 11 décembre suivant.

(4) Bénigne Saumaise, seigneur de Tailly, Bouze et Saint-Loup, pourvu par lettres du 24 mars 1592, reçu à Semur le 11 août 1594.

(5) Nicole Chifflot, pourvu le 22 novembre 1594, et reçu à Semur le 7 décembre suivant.

(6) Jacques Févret, conseil des Etats de Bourgogne, reçu à Semur le 7 juin 1595.

[1595]

MM. Jacques Baillet (1).
Benoît Giroux (2).
Estienne Sayve (3).
Jean Galois (4).
Antoine Bretagne (5).
George de Souvert, commissaire aux requestes (6).
Guillaume Millière.
Jean de Poligny (7).
André Fremiot (8).
Jean Massot (9).
Philippe Berbis (10).

(1) Jacques Baillet, seigneur de Cressey, pourvu par lettres du 11 avril 1595, reçu le 9 décembre suivant.

(2) Benoît Giroux, chevalier, seigneur de Marigny, Hocle, Vessey et Corcassey, pourvu par lettres du 13 novembre 1595, reçu le 20 mars 1596. Le 20 septembre 1610, il fut promu à la dignité de président, et reçu le 9 décembre suivant.

(3) Etienne Sayve, seigneur de Vesvrotte, pourvu le 25 juin 1595, reçu le 16 juillet 1596.

(4) Jean Galois, seigneur de Perou, de Fontenan, du grand et du petit Taperey, pourvu le 27 mars 1596, reçu le 19 juillet suivant. Il mourut à Châlon en 1607.

(5) Antoine Bretagne, chevalier, baron de Loisy, conseiller d'Etat, fut d'abord pourvu de l'office de conseiller par lettres du 26 mars 1597, reçu le 12 août suivant; il fut nommé premier président du Parlement de Metz en 1633, lors de la création de cette Cour, et commis en celle de Dijon par lettres du 31 juillet 1637, en absence de Legoux de La Berchère, exilé à Saumur.

(6) Georges, seigneur de Souvert et de Chastain, reçu le 8 juillet 1597 dans l'office de conseiller-commissaire aux requêtes du palais. Il succéda au président Fremiot par lettres du 11 février 1611, reçu le 10 mars suivant.

(7) Jean de Poligny, seigneur de Drambon, pourvu le 11 avril 1597, reçu le 24 novembre suivant.

(8) André Fremiot, abbé de Saint-Etienne de Dijon, conseiller laïc, puis patriarche, archevêque de Bourges, conseiller d'Etat. Il fut pourvu au Parlement et reçu les 10 et 17 mars 1599. Il mourut à Paris le 13 mai 1641.

(9) Jean Massol, seigneur de Marcilly-les-Vitteaux, Precy et Menade, pourvu le 10 décembre 1598, reçu le 25 mai 1599.

(10) Philippe Berbis, seigneur de Dracy-Cromey, Grangy et Gissey,

Pierre Desbarres (1).
Jean Jacob (2).
Jean-Hiérosme Tisserant (3).
Claude Bretaigne (4).

Le premier juillet 1595, après la réduction du chasteau, l'on fit en cette ville une procession générale fort solennelle. Le Roi y assista avec fort grande dévotion, tous les ordres aussi. L'ordre fut tel, la Cour alla à la Sainte-Chapelle en corps et en robbes rouges. Estans à l'esglise, nous nous arrestâmes aux bancs devant l'autel Saint-Yves sans entrer au chœur. Cependant M. Berbisey et M. le procureur général furent trouver M. le chancelier au Logis-du-Roi pour scavoir de lui la place que nous devions prendre. Raportent que nous pouvions prendre place au chœur et laisser vuide de chacun cousté la moitié des siéges hauts. Nous prenons la place assignée. Le Roi arrive, se place au haut des siéges, deux siéges plus bas M. le connestable, M. le chancelier et autres grands seigneurs. M. de Langres fit l'office, l'on fait la procession, le Roi marche entre M. le connestable et M. le chancelier un peu plus avancé que lesdits seigneurs. Les autres seigneurs sur les aisles et autour du poesle. Immédia-

---

pourvu le 31 décembre 1598, reçu le 7 juillet 1599. Il résigna en 1646 étant doyen des conseillers.

(1) Pierre d'Esbarres, chevalier, seigneur de Ruffey et Echirey, succéda à Perpétuo Berbisey, son beau-frère, savoir : dans son office de conseiller par lettres du 23 octobre 1599, reçu le 7 mars 1600 ; dans sa charge de président les 9 février et 9 mars 1611. Il démissionna en 1642 en faveur de Bernard d'Esbarres, son fils, et mourut à Dijon le 13 février 1648.

(2) Jean Jacquot, conseiller-maître à la chambre des Comptes, pourvu de l'office de conseiller au Parlement par lettres du 16 mars 1599, reçu le 14 mars 1600.

(3) Jean-Jérôme Tisserand, seigneur de Beire, Trochère et Tailly, succéda à son père, Bénigne Tisserand, par lettres du 7 mars 1595, reçu le 18 mai 1596.

(4) Claude Bretagne, pourvu le 18 janvier 1601 de la charge de son père, et reçu le 13 août 1602. Il mourut en 1648.

tement après le corps du Parlement marcha sans aucune confusion. Plusieurs grands seigneurs s'estoient coulés à la suitte du Roi entre lui et le Parlement, mais M. le maistre des cérémonies, au sortir de l'esglise, les fit coster et marcher devant. Au retour, les siéges ayant esté occupés par plusieurs grands seigneurs, l'on les fait ôter jusqu'au milieu qui nous avoit esté assigné de part et d'autre (1).

(1) Voici maintenant la relation de cette cérémonie telle qu'elle a été consignée dans les registres de la chambre de ville :

Ce mesme jour (dernier de juing 1595) sur l'heure d'environ dix heures du matin, le sieur de Franchesse, capitaine du chasteau de ceste ville, a ruiné ladite place des grains, vins et armes y estans et meubles et en est sorty avec tous les soldats qui y estoient, suivant la capitulation, traicté et accord faict par le Roy avec luy et icelluy chasteau ainsy rendu vuide, Sa Majesté y est entrée, Monseigneur de Biron, maréchal de France, gouverneur de cette province, avec nombre de seigneurs et gentilzhommes. Pour raison de laquelle rédition d'icelluy chasteau, mis en l'obéissance de Sadite Majesté, a esté, sur les sept heures du soir, chanté le *Te Deum* en sa chapelle, par les chanoynes et chantres qui sont à la suitte de Sadite Majesté, où elle estoit présente et assistée de plusieurs grands seigneurs et gentilshommes.

De l'ordonnance et commandement de Sadite Majesté ledit jour a esté résolu par messieurs du clergé une procession générale estre faicte le lendemain, premier jour de juillet où la précieuse et sacrée Saincte-Hostie sera portée. A icelle assistera Sadicte Majesté avec sa noblesse, Messieurs de la cour du parlement en robe rouge, Messieurs de la Chambre des Comptes, Messieurs les maire et eschevins, faisant le corps de ladite ville, l'assemblée en ladite Sainte-Chapelle, sortant de laquelle elle passera devant la maison dudit seigneur Roy, par dessoubs la porte au Lyon du long de la Grand'Rue Nostre-Dame, où sera faicte une station. Delà en continuant le chemin par devant la maison de Monsieur le conseiller Baillet, celle de monsieur le président Fremiot où est logé ledit sieur maréchal de Biron, tirant le long de la rue pardevant le présent hostel de Ville en l'esglise Monsieur Sainct-Michel et d'icelle ressortant, sera pris la voye et chemin du cimetière Sainct-Médard pour rentrer à ladicte Sainte-Chapelle où sera célébré la messe, ce qui a esté publié par ladite ville à son de trompe avec injonction à tous les habitants des dites rues, chacun devant sa maison, nettoier pour les rendre nettes et de tapisser le devant d'icelles leur dites maisons à peyne de l'amande arbitrairement.

Ledit jour de landemain, premier jour du mois de juillet, a esté faicte ladite procession et l'ordre d'icelle a esté comme s'en suyt :

Premièrement, marchoient les mandiants revestus de chappes;

L'on apporte nouvelles que M. de Guise avec troupes s'estoit emparé de Champlitte, au Conté de Bourgogne. Le Roi est en volonté de partir ledit jour pour y aller. L'on tient qu'il a veillé toute la nuit.

Le second dudit mois l'on fut empesché à convertir les Suisses que l'on ne pouvoit persuader d'entrer au Conté pour faire la guerre.

après les marguillers des paroisses, portant chacung leurs petites banneroles.

Ensuite marchoient les prestres desdites paroisses, aussy revestus de chappes où estoient les croix de leurs esglises.

Après marchoient les religieux de Sainct-Estienne d'ung costé et d'autre de la rue; au milieu, deux petits corials dudit Sainct-Estienne, portans les chandeliers et cierges, un prestre portant le baston et la croix.

Trois autres prestres d'icelle esglise, diacre et soubs-diacre, revestus de tuniques, portans images, et le troisiesme revestu de chappe, portant la petite croix.

A la suitte, les religieux de Sainct-Bénigne, de mesme revestus de chappes, d'ung costé et d'aultre de la rue; au milieu, deux petits corials, portant chandelliers et cierges et ung aultre l'eaubénitier d'argent, trois prestres, deux revestus de tuniques, portans images et le troisiesme, revestu de chappe, portant la croix.

Après marchoient plusieurs gentilshommes, par monceau et confusément.

Ensuite le grand prévost de l'hostel du Roy, après les archiers à hocqueton, deux à deux d'un costé, et d'aultre de la rue avec leurs arquebuses.

Après ung coronel et des capitaines de Suisses et après eulx ung nombre de Suisses servans d'avant-garde du Roy, marchants trois à trois avec leurs hallebardes.

Ensuite marchoient les massiers de la Sainte-Chapelle du Roy à Dijon.

Après iceulx marchoient les chanoynes et chantres tant de ladite Saincte-Chapelle que ceulx qui sont à la suitte du Roy, lesquels chantoient et psalmodioient sans qu'il y eusse corials portans chandeliers et cierges, ny prestres portant la grand'croix de ladite Saincte-Chapelle. Petot, conseiller à la Cour, prevost d'icelle Saincte-Chapelle d'ung costé et d'aultre avec leurs surplis et au milieu d'eux estoit.

A la suite et tenant le milieu de la rue, marchoit ung prestre portant une grande crosse.

Après deux chanoynes de ladite Saincte-Chapelle, revestus de tuniques, portant des images, marchants par le milieu des rues et estants au devant du poisle soubz lequel la Sacrée-Hostie estoit.

[1595]

Le mesme jour, M. de Villers-Oudan, de la part de M. du Maine, arrive en ceste ville pour l'accord de M. du Maine. M. le président Legrand s'en va à M. du Maine avec ledit sieur Villers-Oudan. L'on dit que le Roi dit en prenant congé audit sieur Legrand, qu'il dit à M. du Maine qu'il l'auroit plutost ruiné que de composer avec lui, et qu'il ne lui ne coûteroit point plus aux conditions qu'il lui demandoit.

Le troisiesme dudit mois de juillet, le Roi part avec tout l'attirail pour aller au Conté.

Le mesme jour les Chambres sont assemblées sur la vérification des lettres de M. le maréchal de Biron, pour du gou-

A la suitte ledit poisle porté par quatre eschevins de ladite ville, deux anciens des retenus et deux des nouveaux esleus, soubz lequel poisle estoit la Saincte et Sacrée-Hostie, portée par deux chanoynes de la dite Saincte-Chapelle.

Au devant d'icelluy poisle, marchoient les sieurs marquis de Pizani et de Dinteville ayans leurs ordres par dessus leurs manteaux.

D'un costé et d'aultre dudit poisle, au milieu d'icelluy, marchoient les maréchaux de France, Biron, gouverneur de ceste province de Bourgogne, et de Brissac, portans leurs ordres par dessus leurs manteaux.

Après monsieur l'évesque de Langres, revestu d'une chappe, une mitre sur la teste et portant la petite croix, deux chapelains à sa suite, revestus de chappes.

A la suitte marchoient des prélats comme l'évesque de Châlon et autres.

Plus des messieurs des Requestes de l'hôtel du Roy.

Après, le Roy, habillé d'un grand manteau de taffetas noir, bourdé de petits bours de mesme taffetas et par dessus ledit manteau le collier d'ordre ; d'un costé M. le connestable de Montmoranci qu'il tenoit par la main, et d'aultre, M. le chancelier, qui néantmoings marchoit ung peu plus en arrière de Sadite Majesté.

Après suyvoient messieurs de Listenois, de Tavannes et autres chevaliers portans la croix du Saint-Esprit attachée au ruban bleu.

Ensuitte marchoient messieurs les présidents de la cour du Parlement portans leurs mortiers sur leurs testes. Tous messieurs les conseillers, advocats et procureur général en robe rouge, au-devant d'eux tous les huissiers de ladite cour avec leur grandes robes et chaperons, les greffiers et premiers huissiers avec leurs robes rouges.

Messieurs de la Chambre des comptes.

Les sergents royaulx, après eux les sieurs lieutenants du bailliage, gouverneur de la chancellerie et M. le vicomte mayeur de ceste ville au milieu d'eux, et les sergents de la Mayrie au devant.

vernement de Bourgogne reformées selon qu'il avoit esté résolu cy devant et apportées par le procureur général. Les lettres de provision dudit gouvernement sont vériffiées, ordonné qu'elles seroient publiées à l'audiance.

Le procureur général apporta aussi par mesme moyen deux jussions qu'il présenta à la Cour, l'une pour la publication de l'édit des rentes, l'autre pour la vériffication de l'édit de création des conseillers.

Lors, l'on annonce à la Cour le décès de M. Du Magny père. L'on résoult de lui rendre le dernier honneur à quatre heures après midi en l'esglise Saint-Michel où il est enterré.

Après marchoient les conseillers, procureurs et avocats du Roy dudit bailliage.

Ensuite messieurs les eschevins, procureur sindicq, secrétaire, receveur, prudhommes de la dite ville et le greffier fermier de la Mayrie.

Après les avocats et procureurs de la cour du parlement avec leurs robes d'audience, chaperons et bonnets rouges.

Et soyt noté que en ladite Saincte-Chapelle, lesdits sieurs vicomte mayeur et eschevins, suyvant l'advis qui leur fut donné, commirent et députèrent messieurs Collin, greffier de la chancellerye, Bourrelier, Rapelet et Lavisey, eschevins pour porter ledit poisle estant devant l'aultel de Bart, le portèrent jusques au devant du Jubé à la nef et lorsque la sainte et sacrée Hostie fut soubs icelluy, ledit poisle fut pris par lesdits sieurs de Biron, Brissac, maréchaux de France marquis de Pisani, et Dinteville et porté jusques au bas des marches estans au devant de la grande porte de ladite chapelle, où lesdits sieurs eschevins le prindrent et continuèrent à le porter jusques à l'entrée du grand portal de l'esglise Nostre-Dame, où lesdits sieurs maréchaulx de Pizani et Dinteville le reprindent et portèrent jusques au grand aultel d'icelle esglise où fut posée la Sainte-Hostie, et illec fait une station. Laquelle faicte, ledit poisle fut repris par eulx et porté jusques au commencement dudit portail, où il fut pris par lesdits sieurs eschevins et porté jusques au devant de la grande porte de l'esglise Saint-Michel, du costé de la place, où lesdits sieurs de Biron, Brissac, Pizani et Dinteville le prindrent et portèrent jusques au grand aultel d'icelle esglise où fut faicte une autre station, laquelle celébrée, ledit poisle repris par eulx et mis es mains desdits sieurs eschevins en ladite esglise, lesquels le portèrent jusques au devant de ladite grande porte d'icelle Sainte-Chapelle, auquel endroit il fut repris par lesdits sieurs maréchaulx de Pizani et Dinteville et porté jusques auprès dudit Jubé et commancement du chœur repris par lesdits sieurs eschevins qui l'emportèrent audit aultel de Bart.

L'on fait aussi rapport d'une requeste présentée à la Cour par M. le président Desbarres contre Levisey, estant son ennemi, lequel n'auroit laissé en qualité d'échevin et l'un des commissaires députés pour la fourniture du vin, des munitions, [de lui] en enlever trois queuhes encore qu'il en eut jà fourni un muid et trois decimes de bled. Ceux qui estoient parens retirés, resolu que la requeste seroit montrée à parties pour après y ordonner.

Après ce, l'on va à l'audiance qui est ouverte et qui avoit esté intermise puis l'entrée de M. le maréchal de Biron en ceste ville.

Le mesme jour, M. le chancelier avec Messieurs de la chancellerie vont au chasteau où l'on treuve qu'ils [les ligueurs] ont tout ravagé, jusqu'à empoisonner les puits avant que d'en sortir.

Le quatriesme dudit mois, les Chambres sont assemblées sur la plainte faite par M. Valon, pour les meubles que l'on l'on lui avoit et à plusieurs autres vendus sans aucune formalité.

M. Millet, conseiller, dit qu'és registres de la Cour il avoit treuvé une commission qui avoit esté addressée par M. du Maine à M. de Vellepelle, pour lui faire son procès pour ce qu'il avoit fait dans la citadelle de Chalon, que ce qu'il en avoit fait estoit pour le service du Roy, requeroit que cela fut rayé et biffé des registres. Résolu après que la plus grande part de Messieurs eurent dit hautement, que non seulement ce qui estoit de ladite commission, ains aussi ce qui pouvoit avoir esté fait pendant ces troubles contre le service du Roi devoit estre arraché et biffé d'iceux. Résolu que MM. Breunot et Ocquidam, scindics commis, pour veoir et feuilleter iceux registres, avec les registres de la ville et celui du conseil de l'Union pour estre bastonnés, à ce que la postérité reconnut que ce qui avoit esté fait estoit par impression et crainte et que la mémoire en fut perdue.

Le mesme jour, M. le procureur général ayant demandé

d'entrer, a dit avoir esté chargé le matin par Sa Majesté de scavoir si les deux édits dont il avoit présenté les jussions avoient estés vériffiés, et qu'il l'avoit chargé d'en poursuivre la vériffication.

Lors incidemment l'on parle de nos gages pour en estre payés à l'avenir, et qu'il s'en falloit remuer à bon escient et en faire de vives remonstrances. Résolu que M. le président Fremiot, MM. Breunot et Ocquidam estoient députés pour le faire entendre à Messieurs du conseil, qu'il n'estoit plus possible de faire nos charges, où nous ne serions payés, et ce avant que l'estat fut signé et arresté.

Tout à l'instant M. de Longuet, huissier du conseil d'Estat, nous fait appeller. Allés à lui, nous dit que nous sommes demandés au conseil; l'ayant fait entendre à Messieurs l'on treuve bon que nous y allions, et que par mesme moyen nous parlions de nos gages. Y estans, l'on nous parle de nos quottes, et que les greffiers en avoient estés deschargés parce qu'ils n'estoient à la ville et plusieurs autres. C'estoit à moy à deffendre; je remontre qu'il n'estoit pas raisonnable à correction, d'autant qu'ils ont toujours eu leurs commis et ont receu les émolumens qui en sont provenus; l'on résout lors au conseil d'un commun assentement qu'ils payeront.

Après ce, M. le président Fremiot assis au bout dudit conseil, parle fort vivement de nos gages et de la nécessité en laquelle nous estions et qu'il estoit impossible de plus subsister si nous n'estions payés. Sur ce M. le chancellier dit que c'estoit la raison, et que moyennant que nous eussions à vériffier l'édit du petit sel et des tabellions, qu'il ne failloit douter que nous ne soyons payés, mais qu'il failloit aider les nécessités du Roi, qui estoient grandes. Nous dit en oultre qu'il failloit faire distinction du passé; pour ceux qui avoient esté serviteurs du Roi, qu'ils fussent payés, et non ceux qui estoient demeurés es villes de la Ligue qui n'estoit raisonnable estre payés par Sa Majesté comme n'ayant fait son service, mais que pour l'avenir il failloit que chacun sans distinction fut payé.

Nous parle, après son propos fini, de quatre choses : de l'édit des rentes, de l'édit des conseillers, de la scéance de Messieurs les présidens de la Chambre des Comptes pour le sémestre et pour la mercuriale. Sur tous lesquels points M. le président Fremiot lui fit responce telle qu'il s'en contenta.

Le mesme jour, M. le chancelier va, avec Messieurs de la chancellerie, à Talent.

De relevée le mesme jour, les Chambres sont assemblées pour la vérifflcation de l'édit des rentes, sur lequel y a plusieurs difficultés; *tandem*, arrest que l'on payera dans six semaines une année courante et une portion du passé; que sera faite déduction du tiers des cinq années, tant de ceux qui auront esté payés entièrement sur les cinq années à venir et aussi que le principal ne poura estre acquitté que les arrérages ne soyent entièrement payés.

Avant la susdite assemblée et résolution de l'édit des rentes, l'on vériffie les lettres du restablissement particulier de l'huissier Mangonneau (1), qui avoit toujours esté au chasteau. Après les conclusions prises par le procureur général et que lui, s'estant mis à genoux particulièrement devant la plus grande partie de tous Messieurs, et crié merci de la faute par lui faite.

Après, en la mesme assemblée, l'on fait raport d'un incident d'entre les Belin et les Leblanc. Leblanc avoit obtenu plusieurs arrests en ce Parlement contre les Belin, les Belin avoient obtenu des arrests contraires. L'on doutoit auquel des arrests il failloit s'arrester, et comme cela avoit suite à l'avenir pour semblables doutes, fut résolu que M. Ocquidan, au raport duquel l'arrest de Semeur, à requeste des

---

(1) Mangonneau avait été compris dans la capitulation accordée à Franchesse.

Belin, avoit esté rendu, oïroit de nouvel les parties pour connoistre qui auroit meilleur droit au fond, et arresté qu'au jugement dudit procès M. Bouhier, au raport de qui les arrests de Blanc avoient esté donnés en ce Parlement, y seroit appelé.

Le mesme jour, M. Bouhier fait rapport des lettres de provision de Sa Majesté obtenues par le fils de M. Baillet, de la résignation de l'estat de conseiller à la Cour, par la démission de monsieur son père, communiquées au procureur général.

Le cinquiesme dudit mois, le procureur général, entré par la permission de la Cour, a dit qu'il avoit esté mandé par M. le chancelier, qui lui avoit parlé de l'arrest fait par la Cour sur l'édit des rentes ; qu'il avoit treuvé estrange la modiffication mise par la Cour *que l'on ne pouvoit acquitter le principal sans payer les intérests ;* mais qu'enfin il s'estoit contenté, parce que l'on avoit dit par l'arrest que l'on déduiroit ce qui auroit esté payé, ce qui n'estoit par l'arrest du Parlement de Paris.

Ledit sieur procureur général retiré, quelques uns de Messieurs font plainte publique d'une concussion ouverte qui se faisoit par M. l'évesque de Langres, en la création des clercs qu'il avoit faits en grand nombre en ceste ville, par divers jours, en ce qu'il prenoit de chacune lettre de cléricature trente deux sols avant que de recevoir le caractère, et plusieurs autres droits que ses gens, outre ce que dessus, prenoient ; le tout revenant à quarante et tant de sols, au lieu que cy devant, pour tous droits, il n'en vouloit avoir que vingt sols. L'on mande le procureur général auquel l'on fait entendre ce que dessus, et est chargé de le faire entendre à M. de Langres, pour après requérir ce qu'il appartiendroit.

Le procureur général y estant allé et retourné, raporte avoir fait entendre ce que dessus à M. de Langres, qui lui avoit dit qu'il ne sçavoit aucune chose de ce que ses gens prenoient, ne l'entendoit, le faisoient à son insceu. L'on ne passe plus oultre, encores que sa réponce ne fut véritable, parce que cela ne se faisoit à son insceu et lui tenoit-on compte de tous les deniers.

Le sixiesme juillet, les Chambres consultées, l'on fait arrest général pour les terres et preys, que les preys seront en banc et deffences jusqu'au premier jour d'aoust prochain pour le reguain et seconde herbe.

Le procureur général présente un édit pour l'augmentation du droit de petit scel.

MM. Moisson, Beau et Pasquier, maistres des requestes au palais pour l'audience.

Est aussi lors parlé d'arrester et régler l'arrest qui avoit esté fait pour la restitution des meubles des absens. MM. Tisserand, Bouhier et Breunot commis pour le voir et après le raporter au bureau.

Le septiesme dudit mois, les Chambres sont assemblées. L'on arreste l'arrest des rentes et celui des meubles.

L'on fait après raport d'une requeste présentée par M. le Viconte à la Cour, pour avoir temps pour satisfaire au contenu de son arrest donné par la Cour sur la vériffication de son abolition. Communiqué au procureur général.

L'on fait ensuite raport des lettres de provision de l'estat de conseiller de M. Baillet fils, veu les conclusions des gens du Roi, ordonné qu'il en sera informé *de vitâ et moribus* dudit sieur Baillet.

Le neufviesme dudit mois, le Roi arrive avec peu de train du Conté sur les dix heures; incontinent après avoir disné, monte à cheval, va au devant de Mme de Monceaux (1), qui doit arriver bientost à la ville avec Mme de Fresne.

L'on disoit que le Roi demendoit à ceux du Conté, pour les

---

(1) Gabrielle d'Estrées avait vivement pressé Henri IV de porter ses efforts sur la Bourgogne et d'arracher la Franche-Comté à l'Espagne pour faire César, son fils, souverain de ce pays. — Henri Martin, X, 374.

laisser en repos, qu'ils eussent à faire rendre tous les biens au prince d'Orange avec les levées, de ne retenir armée de qui que ce soit en leur pays plus de huit jours et deux cens mil escus d'argent. Que des deux premiers, ceux du Conté avoient repondus que cela ne dépendoit d'eux, ains de leur souverain; que de l'argent demendé, que l'on y penseroit.

Le mesme jour, MM. Briet, Breunot, Ocquidam et Boursault, conseillers à la Cour, MM. David et Petit, avocats et eschevins de la ville, s'assemblent au logis de M. le président de Montelon pour aviser à commencer quelque exercice au Collége.

Le onziesme dudit mois, les Chambres sont assemblées. M. de la Berchère prend sa loy *Incidit, in l. 4, c., De legit tutel.;* résolu qu'il la rendra samedi matin.

Après, l'on fait raport de l'édit avec les jussions, contenant création de six conseillers; résolu qu'il seroit différé d'y toucher jusqu'après l'accord et composition de M. du Maine, et après l'on verroit ce que l'on auroit à faire.

L'on en arreste autant des provisions obtenues par M. de Souvert de l'estat de feu M. Tixier.

L'on fait après raport des provisions obtenues par Messieurs les quatre présidens pour estre payés aux commissaires cy après, à un escu par heure, à la façon du Parlement de Paris, avec plusieurs autres clauses particulières à leur profit. *Idem* résolu qu'il sera différé.

Après, l'on fait raport des lettres obtenues de confirmation d'un estat de sergent de Simon Léger, ayant esté ci devant pourveu de M. du Maine et receu.

Aussi de l'estat de l'huissier Chériot, dont son gendre Prinstet avoit aussi esté pourveu par M. du Maine, par la résignation dudit Chériot, et receu pendant la Ligue, en ayant aussi obtenu des lettres de confirmation de Sa Majesté. Résolu que lesdites lettres seront vériffiées, en prestant seulement le serment sans autre information ni examen et sans épices, à la charge qu'il n'auroit séance que du jour de la prestation du serment de fidélité.

Le douziesme juillet, l'on parle que ceux de la ville vont à M. le mareschal de Biron pour les articles concernant les dons qu'il a signés pour les revoquer, suivant sa promesse ; la plupart de Messieurs de la Grand'Chambre dient qu'il faut que j'y aille, parce que la promesse m'a esté par lui faite, et qu'il le lui faut faire à faire au Roi. Messieurs les premier et second présidens me prient d'y aller et d'embrasser ceste poursuite avec Levisey, deputé de ceux de la ville, ce que je m'offre de faire (1).

Les feuillets 5 verso et 6 verso et recto sont en blanc (2).

---

(1) La mairie avait, le 11 juillet, commis l'échevin Lavisey pour, de concert avec le conseiller Breunot, supplier le maréchal de Biron d'obtenir du Roi la confirmation par édit des articles accordés à la ville « sans restrictions ni modifications aucunes. » Mais le maréchal, étant sur le point de quitter Dijon pour rejoindre Henri IV à Auxonne, Breunot et Lavisey l'accompagnèrent. Le Roi, auquel il les présenta, accueillit favorablement leur demande et commanda au secrétaire Ruzé d'en dresser les expéditions. D'Auxonne ils se rendirent à Saint-Jean-de-Losne, près du chancelier, qui leur promit que ces lettres seraient annexées aux lettres « de chartre » de confirmation des priviléges. (B. 23, reg. n° 105 f°s 48 et 62). — Cette excursion dura douze jours et c'est ce qui explique la lacune qui existe dans le manuscrit de Breunot, qui avait pourtant ménagé deux feuilles blanches pour y consigner, avec les actes de la compagnie, le récit détaillé de cette mission, où il avait joué un rôle important.

(2) Durant son absence, la Cour avait députe le 13 pour aller prendre congé du chancelier, qui était sur son départ. Le 15 elle avait reçu Legoux de La Berchère dans l'office de conseiller et président aux requêtes. Le 17 elle avait mandé au conseiller Breunot « étant à la suite du Roi » de faire de vives remontrances sur les ravages exercés par les soldats sur le pauvre peuple du Plat-Pays. Elle avait accueilli le 19 les conclusions du procureur-général, tendant d'abord à la suppression des confrairies erigées depuis 1585, « sortes de conventicules où des gens fort suspects au service du Roi, au lieu de religion, faisaient des monopoles »; puis à obliger les ecclésiastiques de dire les collectes accoutumées pour le Roi, en la célébration de la Messe, sous peine d'être poursuivis comme perturbateurs du repos public. Enfin, le 24, jour de la rentrée de son commissaire, elle admit aux honneurs de la séance un conseiller au Parlement de Bordeaux, arrivé en mission à Dijon vers le Roi. — Délib. du Parlement, t. III, p. 566 et suiv.

Le vingt sixiesme dudit mois, les Chambres sont assemblées ; l'on parle lors fort avant de la police pour le grand désordre qui y estoit. L'on résoult qu'à cest effect le Maire sera mandé pour regler tant la paix que les bouchers et autres denrées usuelles.

L'on parle après de l'arrest de Minimes pour les faire sortir hors de la ville.

L'on met aussi en avant le peu de seurté qu'il y avoit à la ville pour les grandes bresches qui y sont, par lesquelles l'on pouvoit facilement entrer en la ville, ce qui estoit grandement à craindre, la ville estant en l'estat qu'elle est à présent ; résolu que l'on pourvoira incessament à la refection desdites bresches.

Après, l'on parle des meubles du collége des Jésuites pour estre représentés, dont seroit fait inventaire, ce qui est ordonné sur la requeste du procureur général, auquel on décerne à cest effet un cours de monitoire pour la représentation d'iceux.

L'on propose après de revocquer toutes les confrairies establies puis l'an 1585, ce qui est ordonné sur les réquisitions du procureur général.

Est en outre ordonné à tous ecclésiastiques, en célébrant la sainte messe, de prier Dieu pour la santé et prospérité du Roi, à peine d'estre déclarés perturbateurs du repos public (1).

---

(1) L'arrêt dont la teneur suit, fut signifié au vicomte mayeur, qui en fit faire copie qu'il adressa aux curés avec invitation de le publier aux prônes de leurs paroisses. — Reg. 105, f° 78.

« Sur la requête du procureur-général du Roi, la Cour, les chambres assemblées, enjoint à tous prestres, curés, vicaires et autres ecclésiastiques, de prier Dieu en leurs prosnes pour la santé et prospérité du Roy et conservation de son état, et leur fait inhibition et défense pretermettre, en célébrant la Messe, les collectes et prières accoustumées pour S. M. sur peine de punition exemplaire, et a déclaré et déclare nulles et abusives et réprouvées toutes confrairies, congrégations et assemblées introduites tant en ceste ville qu'autres de ce pays depuis l'année 1585 jusques à présent; défend à toutes personnes, de quelque qualité

[1595]

Que le premier jour d'aost, dédié à la feste de Saint Pierre aux Liens, l'on fera à la Sainte Chapelle les obsèques du fut Roi, le nom duquel avoit esté tant blasphesmé ci devant; que la Cour ira en corps et en robes rouges et que la veille l'on ira aux vigiles avec les ordres et collèges. L'on depute le gardien des Cordeliers, qui avoit ci devant esté expulsé de la ville, pour faire l'oraison funèbre. Plusieurs estoient d'avis que ce fut M. Buffet, pour lui faire chanter une palinodie ; toutefois, le Cordelier est retenu à faulte d'autre (1).

Après est fait raport de l'édit des tabellions; est ordonné, sur les conclusions du procureur général, qu'avant que d'y pourveoir, qu'il sera communiqué aux notaires du ressort, pour après y ordonner.

Après le procureur général présente une jussion à la Cour avec lettres de M. le mareschal de Biron, pour la vériffication de l'édit des conseillers ; l'on n'y touche.

Le vingt huictiesme juillet, M. de Cipierre, selon qu'il avoit esté ci devant résolu, entre à la Grand'Chambre, tient un propos troussé et court, va en l'audiance et y assiste (2).

quelles soient, de s'y plus trouver et assembler sur peine d'estre procédé extraordinairement contre les contrevenants comme il appartiendra et sera le présent arrest publié aux prosnes des églises paroissiales et affiché aux portes d'icelles, à ce que personne n'en prétende cause d'ignorance. — Délib. du Parlement, III, 570.

(1) Le chapitre de la Sainte-Chapelle, consulté par la Cour, avait, comme on le comprendra, « très fort accueilli » la proposition; mais comme il s'était retranché sur les frais considérables que ces obsèques occasionneraient, le Parlement manda le maire, lui donna connaissance de l'arrêt qu'elle venait de rendre, et lui prescrivit de faire « préparer les choses requises et nécessaires en telles cérémonies. » — Délib. du Parlement, III, 570.

(2) Il dit que la Cour lui ayant fait cet honneur que de se retirer et venir faire sa séance en la ville de Semur, où il a esté establi gouverneur, de ce ayant remercié Messieurs en ceste ville, avoit esté adverty que luy, indigne, l'avoient honoré de l'entrée en ceste notable compagnie à cause que Dieu luy avoit tant fait de bien d'avoir esté gouverneur en une ville où estoit le Parlement de ce pays. Estoit entré céans pour en remercier comme il faisoit tous Messieurs, les suppliant, tous

Le vingt-neuviesme dudit mois, les Chambres sont assemblées sur une lettre escrite par M. Prisque, substitut du procureur général à Chalon, par laquelle il mande que l'on estoit en terme d'ériger un siége présidial à Chalon, et que M. Bernard, proche de M. du Maine, en seroit président, dont il donnoit advis à la compagnie pour y pourveoir. L'on résout que M. le procureur général sera député avec le scindic du pays et un de la ville (1) pour en faire remonstrances avant que le coup fut fait; qu'à cet effet l'on en écriroit lettres à M. le maréchal de Biron et à M. le chancelier. L'on mande le procureur général, MM. Fremiot, président, Saumaire, Tisserand et Briet, conseillers députés pour parler à lui en la Chambre des huissiers. Retournés, raportent qu'ils l'avoient trouvé disposé d'exécuter les commandemens de la Cour, s'estant excusé *cum verecundia* de son insuffisance, avoit seulement demandé des Esleus seurté pour leur rançon. M. le président Fremiot et les scindics députés pour dresser les mémoires.

Le dernier dudit mois de juillet, les Chambres sont assemblées; l'on parle d'une jussion pour quelques dons, l'on n'y touche. Après l'on parle d'un édit contenant création et érection d'un bailliage en la ville de Louhans, présenté par le procureur général. L'on n'y touche.

Les scindics députés, après avoir veu le registre de ce qui avoit esté fait à la mort du roi Charles IX, vont pour avertir Messieurs des Comptes pour les obsèques du feu Roi, ce qui est fait à l'instant, afin qu'ils s'y trouvent.

De relevée du mesme jour, la Cour va aux vigiles à la Sainte-Chapelle en robbes rouges, avec tous les colléges et ordres.

---

en général et en particulier, de le conserver en leurs bonnes grâces, et de le tenir pour très humble et très affectionné serviteur. — Délib., III, 570.

(1) Breunot se trompe, ce n'est pas un échevin, mais le procureur-syndic de la ville qui fut adjoint aux deux autres pour cette mission.

Le premier jour dudit mois d'aost, la Cour va en mesmes robes et cérémonie au chanté à la Sainte-Chapelle (1).

Sur la requeste des huissiers de la Cour contre les huissiers des requestes, est ordonné que sans se mesler parmi les huissiers de la Cour selon qu'ils avoient fait le jour précédent, qu'ils pourront marcher en leurs rangs devant lesdits huissiers de la Cour au chanté.

Le cordelier député pour faire l'oraison funèbre s'est acquitté très mal; plusieurs en sont mal édifiés.

Le deuxiesme jour dudit mois, M. Berbisey, fils de M. le procureur général et gendre de feu M. Catherin, décédé en la ville de Beaune, pourveu de l'estat de son père, présente à la Cour ses provisions dudit office de conseiller. Résolu, après avoir consulté Messieurs de La Tournelle, qu'elles seront communiquées au procureur général.

Après les Chambres sont assemblées et traite l'on le fait de Berangier contre M. Massot (2); les parens se retirent.

Le cinquiesme jour d'aost, les Chambres sont assemblées sur l'ouverture faite par le procureur scindic de la ville, par laquelle il avoit, au nom de toute la ville, supplié Messieurs de députer quelques uns pour adviser à la refection des bresches nécessaires pour la seurté de ladite ville et pour adviser aussi au cours de Suson avec Messieurs des Comptes.

(1) La veille, le Parlement, la chambre des Comptes et la chambre de Ville s'étaient rendus à la Sainte-Chapelle pour assister aux vigiles. Le chœur de l'église et le grand autel étaient tendus de drap et de velours noirs, sur lesquels se détachaient les armes de France et de Pologne, et la chapelle ardente se dressait devant le grand autel. La Cour, en robes rouges, prit place sur les hauts bancs, à droite, la chambre des Comptes à gauche, et la chambre de ville à la suite. Le lendemain, à la Messe qui fut célébrée, outre « les cierges clairant ça et là de la chapelle ardente, il y avoit douze torches noires et six torches de la ville devant l'autel, quatre douzaines de torches dans la nef, » et tous Messieurs de la Cour, chambres des Comptes et de la Ville avec des bougies. — B. 23, reg. 105, f° 70.

(2) Il s'agissait des lettres de rétablissement obtenues par Béranger, lieutenant-général au bailliage de Beaune, à la vérification desquelles M. Massol s'était porté opposant.

L'on résout que Messieurs Breunot et Ocquidam sont députés pour s'y trouver et le raporter à la compagnie.

Après est fait raport de l'édit fait par le Roi pour le redoublement des présentations en chaque justice; résolu qu'il seroit communiqué au procureur scindic des Etats et au procureur général.

Après l'on fait raport de l'édit du redoublement du petit scel, quant aux émolumens nouvellement accordés augmentés par Sa Majesté pour la nécessité de ses affaires; résolu après plusieurs contentions qu'il sera vériffié à la charge que les deniers ne pourront estre employés qu'aux expres affaires du Roi; que les contraventions à icelui seront traitées par devant les juges ordinaires et par appel à la Cour et pour avoir lieu seulement en tous contrats excédans trois escus vingt sols et au dessus.

Le dixiesme dudit mois, sur les requestes verbales de M. le procureur général, faites en la Grand Chambre pour aviser à la seurté de la ville, aux gardes la nuit, aux clerceliers et soldats des portes, les Chambres à l'instant sont assemblées pour aviser à ce que dessus et aussi pour chasser les Minimes hors de la ville; pour informer contre ceux qui ont contrevenu à l'arrêt prohibant toutes confrairies introduites puis l'an 1585, et aussi pour faire arracher le tableau du Rosaire estant en la chapelle des Jacobins, où il se trouveroit revestu des articles que l'on disoit estre contre l'Estat et la seurté publique; résolu que le lendemain midi sera faite assemblée au logis de M. le président Fremiot, avec MM. Tisserand, Brict, Breunot et Ocquidam, appellé ceux des Comptes, le mayeur, deux échevins, le scindic de la ville et M. de Parcours, pour donner ordre à la seurté de la ville. Résolu aussi sur le raport de ce que pourront couster les bresches faites pendant le siége du chasteau, que nous porterons avec les autres privilégiés le quart de douze cens escus; que les Minimes se retireront es couvens de leur ordre dans trois jours; qu'il sera informé à requeste du procureur général contre ceux qui ont contrevenu aux arrêts cy devant donnés contre les confrairies, et à cet effet cours de monitoire.

Après ce M. le Viconte [de Tavannes], suivant l'arrêt de la vériffication de son abolition, présente l'acte de serment de fidélité par lui fait au Roi. Signé : Henri et Rusé ; ordonné qu'il sera registré.

Le scindic de la Chambre des Comptes me met en main des lettres obtenues par Messieurs les gens du Roi pour avoir deux cens escus des premiers deniers des amandes pour être employés aux réparations de leur parquet, en achat de tapisseries et livres pour l'usage dudit parquet. En ayant dit un mot tumultuairement à Messieurs, dirent qu'il n'y avoit point d'interest, pourveu que ce fust après les nécessités de la Cour acquittées, ce que je fis entendre en rendant lesdites lettres audit scindic de Messieurs des Comptes pour icelles raporter, ce que je fis. C'estoit M. Fleutelot.

Le unziesme dudit mois, l'on s'assemble au logis de M. le président Fremiot, là on voit la liste de tous ceux qui s'estoient retirés au chasteau, l'on en croise quelques uns pour les jetter hors de la ville; pour les soldats et clerceliers, après avoir oui M. le Maire, qui a dit qu'il se falloit bien garder d'altérer aucune chose pour ce regard, parcequ'ils en avoient toute assurance, et qu'ils sçavoient beaucoup de choses et des affaires secrettes de la ville; qu'ils pourroient plus nuire qu'aider. Résolu qu'on laissera cela à Messieurs de la ville pour les veiller. Pour les gardes et rondes de nuit, M. Boulée, capitaine de la muraille, ayant esté ouï, l'on y pourvoira. Faut faire d'heure à autre des rondes (1).

---

(1) En conséquence de cette décision, la chambre de Ville, « dehue-
« ment informée par plusieurs et divers avis qu'il y a des habitants mal
« affectionnés au service du Roi, lesquels, par leurs contenances et de-
« portements, ne se peuvent contenir qu'ils ne le témoignent extérieu-

Le mesme jour, entre trois et quatre heures, ma sœur Fleutelot, après avoir esté travaillée d'une fièvre trente cinq jours, rend son âme à Dieu, au grand regret des siens, en sa trente cinquième année.

Le douziesme dudit mois, M. [Jean Gilles, seigneur de Beauchamp,] président aux monnaies, ouï dans la grande chambre, assis au bureau, sur la publication de l'édit du Roi et arret de la Cour des monnoies; après avoir esté ouï longuement, ayant déclaré que ce n'estoit leur volonté par leur arrêt d'oster le cours et usage [des ducatons et] des douzains forgés es monnoies. (1).

. . . .

Les feuillets 9 et 10 manquent (1).

« rement, tellement qu'il est besoing à icelle pour tenir à seurthé ladite « ville, affin d'éviter aux périls qui pourroient advenir au préjudice du « service de S. M. et des bons serviteurs, » ordonna le 12 août que tous les ci-après nommés seraient expulsés de la ville, avec défense d'y retourner « jusqu'à autrementen fut dict. » Savoir : Etienne Petit, seigneur de Ruffey; Nicolas Tortal, et son fils; Philippe Collot, boucher; Antoine Tirant, sergent royal; Cl. Martin, parcheminier; Labruyère; J. Tribollet; messire Nicolas Jominet, prêtre à la Sainte-Chapelle; Barthillon, curé de Prenois; le cadet Girault; La Forêt; Me Jean Buchillot, procureur au Parlement; La Perrière; La Fontaine, de Paris; Claude Oudot et Nicolas Feuillet.

Elle bannit également le capitaine Pignalet et son serviteur; le capitaine Bouchard; Jean de Rey; Bénigne fils; J. Arvisenet; Jacques Lescurier; J. des Pages; Horyot, prêtre à la Sainte-Chapelle; Menard, et frère Jean, portier des Jacobins, qui avaient déjà quitté la ville. — Reg. 105, f° 81.

Le 18 août suivant, la chambre, revenant sur cette délibération, décida que pour plus de sûreté les individus seraient mis en prison « ferme », ce qui fut exécuté. — Reg. 105, f°s 88-89.

Toutefois, ces mesures de rigueur ne durèrent pas. Le mois n'était pas passé que tous étaient rendus à la liberté. — Reg. 105, f°s 81, 88, 89, etc.

(1) Le premier président le remercia au nom de la Cour de la bonne volonté qu'il montrait, et lui représenta que, comme en Bourgogne il ne courait parmi le peuple autres pièces que des douzains, il était à craindre que cela n'apportât du désordre s'ils étaient entièrement déchus; à quoi le président des monnoies répondit que l'on n'entendait décrier que les douzains frappés à Trévoux, Carpentras et Avignon. — Délib. du Parlement, III, 578.

(2) Cette lacune d'un mois du journal de Breunot (12 août au 12 sep-

L'on fait après rapport d'une requeste infâme présentée à la Cour soubs le nom des habitans du marquisat dudit Mirebeau, non signée, contre ledit seigneur de Brion et principallement contre ladite dame de Brion, contenant infâmes crimes, concussion et voleries, à laquelle estoit jointe une commission du sieur de Brion par laquelle il establit au bourg dudit Mirebeau une traite foraine puis l'an 1589.

Est ordonné, après en avoir veu et ouï la lecture, qu'il y sera pourveu mercredi prochain, et de peur que ladite commission ne s'esgare, que M. Millotet, advocat du Roi, prendra communication tant de ladite requeste que commission par les mains du greffe, et a esté mandé à cest effet au Palais.

L'on parle après de pourvoir au paiement de nos gages ; sera veu l'estat, est résolu que l'on prendra des rescriptions de M. Blondeau, selon qu'il nous l'a promis, sur les plus asseurés greniers.

tembre) peut être comblée, au moins pour ce qui s'est passé au Parlement, par l'analyse qui suit, des faits les plus remarquables consignés dans le registre des délibérations de la Cour :

12 août. Le procureur Jachiet est admonesté par le premier président pour avoir signé une requête des chapelains des divers méparts où il dit que l'Eglise est tant privilégiée que les rois ne peuvent rien entreprendre sur le temporel. La requête demeura supprimée.

Le 14, la Cour ordonne qu'il sera fait, le jeudi 17, une procession générale où la Cour assistera en corps pour prier Dieu d'assister le Roi et qu'il lui donne victoire sur ses ennemis.

Le même jour, sur le rapport du président Fremiot, du refus obstiné fait au procureur-général par un carme de Dijon soutenu de son prieur, de dire la collecte pour le Roi, sous prétexte qu'il a été hérétique et que leur bréviaire ne les chargeait pas de telles prières, ce qui était faux, ainsi que les en avait convaincus un religieux de Saint-Bénigne, présent aux observations qui leur en étaient adressées, la Cour, maintenant l'arrêt précédemment rendu, enjoint de plus fort aux ecclésiastiques de dire la collecte avant et après l'épître, et de nommer le roi Henri de Bourbon, roy de France et de Navarre.

Le même jour, sur la nouvelle donnée par la chambre de Ville que l'armée espagnole avait passé la Saône, la Cour décide que tous les privilégiés iront à la garde des portes.

L'on fait aussi raport d'une requeste présentée par Marc père à ce qu'il pleut à la Cour le recevoir en l'estat de procureur en icelle par la démission de son fils décédé puis peu de jours. Résolu que Messieurs y pourvoiront et l'arrêteront et qu'il sera receu en Parlement.

Le douziesme dudit mois de septembre, M. le Viconte Mayeur, scavoir maitre Regné Fleutelot, après avoir esté travaillé d'une fièvre ardente par onze jours, décede ledit jour sur les dix heures du soir (1).

Le treiziesme dudit mois, les chambres sont extraordinairement assemblées; là, M. le président Fremiot propose à la compagnie ce qu'il en avoit appris et de combien il étoit périlleux de commettre les clefs à aucun qui autrefois eut esté du parti de la Ligue, que le mayeur avoit esté établi par la volonté du Roi; qu'a présent il ne se failloit arrester aux formes et priviléges que l'on pourroit mettre en avant de ce qui avoit esté fait du passé; que ceux de la ville s'estoient assemblés pour y pourvoir; qu'il leur avoit demandé de ne rien conclure en ceste affaire qu'au préalable ils n'eussent l'advis de la Cour. Après sa proposition achevée, ceux de la ville ayant demandé d'estre ouïs, et entrés par la voix de M. David, ont remonstré qu'estant assemblés en Chambre de ville pour résoudre sur ce qui seroit à faire pour le salut de tous sur le décès du Viconte Mayeur, l'on leur avoit fait entendre de ne rien faire que ils n'eussent l'advis de la Cour, estoient venus pour l'entendre; ont des priviléges qu'ils prient leur être conservés; qu'aussitost qu'ils avoient esté advertis de l'accident, ils avoient donné ordre que les clefs, enseignes, trompettes, sceau et autres

---

(1) A la nouvelle de la mort du Maire, le procureur-syndic s'était rendu à son domicile et en avait fait rapporter à l'hôtel de Ville les clefs, les sceaux, les évangiles, la trompette et les autres marques de la magistrature; puis il avait aussitôt convoqué la chambre pour procéder à la nomination du *Commis au Magistrat* qui devait suppléer au maire jusqu'à la prochaine élection.

marques du magistrat avoient esté tirées de la maison de l'*Antique* et portées en la Chambre de ville où elles sont déposées avec un corps de garde jusqu'à ce qu'ils y aient pourveu ; suplient la Cour de ne point trouver mauvais s'ils veulent conserver leurs priviléges. M. David suplie la Cour en son particulier de le dispenser *de habitu* parce qu'il estoit entré à la Cour avec un manteau ayant l'escharpe blanche. L'on leur dit qu'ils se retirent, que l'on est après d'y adviser.

Iceux de la ville retirés, le procureur général entre par la permission d'icelle, remonstre l'importance de l'affaire ; que beaucoup de bons habitans de la ville l'estoient venus trouver, voyant le péril auquel les gens de bien estoient, la ville estant en l'estat auquel elle est ; qu'il se failloit souvenir des misères passées et y bien penser ; que plusieurs notables habitans désiroient que M. David, ancien avocat, fut nommé pour la garde des clefs, ou bien qu'elles fussent mises entre les mains d'un de Messieurs jusqu'à ce que par S. M. y eut esté pourveu.

Lui retiré, l'on fait plusieures ouvertures. C'estoit au tour de M. Colin, greffier, plus ancien eschevin par le décès du sieur Anathoire Joly, d'avoir lesdites clefs, mais l'on ne le vouloit permettre pour avoir esté cy devant grand ligueur ; l'on vouloit faire choix de M. David, homme d'honneur et de mérite, mais son âge, sa santé et indisposition ordinaire ne lui permettoient et s'en excusoit. Enfin, après plusieurs contentions, l'on ordonne que par provision, sans préjudice de leurs priviléges et jusqu'à ce qu'autrement y ait esté pourveu par S. M., que les clefs et autres marques de la magistrature de la ville seront mises et déposées es mains de M. le président Fremiot jusques à ce que par le Roi y ait esté ordonné. L'on résout en outre à l'instant que Mrs Bouhier, Ocquidam et procureur général iront en Chambre de ville leur faire entendre ce que dessus et raporter la réponse pour après pourveoir les raisons que l'on prent. Le Roi avoit fait et créé tant le maïeur que les eschevins et que la Cour qui *vice regia judicat* en pouvoit faire autant. L'on résout de demeurer en place jusqu'à leur retour. Les dits sieurs vont en Chambre de ville avec l'arrêt signé.

Pendant qu'ils vont en Chambre de ville, M. le président de Monthelon fait une requeste derrière le bureau et découvert pour avoir lettres de la Cour au parlement de Dole pour la prison de M. de Monthelon son fils pour avoir la faveur de M. le connestable de Castille, ce qui lui est accordé volontiers. M. Ocquidam, demandé par lui pour dresser les dites lettres; que la prison de son fils est fondée sur ce qu'il a aidé à la réduction de ceste ville.

Après, M. Millotet entré en la grande Chambre, dit qu'il a eu communication d'une requeste non signée présentée contre les sieur et dame de Brion, qu'il n'y peut conclure que la lettre ne soit reconnue; lui retiré, l'on résout qu'il lui sera ordonné de conclure et qu'il y a assés, ayant la commission jointe à la dite requeste, signée dudit sieur de Brion.

Quelque tems après, Messieurs retournent de la Chambre de ville, raportent avoir fait lecture de l'arrêt par le greffier de la Chambre, qu'il leur avoit dit ce qui s'estoit pu présenter pour leur persuader d'obéir à l'arrêt, que ce n'estoit l'intention de la Cour de vouloir faire aucune bresche à leurs priviléges, ains plutost les conserver; avoient treuvé ceux de la ville assemblés, que M. le greffier Colin, plus ancien, entre autres avoient dit qu'ils avoient des priviléges, que Messieurs de Semeur, à leur arrivée et quand le corps de la ville fut au devant d'eux, avoient promis de leur conserver (1). M. le procureur général auroit insisté formellement

---

(1) Le greffier Collin déclara très nettement aux commissaires de la cour « qu'encores que l'arrêt ne fut que provisionnal et coloré de beaux « prétextes de ne vouloir préjudicier aux priviléges de la ville, néan- « moins que cela tiroit une si grande conséquence après soy, que l'on « ne pouvoit attendre *une pareille eslection par la Cour jusques à ce* « *que par le Roy y ait esté pourveu* sinon que le privilége fust à l'adve-

que l'arrêt fut suivi, remonstrant plusieurs raisons pour le persuader à ceux qui estoient là présents. Enfin ceux de la ville leur auroient dit qu'ils y adviseroient et en résoudroient par ensemble.

Après avoir ouï Messieurs, l'on prend résolution que Mrs Tisserard, Saumaise, Briet, Bouhier, Ocquidam iront promptement en Chambre de ville pour, avec le greffier de la dite Cour, mettre en possession M. le président Fremiot, ce qu'ils font à l'instant, et résolu que nous entrerions de relevée à deux heures pour entendre ce qui auroit esté fait et y pourvoir.

De relevée du mesme jour, Messieurs estans assemblés, Messieurs ayant esté députés en Chambre de ville, raportent qu'estans en icelle ainsi qu'ils vouloient procéder à l'exécution de l'arrêt et que M. le président Fremiot eut remonstré à la dite assemblée ce qu'il vouloit (2), que M. le procureur

« nir en tous points osté au peuple d'eslire ses magistrats, l'on en fist
« enfin des offices perpétuels qui s'achepteroient par ceux qui y vou-
« droient le plus employer et desquels le Roy à la disposition duquel
« la Cour, remettant ladite élection, pourroit non seulement pourvoir
« un de ceste ville ou de la province, mesme d'un estranger. »

Et comme le conseiller Bouhier, qui portait la parole, avait, pour atténuer la portée de l'atteinte que le Parlement se permettait sur les priviléges de la ville, essayé de démontrer que Fleutelot continué dans ses fonctions par ordre exprès du Roy était moins un maire qu'un commissaire royal, Colin sut très bien lui répondre que si le Roy avait effectivement donné cet ordre, « néantmoing ayant esté informé que
« tel magistrat, suivant les anciens priviléges de la ville, estoit électif
« par les suffrages du peuple, il remit au peuple d'eslire tel que bon
« lui sembleroit, de façon que ledit sieur Fleutelot fut esleu et y fut pro-
« cédé, comme chacung scait, à l'ancienne forme. »

Délib. de la chambre de ville, Reg. 104, p. 120.

(1) Le président Fremyot prit la parole « et remonstra qu'il prioit premièrement la chambre d'estimer que c'estoit à son très grand regret que telle charge luy avoit esté defférée par la Cour, qu'il s'en estoit plusieurs fois excusé comme celuy qui, pour eage, son imbécillité de sa personne et les affaires qu'il a d'ailleurs à cause des charges qu'il porte, se dispense assez de prendre celles d'une ville en main, qu'il n'estoit pas ignorant qu'en ces temps turbulens il n'y eust assez d'affaires en ceste ville pour employer ung homme qui soit plus de loysir que luy,

général en eut fait autant, que ceux de la ville les auroient suplié de leur donner quelque peu de loisir et se retirer en une chambre là proche pour se résoudre sur quelques doutes qu'ils avoient, et que la Cour en auroit contentement; que

et eust bien désiré que la Cour pour sa descharge eust pris ses remonstrances en payement pour y en commettre un aultre; mais puisque elle luy fait ceste honneurs que de le nommer et mesme le prier d'accepter ladite charge, qu'ayant tenu ceste prière pour ung commandement, qu'il ne l'a pas voulu refuser, mais sous protestation de ne la recepvoir que pour ung temps et jusques à ce que par le Roy y ait esté aultrement pourveu et ordonné, parce que ses affaires domestiques et celles du général auxquelles il a ceste honneur que d'estre employé ne luy permettent pas d'y demeurer longuement; et n'estoit qu'il s'asseure qu'en bref temps il y sera pourveu par Sa Majesté à la diligence des messieurs de la ville, il ne la voudroit accepter en façon que ce soit; qu'il ne s'aproche de telle charge par aulcune ambition que fust en ung ayant assez d'aultres et plus grandes qualités qui l'occasionnent de se contenter, mais pour le seul zèle et affection qu'il a de s'employer pour le service du Roy et celuy de sa patrie et mesme que la compagnie estoit assez informée. Qu'aux affaires plus importantes de leur ville, l'on luy faisoit bien cest honneur que de luy en communiquer et prendre son advis, portant que sy en ceste charge, il plait à la dite compagnie l'avoir pour agréable et le recepvoir, il promettoit de s'y gouverner en tout et partout par leurs bons advis et conseilz et qu'ung chacun auroit par ce moyen occasion de se contenter de luy; que la nomination faicte de sa personne par la Cour ne préjudicioit en rien aux priviléges de la ville, selon qu'ilz avoient ouy, parcequ'elle n'estoit que provisionnale que pour certain temps et sans le vouloir tirer à conséquence, qu'ilz se debvoient assurer que l'intention de la dite Cour n'avoit esté et n'estoit pas de leur oster leurs priviléges, pour la conservation desquelz luy mesme travailleroit et s'employroit aultant que luy seroit possible, mais seulement d'asseurer la ville en l'obéissance de Sa Majesté de bien en mieux, et en la fidélité que les habitants luy avoient juré, après la réduction d'iceulx et le signalé service qu'on luy avoit rendu. Qu'au surplus luy avoit occasion d'estimer ceste journée très heureuse en laquelle le collége souverain avoit contracté comme une société avec l'inférieur, s'estant voulu rendre participant des charges publiques affin de mesme de luy communiquer une partie de son honneur et auctorité que l'on voit assiz sur mesmes siéges, les officiers des colléges souverains et ceulx mesmes qui portoient des plus grandes charges en la France avec les magistratz populaires, que telle communication d'honneur et de charges engendreroit sy après non une division entre les grandz et petitz, mais une sy bonne intelligence et sympathye que le public en retireroit du proffit et de la commodité. — Reg. n° 105, f. 120.

quelque tems après ils seroient rentrés en ladite chambre, laquelle mesme avoit nommé et esleu pour la garde des clefs d'icelle ville M. le président Fremiot, nommé par la Cour sans préjudice de leurs privilèges, lequel à l'instant auroit presté le serment et conduit de là en sa maison avec les sceaux, la trompette d'argent et autres marques du magistrat, avec tous les eschevins et sergens d'icelle Mairie. Ce qui est remarquable, que celui que on voulait effigier à la ville il y a quelque tems ayt à présent les clefs et toute l'autorité d'icelle. *Sic mutat fortuna vices.*

A la mesme assemblée, Mrs Petit, avocat, Rapelet, procureur, eschevins, entrés par la permission de la Cour, l'ont suplié d'honorer en corps le défunt Maire en lui rendant le dernier devoir. Retirés, l'on résout que l'on n'ira point en corps, ains seulement le plus grand nombre qui se poura sera à son enterrement (1).

L'on résout aussi que l'on écrira au Roi ce qui s'est passé et que ceux de la ville y envoyent.

Le quatorziesme septembre, du matin, maître Regné Fleutelot, ci devant Vicomte Maïeur de la ville, est enterré à Saint Michel, avec les enseignes, le heaume, gantelets, esperons et l'épée, armoiries, timbres et chapelle ardente. Il avoit obtenu du Roi des lettres de noblesse présentées à la Chambre des comptes, mais non encore vériffiées. Il estoit ci devant procureur à la Cour et est mort avec ceste qualité. Il avoit esté pourveu d'un estat de président aux Comptes en considération des services par lui faits à S. M. à la réduction de la ville. Le gardien des Cordeliers fait son oraison funèbre à l'issue d'une grande messe de *Requiem* chantée en musique. *Sic transit gloria mundi*.

L'on observe que sept mois onze jours après les barricades de Paris, le coup de Blois où furent tués les deux frères

---

(1) Messieurs de la Cour estoient en bon nombre avec leurs robes fendues et cornettes. — Délib. de la Ville, reg. 105, f° 126.

advint ; sept mois onze jours depuis le coup de Blois jusqu'à la mort du Roi [Henri III] devant la ville de Paris ; sept mois onze jours depuis la mort du Roi jusqu'à la journée d'Ivry : sept mois onze jours depuis la journée d'Ivry jusqu'au siége de Paris; sept mois onze jours depuis l'exécution de l'*antique* Verne jusqu'au décèds de M. Fleutelot, mayeur, et qu'il n'a passé le bout de l'an.

Le dix-huictiesme dudit mois, les Chambres sont extraordinairement assemblées ; l'on juge un volume de récusations que les sieur et dame de Brion proposent contre la Cour, prennent à partie M. Boursault, qu'ils dient avoir raporté à la Cour une requeste ou plustost un libel diffamatoire non signé, recusent tous ses parens ; est dit qu'il demeurera et sur l'impertinence des récusations contenues en la requeste, il y sera pourveu et à cest effet sera communiqué au procureur général. Résolu aussi qu'il sera informé sur les faits contenus en la requeste principale.

Le vingt-septiesme du mois de septembre, les Chambres sont extraordinairement assemblées pour scavoir que c'est que l'on pourroit faire pour les dons à cause que le procureur scindic alloit en Cour pour l'expédition de quelques affaires ; aussi que M. Gastebois, de la ville de Langres, avoit fait signiffier des dons qu'il avoit du Roi de plusieurs de ceste ville, ausquels il estoit obligé et entr'autres au sieur Emiland Boisselier, qui n'estoit que sa caution. Résolu, attendu que M. le mareschal de Biron n'estoit en Cour, que l'on écouteroit encore pour quelque temps.

En ce mesme temps, l'on raporte que le capitaine Laperle (1), gouverneur de la ville de Seurre puis le décès de de Guillerme, est dagué en son lit du matin par le capitaine Francisque, italien. Les portes de ladite ville sont tout le jour fermées et les habitans d'icelle en grands troubles.

Le dernier dudit mois de septembre, la trefve est publiée

(1) Il était de Pesmes.

par autorité de ceux de la ville; la Chambre des vacations l'ayant renvoyée à la Chambre de ville pour en faire faire ladite publication, elle est beaucoup plus honorable que la précédente, parce que le Roi parle seul.

Le troisiesme d'octobre, l'on apporte nouvelles asseurées du décès de M. de Vaugrenant, advenu à Ostun, retournant des bains près la ville de Nevers. L'on l'amène d'Ostun à Nuis, l'on le doit amener de la ville de Nuis, à ce que l'on dit, en ceste ville, pour estre enterré en l'église Saint Jean, où est et repose monsieur son père.

Le sixiesme dudit mois, M. le mareschal de Biron arrive en ceste ville et loge en la maison du Roi, sort le lendemain pour aller au secours du chasteau de Jonvelle, assiégé par l'armée du Conté.

Le dixiesme dudit mois, le corps de M. de Vaugrenant ayant esté amené de la ville de Nuis au Saint Esprit deux jours avant, est enterré et mené de ladite église du Saint Esprit en l'église Saint Jean, en laquelle il est enterré sur les os de son père, sur les quatre heures après midi.

Le mesme jour, du matin, Messieurs ayant esté extraordinairement assemblés, fut proposé par M. le premier président que des parens de M. de Vaugrenant, dont l'enterrement devoit se faire ledit jour en l'église de Saint Jean, l'avoient prié de prier la Cour de lui faire le dernier honneur, qu'il le proposoit à ce que la Cour eut à résoudre. L'on y opine solemnellement. M. Millet, ayant ouï la susdite proposition, se retire et non M. le président Fremiot, qui y demeure. L'on met en avant qu'il avoit esté ci devant conseiller au grand Conseil, de là avoit esté du corps de la Cour, estant président aux requestes du Palais, de là, puis ces troubles, avoit esté fait chevalier de l'ordre et conseiller du Conseil d'Estat, et en ceste qualité obtenu des lettres de Sa Majesté pour avoir entrée à la Cour, qui avoient esté présentées avant la levée du Parlement. Enfin l'on résoult que la Cour ira en corps à l'enterrement, ce qui fut fait, encore que plusieurs le trouvassent estrange, car pour l'estat de président aux requestes qu'il avoit exercé, qu'il l'avoit vendu et n'avoit retenu aucuns privilèges ; les autres qualités qu'il avoit ne lui devoient, ne pouvoient attribuer ce droit, soit pour avoir esté conseiller d'Estat, chevalier de l'ordre, ou ci devant conseiller au grand Conseil. Toutefois, il passa de la façon. L'oraison funèbre fut faite par le gardien des Cordeliers, les pompes funèbres faites en chevalier de l'ordre. Au retour de l'enterrement, l'on ramena le deuil jusques devant le logis de Madame la présidente Noblet, où l'on fit scavoir qu'on ne feroit aucun service qu'au quarental.

L'on eut nouvelles asseurées lors que le samedi précédent le fils de M. du Maine s'estoit présenté devant la ville de Seurre avec deux cens chevaux, avoit esté blessé de deux coups d'arquebuzade, pour s'estre présenté armé à blanc avec sa troupe devant ladite ville sans avertir. L'on en parle diversement. Aucuns dient que La Fortune avoit ouï le vent que M. du Maine avoit résolu de mettre gouverneur en ladite ville M. de Thianges, et l'en chasser, ce qu'il ne vouloit permettre à autres que ceux qui estoient dans ladite place, ne connaissant ceux qui se présentoient et pensoit que ce fussent ennemis.

Le onziesme dudit mois, l'on eut nouvelles que M. le mareschal de Biron avoit fait une nouvelle charge sur les ennemis à Jussey, qu'il en avoit tué ou bruslé plus de trois cens et fait plusieurs prisonniers.

Le douziesme dudit mois, M. de Villeroy arrive en ceste ville avec M. le baron de Senecey et M. Bernard.

Le treiziesme, M. de Villeroy sort de la ville pour aller en Cour pour aller treuver le Roi ; M. le Maire lui fait ouvrir la porte Guillaume, qui fut à l'instant refermée, parce que ce n'estoit pas son jour d'estre ouverte.

Quelques jours après, M. le mareschal arrive en ceste ville, qui reçoit nouvelles asseurées du Roi de la prise et perte des ville et citadelle de Cambray, par l'intelligence, à ce qu'on dit, avec les Espagnols, et la citadelle faute de munitions ; celles qui estoient dans la citadelle ayant esté vendues précédemment par l'avarice de Mme de Ballagny, parce que ce qui vailloit vingt escus, l'on lui en bailloit cinquante et plus. C'est un mauvais service que l'on a fait au Roi, car c'est une grande perte.

Le quatorziesme dudit mois, estant entré en la Chambre des vacations pour avoir esté adverti que M. Gagne y estoit entré, parce que M. Fyot l'esné en estoit exclus pour estre sorti de la ville, estant allé à Chalon treuver M. du Maine, Messieurs de la Chambre jugèrent que j'en estois exclus pour avoir demeuré trois jours sans entrer, veu que j'avois sceu que ledit Fyot l'esné estoit hors de la ville et que c'estoit à mon tour d'entrer et jugèrent que le droit estoit acquis à M. Gagne. L'on m'avoit envoyé quérir par l'huissier Morel dès le jeudi, mais j'allois à Saint Bernard (1) en dévotion. L'huissier raporta que j'avois dit que j'allois à Saulieu, ce qui estoit faux. Messieurs préjugèrent ce que dessus contre moi.

Le vingt-uniesme dudit mois d'octobre, les Chambres sont extraordinairement assemblées sur une telle occasion. L'on avoit destiné neuf mil escus sur le sel pour le paiement de nos gages, scavoir : d'une année entière de ceux qui estoient à Semeur et d'une demie année pour ceux qui estoient restés à la ville, puis la réduction de la ville en son obéissance, ce qui se tenoit clos et couvert. Messieurs des Comptes ci devant ayant découvert le paquet, avoient envoyé à Messieurs de la Chambre des vacations MM. Jacotot, Maitre et Venot aussi, pour scavoir si la Cour n'estoit en volonté de conserver la société, que l'on avoit fait ci devant pour le paiement de nos gages et en ce faisant entrer en communication de ce pourquoi nous avions esté assignés,

---

(1) Chapelle de Saint-Bernard, à Fontainne-lez-Dijon.

ou bien si nous voulions nous séparer, et que l'on eut à leur faire résolution. Messieurs, sur ce ayants esté assemblés et la proposition faite par M. le président de Montelon, de ce que dessus et de ce qui s'estoit passé ci devant pour ce regard, M. Berbisey, avant la susdite proposition de M. le président de Montelon, remonstra que M. Jacotot lui avoit fait entendre que Messieurs des Comptes désiroient de conserver la fraternité du passé, et que quand la Cour et la Chambre des Comptes seroient en bonne intelligence, qu'ils avoient des moyens de nous faire payer, nonobstant toutes les assignations et mandemens donnés de deux quartiers escheus, et qu'ils avoient treuvé estrange de ce que la Cour ne leur avoit fait responce. Fut après parlé de ce qu'avoit dit M. le mareschal, lorsque Messieurs furent vers lui, ayant esté mandés, qu'il s'en failloit faire croire; qu'il failloit que Messieurs, tant de la Cour que Chambre des Comptes, fussent payés, et que le reste fût employé au paiement des charges et garnisons de la province, en rejettant tous les mandemens de trésorier de l'espargne : qu'il l'écriroit au Roi, qu'il s'en failloit faire croire pour le soulagement et descharge du pauvre peuple, qu'il assisteroit les Colléges pour faire très estroittes déffences au receveur estant en charge d'acquitter aucune partie qu'après les charges de la province.

L'on parla aussi de M. de Brion, assigné sur la gabelle de sel pour sept ou huit mil escus de bled, qu'il avoit vendu au Roi, qui estoit assigné avant nous, ce qui n'estoit raisonnable, et que c'estoit peut être ce dont entendoient parler Messieurs des Comptes des moyens qu'ils disoient avoir. La plupart de Messieurs, et principalement ceux qui estoient à Semeur, disoient que pour l'avenir nous devions demeurer en bonne intelligence avec Messieurs des Comptes pour nos gages, mais que du passé ils avoient touché trois quartiers qui nous estoient encore deus, qu'ils ne devoient treuver mauvais si nous avions cette assignation utile et que nous la prenions. Ceux qui estoient demeurés en ceste ville sont d'avis contraire et qu'il les faut recevoir en communication de ladite partie, parce qu'ils ont moyen des restes et bons d'Estats de nous dresser une portion de nos gages du passé. L'on dit un mot qu'il ne failloit pas neuf mil escus pour demie année pour la compagnie. M. de La Grange dit lors qu'ils estoient couchés pour une année entière voirement, et nous seulement pour une demie année. Lors l'on découvre la mesche ouvertement. Dient, ceux de Semeur, qu'ils en avoient jà estés dressés avant la réduction de la ville, que l'on ne leur en devoit ou pouvoit porter envie et que les choses ne seroient pas cy après tant difficiles à en obtenir assignation, que ceux des Comptes fassent en sorte qu'ils en puissent avoir assignation, qu'ils sont prêts d'entrer en communication. M. Berbisey dit que c'estoit nous faire tort, parce que nous en estions dressés par contrat fait avec le Roi sous M. du Maine, et que c'estoit se diviser. Enfin, après plusieurs contentions, l'on résoult que MM. Berbisey et Bernardon, scindics, iront à la Chambre des Comptes, leur faire entendre le désir que nous avons d'entretenir la société que nous avons eu du passé pour nos gages, moyennant qu'ils nous rendent participans es restes de compte et bons d'Estat qu'ils feront qui seront grands, que nous leur communiquerons la demie année de ce dont nous avions esté dressés, qu'est ce que nous pouvions, que l'on scauroit d'eux le fond et les moyens qu'ils en avoient.

Et sur la proposition faite par aucuns de remercier M. le maréchal de Biron de la bonne volonté qu'il avoit à la compagnie, fut résolu que d'ici à peu de jours, attendu qu'il s'en vouloit aller, que Messieurs les scindics, députés pour aller prendre congé de lui en lui disant adieu, *tanquam aliud agentes*, le remercieroient de ceste bonne volonté, et le suplieroient d'y continuer et d'avoir pitié et commisération du pauvre peuple et aviser à son soulagement.

Ce mesme jour et à la mesme assemblée, M. de Saumaire

et M. Millotet, eurent plusieurs propos piquans. M. Millotet, ayant dit que ceux qui estoient demeurés à la ville n'estoient à leur devoir et avoient fait contre leur devoir; M. de Saumaire, ayant respondu qu'il parloit mal ; que ceux qui estoient demeurés à la ville avoient esté cause de quoy ils estoient rentrés en leurs maisons. M. Millotet, ayant repliqué : « C'est bien chanté ! c'est bien chanté, » ledit sieur de Saumaire l'auroit appelé impudent et qu'il parloit mal. L'on leur imposa silence et leur dit-on qu'il ne failloit point rappeler la mémoire des choses passées ; que c'estoit contre la volonté du Roi, qui nous l'avoit expressément déffendu ; qu'il failloit reprendre la discipline ancienne et les faire sortir et y adviser. Cela ne passa plus avant.

Le vingt-deuxiesme dudit mois d'octobre, les Chambres ont esté extrordinairement assemblées. M. Berbisey, scindic, pendant ladite assemblée, raporta que Messieurs des Comptes, après leur avoir fait entendre, M. Bernardon et lui, scindics, ce dont ils estoient chargés, s'estoient contentés, négocieroient à l'avenir pour notre paiement, et promettoient de garder inviolablement la société et de nous rendre participans des restes et bons d'Estat à l'avenir.

Après ce, M. le président de Montelon proposa la cause de l'assemblée pour la publication des articles envoyés de la neutralité et du redressement d'icelle, apportée par un gentilhomme au Conté à M. le mareschal de Biron et envoyée par M. le mareschal au palais, ayant fait entendre, le gentilhomme qui avoit icelle apportée, qu'il désiroit que lesdits articles fussent incontinent publiés, parce que le gentilhomme dudit Conté désiroit s'en retourner. Auxdits articles estoit joint l'arrêt de la Cour du Parlement de Dole. Ce qui faisoit le doute, estoit qu'il n'y avoit point de lettres patentes. Après avoir veu les conclusions du procureur général par écrit, ayant demandé que les réparations et entreprises faites par ceux du Conté puis lesdits articles signés, que la publication qui se fera desdits articles sera sans faire préjudice ausdites réparations. A esté résolu, veu le susdit arrêt, que lesdits articles concernant le redressement de ladite neutralité seront régistrés et que l'on prendra jour pour la publication d'icelle par l'avis de M. le maréchal et celui du Conté pour procéder les articles de la neutralité de l'an 1580 veus. L'on disoit que ceux du Conté devoient premièrement les publier. Messieurs les scindics commis pour le faire entendre à M. le mareschal et que le reste des conclusions du procureur général seroit tenu sur le registre.

Après ce, M. le président de Montholon remonstre que la rupture de la neutralité avoit esté cause de la prison de son fils, et puisqu'elle estoit redressée et qu'il estoit dit par icelle que tous les prisonniers seroient délivrés; qu'il pleut à la Cour de faire toucher un mot à M. le maréchal pour en parler au gentilhomme estant icy du Conté et d'en escrire aussi. L'on trouva sa demande très juste, et MM. Berbisey et Bernardon, les scindics, chargés d'en parler aussi par mesme moyen à M. le maréchal.

Le 26 dudit mois d'octobre, les Chambres estans extraordinairement assemblées. Lors M. le président de Montelon propose que M. le procureur général estoit venu en La Tournelle et dit qu'il avoit receu des lettres du Roi sur quelque sujet sur lequel il estoit expédient de l'ouir, et raporter à la Compagnie ce qu'il avoit dit un peu auparavant à Messieurs de la Chambre des vacations sans s'expliquer plus avant. Sur ce M. le procureur général estant mandé [dit] qu'ayant le neuviesme juin dernier receu lettres de la *reine Blanche* pour faire faire le procès à Me Estienne Bernard, advocat, pour avoir loué par escrit le détestable parricide et assassinat du feu Roi, que Dieu absolve, ayant publié que ç'estoit un coup miraculeux et un coup de Dieu, qu'elle en demande la justice de la Cour; qu'ayant receu lesdites lettres il avoit esté meu de plusieurs considérations, l'une qu'en remuant cette pierre, de crainte que cela n'aporte quelque altération soit à la tresve, soit au repos général et à la paix qu'on disoit estre arrestée entre Sa Majesté et M. le duc du Maine ; d'autre côté, regardant l'atrocité du crime et la plainte qui en est faitte, cela le mettoit en une grande perplexité; que pour s'en mieux résoudre il en avoit amplement escrit au Roi auquel il avoit touché ce qu'il avoit dit ci-dessus pour entendre son bon plaisir ; que le jour d'hier bien tard il en avoit receu réponse, qu'il avoit présentée à la Cour par laquelle Sa Majesté veut et entend que l'on procède à l'instruction du procès de l'advocat Bernard, jusqu'à sentence exclusivement, que pour sa décharge il les avoit présentées à la Cour avec les lettres de la *reine Blanche*, de vieille datte, qui lui avoient esté portées en son logis, ne sçait par qui, parce qu'il n'y estoit point pour y répondre ; que cependant, attendu l'importance et l'atrocité du fait il avoit mandé l'avocat Bernard, pour s'assurer de sa personne qui estoit en la chambre des huissiers, si la Cour trouvoit qu'il se deut ainsi faire. Lui retiré avec Millotet, advocat du Roi, l'on commence à ouvrir les opinions, et d'autant que quelqu'uns de Messieurs des requestes estoient en l'assemblée, l'on leur dit qu'ils se retirent. M. Bossuet dit qu'on les a mandés et qu'ils se doivent treuver à toutes assemblées et se retirent. Retirés, l'on donne par communication à Messieurs les gens du Roi les lettres susdites pour bailler leurs conclusions par escrit. Le procureur général avant que de sortir dit qu'il avoit veu le livre ; qu'il estoit lors en la chambre du Roi, quand il fut leu ; que Sa Majesté lors ne lui avoit fait aucun commandement d'en faire poursuitte. Messieurs enfin résoulent et concluent que M. Estienne Bernard sera oui par deux commissaires que la Cour députera sur les mémoires et instructions que donnera le procureur général, et à cet effect sera mené en la Conciergerie du Palais, et d'autant qu'il n'y avoit point de concierge, ordonné à M. Estienne Regnault, premier huissier mandé à cet effect d'en faire en ladite Conciergerie bonne et seure garde. MM. Tisserand et Saumaire, commis pour l'ouir. Ce que l'on conclut après avoir veu les conclusions du procureur général ayant conclu par escrit qu'il fut mené au chasteau et oui par commissaires que la Cour députeroit. Plusieurs estoient d'avis que l'on vît le livre avant que d'y asseoir decret, aussi qu'il estoit député de M. du Maine pour les Esleus. Toutefois il ne passa de la façon. M. Bernard estoit toujours attendant dans la Chambre des huissiers se promenant, pensant qu'il devoit estre oui par la Cour sur le fait de sa députation, mais il fut enfin mené par le premier huissier en la Conciergerie. Voila la chance bien tournée.

Le vingt-septiesme, les Chambres sont extraordinairement assemblées sur le dit fait. Messieurs les commissaires raportent avoir demandé les mémoires et instructions au procureur général, mandé à cet effet au Palais, qui leur auroit dit qu'il falloit mander Jean Desplanches. L'ayant mandé, l'on leur auroit raporté que il estoit extrêmement malade; auroient commis le greffier pour l'ouir sur l'impresse du livre, en envoie un; dit qu'il a esté contraint de l'imprimer par M. Bernard, M. Michel, M. Tabourot, procureur du Roi (1), et par Bouchard, médecin, et M. l'avocat du Roi de Vellepelle, qui le menaçoient de le jetter hors de la ville avec sa femme et ses enfants, ou il ne l'imprimeroit. La minute dudit livre lui a esté baillée par M. Bernard, qui souvent y adjoutoit et corrigeoit, et trois sonnets qui sont au devant dudit livre à lui baillés par lesdits Tabourot, Vellepelle et Bouchard ; on a delivré la minute à M. le procureur général qui la doit avoir; que M. le procureur general lors présent avoit reconnu avoir laditte minutte qu'il representeroit. Auroient après mandé maistre Estienne Bernard en la Chambre de La Tournelle pour l'ouir, lequel voulant faire asseoir sur l'escabeau a dit qu'il scavoit bien l'honneur qu'il devoit à la justice et le lieu où il estoit, mais suplioit Messieurs de

---

(1) Etienne Tabourot, seigneur des Accords, procureur du roi au bailiage de Dijon, l'auteur des *Ecraignes dijonnaises*.

l'ouir et prendre de bonne part ses justes remontrances ; qu'il estoit venu comme deputé de M. du Maine et soubs la foi publicque ; qu'il ne pouvoit estre retenu ayant eu entrée au conseil de M. le marechal de Biron par deux fois et en la Chambre de Messieurs les Esleus pour l'exécution de la tresve et d'une bonne paix, qu'il ne reconnoit la Cour pour n'estre son juridicque, n'ayant encores fait serment de fidelité au Roi, attendant de ce faire après la tresve et à la paix, et plusieurs autres considérations, pour montrer qu'il ne pouvoit estre retenu, demandoit d'estre eslargi pour aller rendre raison de sa charge, offroit de donner caution pour se représenter dans deux mois. Lui aians ordonné de respondre, a dit qu'il ne pouvoit, dont ils avoient dressé procès-verbal pour en faire raport à la Cour. Après avoir veu les conclusions de M. Millotet, auquel le tout avoit esté communiqué, qui pour l'absence de M. Picardet, lequel, après avoir donné le coup de picque estoit monté à cheval pour s'en aller à la Cour, avoit conclu que, nonobstant les remonstrances de M. Estienne Bernard, il fut oui. Fut résolu que la coppie des dépositions de Desplanches avec ses remonstrances, avec lettres, seroient envoiées en diligence au Roi et à M. le maréchal de Biron par homme exprès pour en entendre sa volonté, et que cependant il demeureroit en estat à la Conciergerie, et sur la requeste de M. Estienne Regnault, pour estre deschargé de la garde, a esté commis l'huissier Poffier. Plusieurs estoient d'avis qu'il devoit estre oui, autres qu'il devoit estre mis en la garde d'un huissier, mais il ne passa à cause de l'arrêt qui avoit le jour précédent esté donné, n'estant survenu aucune chose pour le faire changer.

Pendant que le procureur général prenoit ses conclusions, l'on fit lecture en plein bureau et des sonnets et des portions du livre que l'on treuva très meschants. Voilà comme il en prent à ceux *qui scribunt adversus eos qui proscribere possunt.*

L'on dit qu'en venant en ceste ville au carroce et avec

M. de Villeroi. Il lui auroit dit que la Reine avoit escrit des lettres au Roi contre lui, et que lui aiant demandé que c'est que le Roi avoit lors dit, lui auroit respondu que il n'en avoit pas tenu grand conte. M. Quarré puisné, en son opinion, dit que ceux qui auroient composé de semblables livres n'en devoient connoistre dudit fait et devoient se retirer comme de la *tiriaque* et des *marmels*, entendant parler de M. le président Desbarres qui ne dit aucune chose. Après ce l'on alla encores à l'audience, encores qu'il fut plus de midi, où les Chambres assemblées, les articles de la neutralité ont esté publiés et fait l'arrêt ordinaire qu'ils seront publiés par les carrefours et envoyé défenses d'y contrevenir à peine d'estre déclarés perturbateurs du repos public, ce que l'on ordonna après avoir esté asseuré qu'ils avoient esté publiés au Parlement de Dole.

Le trentiesme dudit mois de novembre, les Chambres sont extraordinairement assemblées pour le fait de M. Bernard; l'on voit des lettres de M. du Maine, envoiées par un trompette avec lettres de M. le maréchal de Biron, qui mande qu'il est venu à la ville sur ses passeports et que le Roi lui a dit à Lyon qu'il ne vouloit ou entendoit que ledit Bernard fut recherché, qu'il y en avoit un article en la paix, prie Messieurs de ne passer oultre. Pour M. du Maine qu'il arrête M. Millière treuvé à Chalon, arrêtera tous ceux qui se presenteroient jusques à ce que ledit sieur Bernard soit eslargi, qu'il a traitté avec le Roi, comme prince véritable et quand il l'eut pensé autre, eut mieux aimé mourir les armes à la main que d'en passer là, que l'on devoit plus tost retenir les feux par prudence que de les allumer; que il y a un article pour ce regard en envoie un extrait, signé Baudouhin à requeste de M. Bernard pour son eslargissement, en donnant caution et à la charge de se représenter. M. du Maine promet à la Cour, par ses lettres, de le représenter à Sa Majesté. L'on avoit aussi des lettres du frère de M. Bernard, escrites à M. Bernard. Estant allé à Châlon après qu'il fut arresté à la Conciergerie. Ainsi que l'on opinoit, M. le président Fremiot ayant esté appellé, sort, rentre, dit qu'il vient de recevoir, par un second trompette, lettres de M. le maréchal, de Tornus, avec des lettres secondes à la Cour, de M. du Maine, le tout ayant esté communiqué au procureur général, à M. l'advocat du Roi Millotet ; enfin est résolu, attendu que M. le maréchal de Biron mandoit que ledit sieur Bernard estoit venu à la ville soubs ses passeports et asseurances, et que les feus des maux passés commençoient à se rallumer ; que Sa Majesté treuveroit peut estre mauvais, ce qui en auroit esté fait comme préjudiciable au bien de ses affaires ; que ledit sieur Bernard seroit eslargi, à la charge de se représenter dans deux mois au Roi ou à la Cour. Sort le mesme jour de la Conciergerie. Le lendemain, dernier dudit mois, sort de la ville pour aller à Châlon, où il est à présent.

L'on dit que Mlle Bernard, estant allé prier M. de Montelon pour la recommandation de son mari, lui auroit dit s'il avoit respondu, qu'il ne falloit pas qu'il vint à dénier d'avoir fait le livre, parce que s'il le dénioit, qu'il lui faudroit bailler la question et qu'il s'en devoit bien garder.

Le treiziesme novembre 1595, *sacris de more peractis*, Messieurs en robbes rouges à la façon accoustumée, retournés au Palais dès l'église de la Sainte Chapelle, l'on procède à la prestation de serment. Ceux qui avoient esté receus à Semeur, soit procureurs ou advocats sont appellés en ordre premier que ceux qui avoient esté receus ici pendant la Ligue. Entre Messieurs, M. Colard estoit, estant retourné quelques jours auparavant à la ville. L'on appelle avant le tableau de Messieurs.

Le quatorziesme dudit mois, les Chambres assemblées, j'entre au palais, ce que je n'avois fait devant à cause du décés inopiné de ma chère femme, en seconde noces, D^{lle} Marguerite Robert, décédée le huitième de ce mois, sur les huit heures du soir, après avoir esté travaillée d'une fièvre ardente et continue l'espace de dix neuf jours. Dieu en ait l'âme, ce m'a esté une grande et grande affliction, m'ayant laissé quatre petits enfans, un fils et trois filles, de notre mariage, Jeanne, Marguerite, Bénigne et Magdeleine Breunot, mes enfans (1).

Les Chambres assemblées, le tableau est encore appellé. M. le premier président tient un long propos de l'union qui devoit estre entre nous, ayant, les troubles passés, agité la compagnie de tous costés, mais puisqu'il avoit plu à Dieu, par sa miséricorde, nous remettre tous ensemble, nous nous devions roidir au service de Dieu, du Roi et du peuple, ce qu'il dit après la lecture faite des ordonnances.

Après ce, Messieurs les gens du Roi sont appellés. Entrés, parce que M. Picardet, procureur général, est appellé après M. de Vellepelle, avocat du Roi, M. Millotet en fait instances, dit que c'est *contra morem majorum*, demande que cela soit corrigé, que Mrs Fremiot et de Montelon, présidens, ayant fait ci devant la charge d'avocat du Roi, scavoient assés ce qu'il en estoit. L'on lui dit que M. Picardet, de retour, estant en Cour, il y sera pourveu, lui oui. Après la lecture des ordonnances qui le regardoient faite, M. de Vellepelle tient un fort long propos, et bien agencé des misères passées et de la paix qui devoit estre embrassée de tous les gens de bien comme un précieux don de Dieu, tant souhaitté, avec mots bien enrichis sur ce mesme sujet.

Les huissiers, après, sont mandés, et, lecture faite des ordonnances qui les regardent, Messieurs les gens du Roi les exhortent au devoir de leurs charges. M. le premier président aussi.

Retirés, l'on appelle les officiers des baillages; ceux de

---

(1) Breunot avait eu de Jeanne Colin, sa première femme, un fils nommé Jean-Baptiste, né le 9 juin 1582, et de sa seconde femme un autre fils nommé Philibert-Baptiste, né le 13 octobre 1585, qui, tous deux, moururent en bas âge. Son fils Bénigne fut baptisé le 20 octobre 1591. — Reg. de la paroisse Saint-Michel de Dijon.

Dijon, de Semeur et Saint Jean de Losne s'y trouvent, le reste non, pour l'incommodité du tems. Protestation de M. Filsjean (1) contre M. Morin, lieutenant (2), et M. Tabourot, lieutenant à la Table de marbre (3), voulant estre appellé avant les officiers. Messieurs les gens du Roi font un grand et long discours sur le petit nombre et qu'il leur fut ordonné de comparoir après les Rois ou à Pasques, et, pour les présens, les exhortent au deu de leurs charges, ce que fait aussi M. le premier président. Retirés, l'on parle de deux requestes présentées en la Chambre des vacations pour les procurations de fut Marc et de fut Bonier, sur lesquelles il avoit esté dit qu'il seroit informé. Résolu qu'il seroit procédé à la réception de Marc et de Bonier par l'une des Chambres.

L'on résout que l'on entrera de relevée à deux heures. L'on n'a ni cires, ni bois au palais, qui est chose misérable, moins [encore] de buvette.

De relevée du mesme jour, Mrs Loppin et Buatier, maîtres des Comptes, entrés, après permission, en la Grand-Chambre, raportent qu'il y a des soldats qui sont en la maison du grenetier Fevre qui veulent forcer les coffres du Roi sur un mandement obtenu de M. le maréchal et sans autre formalité, chose de pernicieuse conséquence; qu'il y a aux coffres du Roi près de cinq ou six mil escus, dont il pouvoit avoir quelque chose pour nous. La plupart de Messieurs estant jà retirés et sortis, l'on ne laisse de s'assembler, et résolu enfin que le lendemain il y seroit pourveu et que M. le président Fremiot seroit adverti pour s'y trouver.

Le lendemain, les Chambres assemblées, le fait du jour de devant est proposé à la compagnie par M. le président de Crepy, qui présidoit à la précédente assemblée pour l'absence de Messieurs les autres plus anciens présidens, et M. le pré-

---

(1) Nicolas Filzjean, gouverneur de la chancellerie.
(2) Jean Morin, lieutenant-général au bailliage.
(3) Alexandre Tabourot, lieutenant-général à la Table de marbre.

sident Fremiot excite sur la parole par lui ci devant baillée que l'on ne toucheroit aucunement aux deniers du Roi que par les formes ordinaires. Lors, ledit sieur président Fremiot remonstra que sur ce qui lui avoit esté dit le jour précédent par Mrs Berbisey et Bernardon, scindics, ayant de ce estés chargés par la Cour, il avoit mandé le secrétaire du sieur de Parcours pour faire entendre à son maistre l'importance de cette affaire, en auroit parlé à M. de Sarrau, secrétaire de M. le maréchal, qui l'avoit trouvé mauvais. Qu'il s'estoit informé de la vérité de ce qui s'estoit passé par les entremetteurs des affaires du grenetier Fevre, qu'il a appris, à la vérité, qu'il n'y avoit que quatorze ou quinze cens escus, au plus quinze cens, dont l'on avoit jà distribué douze cens à quelques particuliers qui avoient esté colloqués sur les assignations qu'en avoit M. de Brion; restoit seulement auxdits coffres deux cent cinquante escus que les soldats vouloient prendre à la charge de les remplacer sur les assignations qu'ils avoient, qui estoient un peu plus tardives, mais que l'on avoit passé plus outre. Qu'il n'y avoit aucune chose pour nous; que l'intention, soit de M. le maréchal, soit de M. de Parcours, n'estoit de toucher à nos gages et qu'il y avoit moyen de nous faire payer d'un quartier dans la fin du prochain mois et un autre en janvier et ménager cela avec les receveurs; qu'il n'y avoit apparence aucune que les assignations baillées tant audit sieur de Brion qu'à autres vinssent à nous précéder et que l'on feroit en sorte que lesdites assignations seroient, pour un temps, reculées, ce qui fut approuvé de tous, et résolu que Messieurs les scindics de la Chambre des comptes avec M. le président Fremiot et Messieurs les scindics de la Cour s'assembleroient de relevée pour négocier ce que dessus avec le receveur général et le receveur Blondeau.

Après, l'on fait rapport des provisions obtenues par M. de Souvert puisné, de l'estat de conseiller dont avoit esté pourveu son frère aisné par le décès de M. Tixier. Résolu qu'il sera différé d'en traiter jusque à ce que l'on traite de l'édit général.

M. Briet fait mesme rapport des provisions obtenues par M Chaudon d'un estat de conseiller créé par le Roi par édit vériffié à Semeur avec celui que tenoit à présent M. Fevret. Résolu aussi qu'il seroit différé.

L'on propose de faire arrêt pour les quottes contre les capitaines des places, qui ne laissoient d'exiger sur le pauvre peuple les quottes du passé contre les articles de la tresve, aussi de n'emprisonner pour icelles aucun qui amène foin, bled, bois et autres denrées à la ville. Résolu que les capitaines n'exigeront lesdites quottes que suivant la tresve, n'en poursuivront les paiements que par les voyes ordinaires, que les villageois du ressort et autres venant es villes d'icelui pour déposer en justice ne pourront être emprisonnés.

Autre arrêt, aussi pour contraindre les gentilshommes à faire élection de domicile es villes des baillages dudit ressort suivant l'ordonnance.

M. le président Fremiot dit avoir receu lettres de M. le maréchal par lesquelles il mande que la Cour a bien fait d'avoir élargi par tout M. Bernard.

L'on parle après d'effacer les registres durant la Ligue. Plusieurs disoient qu'il les falloit brusler après avoir fait un nouveau registre, autres non. Commissaires députés à cet effect avec Messieurs les scindics. J'en ai esté excusé, ayant esté ci devant l'un des commissaires.

Le seiziesme dudit mois, Messieurs vont ouvrir l'audience. M. Millotet tient un long discours de la paix et en bons termes choisis. L'on publie les susdits arrêts ci devant conclus.

Cependant que l'on estoit à l'audiance, Mrs Loppin et Humbert, députés de la Chambre des comptes, demandent à parler à la Cour, sont introduits à la Tournelle, deux de Messieurs au dessus d'eux, selon qu'il estoit accoustumé.

Font entendre qu'ils ont esté avertis présentement que les soldats du chasteau sont en la maison de Gobin de Requeleine qui veulent forcer les coffres du Roi; que ils en avoient eu la plainte de ses deux fils, que nous pouvions aussi ouir; qu'il estoit expédient d'y pourvoir promptement. L'on leur dit qu'à l'issue de l'audiance Messieurs y pourvoiront. Retirés, l'on fait entrer les deux fils de Gobin de Requeleine, qui font en public la mesme plainte.

A l'issue de l'audiance, l'on s'assemble, l'on mande M. le président Fremiot, venu avec M. de Montelon. Proposé à Messieurs ce que Messieurs des Comptes avoient proposé et la plainte qui ensuite après en avoit esté faite. L'on trouve le fait fort estrange. Enfin, l'on résoult qu'il sera ordonné au sieur de Parcours, capitaine du chasteau, de faire incontinent retirer ses soldats, de représenter et rendre les deniers, si aucuns en avoient esté distraits, et que deux huissiers iroient signiffier l'arrêt de question tant aux soldats qu'au sieur de Parcours. Ils y vont; les soldats se retirent (1), le sieur de Parcours, logé à Saint Bénigne (2), dîne, arrestent demie heure, son sécrétaire vient qui leur dit que le sieur de Parcours n'a point de procès, n'est juridique de la Cour pour n'estre du pays, voit bien qu'on vient à lui pour lui parler de procès, leur mande qu'ils se retirent. [Les huissiers] dient qu'ils sont députés de la Cour pour lui signifier un arrêt et non pour procès; leur dit, ledit secrétaire, qu'ils escrivent estre un petit homme qui ne leur avoit voulu dire son nom : *Retirés vous, retirés vous, et bientost, et bientost.*

De relevée du mesme jour, les soldats retournent en ladite maison, font plusieurs insolences et veuillent forcer les coffres. Le grenetier Gobin se veut mettre en deffense, crie : *alarme! alarme!* mande M. le Maire et les huissiers de la Cour. Les huissiers y vont, parlent au capitaine nommé le

---

(1) Sous-entendu : Ils se rendent chez.
(2) Sous-entendu : On leur répond qu'il.

sergent Le Pont estant soubs M. de Parcours, lui font commandement de se retirer; dit, du Pont, qu'il ne reconnoit que les commandements du sieur de Parcours qui l'a envoyé. M. le Maire après arrive qui les fait retirer.

Le dix septiesme, les procès verbaux veus, les Chambres consultées, sont communiqués au procureur général pour après y ordonner.

Le dix huitiesme, les Chambres sont assemblées, tant pour une requeste présentée par plusieurs jeunes advocats reçus en ce parlement pendant la Ligue qui, au rolle dernier de la Saint Martin, avoient esté appellés après ceux receus à Semeur, ce qui n'estoit raisonnable. Après plusieurs disputes, résolu enfin que les choses demeureroient comme elles sont. Plusieurs estoient d'avis que l'on s'informa comme les choses, pour ce regard, estoient passées au Parlement de Paris. Cela ne fut pas suivi.

Après, M. Fremiot raporta ce qui avoit esté fait en la maison de Gobin; que l'on avoit trouvé moyen, d'ailleurs, de contenter les soldats; que Gobin s'en estoit attaché à lui en pleine Chambre de ville et l'en avoit voulu prendre au collet.

Après, l'on voit les exploits et les conclusions de Mrs Legoux et Millotet, advocats du Roi, fort molles et foibles. L'on résout enfin que les tesmoins de l'exploit des huissiers seront ouis par information et adjournement personnel contre le sergent du Pont, et que du fait de question, remonstrances vives seront faites à M. le maréchal de Biron et aussi des ravages et pilleries qui s'exercent dans la province, pour après en avertir le Roi, ou il ne y donneroit ordre.

Le vingt troisiesme, les Chambres consultées, l'on résout, attendu que M. le maréchal de Biron estoit à Beaune et qui devoit arriver en cette ville, que un de Messieurs les présidens de la Grand'Chambre, deux de Messieurs les anciens de l'une et de l'autre chambre avec M[rs] les scindics Berbisey et Bernardon seroient députés pour lui faire remonstrance, tant de ce qui s'estoit passé que sur autres points.

Le vingt troisiesme dudit mois, les Chambres sont assemblées, l'information de M. Baillet fils rapportée, l'eage n'estoit pas trop bien vérifié, résolu néantmoins que sa loi lui seroit baillée au plustost que l'on pourroit, sans remettre ou troubler les audiances ou icelles remettre soit civiles ou criminelles pour l'importance, parce que l'on poursuivoit que sa loi le mesme jour lui fut baillée pour la rendre samedi prochain, jour de l'audiance criminelle, ce qui n'a esté trouvé bon par la compagnie.

Au mesme temps, M. Briet, rapporteur des susdites provisions, fait rapport des lettres obtenues par M. Baillet père, pour avoir nos priviléges. L'on dit qu'il n'estoit nécessaire, et que le privilége lui estoit acquis. Fut dit qu'après la réception il y seroit pourveu. Le privilége lui estoit acquis sans lettres, pour avoir servi plus de vingt ans complets.

Le cinquiesme en décembre du mesme mois, M. Baillet père fait la déclaration pour la résignation qu'il avoit faite à son fils de son estat.

Le mesme jour, l'on baille à M. Baillet fils son point pour respondre : *incidit in l. Rem majoris pretii. C. De rescondend. venditi,* pour le rendre samedi et l'on remettra l'audiance criminelle. M. Briet, son raporteur, l'est venu dire à la Tournelle, parce que cela s'est fait sans que les Chambres ayent été assemblées.

Le septiesme décembre, les Chambres sont assemblées sur l'occasion d'une requeste présentée par ceux de la ville de Beaune contre l'exécution de la commission de M. le Compasseur, par laquelle, sans estre insinuée ni présentée à la Cour, il l'avoit toutefois exécutée, mettant des subsides sur les habitans des villes presque intolérables. Messieurs de la Grand'Chambre envoyent à la Tournelle dire qu'ils sont d'avis que l'on ordonne audit le Compasseur de mettre sa commission et ses procès-verbaux devers le greffe dans huit jours, dont ceux de Beaune pourront prendre copie. Sera le tout communiqué au scindic des Estats et à M. le procureur général, pour après y ordonner. Messieurs de la Tournelle, par leur advis, passent oultre et sont d'advis que l'on doit faire les défenses de passer oultre, cependant ; ce qui, par Messieurs de la Grand'Chambre, n'est treuvé bon. L'on s'assemble, l'on résoult enfin que la requeste et pièces jointes seront communiquées au procureur général et au scindic des Estats pour y adviser au premier jour. Plusieurs estoient d'advis des déffences.

L'on parle après des lettres du Roi de cachet du camp de La Fère, par lesquelles Sa Majesté mande que l'on prie Dieu et qu'on lui rende grâces de l'absolution qu'il a plu à notre saint Père le Pape de lui bailler. L'on résoult que Messieurs les scindics scauront de M. le mareschal et de Messieurs les ecclésiastiques le jour que l'on pourra faire la procession solennelle pour ledit heureux succès (1).

---

(1) Voici ces lettres, complétement inédites, et telles qu'elles ont été transcrites sur le registre des délibérations de la Cour. — III, 595.

« De par le Roy,

« Nos amés et féaux, depuis qu'il a plu à Dieu nous inspirer heureusement à la religion catholique, apostolique et romaine, nous n'avons point eu de plus grands désirs que de voir notre conversion suivie de la bénédiction de N. S. P. le Pape, laquelle nous avons recherchée d'autant plus ardemment que nous avons cru qu'elle estoit nécessaire pour notre salut, bien de notre Etat et tranquillité de la conscience de nos sujets, qui n'estoient encore satisfaits, et bien que nos ennemis n'eussent épargné aucune invention ni artifice pour traverser ce bon œuvre auprès de sa Béatitude, ils y ont si peu profité que leur injuste poursuite ne leur a servi que pour manifester davantage leurs ambitieux desseins et faire paroistre à tout le monde que le mantèau de piété duquel ils ont voulu couvrir leurs armes n'a été qu'un masque pour essayer d'envahir et usurper au royaume, car S. S., sans s'arrêter à leursdites poursuites, nous a honoré de sa souveraine absolution pour le bien de notre âme et la seureté de cet Etat, lequel ayant jusqu'ici résisté à ses ennemis, combien en aura-t-il plus de moyen maintenant qu'il s'est réconcilié avec ledit saint Siége apostolique, et fortifié de la bénédiction et assistance de N. S. P., de laquelle nous espérons recevoir autant de consolation et d'utilité que les rois, nos prédécesseurs, en ont tiré par le passé. De

Le neuviesme dudit mois, les Chambres sont assemblées ; l'on procède à la réception de M. Baillet fils, qui a esté receu en l'estat de conseiller, par la résignation de Monsieur son père. Il a bien fait.

Le mesme jour, et avant ladite réception, Messieurs les scindics raportent avoir parlé à M. le mareschal pour scavoir de lui quand il seroit bon de satisfaire à la volonté du Roi, pour rendre grâces à Dieu et faire la procession ; qu'il leur avoit dit qu'il estimoit que dimanche la procession se pouroit faire en la Sainte Chapelle et le mesme jour vêpres et ensuite le cantique du *Te Deum*. L'on dresseroit un feu de joie qui seroit tiré à la place de la Sainte Chapelle, et puis que l'on tireroit l'artillerie. Résolu que nous nous y treuverions en corps en robes rouges et que demain matin nous résoudrions de ce qui est à faire pour la relevée.

Le dixiesme, jour de dimanche, nous nous sommes assemblés au palais en robes rouges, nous allons à la Sainte Chapelle ; la procession se fait, M. le mareschal s'y treuve, marche entre MM. les premier et second présidents ; mais en l'église de la Sainte Chapelle, pendant la messe et aux stations pendant la procession, il a toujours eu un siége séparé

---

quoi nous n'eussions tardé si longtemps à vous donner avis si à notre retour de Lyon nous ne fussions accouru en cette frontière pour y arrester les progrès de nosdits ennemis. Et d'autant que nous écrivons présentement aux évêques de notre royaume qu'ils ayent à en faire remercier Dieu en leurs églises, et aux gouverneurs de nos provinces et villes particulières d'icelles, que le jour que lesdits évêques ordonneront es processions, ils ayent à faire tirer l'artillerie, allumer feu de joie et témoigner par toutes autres démonstrations combien nous estimons la bonne grâce de sadite Sainteté. Nous vous en avons bien voulu aussi faire cette lettre, afin que de votre part vous contribuiez à cette action de grâce tout ce que vous y pourrez apporter pour la rendre plus célèbre, assistant en corps et en robes rouges à ladite procession, et tenant la main que chacun s'acquitte dignement de ce devoir, et nous ferez service très agréable. Données au camp, à Travery, près La Ferre, le 20e jour de novembre 1595, signé : Henry ; et plus bas, de Neufville. — Superscrite : à nos amés et féaux conseillers, les gens tenant notre Cour de Parlement à Dijon.

et ne s'est siégé entre MM. les premier et second présidens comme il devoit (1).

L'on résoult avant qu'aller à ladite procession que l'on ira aussi en corps et en robes rouges à vespres à ladite Sainte Chapelle, ce qui fut fait.

Le onziesme dudit mois de décembre, M. le mareschal entre à la Grand'Chambre, les Chambres à cest effect ayant esté assemblées; MM. Colard, Tisserand et Saumaire l'estans allés recevoir en la grand'salle, estans assis à sa place, il promet toute assistance à la Compagnie, tant en général qu'en particulier. M. le premier président lui tient un long propos avec remercimens de ses bonnes volontés. Voit le grand nombre de la compagnie, dit qu'il avoit charge de Sa Majesté pour recommander la réception d'aucuns dont le Roi avoit voulu honorer les pourveus pour reconnaissance des services qu'ils lui avoient fait; qu'il remet le tout à la discrétion et prudence de la Cour. Toutefois, s'il estoit possible d'en recevoir un ou deux, cela donneroit occasion à Sa Majesté de quelque contentement, sur ce aussi lui fut répondu qu'il y en avoit d'absens de Messieurs cinq ou six, et cinq ou six qui restoient à recevoir par les voies ordinaires (2).

L'on résoult, avant l'entrée dudit seigneur au palais, de bailler la loi à M. Berbisey, *et incidit in l. Pignoribus. c. De usuris*, et résolut qu'il rendra vendredi prochain et ce après veu son information *super vitâ et moribus* avec les conclusions de M. le procureur général.

Le quatorziesme dudit mois, l'on annonce le décès de M. de Maillerois, qni est enterré le mesme jour aux Corde-

---

(1) Cf. délib. de la Ville, reg. 105, fo 195.
(2) Le 14, le maréchal envoya le procureur-général représenter à la Cour « qu'il avait sur les bras ceux qui avaient été pourvus de ces offices, que leurs poursuites et importunités lui étaient à charge, et qu'il la suppliait de vérifier l'édit et d'en admettre au moins deux. »— Délib. du Parlement, III, 595.

liers. La Cour y fut en corps, il estoit personnage d'honneur et qui a passé le cours de cette vie comme n'estant au monde.

Le quinziesme dudit mois, l'on procède à la réception de M. de Berbisey gendre, pourveu de l'estat de M. Catherine, son beau père.

Avant ladite réception, M. Colard fit raport de la requeste de M. Bretagne, présentée à la Grand'Chambre, avec l'arrêt joint à icelle, par laquelle il demandoit que suivant les provisions du Roi ci devant vérifiées dès l'an 1586, il lui fut permis d'opter l'estat de conseiller lay, vacquant par le décès de M. de Mallerois, selon l'arrêt donné sur lesdites lettres; raporté que Messieurs de la Grand'Chambre estoient d'avis que ladite requeste fut enterinée, à la charge que l'estat de conseiller clerc qu'il possédoit demeureroit à la libre disposition du Roi, ce qui fut fait et appreuvé par Messieurs de la Tournelle. Aucuns estoient d'avis que l'on devoit retenir que le susdit estat demeureroit supprimé et ce sur le registre, ce qui ne fut suivi et treuvé bon, veu l'arrêt donné sur la vériffication desdites lettres.

Le dix neufviesme décembre, M. Fevret fit sa plainte à la Tournelle et présenta sa requeste contre M. Richard, advocat, lequel, le jour précédent, en une plaidoirie de la Grand' Chambre, l'auroit atrocement injurié, dont il demendoit réparation. S'estant retiré, M. Berbisey, scindic, est allé à la Grand'Chambre le remonstrer et porter ladite requeste. Messieurs ont résolu qu'il y seroit pourveu par eux.

Le vingtiesme décembre 1595, les Chambres sont assemblées. L'on veut parler de l'édit de création des conseillers et aussi de M. Souvert puisné. Après avoir veu l'arrêt ci-devant donné et autres suivans, est résolu qu'après la réduction entière de la province sous l'obéissance du Roi, il y seroit pourveu. Plusieurs estoient d'advis que l'on devoit communiquer au procureur général, et n'y toucher point que l'on n'eût déclaration du Roi que ladite création seroit réduitte au nombre de deux. *Sed non prevaluit ea opinio.*

L'on fait aussi rapport des provisions obtenues par M. Giroux, pourveu de l'estat de conseiller à la Cour par la résignation de M. Morin, qui fait sa déclaration derrier le bureau. Est ordonné que lesdites provisions seront communiquées au procureur général. M. Colard, raporteur.

Après, l'on fait lecture de l'arrêt dressé ci devant, et résolu les Chambres assemblées pour biffer les registres tant de la Cour qu'autres juridictions du ressort, en ce qu'ils avoient esté contraires au service du Roi pendant la rebellion.

Après, l'on fait raport de la difficulté proposée par M. Briet, à la poursuitte de M. Valon, pour le payement du quartier de ses espèces lorsqu'il sortit de la ville et qui avoit est touché par un autre. Fut résolu que tous Messieurs en connoistroient, excepté M. Valon et M. Berbisey, contre lequel ladite requeste avoit esté présentée, et résolu enfin que ce seroit le dernier payé qui rendroit les vingt escus, à quoi montoit ledit quartier dernier, qui estoit M. Blondeau, décédé.

Le vingtiesme décembre, les Chambres sont extraordinairement assemblées sur les lettres escrites par Messieurs du Parlement de Dole. Sur la prise faite par M. de Lux de quelques prisonniers du Conté, entr'autres d'un nommé Fernand de Bere (1), chargé d'avoir esté trouvé saisi de pacquets pour porter en Espagne, importans pour le service du Roi et pour contrevenir à la neutralité et pour l'entreprise sur la ville de Seurre. Messieurs les scindics députés pour en communiquer à M. le maréchal, pour sa responce ouïe, y ordonner.

Le vingt deuxiesme du mesme mois (2), les Chambres

---

(1) Le registre des délibérations l'appelle Bereuil et dit qu'il fut arrêté à Pont-de-Vaux.

(2) Breunot se trompe, c'est le 23 qu'eut lieu cette communication.

sont extraordinairement assemblées. M. Berbisey, scindic, et M. Bernardon, ci devant députés, raportent avoir communiqué les lettres de Messieurs de Dole à M. le mareschal, qui leur auroit dit que quant à ce que ceux de Dole avoient touché pour les contraventions à la neutralité, qu'il avoit jugé expédient de remettre la décision de ce jusqu'à la venue de M. de Cerilly, ambassadeur de Sa Majesté aux Suisses (2), qui devoit estre bientost en ceste ville pour scavoir à la vérité ce qui avoit esté résolu.

Pour le regard de Bere, qu'il l'avoit jugé de bonne prise, que cela estoit son gibier. L'on résoult sur ce de leur faire responce, et Messieurs députés pour la dresser.

Plusieurs estoient d'avis que nous devions embrasser cette affaire et empescher par tous moyens à nous possibles que l'on ne vint, par l'avidité de quelques malavisés capitaines, faire aucune brèche à la neutralité, tant importante pour le bien et repos des deux provinces.

Le huictiesme jour du mois de janvier 1596, les Chambres se sont assemblées sur un tel sujet. M. de Varennes-Nagut, chevalier de la Cour, entre au Palais pour se trouver à l'audiance (2). M. de Raigni, conseiller au conseil d'Estat, demande aussi à entrer, pour scavoir qui devoit précéder. M. de Nagu retiré, l'on opine là dessus, et enfin conclu qu'ils y pourroient venir tour à tour en l'absence l'un de l'autre, et que puisque M. de Varennes estoit entré au Parlement le premier, qu'il y demeureroit et qu'il seroit dit à M. de Raigny de se retirer, ce qui fut fait. Plusieurs estoient d'avis qu'attendu que M. de Varennes estoit chevalier et conseiller de la Cour et de conséquent ordinaire, que sans aucune distinction il devoit précéder ledit sieur de Raigni et tous autres conseillers d'Estat. Autres estoient d'avis de renvoyer au Roi, mais cause perdue.

(1) Nicolas Brulart de Sillery.
(2) Et prêter serment de fidélité au roi. — Délib. du Parlement.

Après l'on fait raport des provisions de M. le baron de Senecey de l'estat de lieutenant au gouvernement de Bourgogne, par la démission de M. le conte de Charny entre les mains de Sa Majesté. Résolu qu'elles seront communiquées au procureur général.

Le neufviesme dudit mois, M. Colard, raporteur des provisions de M. Giroux, pourveu de l'estat de M. Morin par résignation, venu à la Tournelle, raporte que Messieurs de la Grand'Chambre avoient jugé que ledit sieur Morin, après la déclaration par lui ci devant faite de la susdite résignation, qu'il se devoit abstenir de l'entrée dudit Parlement et se tenir en sa maison sans raporter procès et requestes comme il avoit fait puis la susdite déclaration, ce qui fut appreuvé de tous et tost après prononcé audit sieur Morin, lequel depuis n'est plus entré.

Le douziesme dudit mois de janvier 1596, ledit sieur Morin, entré au palais par permission de la Cour, prent congé de l'une et de l'autre Chambre avec un propos par lui tenu, rempli de courtoisies et honnestes offres.

Le treiziesme dudit mois, les provisions de M. Giroux sont communiquées au procureur général et, ce résolu, les Chambres assemblées.

Le vingt troisiesme du mesme mois de janvier, les Chambres sont assemblées pour le paiement des intérêts que nous devons tant à M. le conseiller Thomas qu'à Mlle l'esleue Desbarres, sœur de M. le président Fremiot, d'autant que MM. Bretagne et Millet, cautions avec autres, estoient inquiétés et travaillés es requestes du palais. M. le président Fremiot s'excuse par Me Jean Bérard, qui a touché de lui huit cens quatre vingt et tant d'escus. L'on dit seulement qu'il faut parler à ses héritiers.

Le vingt quatriesme du mesme mois, les Chambres sont assemblées pour des lettres receues du Roi pour reconnoistre ci après le saint Père, pour la collation des bénéfices. Fut résolu qu'elles seroient communiquées au procureur général pour prendre ses conclusions promptement, les rendent; icelles veues, résolu que lesdites lettres seront publiées le vendredi suivant à l'audience.

Après, l'on fait raport des lettres de cachet écrites par le Roi à la Cour le seiziesme du mois précédent, datées de Folembray, près la Fère en Picardie, par lesquelles Sa Majesté mande à la Cour procéder à l'entérinement des lettres de provisions de M. de Senecey, pour l'estat de lieutenant au gouvernement de Bourgogne en l'absence de M. le maréchal. L'on voit quant et quant une requeste présentée par M. de Tavanes, ci devant ayant exercé ladite charge et mesme pendant les troubles. Résolu que le tout sera communiqué au procureur général (1).

L'on parle après de nostre quartier et du paiement d'icelui. L'on parle à M. le conseiller Blondeau, dit que son frère est à la poursuite pour faire venir les deniers. L'on crie contre ceux qui en particulier s'estoient fait payer et qui jouent à la faulse compagnie.

Le vingt sixiesme du mesme mois, les Chambres sont assemblées pour le paiement de nos gages. Estans assemblés, M. le procureur général demande d'estre ouï, et entré dit que comme conseil de M. le maréchal, il avoit charge de lui de venir à la Cour la prier de sa part de procéder à la vérification des lettres du Roi sur l'édit de subside des denrées entrans et sortans des villes pour la nécessité de ses affaires, et que ledit sieur maréchal en avoit receu lettres et autres escriptes à la Cour à cest effect, par lesquelles Sa Majesté veut que ledit subside sorte effect. Résolu que tant

---

(1) Le procureur-général, qui avait apporté avec ces lettres closes celles adressées au maréchal de Biron sur le même sujet, exprima à la Cour le vif désir qu'avait le maréchal, qui était sur le point de partir, de ne point laisser la province sans gouverneur. Il lui déclara même que si Biron, en le quittant, avait usé de ces mots : que si Messieurs du Parlement ne recevaient M. de Senecey, il serait contraire de le mettre en possession et de recevoir son serment. — Délib. du Parlement, III, 608.

lesdites lettres que requestes du scindic et autres pièces et requestes des villes particulières de la province seront communiquées au procureur général et audit scindic des Estats. L'on treuva fort mauvais de ce qui avoit esté fait par le procureur général, estant ce qu'il estoit.

Le vingt septiesme dudit mois, les Chambres assemblées, l'on fait raport des provisions tant de M. de Senecey que requeste de M. de Tavanes et conclusions de M. le procureur général. Enfin, après plusieurs contentions, l'on se treuve partagé, scavoir seize de Messieurs contre dix-sept. Les uns que lesdites lettres seront vériffiées aux conditions de ses prédécesseurs; les autres que les parties se pourvoiront devers le Roi pour estre esclaircis de sa volonté.

Le cinquiesme dudit mois de février 1596, les Chambres sont assemblées pour nos gages et pour des lettres de cachet et saisies faites sur les grenetiers, sur les deniers de la gabelle, contre l'estat dressé ci devant et pour en intervertir les deniers. Arrêt sur les conclusions prises par M. le procureur général, déffenses sont faites aux grenetiers d'avoir aucun égard auxdites saisies et lettres, déffenses très expresses à eux de se désaisir des deniers ou permettre qu'ils soient tirés hors de la province, que les gages et charges d'icelle n'ayent esté acquittés.

Après, sur la requeste présentée à la Cour par les marchans de la Bourgogne et de la ville de Lyon, trafiquans sur la rivière de Sône, pour faire cesser toutes daces, exactions et impositions fors celles créées de toute ancienneté pour faciliter le commerce, arrêt sur les conclusions du procureur général et scindic des Etats, qu'il sera informé contre ceux qui exigent et procédé contre eux comme perturbateurs du repos public. Révoque toutes daces et impositions autres que celles establies d'ancienneté. L'on ne veut mettre en l'arrêt M. de Tavanes pour Bonencontre, encore qu'il fut particulièrement nommé par ladite requeste.

Le huitiesme du mesme mois, les Chambres sont assemblées, et fait rapport de l'édit contenant règlement des tabellions, notaires et garde notes. Résolu que le tout sera communiqué au scindic des Estats.

Le vingt et uniesme février, les Chambres assemblées, a esté jugée la thèse générale, scavoir où et par quels commissaires seroient jugés les procès jugés en ce Parlement et au Parlement de Semeur entre ceux qui avoient tenu contraire parti pendant les troubles, et enfin arresté que lesdits procès seroient jugés en autre Chambre et autre commissaire que celui au rapport duquel lesdits arrêt auroient esté donnés pendant les susdites divisions.

Après, fut fait rapport par M. Boursaut de l'information et du procès criminel commencé à la Cour à requeste et instigation des Souverts contre M. Giroux, et, après plusieurs contentions, résolu que lesdites informations concernans quelques injures prétendues dites et faites par ledit Giroux aux Souverts et sur lesquelles ledit Giroux avoit esté oui avec la requeste présentée par Souvert l'aisné pour le jugement dudit procès, seroient communiquées au procureur général pour, après le jugement qui sera fait, les Chambres assemblées, et non en une seule Chambre, estre pourveu sur l'information *super vitâ et moribus* requise par ledit Giroux, ainsi qu'il appartiendra.

Le mesme jour, de relevée, les Chambres assemblées, fait rapport des provisions obtenues de l'estat de conseiller laïc, que souloit ci devant tenir M. Tixier, par M. de Souvert puisné, avec lettres de jussion pour procéder à la vériffication des susdites provisions en forme d'édit. Résolu qu'il sera différé d'y pourvoir et ordonner.

Après, fut opiné fort sérieusement sur la proposition, lettres et ouverture ci devant faite par M. le procureur général, en qualité de conseil de M. le maréchal, pour autoriser par la Cour la nouvelle imposition mise sus tant sur le vin que autres denrées entrans et sortans des villes de ceste province. Après plusieurs contentions, fut enfin résolu que tel subside ne sera autorisé par la Cour comme important les ruines des villes, jà assès affligées des misères passées, et que M. le maréchal les fasse lever s'il veut, parce que si l'autorité de la Cour y estoit intervenue, cela se rendroit perpétuel. M. le maréchal se réduit, pour ledit subside, au vin et au fer et que Messieurs les privilégiés en seront deschargés. Arresté aussi qu'on ira lui faire entendre.

Le vingt neuviesme février audit an, les Chambres sont assemblées sur une requeste présentée par M. Brulart fils (1), entré en possession de l'estat de maistre des requestes dont il avait esté ci devant pourveu et receu seulement à survivance par la résignation de M. de Joinval, son oncle (2), pour avoir entrée au palais et aux audiances, nonobstant que M. son père tint l'estat de premier président. Fut enfin résolu que si M. son père n'estoit premier président, que *suo jure* il y pouvoit entrer, mais que ci après, nonobstant ce que dessus, il auroit entrée au Palais, à la Grand'Chambre et à l'audiance, à la charge, toutefois, de se trouver le moings qu'il pouroit auxdites audiances publiques lorsque M. son père présideroit (3).

Le douziesme jour du mois de mars, les Chambres assemblées, est procédé au jugement du procès extraordinairement fait à M. Giroux en action d'injure, à requeste et poursuitte des Souverts, et, après avoir veu les pièces dudit procès et les conclusions du procureur général, en absence de Messieurs des requestes et de Messieurs parens ou alliés des

---

(1) Nicolas Brulard, fils aîné du premier président.

(2) Nicolas Brulart, abbé de Saint-Martin-d'Autun et de Joyenval, reçu maître des Requêtes le 5 août 1570, mort le 14 novembre 1597. — Anselme, VI, 530.

(3) A la charge, porte l'arrêt de sa réception, que si M. Denis Brulart, premier président, et Brulart fils se trouvent ensemble en la Grand'Chambre, la voix et opinion dudit fils ne sera comptée pour faire et empescher partage, et quant à l'audience, il n'y pourra entrer, sinon en absence dudit premier président son père. — Délib., III, 616.

Souverts et Maillards, enfin arrêt par lequel les parties sont mises hors de Cour et de procès sans dépens, et retenu que l'esné Souvert s'estant déclaré partie par requeste par lui présentée, paieroit dix escus pour les épices du jugement dudit procès. Plusieurs estoient d'avis de tous les dépens parce que l'on vit que ce n'estoit qu'une recherche curieuse et affectée pour traverser ledit Giroux en sa réception.

Après ce que dessus, l'on ordonne que son information *super vitâ et moribus* sera communiquée au procureur général.

Le treiziesme du mois de mars, de relevée, les Chambres assemblées, l'on fait rapport des chartres et lettres obtenues par ceux de la ville de Dijon, avec les conclusions du procureur général et l'arrêt du Conseil d'état, à Auxonne sur la révocation des dons en ce qui reste à exécuter. L'on résout que la vériffication sera différée, seulement sera retenu que pour les autres articles où il naistroit quelque difficulté, qu'ils seront suivis ; qu'il faut faire instance à la personne du Roi pour la révocation absolue desdits dons, et M. le président Fremiot, député pour en faire remonstrances à la bouche du Roi, pourra prendre pour l'assister M. Bernardon, scindic, ou tel autre qu'il advisera. M^{rs} les présidents Desbarres, Bernardon et Berbisey, scindics, pour en dresser des mémoires, arguments, l'arrêt de la vériffication de l'édit des rentes, l'ordonnance des cinq ans pour les condamnés par contumace, ne pouvant estre de pire condition qu'eux. La composition de M. du Maine, par laquelle l'on tient que ceux qui ont suivi toujours son parti en ont esté exceptés, aussi la promesse par écrit et parole de M. le maréchal de Biron.

Après, parlé des arrérages deus à Mlle Fremiot, l'élue, dont étoit poursuivi M. Bretagne. Résolu, après plusieurs redites, selon qu'il est accoustumé aux affaires communes, que Mrs Tisserand, Briet et M^{rs} les scindics seroient députés pour voir la dépense du compte et état de Regnaudot parce qu'il raportoit double dépense, à ce que donna à entendre M. le président Fremiot, *sed meræ nugæ*.

Le seiziesme du mesme mois de mars 1596, les Chambres sont assemblées sur le retour de M. Zacharie Savot, retourné de la ville de Seurre par le commandement de M. le maréchal de Biron, de parler à La Fortune (1), faisant des courses, pour icelui retenir. M. le président Fremiot sortit hors de la Grand'Chambre et tost après retourna avec l'esleu Espiard (2), nouvellement créé, au lieu de M. Mareschal (3), et autres Esleus avec ledit Savot, et tous découverts derrier le bureau, ledit sieur Fremiot, en qualité de Viconte maïeur, et en ceste qualité Esleu du Tiers Estat, remonstra qu'il estoit plus expédient de faire quelque fonds à La Fortune pour le paiement du quartier courant et pour sa garnison que de la laisser ravager le pays pour rentrer à la guerre, qui seroit la totale ruine du peuple et du pays, mais comme il leur est deffendu de faire aucune imposition sur le peuple que par lettres expresses de S. M., oultre celles qui avoient esté ci devant faites, et qu'il seroit impossible en si brief tems d'avoir lesdites lettres, ils s'estoient retirés en ladite Cour pour avoir son auctorité pour lesdites impositions jusqu'à ce qu'on peut avoir lettres de S. M. pour ce regard ; laissent leurs mémoires et instructions avec les réponses dudit La Fortune. Après avoir icelles veues, l'on les fait rentrer, l'on loue

(1) Hyeronime Rossi, dit le capitaine La Fortune.

(2) Melchior Espiard, nommé conseiller Elu du Roi à la Chambre des Elus du duché de Bourgogne par lettres de provisions du 11 novembre 1595. Reçu le 15 janvier 1596. Il résigna en 1613 en faveur de Palamedes Gontier.

(3) François Mareschal, dont il a été beaucoup parlé dans ces mémoires, nommé Elu du Roi par lettres de provisions du roi Henri III données le 12 septembre 1585, fut reçu le 18 février suivant. Il fut promu à la dignité de président à la Chambre des Comptes, office nouvellement créé par Henri IV, suivant lettres et édit donnés au mois de juin 1595 à Dijon, et reçu le 29 août suivant. Il résigna en 1600 en faveur de François Mareschal, son fils.

leur affection, l'on autorise ce qu'ils feront pour ladite imposition et composition (1).

Après; l'on fait rapport de l'information *super vitâ et moribus* de M. Giroux et les conclusions veues de M. le procureur général, et avant l'on opine fort longuement pour sçavoir si les alliés de M. de Souvert connoistront de la réception de M. Giroux; enfin, Messieurs s'estant trouvés seize à dire qu'ils en devoient connoistre et treize qu'ils s'en devoient abstenir, lors se meut une autre difficulté de scavoir s'il failloit en jugement de récusation en [fait de] réception en l'un de Messieurs, qu'il passat des deux tiers pour faire grande, comme aux autres préparatoires. Enfin, *omnes redeunt* et en leur présence l'on donne la loi à M. Giroux à la fortuite ouverture de livre du C. et *incidit in l. Eos c. De testis,* pour la rendre trois jours après.

Après, pour éviter aux inconvénients qui pourroient ci après naistre au jugement des récusations en la réception de Messieurs, scavoir s'il faut qu'au jugement desdites récusations, qu'il passe des deux tiers pour faire grande comme aux autres préparatoires, conclu enfin et résolu et arresté que à l'advenir la plus grande l'emportera et fera arrêt.

Le vingtiesme jour du mois de mars, M. Giroux est oui et receu en l'estat de conseiller, dont il avoit esté pourveu.

Après, fut résolu et arresté, sur la poursuitte de M^{rs} des Requestes, [qu'ils] participeront ci après aux épices des réceptions de Messieurs, ce qui n'avoit esté fait, à la charge que M. de la Berchère, président, sera seulement payé comme conseiller et qu'à l'advenir M^{rs} les présidens des Requestes payeront soixante six escus deux tiers et M^{rs} des Requestes autant que l'un de Messieurs, et ne recevront les uns et les autres plus que l'un de Messieurs les conseillers, ce qui a esté fait pour garder la société et fraternité.

Le vingt deuxiesme jour du mois de mars, les Chambres

(1) Cf. Délib. du Parlement, III, 517.

assemblées, M. le maréchal venu au Palais pour son départ et pour la réception de M. de Senecey, l'on opine fort gravement sur ce sujet en la présence de M. le maréchal et sur le partage envoyé à S. M. et que nous avions les mains liées. L'on voit la requeste de M. de Senecey à ce qu'il fut procédé à ladite vériffication, attendu que M. de Tavanes estoit content et consentoit la susdite vériffication; déclaration de M. le maréchal de vingt mil escus de récompense que S. M. avoit donné audit sieur de Tavanes pour la récompense de son gouvernement; résolu enfin que ledit sieur de Senecey sera receu audit estat de lieutenant audit gouvernement en l'absence de M. le maréchal, et néanmoins retenu qu'il sera tenu d'obtenir lettres en forme de S. M. pour la déclaration de sa volonté, pour éviter aux conséquences (1).

Le vingt sixiesme du mois de mars, les Chambres assemblées, M. de Senecey présent, découvert, derrier le bureau, ses lettres de provisions de lieutenant en ce gouvernement, après, preste le serment, et puis est mené puis ledit bureau, par Mrs Berbisey et Bernardon, scindics, en la place ou se mettent les gouverneurs, tient un propos court et troussé, que l'ambition ne l'a point poussé à la poursuitte dudit estat, ains seulement le désir qu'il a de servir au bien général de la province, assisté de l'avis de Mrs de la Cour et qu'il souhaitte au particulier rendre tout humble service. M. le prémier président lui répond selon le sujet.

Avant son arrivée, ses lettres avoient esté vériffiées pour en jouir selon qu'en avoient joui ses prédécesseurs, et arresté qu'en la vériffication, l'arrêt de partage ni ce qu'avoit dit M. le maréchal de Biron, n'y sera mis, ains seulement retenu sur le registre.

Le premier jour du mois d'avril 1599, les Chambres sont assemblées sur la proposition faite en la Chambre de la ville pour éviter aux infections et dangers, qu'il estoit expédient

---

(1) Cf. Délib. III, 619.

[1596]

d'aviser à nettoyer le cours de Suzon et celui de Renes pour rendre leur cours perpétuel par la ville, s'il est possible, ou bien d'aviser et résoudre de les oter du tout de ladite ville et pourvoir pour les cloaques et égouts des eaux pluviales, à l'advenir (1). Résolu que avant que y ordonner, que M^{rs} les scindics et M. le Mayeur scauront à la vérité les moyens qu'il y aura pour rendre le cours de Suzon perpétuel et aussi de la seurté de la ville, en le faisant passer par icelle pour, après, le tout examiné, bien et diligemment y pourvoir, comme aussi sur la commodité et incommodité dudit cours tant de Suson que de la Renes (2).

Après, pour donner ordre à la grande affluence des pauvres, M^{rs} le président Desbarres, et scindics, et les intendants et commis de la Chambre des pauvres, commis pour y pourvoir.

Depuis, l'on résout pour trois mois de faire un fonds pour bailler aumosnes publiques, et qu'à cest effet Messieurs feront quester par les paroisses. Les ecclésiastiques en suportent leur part. Mrs de la Cour et autres privilégiés sont imposés outre l'ordinaire. J'en paye trente cinq sous à ma part.

Le quatriesme d'avril, les Chambres assemblées pour ouir un conseiller du parlement de Dole nommé M. Garnier, auquel on donne séance du cousté de la chapelle au dessous de deux de Messieurs. Entre avec un bonnet rond, ayant

---

(1) Sur le rapport fait qu'il « convenoit procéder en brefz temps au nettoyement du cours de Suzon, aultrement pour les mauvaises odeurs et féteurs qui en proviennent, failloit croire et juger indubitablement que l'air sera entièrement infecté et s'en engendrera des maladies contagieuses. » La Chambre de ville, réunie le 22 mars sous la présidence de M. Fremiot, commis au magistrat, avait délibéré que Messieurs de la Cour des Comptes seraient consultés pour aviser ce qu'il serait convenable de faire. — Reg. 105, f° 247.

(2) La Chambre de ville nomma deux commissions : l'une pour visiter le cours extérieur de Suzon jusques à Messigny, l'autre pour reconnaître toutes les maisons aboutissant sur Suzon dans l'intérieur de la ville. — Même registre.

une robbe de grand damas, à grand rebras sur le dos, bandées à grandes bandes de velours, ayant un casaquin de velours et les manches traversantes ; est oui fort longuement sur la créance pour en effect tesmoigner à la Cour le grand désir que ses confrères ont à l'observation et entretenement de la neutralité qui leur avoit tant cousté et de laquelle dépendoit entièrement le repos de ces deux provinces ; parle en fort bons termes et à propos ; apporte une ratiffication de la neutralité par M. l'illustrissime et sérénissime cardinal et archiduc (1) ; adjouste que de leur part ils veilleront à la conservation d'icelle et qu'ils espèrent bientost en voir la ratiffication de S. M., qui leur a esté envoyée, mais, à ce qu'ils estiment, interceptée ; qu'ils ont publié pour ce regard des édits dont l'on se doit contenter.

M. le premier président, étant chargé de la compagnie, lui dit qu'il faut que les effects répondent aux parolles, lui parle des courses du Gauchat, de la prison de M. de Monthelon fils (2), et de ce que La Farge, puis dix ou douze jours, avoit touché à Dole, pour La Fortune, environ quatre mille escus, chose qui ne pouvoit ou devoit estre faite et qui estoit directement contraire à la neutralité. A cela, il répond qu'il est vrai que La Fortune avoit touché quelque quinze cens escus, la veuve de La Perle portion, et autres saisissans le reste, que cela avoit esté fait ouvertement et que c'estoit par apointement que M. le gouverneur de Castille avoit, du tems de l'hostilité, dressé au fut capitaine La Perle. Pour les courses du Gauchat, en ont escrit, en bref tout sera remis et rendu et lui diffidé, où il ne voudroit obéir. Pour la prison de M. de Monthelon fils, y ont aporté toute la diligence qui

---

(1) Le registre des délibérations de la Cour porte que Garnier ajouta, en parlant de La Fortune, que le cardinal Infant l'avait désavoué et avait défendu, sous peine de confiscation de corps et biens, de lui porter aucun secours.

(2) Guillaume de Montholon, qui mourut conseiller d'Etat, Intendant des finances et ambassadeur en Suisse.

leur a esté possible, n'y sont obligés que par courtoisie pour les bonnes parties qui sont en M. le président son père et en M. son fils, portent sa détention fort à regret. M. de Monthelon prend le propos, dit que Mrs du Parlement de Dole sont obligés à la délivrance de son fils, non par courtoisie comme il a dit; autrement, ce seroit enfraindre du tout la neutralité, se passent plusieurs propos, ledit sieur Garnier, retiré. L'on résout que la ratiffication de la neutralité n'est suffisante, qu'ils ne se peuvent excuser de l'argent baillé à La Fortune. Toutefois enfin, est résolu que tout sera communiqué au procureur général.

Le dix septiesme dudit mois, pendant les féries, Messieurs sont extraordinairement assemblés. L'on fait procession générale pour la conservation du Roi et de l'Estat, attendu que l'on [a] advis que les deux armées estoient proches l'une de l'autre. L'assemblée à Saint Jean, la messe à la Sainte Chapelle et le sermon à Saint Estienne.

Le vingt neuviesme avril 1596, les Chambres, de relevée, ont esté assemblées, lors oui en pleine Chambre M. Garnier, député du Parlement de Dôle, sur lettres de créance de Mrs du Parlement et aussi pour la confirmation de la neutralité ratiffiée par le Roi d'Espagne, plaintes des courses et ravages sur ceux du Conté avec information et copie des lettres escrites par l'illustrissime archiduc qui désavoue et La Fortune et ses soldats. Lui retiré, et les conclusions veues de M. le procureur général, l'on résout que la susdite ratiffication sera registrée sans approuver les qualités de Roi de Navarre, duc de Bourgogne, et autres préjudiciables à l'Estat; qu'il sera informé contre tous les capitaines et soldats des contraventions à ladite neutralité, tant par les premiers conseillers trouvés sur les lieux que par les lieutenans des baillages, chacun en son regard, des hostilités, ravages, voleries et rançonnement, commis tant par les capitaines que soldats des garnisons de ceste province; qu'il en sera écrit à M. le maréchal pour les retrancher et faire icelles cesser;

qu'à sa première arrivée en ceste ville il sera faite une députation solennelle de bon nombre de Messieurs audit seigneur pour faire cesser tant de ravages et désolations du pauvre peuple et lui résoudre qu'il n'est plus possible au peuple de supporter les charges qui lui sont mises sus (1).

Après, M. Tisserand fait raport d'une assignation qui lui a été baillée à requeste de Brion, au Parlement de Paris, tant pour lui que pour les autres. Résolu qu'au premier jour, attendu l'importance de l'affaire, il y sera pourveu.

Le septiesme jour du mois de mai 1599, les Chambres sont assemblées pour une jussion très expresse envoyée par le Roi sur l'édit des notaires et pour la vériffication d'icelui, M. le maréchal de Biron, en poursuivant l'entérinement, comme en ayant le don. Après avoir veues les conclusions du procureur général qui consent la vériffication, et les règlemens ci devant donnés, la Cour, après plusieurs contentions, déclare que le susdit édit sera vériffié pour en jouir par les notaires suivant les arrest et règlemens ci devant donnés qui seront exprimés par ledit arrêt, à la charge que les taxes portées par ledit arrêt seront modérées, scavoir : Dijon, qui estoit à quatorze escus, à dix, ceux des bourgs, qui estoient à dix, à six, et ceux des villages, qui estoient imposés à six escus; à quatre. Plusieurs estoient d'avis que l'on ne le devoit aucunement vérifier, d'autant que ce n'estoit que surcharge sur le peuple et une seignée que l'on faisoit aux notaires, insensiblement ayant jà payé le droit de confirmation.

Après ce, l'on parle de nos gages et de la négligence de Corberon, estant en quartier et ne résidant à la ville. Lui est ordonné d'y venir résider à peine de privation de son estat, pour faire les diligences du payement de notre quartier de janvier, ce qui est signifié à M. Martin, procureur, son beau-frère.

(1) Cf. Délib. de la Cour, III, 624.

Après l'on fait raport des lettres du Roi contenant attribution de juridiction en ce Parlement de ce qu'il avoit conquis en la Bresse. Résolu qu'elles seront publiées et les *vidimus* envoyés en Bresse, et à ce que les sujets sachent où ils pouront recourir pour avoir justice.

L'on parle après des lettres à survivance obtenues par le fils de M. Tisserand de l'estat de conseiller de son père, qui avoient esté communiquées au procureur général. L'on resoult qu'il sera informé *super vitâ et moribus* dudit sieur Tisserand fils, etc.

Le dixiesme jour de mai, les Chambres assemblées sur des lettres envoyées à la Cour par le Parlement de Dole avec la coppie des lettres à eux escrites par M. le maréchal, le dernier du mois passé qu'il leur avoit envoyées avec trompette ayant fait trois chamades à l'entrée de la ville comme en ville ennemie, pour adviser à la conservation de la neutralité. L'on résout enfin que par deux de MM. les présidents et six de MM. les conseillers sera faite une conférence avec M. le maréchal; qu'il n'est expédient pour le service du Roi de faire aucune bresche à la neutralité, ains la conserver estroittement veu la disposition de notre estat affligé nouvellement tant par la prise de Cambray, et surprise ou plutost prise de Calais, et que le siége de La Fère continuoit encore puis dix mois en cela, et qu'après ce Messieurs vertement et avec paroles fermes feront entendre à M. le maréchal qu'il est nécessaire de toute nécessité de retrancher toutes les garnisons non frontières pour descharger le peuple accablé du faix d'icelles, des cottes et cotillons, et qu'il faut deffendre la prise du bestail pour le payement desdites quottes, que l'on ne laissoit de prendre contre les deffenses des édits et arrêts, autrement que les terres demeureront du tout désertes et incultes. L'on parle aussi des habitans de Lucenay (1) en la montagne ayant obtenu

---

(1) Lucenay-le-Duc, canton de Montbard (Côte-d'Or).

arrêt sur leur poursuitte que le bestail seroit rendu, pris pour le paiement desdites cottes, et que nonobstant l'arrêt M. le maréchal auroit retenu la connoissance dudit fait contre les arrêts et règlemens.

MM. Desbarres et Fremiot, présidens, et six de Messieurs commis pour faire les susdites remonstrances et lui dire, ou il n'y seroit mis ordre, que l'on en feroit remonstrances au Roi.

Le mesme jour de relevée, les Chambres assemblées sur la réponse de la députation de Messieurs audit sieur Maréchal, pour la neutralité, que son inclination n'estoit pas de la rompre, que les lettres qu'il avoit escrittes en avoit esté pour grandes considérations et pour le service du Roi; qu'il treuve bon que Messieurs escrivent à Messieurs du Parlement de Dole lettres qui témoigneront que l'intercession et interposition de Messieurs du Parlement ont empesché et retenu ses desseins. Pour les garnisons, n'avoit eu ci devant autre dessein que de soulager la province et en faire le retranchement de celles qui ne sont frontières, qu'il avoit envoyé ci devant un rolle au Roi pour les retrancher et aussi pourveoir au démantelement des places non frontières à ce qu'en ces mouvemens passés et qui n'estoient pas encore bien apaisés, l'on ne s'en vint à emparer où les garnisons seroient ostées; que le Roi avoit donné bonnes paroles et chargé M. de Villeroy d'en faire les dépesches, qui l'auroit renvoyé à M. de Gesvres, qui lui auroit dressé une dépesche par laquelle il lui renvoye le tout pour en ordonner, n'en ayant voulu Sa Majesté porter l'envie, ce qui l'auroit retenu jusqu'à présent; qu'il reconnoît la misère et désolation du peuple, mais qu'il députe M. d'Angeret, gouverneur de la citadelle de Mâcon, dans deux jours vers Sa Majesté, personnage capable qui exécutera dignement la charge qui lui sera commise, par lequel il treuve bon que la Cour escrive, lui escrira aussi de sa part, et espère que les volontés estant vives, il n'en peut sortir que de bons effects et soulagement du peuple. Pour la forme de lever les cottes, y faut par la Cour et lui ensemblement donner un règlement pour l'avenir. Résolu qu'on écrira au Roi.

L'on parle après de nos gages. Résolu que Regnaudot, au lieu de Corberon, ira par les greniers faire venir les deniers pour notre payement aux frais de Corberon, estant en charge, et des receveurs particuliers qui doivent apporter les deniers.

L'on lit après le règlement pour les pauvres, pour deux mois, attendant les œuvres seront réduits en l'hospital et en l'Isle, leur sera baillé à chacun une livre et demie de pain par jour, aux enfans la moitié du potage, les valides l'on les fera travailler pour les quottes. Après avoir veu la dépense de la première semaine, il sera advisé du pied de la quotte que les privilégiés devront prendre sans s'arrester à l'ancien pied des quottes par lequel l'on avoit accoustumé de charger les privilégiés que d'un quart, ce qui à présent ne seroit raisonnable.

Le quatorziesme jour du mois de mai, les Chambres sont assemblées; M. Colard au bureau fait raport de l'information *super vitâ et moribus* de M. Hiérosme Tisserand, pourveu à survivance de l'estat de conseiller à la Cour après le décès de M. Tisserand son père. L'on resoult qu'il y a assez de preuve pour une survivance de l'âge et non pour une résignation pure et simple. Ce fait, après les conclusions veues du procureur général, il est appellé, entre; à l'ouverture du livre prent son point et *incidit in l. Conductore, c. Locut.*, pour le rendre samedi matin. Apres l'on fait lecture des lettres que la Cour escrit au Roi pour le retranchement des garnisons à la descharge du peuple.

MM. les président de Crepy, Berbisey et Bernardon, scindics, députés pour les communiquer à M. le mareschal et pour lui parler d'empescher que pour le paiement des quottes l'on prenne le bestail comme l'on faisoit. Que si cela se continuoit, ce seroit ruiner entièrement le plat pays et de conséquent les villes ; aussi des plaintes de ceux de Langres pour les courses du Gauchet qui maintient que la ville de Langres n'est comprise en la neutralité.

Le dix-huitiesme jour de mai audit an, Hiérosme Tisserand, fils de M. le conseiller Tisserand, est oui et receu à l'estat de conseiller à la survie ou démission de son père. *Frigidissimè respondit.* Il preste seulement le serment et ne lui fut baillée aucune place, parce qu'il n'a peu avoir aucune séance que du jour où la démission sera faite.

Après l'on parle des povres et de continuer les quottes, et d'autant qu'il y en avoit de Messieurs des Comptes qui n'estoient cottisés comme il failloit. Resolu qu'il sera fait une assemblée tant de la Cour, de la Chambre des Comptes que de la Chambre des pauvres pour régler lesdites quottes. L'on parle de surhaulser, parce que par jour il faut de depense 22 escus et demi, et moi j'en ai 35 sols.

Le vingt-deuxiesme mai 1596, les Chambres sont assemblées sur la plainte faite par plusieurs de Messieurs du paiement de leur quartier de janvier que l'on différoit de payer, parce que l'on tenoit que la plus grande part de Messieurs des Comptes et aussi de Messieurs, principalement de MM. les présidens estoient payés. L'on résout enfin de mander le receveur Blondeau, qui est entré, dit qu'il est près de compter deniers à nostre payeur. L'on crie après lui, et que c'est une honte que l'on détourne les deniers qui n'entrent à la recette pour des assignations particulières qui viennent de l'Espagne.

Après l'on parle de faire le fonds pour les pauvres, attendu la grande multitude survenue des villes de la province qu'il falloit augmenter. Résolu que nous prendrions au pied de 75 escus par mois jusques à la Saint-Jean, et que l'on fera les questes par les paroisses, et que Messieurs iront avec les eschevins.

Après l'on fait raport des lettres obtenues par ceux de la ville pour le dégagement des dettes d'icelle qui reviennent par un estat joint sous contre-scel à cent tant de mille escus qui auroient esté supportés par icelle tant aux misères passées qu'au siége du chasteau de Dijon, par lesquelles Sa Majesté leur permet de lever sur les taverniers, cabaretiers et pâtissiers le huitiesme du vin, sur le vin qui sortira de la ville par queue 30 sous, et pour un millier de fer dix sous, et ce pour trois ans. Après avoir veu lesdites lettres, la vériffication d'icelles faite par Messieurs des Comptes ausquels l'adresse en avoit esté faite et non à la Cour; après avoir veu les conclusions du procureur général, l'on résout attendu que lesdites lettres n'estoient présentées à ladite Cour, sinon sur des deffenses que l'on avoit faites sur requeste présentées à ladite Cour par les cabaretiers d'icelle [ville] que lesdites lettres leur seront rendues sans procéder à aucune vériffication d'icelles et passer cela par connivence et dissimulation plutost que de l'autoriser, sauf au procureur général de se pourvoir cy après comme il verra estre à faire et que cela sera seulement retenu sur le registre. L'on trouve estrange que Messieurs des Comptes en ladite vériffication avoient usé du mot *entériné et entérinons*, ou ci devant ils usaient du mot *consenti* et *consentons* en tant qu'en nous est l'entérinement desdites lettres, parce que cela est seulement deu aux Cours souveraines.

Le vingt-quatriesme de mai, les Chambres consultées, résolu que le vingt-huitiesme du présent mois qui sera mardi prochain, jour de la réduction de la ville, l'on fera la procession générale, et que suivant l'arrêt le jour sera fêté, et que Messieurs s'y treuveront en robbes rouges. L'on propose que l'assemblée se fera à la Sainte-Chapelle, au retour, et le sermon à Saint-Estienne.

A la Tournelle l'on propose qu'à Paris et à Troyes l'on a mis les doubles à un denier et seulement retenu ceux au moulin pour leur prix, et que ceux de Troyes envoyent icy des charrettes de doubles qui enfin causeroient un grand désordre, s'il n'y estoit remédié, joint que l'on différeroit d'en prendre, et que des pauvres gens manouvriers ayant esté payés en doubles de leurs journées, ils n'en pourroient avoir du pain, qu'il falloit en résoudre. L'on arreste que le général des monnoies oui, il y sera pourveu.

Le vingt-septiesme de mai 1596, Bernardon, scindic de la Grand'Chambre, vient à La Tournelle, dit que le procureur général est entré à la Grand'Chambre, et a présenté l'accord de M. du Maine avec lettres de cachet superscriptes à nos amés et féaux présidens et conseillers tenant ma cour de Parlement à Dijon, où autrefois l'on souloit user du mot : *Notre Cour*. L'on dit qu'il soit communiqué pour à mercredi.

Après M. Colard vient à La Tournelle, dit que M. Gallois, neveu de M. de Vezon, avoit présenté ses lettres de conseiller à ladite Cour, par la résignation pure et simple de M. d'Avon, et que Messieurs estoient d'avis de ladite communication, ce qui fut arresté par M. de La Tournelle.

Le mesme jour l'on n'entre de relevée à cause du lendemain qui est jour férié, auquel l'on rend grâces à Dieu pour la réduction de la ville. L'on resoult que l'on s'assemblera le lendemain à sept heures du matin en robes rouges au Palais pour y assister en corps.

Le vingt-neuviesme, après avoir consulté les Chambres sur le désordre survenu pour l'exposition des doubles que l'on refusoit, dont le peuple estoit en grande nécessité, l'on résout de faire un arrêt par lequel, de quatre sols et au dessous l'on n'en pourra bailler pour plus d'un sol et au dessus jusqu'à cent sols seulement, de vingt sols un sol et non plus ; qu'au payement des journées des ouvriers, l'on ne leur en pourra bailler plus d'un sol, et ce par manière de provision jusqu'à ce que l'on ait avis de Paris asseurés, où l'on dit que lesdits doubles hors ceux du moulin sont mis à un denier.

Après les Chambres s'assemblent pour lire l'accord de M. du Maine, avec les articles secrets, sur lequel le procureur général avoit donné ses conclusions. Après la lecture d'icelui et desdits articles, M. Fyot l'esné se lève, et derrière le bureau remonstre qu'il fait difficulté de connoistre dudit fait, parce que M. Guillaume Millière, son gendre, y a intérest. Messieurs les parens tant dudit sieur Fyot que dudit Millière, se retirent. L'on opine sur les susdites récusations, et opinant, M. Valon remonstre à M. le premier président que lui ni tous ceux qui avoient esté du *Conseil d'Estat* ou qui s'estoient obligés n'en devoient, ne pouvoient connoistre, parce qu'ayant commis plusieurs méchancetés, cela est couvert par l'édit, et partant seroient jugés en leur cause. M. le premier président dit qu'il en a esté et se retire, M. le président des requestes, son gendre, en fait autant et se retire. Enfin l'on résout qu'ils retourneront pour juger lesdites récusations, sauf que quand on parlera des dettes et l'acquittement d'icelles que ledit sieur premier président s'abstiendra. Lesdits sieurs rentrés, l'on résout que tous Messieurs connoistront du général, sans que cela fasse aucun préjudice aux articles 15 et 16, concernans les provisions d'office, et 29 pour l'acquittement des dettes, ni aussi à l'onzième. Messieurs estans tous rentrés, l'on achève de lire les articles secrets et les conclusions du procureur général; d'autant qu'en icelui traitté le bailliage de Chalon est excepté du gouvernement pour six ans, auquel le Roi entretient 1500 hommes de pied et de cheval aux dépens d'icelui bailliage. Résolu que communication en sera faite sous main au procureur scindic des Estats, pour entrevenir et requérir ce qu'il appartiendra, et l'on commença à dire que l'on n'en feroit la publication en autre forme que celle qui avoit esté faite à Paris, parce que tel accord avec lesdits articles estoit injurieux et deshonorable à la France.

Le dernier dudit mois de mai, les Chambres assemblées pour la vériffication de l'accord de M. du Maine. Après avoir ouï la lecture tant dudit édit que des articles secrets (1), en-

(1) Cf. Délib. de la Cour, III, 630.

fin fut résolu qu'il seroit publié à la façon de Paris, scavoir : que le greffier liroit seulement les huit premières lignes de la préface ou préambule, et que puis après il diroit : donné, etc...; que les articles secrets seroient registrés, qu'aucuns *vidimus* n'en seroient envoyés aux bailliages ; que l'advocat du Roi seroit adverti de ne dire autre chose sur le rang, qu'ils avoient baillé leurs conclusions par escrit ; que M. le premier président prononceroit qu'il seroit vériffié et registré de très exprès commandement du Roi et pour l'urgente nécessité du temps. L'on fut longtemps à se résoudre, parce que la plupart de Messieurs furent d'avis qu'il fut retenu sur le registre ; que c'estoit sans approbation du contenu en icelui. Mais enfin il passa après plusieurs redites et paroles piquantes qu'il n'en seroit aucune chose retenue.

Le mercredi douziesme de juin, les Chambres sont assemblées pour la vérification de la pancarte sur l'importunité des gens ayans charge de M. le mareschal et sur requeste présentée par M. de Corvaut, son maistre d'hostel, pour bailler interprétation à l'arrêt de la Cour contenant deffenses de lever aucunes impositions, soit par eau ou par terre, que establies es ports establis d'ancienneté.

Avant, M. Briet fait raport d'une requeste présentée par le procureur scindic de Chalon, pour avoir extrait de l'édit et des articles secrets de M. du Maine et de la vériffication d'iceux pour les faire publier par la ville. Enfin fut résolu qu'il auroit extrait de l'arrêt donné sur la vérification desdits articles, et non de l'édit ni des articles secrets, autrement il eut esté autant expédient publier lesdites lettres d'édit, lequel l'on avoit jugé n'estre expédient de faire.

Après, M. Briet fait encore raport d'une requeste et lettres de déclaration obtenues par M. de Senecey pour l'estat de lieutenant général en Bourgogne, duquel il avoit esté pourveu sur le partage advenu à la vériffication desdites provisions et dont il avoit esté chargé par le susdit arrêt ; mais d'autant que les susdites lettres de déclaration contenoient des clauses insolites, scavoir entr'autres que ce n'estoit de la connoissance de ladite Cour, l'on résolu que lesdites lettres de déclaration seroient rendues à son procureur pour les faire réformer. Plusieurs estoient d'avis qu'il fut mis [néant] sur la requeste par lui présentée et aussi qu'il ne s'en estoit deu aider.

Après, l'on parla à bon escient de la pancarte. Après avoir veu le registre, les conclusions tant du scindic des Estats que du procureur général, et que par icelui registre, que M. le mareschal, par plusieurs conférences que l'on avoit eu avec lui, il avoit promis de réduire seulement ledit subside sur le vin et sur le fer, que l'on n'y toucheroit point, et arresté que où il y en auroit plainte d'autres subsides que sur lesdites deux espèces de vin et de fer, que la Cour feroit justice et continueroit les déffenses. Que si aussi c'estoit pour le vin et pour le fer, que l'on diroit sous mains de payer, ce que l'on toléreroit pendant deux ans, parce qu'il estoit plus expédient de tolérer ledit subside quelque temps qu'icelui autoriser, étant si préjudiciable au public.

Le quatorziesme de juin, les Chambres sont de relevée assemblées sur un tel sujet, scavoir: qu'au matin, M. le mareschal avoit mandé MM. de Berbisey et Bernardon, scindics, ausquels il avoit fait entendre deux choses dont il vouloit avoir réponse à l'issüe : l'une pour les quottes imposées par la composition de quatre mil et tant d'escus pour empescher et retenir les courses de La Fortune, capitaine et gouverneur de Seurre, desquels l'on ne pouvoit tirer payement que par la permission de la prinse du bestail et que, pour ce regard seulement, il failloit lever les déffenses portées par les arrêts, autrement il n'estoit possible de retenir les courses dudit La Fortune sur les habitans des villes; que lui s'estoit engagé de sa foy et de parolle avec ledit La Fortune. L'autre, pour bailler interprétation à l'arrêt donné par la Cour, contenant déffenses de lever aucune chose sur la rivière, autre qu'es lieux et ports accoustumés et establis d'ancienneté, parce que sous couleur dudit arrêt les marchands refusoient de payer les droits de la pancarte establis en sa faveur par le Roi, quelque diligence qu'il y sceut mettre. Messieurs résolurent et pour l'un et pour l'autre qu'il y failloit bien penser. Pour le premier, que si l'on laschoit la bride à la prise du bestail pour ce regard, cela se feroit indifféremment pour toutes les autres quottes. Pour la pancarte, qu'il n'y avoit chose si préjudiciable et pernicieuse au public et qu'il y failloit adviser tardivement.

Le vingt uniesme dudit mois, MM. de Bernardon et de la Grange pour assister à l'élection du Maire. M. Fremiot, président, est continué.

Le vingt deuxiesme, les Chambres sont assemblées. M. le maréchal et M. de Senecey, entrés et assis en leur place, M. le maréchal dit qu'il est mandé de Sa Majesté pour l'aller treuver, qu'en son absence il laisse M. de Senecey, son lieutenant, remonstre la nécessité de la province et pour les poudres et boulets et principalement pour ceste ville; que l'ennemi estoit aux escoutes et scavoit prendre les occasions, que la ville estoit foible du costé du chasteau, qu'il estoit expédient d'y faire un esperon et une aide es lieux qu'il avoit avisés, que c'estoit une affaire de quatre ou cinq mille escus tant pour lesdites fortiffications que munitions nécessaires tant de boulets que de poudre, que ce n'estoit pas grand'chose à une grande ville et capitale d'une province en laquelle il y avoit tant de gens d'honneur engagés, que s'attendre au Roi, c'estoit autant que rien, parce que ses affaires ne le permettoient ; que le Roi lui a mandé qu'il eut à veiller sur les villes de la province, en a aussi receu plusieurs avis et des lettres surprises qui le font entrer en doute de quelque malheur. Prie Messieurs, de députer de Messieurs pour l'assister à la Cour et faire obtenir de Sa Majesté tout ce qui se peut désirer pour le soulagement et repos de ceste province. Dit en outre avec grande véhémence que les députés des Estats n'ont rien fait qui vaille, que l'évesque d'Autun (1) est meilleur Espagnol qu'il n'est bon serviteur du Roi, qu'il le lui veut maintenir; que le lieutenant Guijon (2), député du tiers Etat, est de mesme qui a voulu vendre son vin, n'ont fait autre chose que crier contre la pancarte et faire leurs particulières affaires et négliger les publiques, qu'ils mériteroient d'estre mis l'un et l'autre en une cage pour deux ou trois ans pour leur apprendre à parler. Le Roi lui a escrit ce qu'il dit et le dira toujours. Sur ce l'on lui parle de la révocation des dons comme il a promis et proteste de s'y employer vertueusement, et dit qu'il en obtiendra révocation, ce qui est bien raisonnable. Dit en passant que les bons serviteurs du Roi demeurés en la ville ont autant profité du péril de leurs vies que ceux qui estoient à Semeur, se met après à parler des conseillers nouvellement créés par le Roi qui doivent estre préférés à ceux de M. du Maine; ne veut presser ou d'importuner pour ce regard, mais qu'il lui semble qu'il ne se doit toucher aux uns que semblablement l'on ne touche aux autres. Parla fort longtems des quottes et de la modération d'icelles, du demantelement et rasement des places, commencera à Saulx le Duc lui mesme qui lui appartient pour montrer l'exemple aux autres avec plusieurs autres discours sur ce sujet. Lui avec ledit sieur de Senecey estant sortis, l'on parle de ce qui avoit esté par lui proposé : l'on craint les conséquences; les fortiffications du dehors des villes sont au Roi, les munitions à lui aussi et au pays. Enfin l'on resoult que l'on députera nombre de Messieurs pour conférer avec ledit sieur maréchal en particulier et MM. les présidens Desbarres et de Monthelon; MM. Tisserand, Briet et les scindics pour entendre de lui ce que l'on pouvoit faire, pour après le raporter à la Compagnie et y aviser (3).

(1) Pierre Saunier.
(2) Jacques Guijon, lieutenant criminel au bailliage et vierg d'Autun.
(3) Cf. délib. de la Cour, III, 633.

Après se propose une question sur plusieurs requestes présentées par des particuliers pour faire le procès à plusieurs voleurs, ayant pendant ces troubles commis contre les villageois et habitans des bourgs et villes, plusieurs extorsions et inhumanités incroyables, pour scavoir si cela estoit aboli par l'édit. Après avoir sur ce longtemps dit plusieurs raisons de part et d'autre, l'on n'y conclut aucune chose, ains l'on résoult seulement que ci après l'on y avisera.

Après l'on fait lecture de l'arrêt contenant deffenses très expresses aux greneticrs payer aucunes assignations de mandemens de l'espargne, que les gages des officiers n'ayent été payés.

Le vingt septiesme dudit mois de juin les Chambres assemblées, Messieurs deputés pour prendre congé de M. le maréchal.

Le quatriesme du mois de juillet les Chambres sont assemblées pour l'édit et provisions obtenues par M. Sayve, pourveu de l'office de conseiller laïc que tenoit ci devant M. Cothenot. Enfin résolu qu'il sera informé *super vitâ et moribus*.

Autre requeste après presentée par M. Galois, pourveu de l'estat de M. de Vezon, son oncle, par la démission et résignation d'icellui. Résolut que il y seroit fait droit sauf à aviser ci après qui précederoit.

Le sixiesme dudit mois de juillet, les Chambres assemblées pour resouldre pour les provisions de M. Galois. M. de Vezon fait sa déclaration et prent congé de la Compagnie. Est resolu qu'il sera informé *super vitâ et moribus*. Après l'on propose le fait de M. Millière puisné, de M. de Lamare et de M. Venot, pourveus les deux derniers de l'estat de conseillers à la Cour pour récompense, M. Millière d'estat pendant la Ligue, de M. Odebert l'aisné, mort au parti et service du Roi et receu sont quatre ans passés. M. Belin, de Beaune, présente requeste, maintient qu'il a semblables provisions, mérite autant et mieux estre receu audit estat que MM. de Lamare et Venot, dit haut et clair qu'il a fait meilleur service qu'eux. Après que Messieurs, parens des parties, se furent retirés, Messieurs estans demeurés juges résolurent que l'on ne peut procéder à la vériffication desdites provisions, après avoir au préalable résolut que le tout seroit traitté ensemblement.

Le huitiesme dudit mois, les Chambres consultées, l'information faite *super vitá et moribus* de M. Sayve communiquée au procureur général.

Le douziesme dudit mois, les Chambres sont assemblées. M. le maréchal avec M. de Senecey, arrive et entre à la Cour, prent congé de la Compagnie, dit que son départ a esté plus long qu'il n'espéroit, fait toutes les honestes offres qu'il est possible tant pour le général que pour le particulier, prie la Cour de le charger de mémoires. Parle après de faire arrêt contre ceux qui entrent avec troupes en son gouvernement sans adveu et sans attache pour les faire tailler en pièces, allégue ce qui avoit esté fait au Mâconnois contre les mutinés de Chalon, lesquels s'estant débandés jusqu'au nombre de trois cents, et jettés au Mâconnois, y avoient esté bien frottés.

Parle encore de retenir le peuple qui offense les sergents et soldats allans recevoir les quottes en petites troupes selon les règlemens autorisés par les arrêts, met en jeu ce qui avoit esté fait à quelques soldats par les habitants de Pouilli, contre la garnison du chasteau et aussi par les habitans de Noulay, contre ceux de la garnison de Beaune, faut punir les soldats où ils se trouveront avoir failli, prioit Messieurs de retenir le plus qu'ils pourront le cours de tels commencements, sur quoy M. le premier président reprenant tous les points fit response et promet que la compagnie à toutes occurences feroit de sorte que le public seroit soulagé et qu'il en auroit contentement.

Ledit seigneur retiré avec M. de Senecey, Messieurs résolurent que l'on dresseroit mémoires pour lui bailler, et MM. Fremiot, président, les scindics, MM. Boursaut et Millotet, commis pour les arrester et dresser.

Après ce l'information de *vitâ et moribus* de M. Sayve veu et les conclusions de M. le procureur general, l'on resout de lui bailler sa loi, ce qui fut fait, et *incidit in l. Uxorem, c. De nuptiis* pour le rendre le mardi suivant.

Après l'on voit aussi l'information faite *super vitâ et moribus* de M. Galois. L'on resout de lui bailler sa loi le lendemain pour le rendre le mercredi suivant, ce qui toutefois ne fut fait, parce qu'il prent sa loi seulement le 15 suivant.

L'on parle après de nos gages. M. Blondeau ; chacun exclame contre lui. Resolu que M. Corberon estant en charge fera ses contrainctes, que M. Berbisey, scindic, parlera à lui.

L'on resout que l'on ira encores dire adieu à M. le marechal.

Le quinziesme dudit mois, les Chambres consultées, la loi baillée à M. Galois. Et *incidit in l. Olei, c. Locat* pour la rendre trois jours après suivant l'ordonnance.

Le seiziesme dudit mois, M. Sayve fut oui et receu en l'estat de conseiller que souloit ci devant tenir M. Cothenot.

Le dix neuviesme dudit mois, les Chambres assemblées, M. Galois fut oui et receu en l'estat de conseiller par la demission et au lieu de M. de Vezon.

Le vingt sixiesme dudit mois, les Chambres assemblées, l'on délibère sur deux édis. L'un concernant M. de Souvert, pourveu de l'estat de conseiller que souloit ci devant tenir feu M. Tixier pour estre ledit estat restabli avec lettres de jussion fort expresses obtenues par ledit de Souvert pour proceder à la verification desdites lettres. Fut resolut enfin que le tout seroit communicqué au procureur général.

L'autre, des provisions obtenues par M. Vignier estant à M. de Gevre, secrétaire d'Estat, avec un restablissement de l'estat de M. de Mallerois, avec autre déclaration obtenue par ledit sieur Vignier, pour estre receu en l'estat de conseiller clerc que tenoit M. Bretagne, doyen de la compagnie, avant fait option dudit estat laic au lieu du sien qui estoit clerc, avec clause qu'il seroit payé des gages comme laic. L'on resoult *veto levato* que le tout seroit communicqué au procureur général.

Le vingt neuviesme juillet les Chambres sont assemblées sur un tel sujet. Le jour précédent quelques soldats du chasteau vont à Chenosves pour les quottes, veuillent emmener le bestail, l'on l'empesche; les soldats blessent estrangement deux habitans, l'un ayant un coup à travers le coffre, l'autre un grand coup d'espée sur la teste, les soldats emmènent le bestail à la ville, l'approchent du fauxbourg Saint Nicolas et de la porte pour le rendre au chasteau. Les paysans blessés avec les femmes ayans suivi le bestail exclament à la porte et remonstrent l'indignité du fait. Le peuple s'amasse, l'on veut oster le bestail aux soldats qui le veulent empescher. L'on lache tant de la part des portiers et d'un clercelier que des soldats quelques coups d'arquebusades sans qu'ils portent. L'on commence à s'échauffer d'avantage contre lesdits soldats, trois sont desarmés, les deux autres se sauvent au chasteau, les trois qui avoient esté desarmés sont conduits au logis de M. le Viconte mayeur avec grande affluence de peuple qui les vouloit assomer et ne le pouvoit-on empescher; le peuple estant tout émeu de celui qui avoit le coup sur la teste qui suivoit estant couvert de sang tout glacé autour de lui.

M. Berbisey, lieutenant de maire pour l'absence du Viconte mayeur, prudemment pour oster de péril lesdits soldats, dit qu'il les menoit en prison et qu'il en falloit faire la justice, ce qui fut fait. La Cour en la chambre de La Tournelle, sur requeste présentée par les habitans de Chenosve, mesme par les deux excédés, après avoir oui M. le président Fremiot, lors portant la charge de Viconte mayeur de la ville, qui assura la Cour que l'on informoit diligemment et que pour ce MM. Bourelier et Berbisey estoient commis, forma arrêt par lequel elle ordonna que les prisonniers demeureront en estat, que leur procès sera fait et parfait par le Viconte mayeur ou son lieutenant auquel elle renvoye le tout jusqu'à sentence inclusivement à la charge qu'avant de prononcer la sentence ils seroient tenus de la montrer à la Cour, pour connoistre le devoir qu'ils y auroient faits. M. de Parcours, gouverneur et capitaine du chasteau, ne dormoit pas, importunoit sans cesse M. le Viconte mayeur pour les délivrer, l'arrêt ayant esté fait en l'absence de M. le président Fremiot, qui s'estoit retiré après, dit ce qui s'estoit passé à ladite porte, rentré, sort parce qu'il ne connoissoit du criminel pour crainte de ses bénéfices, s'en va en chambre de ville et sur l'importunité de M. de Parcours, qui estoit accompagnée de menaces de prendre des habitans et mesme des conseillers, à ce que l'on dit, sur délibération de la chambre, met les trois prisonniers en liberté contre l'arrêt.

Le mesme jour, sur les trois ou quatre heures du soir la porte Guillaume estant ouverte, cinq soldats sortent par ladite porte hors la ville, dont l'on tient que c'estoit deux de ceux qui avoient estés desarmés à la porte Saint Nicolas. En sortant quelqu'uns d'entre eux commencent à piquer les portiers, disant qu'ils alloient quérir du bestail pour leurs quottes et qu'ils les vinssent voir empescher ou contredire, et avec blasphèmes ordinaires que l'on ne les en empescheroit nonobstant les arrêts. Aucuns raportent qu'il y eu des injures meslées contre les portiers et les habitans de la ville. M. Boulée, capitaine de la muraille, s'estant trouvé fortuitement à ladite porte, dit doucement auxdits soldats qu'ils devoient passer leur chemin sans provoquer les habitans estans à la garde. Quelqu'uns des portiers s'eschauffent pour les injures dites, respondent par autres paroles aigres. M. Boulée mène lesdits soldats hors de la garde qui tiroient parlans toujours du tort qui leur avoit esté fait, et que si on ne les eut rendus qu'il n'y avoit habitant, mesme jusqu'aux conseillers, qui n'eussent esté menés au chasteau. Contre le chasteau estant enfin hors la garde, les choses s'eschauffent, de sorte que l'un desdits soldats se met en devoir d'offenser avec l'espée ledit capitaine Boulée, ce que voyant un habitant s'estant treuvé fortuitement au lieu où ils estoient, lève une pierre et en baille à la joue du soldat, de sorte qu'il le rue par terre et lui osta son espée. Les autres commencent à ruer coups, les portiers accourent incontinent. Les cinq soldats du chasteau commencent à crier : Secours ! secours ! et à l'instant la porte du chasteau s'ouvre, et quinze à vingt soldats dudit chasteau sortent avec armes découvertes armés de corcelets, picques, hallebardes et arquebuses, commencent à crier : *Tue ! tue !* comme si ce fussent ennemis, et ruer et tirer force coups d'arquebuse contre les habitans et les portiers, la plupart desquels voyant la partie inégale s'estoient retirés, les uns dans le barle de la porte Guillaume, les autres s'estoient enfermés dans la porterie nouvellement bastie à ladite porte. Les soldats commencent suivant leur pointe sans aucun respect de tirer plusieurs coups d'arquebuse auxdits portiers estans dans ladite porterie, entrent de furie aux barrières de la porte, veulent forcer ladite porterie, taschent à enfoncer la porte d'icelle pour entrer. Enfin l'un d'iceux avec un long bois ayant fait ouvrir ladite porte, l'un desdits soldats lasche un coup d'arquebuse en icelle, duquel fut atteinte une pauvre femme de vigneron du fauxbourg Saint Nicolas, preste d'accoucher, qui meurt en la place et son enfant aussi, lequel on vit palpiter dans le ventre de sa mère, après la mort d'icelle. Et pour montrer que c'estoit un jeu joué de propos délibéré, c'est que de la courtine dudit chasteau bordée de force soldats l'on tiroit force coups d'arquebuse contre les habitans estans lors fortuitement à ladite porte pour servir d'épaule et de retraitte aux leurs. Un des portiers se trouve blessé au bras, M. Boulée aussi blessé au coffre, mais avec peu d'effect. Le peuple dudit quartier entendant l'émeute, entre en allarme. M. le marquis de Mirebel, retournant de la Cour entrant lors à la ville, voyant la témérité et indignité de ceux du chasteau met pied à terre, et l'espée au poing fait retirer les soldats dudit chasteau. Chacun est fort offensé et irrité de l'indignité du fait, et ce qui apportoit plus d'horreur, c'est qu'on scavoit assurément et pour vérité que lors de laditte émeute M. de Parcours, capitaine dudit chasteau, y estoit, et que par son commandement laditte sortie avoit esté faite.

Sur tels mouvemens chacun se trouve estonné, un chacun commence à parler fort librement qu'il n'estoit expédient de laisser prendre pied plus avant l'insolence des soldats et des capitaines des chasteaux que pendant les tempêtes de la Ligue l'on n'avoit (1)

. . . .

Ici il manque trente-neuf feuillets de l'original, comprenant

---

(1) Le Parlement, qui venait d'accueillir la requête des habitants de Chenoves, rendit aussitôt un arrêt par lequel il renvoyait la connaissance de l'affaire à la justice municipale avec injonction d'en commencer sur le champ les poursuites. De son côté, M. de Parcours, la première émotion calmée, comprit la portée de la faute à laquelle il s'était laissé entraîner vis-à-vis surtout d'un magistrat aussi énergique que le président Fremyot. Aussi, dès le lendemain, demanda-t-il audience à la Chambre de ville à laquelle il exprima son extrême regret de ce qui s'était passé, dit-il, à son insu; protesta de son désir de vivre en bonne intelligence avec les habitans, et offrit de remettre les coupables à la justice sous la seule condition d'en informer au préalable le maréchal de Biron. Fremyot ne lui dissimula point « la sinistre opinion » que la conduite de ses soldats avait produite dans la ville; il voulut bien recevoir « ses déclarations de bonne volonté. » Il promit de ne rien épargner pour rétablir la concorde que le maréchal, à son départ, leur avait tant recommandée à tous les deux; mais il exigea que, l'enquête achevée, il livrât les coupables. Quatre soldats des plus incriminés furent extraits du château et conduits aux prisons de la ville, trois furent bientôt élargis sous caution; quant au dernier, celui qui avait tué la femme, il était encore en prison le 24 septembre, attendant son jugement, qui devait être fait, suivant l'ordre de Biron, par M. de Senecey, lieutenant géné-

[1596]

tout ce qui s'est écoulé entre le 29 juillet 1596 et le 18 février 1598.

Nous suppléons à cette lacune du journal de Breunot par l'analyse des délibérations les plus importantes consignées durant ce laps de temps, tant dans les registres du Parlement que dans ceux de la Chambre de ville.

« Le 6 août 1596. La Cour, sur la déclaration du procureur syndic de la ville dénonçant les cas de peste survenus, fait cesser les audiences et les renvoye à la Saint-Martin. — Reg. des délibérations III, 639.

« Le 12. Réception de M. Vignier, nommé conseiller (1).

« Le 14. Arrêt qui astreint les officiers et habitants de Chalon à prêter serment de fidélité au Roi, nonobstant l'opposition du prince de Mayenne. — Reg. III, 640.

« Le 13 septembre. Le président Fremyot, Vicomte mayeur, montre à la Chambre de ville « deux paires de lettres » à lui adressées en sa double qualité, par le Roi qui le mande « à Compiègne, à l'assemblée générale qu'il y fait faire de tous les Estats, » comme aussi celles que lui ont écrites le chancelier et le maréchal pour le prier de ne faillir à s'y trouver. Il annonce que bien que le Parlement l'en ait aussi invité à s'y rendre, il ne veut néanmoins rien décider avant d'en avoir l'avis de la Chambre. Celle-ci, considérant la présence du président très utile pour le bien et profit de la province et faire entendre les ruines en laquelle les

---

ral, assisté du Viconte mayeur et du sieur de Parcours ; mais M. de Senécey étant mort sur l'entrefaite, M. de Parcours, alléguant les longueurs de son remplacement, le réclama sous caution à la Chambre de ville, qui le lui remit sous la garde de M. de Fayolle, son capitaine, lequel promit de le représenter. — Reg. n° 106, f°s 71, 74 et 96.

(1) Jacques Vignier, baron de Ricey, Villemor, fut pourvu par lettres du 31 décembre 1595, reçu le 12 août 1596. Il résigna en 1597 pour entrer au Conseil d'Etat, en qualité de maître des Requêtes. Nommé conseiller en 1612, devint en 1618 chef du Conseil de la maison du prince de Condé. En 1624, Louis XIII l'admit au Conseil des finances. Il mourut à Ricey le 24 août 1631. — V. Paillot.

habitants sont constitués, requiert le Vicomte mayeur de faire le voyage et s'en remet à lui de ce qu'il jugera nécessaire dans l'intérêt de la province et de la ville (1). — Reg. de la mairie 105, f° 89. »

Le 12 novembre. Rentrée du Parlement avec le cérémonial accoutumé. — Reg. III, f° 641.

« Le 14 novembre. Le président Jeannin entré s'excuse sur ce que, depuis le rétablissement du Parlement, il n'avait pu remplir le devoir de sa charge, parce qu'il avait « reçu commandement exprès du Roi de se tenir près de Sa Majesté, à laquelle il avait prêté serment de fidélité qu'il renouvelle devant la Cour. — Id. III, 647.

« Le 16. Antoine de Guillermy, sieur de Lartusie, commandant de la citadelle de Chalon, prête serment de fidélité. — Id. III, 647.

« Le 11 décembre. Le Parlement s'impose au triple des cotes ordinaires pour le soulagement des pauvres de la ville. — Id. III, 648.

« Le 30 janvier 1597. Réception de M. de Châtillon en Bazois, nommé bailli de l'Autunois (2). — Id.

« Le 12 février. Le procureur général annonce, d'après la déclaration du marquis de Mirebeau, au sujet du bruit de l'invasion du Comté de Bourgogne par le duc de Bouillon, que les gens du Parlement de Dole ont mal à propos pris l'épouvante. — Reg. III, 649.

« Le 17 mars. Ordre au prévôt des maréchaux de courir à Selongey avec les archers et d'y tailler en pièces les soldats qui y sont cantonnés. — Id. III, 651.

« Le 18 mars. Entérinement par la Cour des lettres de

---

(1) Différentes circonstances, à ce qu'il paraît, ne permirent point au président d'exécuter sa mission, car le 4 novembre, jour d'ouverture de l'Assemblée des notables à Rouen et durant tout le mois, il présida la Chambre de ville.

(2) Antoine-Louis de Pontailler, seigneur de Châtillon en Bazois et de Vaux.

provision de l'office de président obtenues par M. Berbisey, sur la résignation de M. Desbarres, qui en conserve l'exercice six ans durant.

« Le dimanche 23 mars, la Cour va en robes d'audience à une procession faite aux Carmes pour la conservation du Roi et de son Etat.

« Le 26 mars. Réception d'Antoine Bretagne, nommé conseiller sur la résignation de M. Vignier.

« Le 26 avril. Le Parlement, toutes Chambres assemblées, mande le baron de Lux, lieutenant général, pour conférer avec lui des moyens d'empêcher les infractions à la neutralité commises par le capitaine du château d'Authume sur plusieurs des villages du Comté de Bourgogne et qui sont telles que l'archiduc a ordonné au gouverneur du Comté de rompre la neutralité si elles ne cessent. Le baron de Lux informe la Cour qu'il a déjà défendu à ce capitaine de faire des courses et qu'il va lui mander aussitôt qu'à la première désobéissance il ira lui-même l'assiéger dans son château. Il dénonce aussi la tentative d'escalade du bourg de Chanceaux par une bande de brigands aux ordres du capitaine Buchon, appartenant au baron de Vitteaux. — Registre III, 654.

« Le 29 avril. La Chambre de ville entend le rapport du procureur syndic contenant que, suivant l'ordre qu'il en a reçu, il s'est rendu devers Messieurs de la Cour et des Comptes et leur a fait entendre « comme continuant l'aumosne aux pauvres qui se fait, c'est accroistre la peste » qui règne et qui en est la conséquence, « d'autant que l'insolence des pauvres est telle qu'ils vont et viennent en l'isle, conversent avec les pestés, de sorte qu'il convient choisir un autre moyen dont le plus util serait de cesser les aumosnes, » vu la grande dépense des pestes. En outre, eu égard aux surprises des villes, l'on faisait bien la meilleure garde de jour et de nuit, mais qu'il était nécessaire qu'ils donnassent leurs serviteurs pour faire la garde de nuit sous le commandement des huissiers.

« Le 30. La Chambre de ville, informée que le Parlement avait décidé qu'une assemblée, tant de ses délégués que de ceux de la Chambre des Comptes et de ceux de la ville, se tiendrait au Palais pour résoudre sur ces questions, commet deux de ses membres pour faire entendre à la Cour que ces assemblées ont toujours eu lieu à la Chambre des pauvres.

« Le Parlement n'en ayant point tenu de compte, la Chambre convoque le 4 mai une assemblée générale des habitants où l'on décida que l'on protesterait et que l'on se pourvoirait contre cet arrêt et « néanmoins eu égard à la misère et calamité du temps, affin que rien ne soit objecté à la ville, » que ses délégués se rendraient au Palais.

« Le 5 mai. Les députés ayant fait entendre à la Chambre que la Cour n'avait point accueilli leur réclamation et qu'elle les avait seulement invités à se trouver à l'assemblée qu'elle convoquait le 6 au Palais et à y amener un notable de chaque paroisse, la Chambre renouvelle ses protestations, déclare que sans préjudice de l'appel qu'elle interjette, ses députés assisteront à l'assemblée, mais elle leur défend d'y prendre aucune résolution. — Reg. des délib., n° 106, f°s 105 et suiv.

« Le 9 mai. Elle publia en conséquence l'ordonnance que voici :

« Règlement dressé tant à cause de la malladye de peste
« que pour les pauvres.

« Du vendredy neufviesme du moys de may 1597.

« La Chambre du conseil de la ville de Dijon, recongnois-
« sant que la malladye de peste se reprent comme devant
« et que s'est tant à l'occasion de la conversation, hantise
« et fréquantation que font en ladicte ville les habitans de
« plusieurs villes et villages circonvoisins entachez d'icelle
« malladye, et aussy que les pauvres ausquelz icelle ville
« fornyt et administre l'aumone sont sy insolans et remplis
« de mauvaises volontez, qu'ilz ne recongnoissent le bien
« qui leur est faict, mais veuillent tuer et assassiner leurs

« bienfaicteurs. En ce que ilz vont et viennent, hantent et
« fréquantent avec lesdictz contagiez qui sont en l'isle, ont
« la peste, charbon ou aultres incommoditez, ressentent
« ladicte malladye. Touttefois ne délaissent aller et venir
« parmy les sains aux faubourgs et dans ladicte ville où ilz
« entrent secrettement. De sorte qu'il est de besoing pour
« éviter à la continuation et accroissement dudict mal y
« establir un bon ordre et pollice. Ce qu'elle a faict et sta-
« tué en la forme et manière qui s'en suyt.

« Assavoir qu'il est ordonné à tous ceulx qui sont enta-
« chez de ladicte malladye de peste, ceulx qui sont avec
« eulx et les aultres qui les ont hantez et fréquantez se reti-
« rer comme ceulx qui ont ladicte malladye en l'isle (1),
« pour y estre surnomez et secouruz.

« Ceulx qui ont faict ladicte hantise et fréquantation et
« qui ne sont hors du péril d'icelle malladye, seront logez
« au vieil hospital (2), lequel, à cest effect, après que
« lesdictz contagiez en seront tirez, sera perfumé et netoyé
« pour, après les six sepmaines introduictes, sy ne leur est
« arrivé aulcun mal, estre mis en liberté pour fréquanter
« avec les sains.

« Sy dans ladicte ville, en quelques maisons que ce soit,
« ladicte malladye de peste survienne, seront lesdictes mai-
« sons cadenez en cas qu'elles soient assistées de ce qui y
« est requis, assavoir de court, puys et privez non commungs.

« Et au cas que il y aura manquement de l'ung d'iceulx,
« seront tous expulsez et mis hors de ladicte ville, ceulx
« qui y seront résidantz et demeurantz, et les frapez de la-
« dicte malladye conduis à ladicte isle.

« Ausquelz contagiez de ladicte malladye il est faict def-
« fenses se mettre es grandz chemins parmy les sains, ny se
« mesler aux assemblées par les rues et approcher les por-

(1) Voir t. II, p. 156 en note.
(2) Hôpital du Saint-Esprit, dans les bâtiments de l'hôpital général.

« tes et advenues de ladicte ville, à peyne d'estre arque-
« buzés.

« Est enjoinct aux prestres, chirurgiens, saccardz (1) et
« héridesses (2) avoir perpétuellement au travers d'eulx une
« bande de toile jaulne suffisamment large et visible, la ba-
« guette blanche en main pour les recongnoistre ; deffence
« à eux de s'approcher des sains, mais s'en esloigner le plus
« qu'ilz pourront.

« Encore leur a esté faictes deffences entrer dans ladicte
« ville qu'ils ne soyent assistez de sergentz pour ce commis
« pour les conduire es lieux requis et où il sera de besoing,
« ayans la clochette en main que sonneront pour servir de
« signal ausdictz sains de se retirer.

« Lesquelz sergens, oultre ladicte clochette, auront la
« baguette blanche en main, et leur est faict deffences de
« faire conduire les corps mortz de ladicte malladye de
« grand jour, ny par les rues des marchefz, ains sur le tard
« et aux heures qu'il y a moings de peuples dans les rues.

« Sera faicte et érigée une potanee en la place au dehors
« de ladicte ville, du costé du Pont aux Chèvres, pour y ata-
« cher et mettre les délinquantz et dignes d'estre arquebu-
« zés qui contreviendront à ce que dessus.

« Est ordonné à tous les habitans qui auront des mallades
« en leurs maisons les révéler et déclarer au plus prochain
« eschevin de leur paroisse, pour en advertir celuy qui sera
« en sa sepmaine, ainsy qu'il sera dict cy après, affin que sy
« s'est de malladye contagieuse, y estre porveu selon que la
« nécessité le requerra, à peyne, sy le sellent et apprès soit
« congneu que ce soit de ladicte malladye contagieuse, de
« trente troys escus ung tier d'amande envers ladicte ville
« et de pugnition exemplaire.

---

(1) Porteurs et fossoyeurs.
(2) Femmes chargées de laver le linge des pestiférés et de nettoyer les maisons.

« S'il se trouve aulcungs desdictz contagiez qui hazarde
« tant d'entrer en ladicte ville et fréquanter les sains, tout
« aussytost et sur le champ en en sera informé par l'esche-
« vin qui sera en sa sepmaine, qui interrogera, repelera
« l'accusé, confrontera les tesmoings s'il est de besoing de
« momant en momant, pour à l'instant estre procéder au ju-
« gement et exécution d'icelluy sans estre usé d'aucune re-
« tardation.

« Tous lesquelz contagiez et retirez pour ladicte contagion
« auront semblablement chacung d'eulx la baguette blanche
« en main pour estre récongneuz. Aussy à peyne d'estre ar-
« quebuzés, deffence à eux de s'approcher des portes, ny
« des personnes qui sont saines.

« Est ordonné à tous les habitans de ladicte ville tenir
« leurs maisons et rues nettes, chacun en droit soy, bouche-
« ront ou feront boucher, estouper et cimenter les conduitz
« distillans sur les rues dans trois jours et les feront faire
« en terre au dedans de leurs maisons, à peyne de les faire
« boucher à leurs frais et de l'amande trois escus ung tier.

« Deffence de tenir et nourrir dans ladicte ville aulcungs
« pourceaux, oysons, lappins, pijons et aultres animaux qui
« engendrent corruption d'air.

« De faire par les pelletiers et parcheminiers confiz de
« leurs peaux en leurs maisons, ni jecter les eaux d'icelles
« qui sont infectées et corrompues par les rues et places.

« Plus de jecter esdictes rues et places les urines, lecives
« et autres eaues salles et corrompues.

« A tous revendeurs et revenderesses, vendre en ladicte
« ville et faubourgs aulcungs litz, linges et aultres subjects
« à retenir le mauvais air.

« Semblablement sont faictes deffences à toutes person-
« nes faire assemblée ou dances publiques, jouer à dez,
« à quilles, soit par ladicte ville ou sur les murailles, de ne
« faire vendre bouquets de fleurs ny aultres semblables, le

« tout à peyne de trois escus ung tier d'amande envers la-
« dicte ville.

« Deffences de jecter les immondices des maisons conta-
« giez aux rues ny sur les murailes et moings faire brusler
« les pailles. Ains seront portez es lieux destinez, à mesme
« peyne que dessus.

« Seront attachez aux portes de ladicte ville les villes et
« villages contagiez, faisant inhibition et deffence aux por-
« tiers et gardes ordinaires d'icelles portes de laisser entrer
« aulcungs desdicts lieux et dès à présent d'ung seul vil-
« lage, pour ce que l'on les tient tous infectez de la dicte
« malladye, qu'ilz n'ayent certification du greffier ou curé
« du lieu que leurs maisons ne sont infectéez d'icelle mal-
« ladye.

« Ausquelz villageois est aussi faict deffence de déguiser
« ou dissimuler le lieu de leur demeurance, à peine d'estre
« arquebuzés.

« Davantage est ordonné à tous les pauvres, mandiantz
« estrangers de vuider promptement de la dicte ville, et où
« il s'en trouvera aulcungs seront tout aussy tost expulsés
« et mis hors par les sergens à ce commis et depputez.

« Deffence ausdictz portiers et gardes ordinaires les y
« laisser entrer, ny tous ceulx qui y apportent des charges
« de boys et charbon sur leur testes. Ains demeureront
« aux faubourgs pour y vendre et débiter leurs dicts boys
« et charbon. Ausquelz faubourgs aura des boulangiers et
« estassonniers pour leur vendre et débiter du pain, huilles,
« graisses, lart et sel, s'ilz en veullent, a peine, contre les-
« dictz gardes ordinaires, d'estre desmis et destituez de leurs
« dictes charges et de l'amander arbitrairement.

« Les pauvres mandiants qui sont valides habitans de la-
« dicte ville et qui n'ont de quoy se nourir, leur est en-
« joinct tous se retirer, suivant l'estat et rolle qui en sera
« dressé et donné, en l'hospital neuf, lequel, à cest effect,
« sera nétoyé et perfumé pour les y recepvoir, ausquels

[1597]

« sera faicte et distribuée l'aumône ainsi qu'il est accous-
« tumé de faire.

« Faisant aussi inhibition et deffence ausdictz pauvres
« mandier par la dicte ville, mais tout aussi tost qu'il s'en
« trouvera quelque ungs seront mis et expulsez hors
« d'icelle ville par les dictz sergens à ce commis et depput-
« tez, qui y travailleront incessamment à peyne de privation
« de leurs gaiges et de l'amander arbitrairement.

« Et ausdictz habitans de la dicte ville, de leur donner
« aulcune aumône à leur porte, à peyne de trois escus ung
« tier d'amande.

« Et pour faire que ladicte présente délibération et réso-
« lution soit en tous ses points, forme et teneur exécutée,
« et exactement, sans plainte ny doléance, ladicte Cham-
« bre a commis et députté Mrs Jehan Lavisey, Bernard Car-
« relet, Jean Gaultier, Chrétien de Masque, Jehan Jacqui-
« not, Philibert Boullée et Zacarye Savot, eschevins, les-
« quelz s'emploiront l'ung après l'aultre et par ordre une
« sepmaine durant, dont la première sera commancée lundy
« prochain par ledit sieur Lavisey, et les aultres en suyvant
« de sepmaine en sepmaine, commanceans aussy à mesme
« jour de lundy par lesdictz sieurs eschevins, et par ordre
« que dict est, pour veiller et travailler de tout leur pouvoir,
« soigneusement en tout ce qui concernera et regardera la-
« dicte malladye de peste et sancté de ladicte ville et y
« pourveoir génerallement tant pour la nourriture des mal-
« lades retirez à cause de ladicte malladye, circonstances
« et deppendances génerallement quelconque. Tout ainsy
« qu'il pourroit estre faict par ladicte Chambre, sans qu'il
« soit besoing recourir à elle, et de ce icelle leur donne tont
« pouvoir et puissance par ladicte présente délibération,
« pendant et durant qui seront en leur dicte sepmaine.

« Seront assistez les dictz sieurs eschevins chacungs
« comme dit est, en leur dicte sepmaine, de quattre sergens
« de la mayrie, présentement nommez Jacque Marion, Jehan

« Deromochert, Nicolas Yvert et Laureau le plus jeusne,
« ausquelz est accordé deux escus et demy par moys et ung
« pain des pauvres par jour à chacung d'iceulx. Moyennant
« quoy ilz seront tenuz tous les jours incessamant tenir la-
« dicte ville pour s'informer et scavoir la vérité de malladye
« qui y surviennent, et de ceulx qui sont entachés ou morts
« de ladicte malladye de peste, pour de tout advertir ledict
« sieur eschevin qui sera en sa sepmaine pour y pourveoir
« et mectre ordre à la forme que dessus, et y en y aura
« tousjours deulx d'iceulx qui ne lacheront ledit sieur es-
« chevin, durant qu'il s'emploiera à l'exercice de ladicte
« commission, pour obeyr et satisfaire aux commandements
« qui leur seront par luy faitz. De mesme, advertiront le
« procureur scindiq de ce qui arrivera à ladicte ville de la
« dicte malladye, pour en informer Mrs de la Court, et com-
« mancera le premier moys desdictz sergens à compter de
« lundy prochain pour estre payé de leurs dictz gaiges des
« deniers destinés pour lesdicts pauvres.

« Sans atoucher à la charge donnée et defferée à Phili-
« bert Guichardet, aussy sergent, lequel demeure pour sur-
« veillant général en toute ladicte ville. Lequel aussy infor-
« mera ledict sieur eschevin qui sera en sa sepmaine de ce
« qui saura et descouvrira de ladicte malladye pour de
« mesme y pourveoir, ainsy qu'il est cy dessus rapporté.

« Lequel sieur eschevin sera tenu à la fin de sa sepmaine
« rendre compte de tout ce qu'il aura faict et sera passé en
« l'exercice de sadicte commission pendant et durant icelle
« à ladicte Chambre.

« Et pour le regard desdictz pauvres mandiants pour leur
« donner et distribuer l'aumône chacung jour, les faire re-
« tirer audict hospital neuf; tenir la main qu'ilz ne vaguent
« et mandient par la ville, faire expulser les estrangiers hors
« icelle, ladicte Chambre a semblablement commis et dep-
« putté Me Jacques Fournier, Chrétien Le Renouillet, Jehan
« Rougette, Denys Garnier, Henry Morel, Hugues Maire et

« Jacques Derecologne, aussy eschevins, qui s'y employront
« à ce faire chacung une sepmaine durant, dont la première
« sera commencée par ledit sieur Garnier lundy prochain,
« continuera ledict sieur Fournier et aultres eschevins cy
« dessus nommez par ordre et par sepmaine, comme dict
« est.

« Et à ce faire seront assistez par les sergens de ladicte
« mairye pour ce depputtez, ausquelz est enjoint de bien
« faire leur charge et debvoir, que lesdictz pauvres soient
« expulsés de ladicte ville et qu'ilz ne vaguent parmi icelle,
« à peyne d'estre desmis de leurs dictes charges et de l'a-
« mander arbitrairement. Et sera distribué à chacung des-
« dictz sieurs eschevins ung extrait de ladicte présente déli-
« bération pour estre certains de ce qu'ils doivent faire. En
« oultre, ce publié à son de trompe par les carrefourgs de
« ladicte ville. Faict et délibéré en ladicte Chambre du Con-
« seil d'icelle le vendredy neuviesme du moys de may mil
« cinq cens quatre vingtz dix sept. — Registre des délibé-
« rations pour le fait de la peste, 1586-1637, f° 79. »

« Le 2 juin. Réception d'Etienne Bernard, nommé lieutenant général au bailliage de Chalon. — Reg. des délib. du Parlement, III, 655.

« Le 21 juin. Election de Benigne de Requeleyne, grenetier au grenier à sel, Viconte mayeur de Dijon. — Délib. de la Mairie, reg. 107, f° 1.

« Le 25. Réception de Jacques Bossuet, conseiller commissaire aux Requestes du palais, dans l'office de conseiller précédemment tenu par M. Tixier. — Reg. III, 656.

« Délibération du Parlement qui réduit à deux les cinq offices créés par le Roi après la réduction de la ville et les deux accordés au duc de Mayenne par le traité de Folembray. — *Ibid*.

« Le 8 juillet. Réception de Georges de Souvert dans l'office de conseiller commissaire aux Requêtes de palais. — Reg. III, 658.

« Le 11 juillet. Réception de Charles de Clermont, comte de Tonnerre, lieutenant général des bailliages d'Auxois, Autunois et Auxerrois, en remplacement de feu M. de Cipierre. — Reg. III, 659.

« Le 16 juillet. Les eschevins délégués pour donner communication au Parlement et à la Chambre des comptes de la lettre du Roi qui enjoint à la ville de faire payer 1000 escus au Viconte de Tavanes pour la reddition de Talant et de celle du baron de Lux qui demande un secours pour construire un fort à Pouilly et barrer le passage à La Fortune, rapportent que le premier président, après en avoir conféré avec les Chambres, leur avait dit : « que les Viconte mayeur et eschevins estoient prudens et sages pour prendre un bon conseil et se résoudre. Que la Chambre des comptes avoit promis d'envoyer deux de ses membres pour en conférer avec la mairie, mais comme cette compagnie suivoit le Parlement il n'y falloit guère compter; partant, qu'il convenoit de provoquer une assemblée générale. — Reg. 106, f° 54.

« Le 26 juillet. Le baron de Lux ayant impérativement renouvellé ces demandes, surtout celles de Talant, le maire convoqua l'assemblée générale des habitans, laquelle considérant le refus formel du clergé et des privilégiés d'y contribuer en rien et vu la pauvreté des habitans, renvoye l'affaire à d'autre temps. — Id., f° 63.

« Le 4 août. Réception de François de Nagu, sieur de Mersey, nommé chevalier d'honneur du Parlement. — Délib. du Parlement, III.

« Le 26 septembre. La mairie, informée de l'enlèvement de plusieurs habitans par la garnison de Seurre, envoye le procureur syndic en aviser le Parlement, fait demander à La Fortune le renvoi de ces habitans et quelles sont ses intentions en manquant ainsi à sa promesse, elle expédie lettre aux villes et gentilhommes ayant places fortes pour se tenir sur leurs gardes. — Délib. de la mairie. reg., 107, f° 97.

« Le 11 octobre. Elle demande au sieur de Parcours, capitaine du chateau, un renfort de 60 soldats pour aider les habitans à la sureté des vendanges. — *Id.*, 107, f° 107.

« Le 20 octobre. La Chambre de ville est informée par le procureur syndic de la mort subite du Vicomte mayeur, M. Gobin de Requeleyne. — *Id.*, f° 116.

« Le 21. Elle nomme M. Bernard Coussin commis au magistrat, et règle ainsi les funérailles du Vicomte mayeur :

« On invitera M. le baron de Lux, lieutenant général au
« gouvernement de Bourgogne, M^{rs} les présidents et conseil-
« lers de la Cour du Parlement, Chambre des comptes,
« Trésor, Bailliage, des bourgeois et autres personnages no-
« tables de la ville. Mrs de la Chambre et officiers de la ville
« y assisteront en corps et suyvront le corps après les parans
« avant tous aultres, ayant égard que le sieur deffunt estoit
« chef de la ville et qu'ils sont ses confrères.

« Les capitaines enseignes marcheront près ledit corps à
« dextre et à senestre, leurs enseignes couvertes de crespes
« noirs, ayant la pointe baissée, fors l'enseigne colonnelle
« qui ne sera point couverte.

« Les sept tambours seront aussi couverts de noir, touchez
« doucement, ainsi qu'il est accoustumé faire.

« Marcheront devant ledit corps et près d'iceluy trois per-
« sonnes l'une après l'autre. Le premier portant l'espée du
« deffunt, le second la bourguignotte, le troisième le rudache
« et coutelas, qui sont les armes deues à un chef de gens de
« pied.

« Les enfans arquebusiers de la ville marcheront en armes
« devant le corps, leurs arquebuses sous le bras, renversées
« en arrière, la mesche allumée en la main, et ne tireront
« aucunement. Deça et dela dudit corps marcheront quatre
« dizaines desdits habitans, armés comme dessus, et tous
« les sergens des paroisses.

« Quatre eschevins porteront les quatre coins du drap
« mortuaire qui sera en velours.

« Le grand autel de Saint Philibert sera paré de velours.

« Sera porté le corps par dix des anciens sergens de la « mairie.

« Sera prié le père Buffet, prieur des Carmes, faire une « oraison funèbre à la gloire de Dieu et louange des mérites « du deffunt. — Reg., n° 107, f° 119. »

« Le 28 octobre. Le président Fremyot, antique mayeur, vient à la Chambre de ville presser les magistrats de faire un fonds de 4000 écus promis au vicomte de Tavanes pour la remise et la démolition de Talant et qui doivent être remboursés par les Etats du pays. Il annonce avoir reçu commandement exprès du Roi, tant de bouche que par « plusieurs « lettres que S. M. lui a fait l'honneur de lui escripre » pour y tenir la main, offrant pour sa part « malgré qu'il soit néces- « siteux » d'y contribuer pour cent escus. Les magistrats délibèrent que nouvelle invitation sera faite aux Cours souveraines d'y aviser avec eux.

« Le lendemain, les députés qu'elle y envoye retournent en annonçant que Messieurs n'ont tenu aucun compte de leurs prières et supplications. — Reg., n° 107, p. 124.

« Le mesme jour, la mairie reçoit des lettres de La Fortune, se disant serviteur du Roi, lequel demande 1000 escus pour la solde de sa garnison. — *Id.*, 126.

« Le 12 novembre. Rentrée solennelle du Parlement. — Reg., n° 107, f° 119.

« Le 17 novembre. La Cour invite le procureur général à se joindre à la députation envoyée en Cour par les élus des Etats pour demander au Roi de décharger la province des impositions pour les garnisons dont elle est accablée. — Reg. III, 668.

« Le 18 novembre. Sur la dénonciation faite par Bernard Coussin, commis au magistrat, que le Parlement avait chargé le conseiller Millet, alors en Cour, d'entretenir le chancelier des brigues qui se faisaient aux élections municipales et s'il ne conviendrait pas d'ériger la Mairie en prévôté ou de changer la forme des élections, la Chambre décide qu'il sera écrit au chancelier pour le supplier de ne permettre qu'il soit fait brèche aux priviléges jurés par le Roi. — Reg. de la mairie, n° 107, f° 135.

« Le 20 novembre. Réception de M. Henri de Bauffremont, nommé bailli et maistre des foires de Chalon. — Registre des délibérations de la Cour, III, 668.

Le 26 novembre. Réception de M. Jean de Poligny dans l'office de conseiller au Parlement. — Id., 669.

« Le 27 novembre. Réception de Léonard de la Magdelaine, sieur de la Bajolle, dans l'office de bailli d'Auxois. — *Ibidem.*

« Le 1er décembre. La Cour, sur l'ordre exprès du Roi, enregistre l'arrêt du Parlement de Paris du 24 juillet précédent sur l'innocence de dame Charlotte Catherine de la Trémoille, veuve de Messire Henri de Bourbon, prince de Condé. Guillaume de Montholon, avocat de cette princesse, les présente à l'audience et tient un propos à la louange de ladite dame. — Id., 670.

« Le 10 décembre. La Cour admet aux honneurs de la séance Mrs Gillot et Sanguin, conseillers au Parlement de Paris, chargés d'une mission par le Roi.

« Le 24 décembre. La Chambre de ville répond par un nouveau refus aux injonctions du baron de Lux de contribuer aux 10000 écus promis à Tavanes pour la démolition de Talant. — Reg. de la mairie, f° 165.

« Messieurs des Comptes avoient formé arrêt pour le restablissement de ladite partie contre le receveur commis. L'on résout que les estats seront veus. MM. les scindics raportent avoir parlé à M. le receveur général Bernard, qui eur avoit déclaré qu'il ne pouvoit payer qu'au sol la livre. Résolu que Messieurs ci devant députés prendront garde à notre sureté. L'on trouve fort estrange ce qui a esté fait par MM. les trésoriers.

Le dix huitiesme dudit mois [février 1598], décedsde Mlle la conseillère Morin (1) soudainement et sans y penser, par une apoplexie, ayant esté avec son second mari cinquante ans puis la feste Saint Martin dernier.

Le mesme jour, M. le procureur général arrive.

Le dix neuviesme dudit mois de fevrier audit an, M. le procureur général arrive en La Tournelle; il déclare qu'il a négocié pour les garnisons, qu'il a parlé au Roi à Saint-Germain en Laye pour lesdites garnisons, après avoir fait entendre à Sa Majesté les misères de la province, l'avoit renvoyé à son cousin M. le maréchal [de Biron], lequel seigneur s'y est fort employé, a fait réduire les garnisons à la moitié contre l'avis de Messieurs du conseil, et qu'il avoit obtenu que les deniers provenans du vingtième seront employés à la solde des garnisons, excepté quinze mille escus destinés pour la guerre de Bresse. Pour les évocations touchant Mme de Fervaques, pour la terre de Minot (2), avoit fait tout ce qu'il avoit pu avec MM. les présidens qu'il avoit assistés, comme aussi pour nos gages. L'on n'a veu aucun effect de tout ce qu'il nous a raporté : *ut et sunt ista tempora* (3).

Le vingtiesme dudit mois de fevrier audit an (4), après l'audiance criminelle, les Chambres sont assemblées pour l'arrivée de M. de Lux, pour les prisonniers de Seurre, pris par La Fortune au défaut de payement de son entretenement, parce qu'il a semondé et invité MM. les esleus d'imposer ce qui seroit nécessaire qui ne l'auroient voulu faire. L'on résout qu'il se fera une assemblée au logis de M. le président, M. le président de Crépy, MM. les scindics. L'on sait que MM. Millet et de Berbisey l'esné s'y treuvent encore, qu'ils

---

(1) Huguette Arbalète.
(2) Minot, canton d'Aignay (Côte-d'Or).
(3) Cf. reg. des délib., III, 678.
(4) Le 21, suivant le reg. des délibérations.

ne fussent nommés commissaires. MM. les esleus s'y treuvent. L'on résout qu'avant qu'attenter ou résoudre aucune chose, on attendra le retour de M. de Champeron, pour entendre de lui ce qu'il aura négocié de la part de Sa Majesté avec ce voleur.

Le vingt cinquiesme du mesme mois, du matin et de relevée, les Chambres sont assemblées, a esté procédé à la vériffication de l'estat baillé et lettres obtenües par le pays pour avoir tems de trois ans pour le payement de leurs debts.

Le vingt sixiesme dudit mois, de relevée, conclu, soit veu l'arrêt. Les dix mille escus de M. de Nemours sont compris entre les bons debs avec les interests des dettes crées avant les troubles et pendant iceux pour le service du Roi en seront payées deux années d'arrérages dans un an, et deux autres années un an après, pendant lequel tems cesseront toutes contraintes tant contre le pays que principaulx obligés. Les frais des voiages des députés des Estats tenus à Blois, en l'année 1588 compris audit Estat, révoqués sauf à y faire droit après avoir veu le congé deuement expédié par un secrétaire d'Estat de ceux qui prétendent lesdites taxes et non autrement; et pour les députés des prétendus Estats de Paris en l'an 1592, révoquées les taxations entièrement, ordonnance au scindic de repeter les payemens qui en auroient estés faits contre lesdits députés, leurs veuves et héritiers.

Le vingt septiesme du mesme mois, affiche ou placard au perron du Palais pour délivrer la Bourgogne, avec une requeste à la Cour sous le nom de la *pauvre Bourgogne*. Le placard fut arraché par commandement de la Cour. L'on trouve mauvais tels commencemens; l'on ordonne aux scindics d'en dresser procès-verbal par comparaison de lettres et qu'il en sera informé (1).

---

(1) Le même jour, sur l'avertissement donné qu'on avait trouvé le matin « plantée » avec de la colle contre un des piliers de la porte du Palais

M. Bouchin, l'un des prisonniers de Beaune, estant à Seurre, a congé de La Fortune pour venir solliciter la délivrance des autres prisonniers ; il y en avoit quatre de Beaune : ledit Bouchin, M. de Bligny, et deux autres d'Autun : MM. Tixier (1), Thiroux (2) mon frère, Raviot et Léchenaut de Chalon ; deux de ceste ville, le procureur Rémond. Nous raporte que La Fortune leur demandoit neuf mille escus ; nous assure que M. de Champeron, gentilhomme, député de la part de Sa Majesté, y a esté, en est sorti sans passer par ceste ville, communiquer avec MM. les esleus, ce que l'on esperoit, ce que l'on trouve estrange. La ville de Seurre est cause que l'on fait représenter beaucoup de personnages que les misères passées nous ont éclos et qu'il n'est expédient de communiquer.

Le deuxiesme mars 1598, les Chambres sont assemblées pour la vériffication des lettres et provisions obtenües par M. de la Romagne, nommé M. de Foissy (3), grand prieur de Champagne, conseiller du conseil privé et d'Estat, capitaine des galères du Levant, pour en ladite qualité de conseiller d'Estat avoir entrée au Parlement. Résolu enfin qu'en ladite qualité qu'il y sera receu, sans que sa voix puisse faire ou empescher partage avec les autres modifficatios portées par la vériffication des lettres obtenües par M. de Seurre, son prédécesseur, vérifiées en l'an 1572, et incontinent après il y est receu après avoir presté le serment accoustumé.

---

une requeste de lettres contrefaites qui contient ces mots : « A la Cour, supplie humblement la pauvre Bourgogne estre mise en liberté, et sera justice. Signé : BOURGOGNE, » la Chambre de ville, bien qu'elle n'eût aucune juridiction sur le Palais, prescrivit au procureur syndic de commencer une enquête. — Reg. n° 107, f° 201.

(1) Philibert Tixier, ancien vierg.

(2) Jean Thiroux, receveur alternatif du bailliage d'Autun, avait épousé une sœur de Breunot.

(3) Philibert de Foissy, dit de Chamesson, commandeur de la Romagne, grand-prieur de Champagne, conseiller aux conseils d'Etat et privé du Roi.

Le troisiesme de mars suivant, les Chambres consultées pour d'autres placards trouvés affichés contre les pilliers du Palais, contre celui précédemment planté sous le nom *de la pauvre Bourgogne*, par les Gascons, que on les mettroit au au chasteau, l'on les jetteroit des murailles en bas après leur avoir baillé le fouet, avoient fait et représenté au chasteau en peinture et un fouet de l'autre costé dudit placard, signé Forteau et la Cousture, deux capitaines commandans au chasteau, ce qui est trouvé très mauvais, comme chose qui ne peut tendre qu'à la sédition. Arrêt qu'il en sera diligemment informé par MM. Bernardon et Milletot, cours de monition, procédé à comparaison de lettres, appellés experts. Lesdits sieurs envoyés à M. de Lux, pour l'advertir de ce et retenir ceux du chasteau, comme aussi pour lui représenter les plaintes de plusieurs villages déserts et inhabités pour les cruautés de la gendarmerie et principalement de la compagnie de M. le maréchal, qui tient licencieusement les champs (1).

M. de Lux leur dit, à ce qu'ils raportent, qu'il en est fort marri, que l'on n'avoit promis d'en retrancher la moitié, ce que l'on n'avoit encore fait. L'on rapporte aussi que Messieurs de ville en corps font plaintes à M. de Lux, des déportemens de La Fortune pour la détention des prisonniers, leur

---

(1) Cf. Délib. du Parlement, III, 682.
De son côté, la Chambre de ville ne resta point inactive. Elle fit redoubler le guet du procureur syndic et enveloppa le Palais d'une ligne de surveillants. Son chef, M. Bernard Coussin, ayant mandé « aucuns que l'on disoit hanter les tavernes » les pria de s'informer discrètement des auteurs de ces placards que l'opinion publique, et elle avait raison, attribuait aux gascons de la garnison du château, qui, menacés d'un licenciement par la paix de Vervins, dont on arrêtait les bases en ce moment, voulaient, en agitant la population, nécessiter leur maintien. Ces soupçons, du reste, se changèrent en certitude quelques jours après, lorsqu'on vit une douzaine de ces mêmes gascons parcourir la ville, l'épée nue sur l'épaule avec une corne de bœuf au-dessus et une autre corne à la ceinture, « afin, dit la relation, d'offenser les habitants et émouvoir une sédition. » — Reg. des délib., n° 107, f°s 204, 206.

promet qu'il ira à Beaune pour communiquer avec La Farge, pour la délivrance des prisonniers, mais ce ne sont que paroles sans effect.

Le neuviesme de mars, de relevée, les Chambres sont assemblées pour plusieurs affaires. Premièrement est fait raport des lettres de jussion obtenues par M. Chaudon contre le dernier arrêt. Résolu qu'elles seront communiquées au procureur général.

Après est fait raport d'une requeste presentée par Clabart, receveur de Semeur, ayant esté emprisonné au chasteau. Après avoir veu les conclusions du procureur général, arrêt est ordonné à ceux du chasteau de le mettre en liberté à peine d'estre déclarés criminels de lèze-majesté, sauf de se pourvoir contre ledit Clabart, par les remèdes ordinaires (1).

Après est parlé de l'arrêt fait par Messieurs de la Grand'-Chambre pour la pension demandée par sœur Catherine Bouhier, religieuse à Sainte Claire d'Auxonne, contre celui qui a esté fait par M. de La Tournelle, par lequel l'on lui adjugeoit par provision vingt cinq escus par an, et celui de la Grand'Chambre quinze seulement, et pour ce regard y a plusieurs contentions à qui la connoissance en devoit appartenir.

Après est leu et accordé l'arrêt, Messieurs estans retirés, pour les dettes du pays.

Après l'on fait raport d'une requeste présentée par ceux de la ville pour recevoir les Minimes au Viel Collége pour l'institution de la jeunesse. L'on dit haut et clair qu'il y a arrêt. L'on n'y veut toucher.

Le onziesme dudit mois, les Chambres assemblées, estoit raport deslettres obtenues par M. Saulnier, évesque d'Autun, pour en ceste qualité avoir séance et entrée au Parlement.

---

(1) Cf. Délib. du Parlement, III, 684.

L'on fait difficulté, parce que par ses lettres de provisions son nom n'estoit exprimé. L'on ne laisse toutefois de passer oultre à la vériffication après avoir veu les conclusions de M. le procureur général aux conditions portées par la précédente vériffication des provisions à mesme effect vériffiées par M. Allibout (1), son prédécesseur, attendu que l'Etat estoit adhérant à sa qualité, et ce fait est receu et presté le serment *in habitu* (2).

Après l'on parle du fait de M. d'Amboise, maître des requestes, qui ne laissoit d'exécuter sa commission contre l'arrêt et les deffenses portées par icelles, avoit fait mettre des affiches, avoit fait publier sa commission en l'auditoire du baillage. L'on résout que ses chevaux seront saisis jusqu'à ce qu'il ayt satisfait à l'arrêt. Ce qui est à l'instant fait par les huissiers.

Le douziesme dudit mois, les Chambres sont assemblées; M. d'Amboise vient à la Cour, s'excuse de ce qu'il a fait, présente sa commission et la met au greffe, n'a pensé piller; l'édit ayant esté vérifié par la Cour, estoit en volonté de venir saluer la compagnie; parle fort doucement. L'on dit qu'après que l'on aura veu sa commission l'on en résoudra, après lui avoir fait entendre que l'un des grands honneurs qu'ils ont est d'avoir entrée au Parlement, et qu'il n'avoit donc peu ou deu exécuter sa commission sans premièrement l'insinuer à la Cour selon qu'il est accoustumé.

Le treiziesme de mars 1598, les Chambres sont assemblées pour ouir MM. les députés des trois ordres du Conté de Bourgogne (3), et lors entrés et assis au bureau font entendre les plaintes qu'ils ont estés chargés de représen-

---

(1) Charles d'Aillebout, qui administra le diocèse de l'année 1572 au 29 avril 1585.

(2) Cf. délib. du Parlement, III, 684.

(3) C'étaient M. de Bauffrement, abbé de Balerne, le baron de Dizey et l'avocat Grivel. — Délib. des Etats, III, 686.

ter par MM. les députés des Estats dudit pays assemblés en la ville de Dolle, scavoir des garnisons et oppressions qu'ils en ressentent, des aubenages, des successions, des déportemens de M. de Béru à Bellevesvre, lesquelles plaintes sont vivement représentées par M. le docteur Grivel. L'on leur fait réponse à chacun de leurs articles, et après on leur parle de la difficulté qu'ils font de laisser jouir les pourveus des bénéfices en leur pays qu'ils n'ayent attache de Sa Majesté catholique, ce qui estoit directement contraire à la neutralité. Promettant de faire tant envers Sa Majesté que telle formalité sera remise.

Retirés les susdits, la commission dudit sieur d'Amboise est veüe et leue avec les deux précédentes, lui sont rendues, à la charge que les oppositions et appellations ressortiront à la Cour, les deniers qui en viendront ne pourront estre emploïés ni divertis ailleurs qu'à ce à quoi par l'estat du Roi ils sont destinés, et à cest effect M. Soirot, commis à la recepte d'iceux, mandé auquel l'arrêt a esté prononcé.

Le seiziesme du mesme mois de mars, les Chambres consultées, sont leues et veues des lettres escriptes de la ville de Lyon escrites à la Cour par M. le maréchal de Biron, qu'il espère estre à Dijon avant les féries pour donner ordre aux désordres de la province. L'on résout qu'un de M^{rs} les présidens et trois de chacune chambre iront pour le saluer où il arriveroit pendant les féries de Pasques. Mrs Tisserand, Bouhier et Boursaut, députés de La Tournelle. Ledit sieur maréchal, arrive à la ville le 24 suivant, jour du samedi absolu, sur les trois heures après midi (1).

Le vingt cinquiesme mars, jour de l'Annonciation de Notre Dame, les Chambres sont extraordinairement assemblées du matin. M. le maréchal arrive au Palais. MM. de

---

(1) Le commis aux magistrats, les échevins et un grand nombre d'habitans en armes s'étaient portés à sa rencontre et lui avaient fait escorte jusqu'au Logis-du-Roi. — Reg. de la ville, n° 107, f° 214.

[1598]

Saumaire l'esné, et Berbisey l'esné vont le recevoir à la Chambre des huissiers. Entré qu'il est à sa place, fait une longue proposition du désir qu'il a de donner soulagement du pauvre peuple et retrancher tous les désordres et ravages qui estoient advenus pendant son absence et à son regret, ce qu'il désire faire avec et de l'advis de tous les ordres et colléges, par l'advis desquels il désire d'y apporter à l'advenir un tel ordre et reglement que ci après les laboureurs et tous autres seront à seurté et à couvert. Prie la Cour de députer de Messieurs pour se trouver à l'assemblée, ce qu'il fera aussi faire aux autres colléges, pour par l'avis commun se résoudre de ce que l'on aura ci après à tenir et garder inviolablement. M. le premier président loue son intention, l'exhorte et convie au soulagement du peuple qui est accablé. Ledit seigneur retiré, Messieurs députent pour se trouver en ladite assemblée, MM. Fremiot, président; Colard, Saumaise l'esné, Bouhier et Breunot, conseillers (1).

Le mesme jour, nous nous trouvons en la Maison du Roi à une heure, où Messieurs des Comptes, Messieurs les Esleus et autres [assistent]. M. le maréchal fait sa proposition, non d'oster les garnisons comme chacun espéroit, mais de trouver moyen de fournir à leur entretenement, que pour six mois il fourniroit de ses deniers le payement qu'il falloit pour les garnisons, attendu que le pauvre peuple ne les pouvoit à présent supporter, à la charge qu'après les moissons MM. les Esleus imposeroient sur le peuple toute l'année et s'obligeroient de les payer sans y faillir. Fait plusieurs autres discours assés esloignés du sujet. Chacun escoute, se regarde, voyant une ouverture si peu agréable. Enfin nous lui disons que nous le ferons entendre à la compagnie pour en resouldre.

Avant que d'entrer en matière, M. d'Autun estant en son

(1) Cf. reg. des délib. du Parlement, III, 690.

habit de cour, M. de Marsey, chevalier de la Cour, s'estant placé au dessus de lui, quelqu'un lui ayant dit qu'il se faisoit tort, se lève, va tourner à l'entour du bureau, et se veut aller mettre du costé de la cheminée de la Grand'Chambre. [M. le doyen] ne lui veut quitter la place et lui dit que ce n'est pas sa place. Enfin se met et retourne au dessus dudit sieur de Marsey.

Le vingt septiesme dudit mois de mars, assemblée en la Maison du Roi où se trouvent Messieurs députés de la Cour, Messieurs les Esleus. M. le président Fremiot lui fait entendre [à Biron] ce qui avoit esté résolu et représenté : les misères du peuple et de la province; est interrompu par plusieurs fois, dit qu'il scait plus de misères du peuple que l'on ne lui en scauroit dire, demande seulement et résolument l'entretenement des garnisons, bref ce qu'il veut, avec plusieurs autres discours qu'il n'est expédient de raporter. Les Esleus lui veulent dire un mot, sont aussi interrompus. Telle assemblée produit peu d'effect, contre l'avis de beaucoup de gens (1).

Le neuviesme jour du mois d'avril, les Chambres sont assemblées. M. le maréchal de Biron arrive au Palais (2). Se meut difficulté pour la scéance entre M. de Raigny, conseiller d'Estat, et M. de Marsey, chevalier de la Cour. L'on résout en présence de M. le maréchal et de M. de Lux, contre leur avis, que M. de Raigny devoit précéder ledit sieur de Marsey.

Après, M. le maréchal propose un règlement qu'il veut estre observé pour les garnisons, qu'il baillera à M. le Procureur général pour le faire observer. Parle après d'un décret qui avoit esté donné par la Cour au capitaine Sabran et à Laboriblanc, gouverneurs de Verdun et Louhans, l'un sur

---

(1) Cf., reg. des délib. du Parlement, III, 691.
(2) Biron, mandé par le Roi pour se rendre en Picardie, venait prendre congé de la Cour.

la rivière et l'autre sur les denrées entrans en la ville de Louhans, de leur autorité sans lettres du Roi. L'on raporte requeste desdits Sabran et Laboriblanc. L'on dit que c'est à M^{rs} de La Tournelle à y pourvoir. L'on trouve la forme du tout estrange.

Parle après de la composition de la ville de Seurre avec La Fortune qu'il fait de ses propres deniers, demande avis la Cour s'il la doit faire pour en advertir S. M. et la lui faire treuver bon, sinon lairra les choses en l'estat qu'elles sont. Chacun dit cela estre de tout utile pour le bien de la province et pour le service du Roi et selon le tems (1).

Après, fait ouverture des expédiens pour son remboursement, à quoi l'on lui promet de tenir la main.

Après, parle de la vériffication de l'abolition de Lamarche, selon qu'il lui a promis, et que la Cour lève les modiffications à ce qu'il soit deschargé de sa parole; l'on lui promet.

Le treiziesme avril, les Chambres assemblées de relevée, l'on fait raport de l'édit pour l'aliénation du domaine et des chastellenies de Pontailler, Argilly, et Rouvres. L'on voit ausssi le consentement presté par M. le maréchal qui avoit l'usuffruit desdites terres pour neuf ans. L'on voit autre édit de Rouen par lequel S. M. révocque lesdits édits précédens et aliénations, et ordonne la revente avec autres solennités portées par icellui. Est résolu que le tout sera communiqué au procureur général. L'on résout aussi que l'on ira lui [au maréchal de Biron] dire adieu et que Messieurs, députés pour ce, lui parleront de faire observer la neutralité pour les garnisons et pour les bénéfices.

Le seiziesme avril suivant, M. le président Desbarres,

---

(1) Le maréchal de Biron informe la Cour que La Fortune lui ayant offert de lui remettre sa place moyennant 70,000 écus livrables à Gênes, il lui avait répondu que pour 70,000 écus il la prendrait par force et que par conséquent sa proposition n'était point acceptable; que si le pays le désirait, il traiterait encore, en ferait l'avance, mais sous la condition d'en être remboursé dans l'année. — Délib. du Parlement, III, 694.

Mrs de Saumaise, Breunot, Lagrange et Sayve, députés, allons prendre congé dudit seigneur au Logis du Roi.

Le dix septiesme d'avril, les Chambres sont assemblées pour M. Chaudon. Après que M. le président Desbarres eut sommairement raporté ce que M. le maréchal nous avoit dit, que sont des paroles honnestes et courtoises, et lettres de cachet baillées audit sieur président par M. de Champeron et autres, à M^rs les Esleus pour Seurre. Après, l'on met sur le bureau le fait dudit Chaudon, et enfin résolu que, sans avoir égard aux clauses portées par lesdites lettres de jussion pour les clauses insolites d'icelles, qu'il sera informé *super vitâ et moribus*. Lors, on met en avant pour scavoir s'il fera fonds pour ses gages; résolu qu'à sa réception il y sera pourveu.

L'on parle après de nos gages et de l'estat du Roi que l'on ne voit point. Résolu que M^rs les scindics en parleront à M^rs les trésoriers pour signer l'estat, et où ils feront refus parce qu'ils n'y sont employés, il y sera pourveu. L'on parle aussi des augmentations de Mrs Fremiot, Crepy, présidens et procureur général couchés sur l'estat, à ce que l'on asseuroit, que cela ne peut estre fait à notre préjudice. M. le garde des sceaux Blondeau dit que c'est l'estat et qu'il le fault suivre parcequ'il estoit aussi employé pour l'augmentation de ses gages du sceau, ce que l'on treuve fort mauvais.

Le dix huitiesme jour du mois d'avril, les Chambres sont encore assemblées, l'audiance criminelle perdue. L'on raporte le articles accordés par les Esleus avec M. le maréchal, présentés par M. le procureur général et, à ce que l'on dit, signés Biron, sans aucune signature des Esleus. Plusieurs opinions [sont émises]. Enfin, résolu que l'on verra l'extrait des registres desdits sieurs Esleus.

L'on veut après mettre en termes les édits du vingtième et des cabaretiers. L'heure estant sonnée, chacun se lève.

Le vingtiesme d'avril, les Chambres sont assemblées.

[1598]

M. le maréchal entre au palais. M. de Champeron, au bureau, raporte la composition de Seurre faite avec La Fortune à quarante six mille escus, en fait le compte qui revient, le baillera de ses deniers sous les assurances d'un bon homme de pays (1), parle après de son remboursement tant sur le bled, sur le vin que sur le fer, en ce qui sortira hors de la province seulement, et ce, pour trois ou quatre ans ; parle après de la vériffication des édits du vingtième, des cabaretiers et des lieutenans alternatifs. L'on lui fait sur tous les points de son discours réponses courtoises desquelles il se contente.

Le vingt et uniesme jour du présent mois, les Chambres sont encore assemblées. M. de Lux dit que M. le maréchal, le jour d'hier, avoit oublié de nous prier et M^{rs} des Comptes de l'accomoder du quartier de janvier pour fournir les deniers nécessaires au premier payement de La Fortune, à la charge de le remplacer au quartier d'avril prochain sur les deniers qui lui sont destinés de la gabelle dont il nous fera donner assignation par Blondeau et lui en baillera l'ordonnance ; chacun treuve estrange le jeu, toutefois enfin on résout de l'accomoder dudit quartier selon lesdites assurances. Mrs Desbarres, président, Breunot, Bossuet, Fyot et

---

(1) M. de Champeron rapporta à la Cour que, suivant les ordres du Roi, il s'était rendu à Seurre auprès de La Fortune, qui avait débuté par des rodomontades, disant que si on ne lui accordait pas les 120,000 écus qu'il avait demandés, il était inutile de négocier davantage ; qu'il continuerait la guerre, étant décidé à mourir depuis dix ans ; que sur de nouvelles observations sur ses exigences qui de 75,000 qu'elles étaient d'abord, étaient montées à 120,000, La Fortune avait répondu que, quand il était entré en conférence pour traiter avec lui, il avait traité avec un simple cavalier, mais qu'ayant maintenant à traiter avec un grand roi, il ne devait pas trouver mauvais s'il tirait une bonne récompense de S. M., mais qu'enfin, après de nouvelles instances, il avait consenti à modérer ses articles à la somme de 46,000 écus comptant. — Délib. du Parlement, III, 697.

La part de la ville de Dijon fut portée à 500 écus, qu'elle dut payer dans le délai d'un mois. — Reg. de la chambre de Ville, n° 107, f° 229.

Bernardon, députés pour lui en faire l'offre, ce qu'il accepte, ou il en aura à faire, et nous en baille l'ordonnance et assurance sur le receveur Blondeau mandé à cest effect.

Le vingt deuxiesme jour d'avril, M. le maréchal part après nous avoir baillé l'acquit et ordonnance sur Blondeau, avec promesse dudit Blondeau de nous payer sur ce qui lui est deu sur la gabelle au prochain quartier (1).

Le vingt sixiesme du mois de mai audit an, l'on annonce le décès de M. Baillet père, le vingt septiesme; est enterré et la Cour va au chanté, *ut moris est*.

L'on entre le mesme jour de relevée par commissaires.

Le vingt huitiesme dudit mois, les Chambres sont assemblées en robes rouges pour la procession à cause de la réduction de la ville.

Le neuviesme jour de juin, les Chambres sont assemblées; M. de Lux entre, dit qu'il a receu lettres de cachet à lui seulement adressées (2), par lesquelles S. M. lui mande de faire procéder à la publication de la paix générale entre leurs Majestés. Plusieurs estoient d'avis qu'il falloit attendre que nous en eussions lettres en forme de chartres avant que procéder à aucune publication. Enfin, fut résolu, les Chambres assemblées, que le bref envoyé par S. M. sera publié par la ville, de relevée, sur les trois heures; sera chanté à la Sainte Chapelle l'hymne de *Te Deum*, Messieurs y estans en robes rouges; que par toutes les églises seront rendues actions de grâces à Dieu pour un si grand bénéfice, ce qui fut le jour mesme exécuté. L'artillerie est tirée de la ville et du chasteau; l'on réserve la procession générale en robes rouges lorsque nous aurons l'édit en forme.

Le douziesme dudit mois, de relevée, les Chambres sont

---

(1) Breunot ne dit pas que le même jour ses collègues et lui entérinèrent les lettres d'abolition accordée par le roi à La Fortune. — III, 698.

(2) Ces lettres sont insérées dans le registre des délibérations, III, 701.

assemblées pour les brigues. Sont veües les informations tant contre M. Coussin que contre M. Poffier (1), comme aussi sont veus les procès verbaux dressés tant par le corps de la Chambre de ville que par M. Bossuet, commissaire, député pour ce à Saint Bénigne, comme aussi l'appellation interjettée par Thierry Billocard, marchand de ceste ville, de l'élection de M. Coussin en l'estat de garde des Evangiles. Après que les parens de M. Coussin se furent retirés, M. le président de Monthelon remonstre que M. le président Desbarres a toujours esté mal affectionné à sa famille, a déclaré la mauvaise volonté. Lesdits sieurs retirés, résolu que l'on traittera l'affaire en son absence. Enfin, sur les sept heures du soir, arrêt par lequel on deffend les assemblées tant de jour que de nuit, prise de corps contre le fils de Mugnier, Robert, Poffier avocat, le fils de Marc, le greffier Vincent, et un sergent de la Mairie (2).

Est aussi ordonné que Libie ou Midan viendra plaider sur l'appellation par lui émise de son emprisonnement à lundi de relevée, et se représentera en estat.

Pour l'appellation de Billocard, résolu qu'il se pourvoira. Jamais l'on ne vit de si sales et sordides brigues que celles qu'on a veues publiquement ceste année.

Le treiziesme du mesme mois, les Chambres sont assemblées sur l'appellation interjettée par M. l'avocat du Roi Millotet, de la nomination faite de garde des Evangiles de la personne dudit sieur Coussin. L'on trouve la forme mauvaise parceque *stabat totus a partibus de Poffier*. Enfin, l'opposition reçeue, les parties viendront plaider à lundi de relevée.

---

(1) Ces informations avaient été ordonnées par arrêt du 26 mai sur la requête du procureur-général.

Le registre des délibérations, n° 107, 1597-1598, s'arrêtant au 22 mai, c'est-à-dire que toutes les délibérations prises du 22 mai au 20 juin en ayant été enlevées, il ne nous est pas possible de contrôler les dires de la Cour et de Breunot dans une affaire où ils étaient juges et parties.

(2) Cf. reg. des délib., III, 702.

M. Millotet mandé, que demain, quatorziesme dudit mois, il ne se fasse en la prestation du serment dudit garde des Evangiles aucune émotion (1).

Le quinziesme de juin, les Chambres assemblées, requeste présentée par M. Coussin, contenant récusation contre M. Millotet, avocat du Roi, lui veut mal pour son père, lequel a esté démis de la charge de receveur à sa poursuitte pour n'avoir pu bailler caution; qu'il traitte l'amour à la fille de M. le président de Monthelon, les traittés en sont présentés; Poffier est allié dudit sieur, qui en fait son fait. Après avoir oui ledit sieur Millotet, résolu que, sans avoir égard à ladite requeste, les parties en viendront à mercredi prochain (2).

Le dix septiesme jour de juin suivant, jour de mercredi, M. Millotet, avocat du Roi, demande l'assemblée des Chambres, déclare qu'il a quelque chose à proposer pour le bien du public. L'on dit qu'il s'ouvrira et éclaircira; mandé, l'on lui dit que si c'est pour le fait de l'élection, que la Cour est entière, qu'il le peut proposer; que si c'est pour autre sujet, que la Cour scaura bien juger, après l'avoir oui, s'il est nécessaire d'assembler lss Chambres ou non, sinon, qu'il faut plaider (3).

Les parties plaident. M. l'avocat du Roi Millotet plaide son appellation avec beaucoup d'autorités, et du droit, et de l'histoire, pour montrer que la nomination faite par la

(1) Cf. reg. des délib., III, 702.
(2) Cf. reg. des délib. du Parlement, III, 702.
(3) Millotet, pressé par le premier Président de s'expliquer, avait répondu que sa proposition ne concernait ni Coussin, ni Pouffier, mais qu'il voulait démontrer la nécessité d'un bon règlement pour les élections municipales. C'était là surtout où l'on voulait arriver, et, tout en faisant la part des abus inévitables dans une élection populaire, il faut bien reconnaître que, dans cette circonstance, comme dans bien d'autres du reste, le Parlement couvrait du voile de l'intérêt public les rancunes accumulées depuis dix ans contre la chambre de Ville. — Délib du Parlement, III, 704.

[1598]

Chambre de ville de la personne de M. Coussin garde des Evangiles, estoit abusive, attendu qu'il avoit fait et exercé la mesme charge pendant huit mois entiers par le décès de feu M. de Requeleine, et qu'il estoit autant en autorité et puissance que le Viconte mayeur, considéré les brigues que l'on voyoit estre grandes ceste part, et que notoirement ledit Coussin aspiroit au magistrat. Conclud à la réformation. M. David, pour le scindic, conclud au contraire, allègue les exemples du passé.

M. de Souvert, advocat de M. Coussin, se veut épancher en plaidant contre M. Millotet, dit qu'il y a esté poussé par l'amour et la haine. M. le premier président lui coupe broche. Conclud à bien procéder. On les fait retirer. Ce fait, est résolu après, que l'appellation estoit mise au néant et que ce dont estoit appel sortiroit effect et tenu sur le registre qu'au premier jour il sera pourveu tant sur la forme de l'élection que garde des Evangiles, que l'on jugeoit n'ayant fait et exercé ladite charge dès longtemps, ne devoir estre continué en l'élection, attendu la corruption du siècle, et aspirant au mesme magistrat.

Le dix huitiesme de juin, M. l'advocat du Roi Millotet, entré à la Cour, déclare qu'il interjette appel des articles arrestés en Chambre de ville pour la forme de l'élection future, demande que on vienne plaider sur ladite appellation. Les Chambres, sur ce, sont assemblées ; est mandé, l'on lui demande s'il a veu lesdits articles, dit que non, lui sont communiqués pour les voir au parquet pour après en avoir communiqué à ses collègues en revenir, L'on remarque la passion dudit sieur Millotet, poussé d'ailleurs (1).

Le dix neuviesme du mesme mois, les Chambres sont assemblées pour pourvoir sur la requeste de M. Bourdin, gendre de M. Poffier, des efforts que l'on auroit voulu faire le

---

(1) La Cour en exprima son mécontentement au procureur-général. — Reg., III, 705.

jour d'hier en sa maison. L'on voit en mesme tems les procès verbaux de Nollet et La Verne, eschevins en la paroisse Saint Jean, contre ledit Bourdin, ayant empesché l'entrée de sa maison en laquelle y avoit trente ou quarante personnes assemblées qu'ils auroient fait monter dessus la muraille du costé des murailles de la ville, que le sergent leur auroit raporté ladite assemblée, les tables dressées au jardin, avoit remarqué le procureur Guillier, qui l'avoit apperceu, lui auroit jetté dudit jardin des pierres, comme aussi le procureur Fremi (1).

M. Gagne raporte qu'ayant oui le bruit, il estoit sorti à propos, parce qu'il avoit fait retirer trente ou quarante habitans armés qui venoient du costé de la porte Saint Nicolas pour donner force à ceux de la ville, comme aussi d'autres qui estoient ès maisons dudit Guillier et autres voisins pour leur résister, et estoit à craindre que s'ils se fussent approchés et meslés qu'il n'en fut sorti mauvais effets et meurtres pour les avoir reconnus fort acharnés les uns contre les autres. Après avoir veu les conclusions du procureur général, conclud que, autres que ceux compris aux informations soient esleus et que Messieurs, chacuns en leurs paroisses, soient députés pour estre aux corps de garde. Messieurs retirés, résolu que les arrêts seront publiés et que le scindic sera averti pour commettre gens au corps de garde non suspects ou partisans, et ordonné lesdits procès verbaux estre communiqués au procureur général et après y ordonner.

Le mesme jour, de relevée, plusieurs requestes à la Cour présentées par Guillier, procureur, Besançon, greffier ci devant en la Mairie, procureur Bonard, advocats Regnaud et Changenet, et autres ausquels l'on avoit fait deffenses de l'ordonnance de la ville de sortir de leurs maisons. M. Mil-

(1) Cf. reg. du Parlement, III, 706.

lotet, entré en la Grand' Chambre, déclare que plusieurs habitans notables de la ville estoient venus faire plaintes contre l'oppression évidente de la faction contraire, que puisque *vi res gerebatur* et que la liberté des suffrages estoit ostée, que l'on s'armeroit pour y résister. Mandé, les Chambres assemblées, pour déclarer qui estoient ceux qui lui avoient tenu tel langage, que l'on trouve très mauvais et très pernicieux. Après y avoir pensé, dit que ce sont ceux qui ont présenté les requestes qui lui en ont fait plaintes, le premier huissier présent. Lui retiré, arrêt par lequel, entrautres choses, deffenses sont faites de porter armes à peine de la vie. Arrêt publié sur le soir mesme. Le maire sera averti de prendre garde que toutes choses soient en repos. Les prisonniers seront mis en liberté (1).

Le vingtiesme dudit mois de juin, jour que l'on devoit procéder à l'élection, les Chambres sont assemblées sur un tel sujet. La Cour, par les arrêts précédens, comme aussi ceux du corps de la ville, avoient donné des prises de corps contre quelqu'uns, lesquels ayant estés espiés et trouvés, avoient estés emprisonnés aux prisons de la ville, parceque ceux là estoient de faction contraire. L'on va en faire plainte à M. Millotet, advocat du Roi, dès les trois heures du matin, qui, après la messe du matin que l'on a coutume de dire aux paroisses avant que les vignerons allassent aux œuvres, estoit allé aux prisons de la ville et demandé au geolier de quelle autorité il retenoit lesdits prisonniers; lui ayant esté répondu par le geolier que c'estoit à requeste de Messieurs de la ville, sur telle réponse, de son autorité privée et sans autre ordonnance, les auroit tous tirés desdites prisons avec plusieurs autres paroles insolentes. Le corps de ville en vient faire plainte, dient que la justice n'est assurée, qu'ils ne peuvent ou doivent aller à l'élection que premièrement par la

---

(1) Cf. reg. des délib. du Parlement, III, 706.

Cour n'y ait esté pourveu. Retirés, ceux de la ville, M. Millotet, advocat du Roi, est mandé, oui, confesse le fait, dit ingénuement qu'il n'a pensé faillir, d'autant qu'il a estimé qu'attendu que la Cour estoit saisie, qu'il n'appartenoit à ceux de la ville de faire les captures. L'on treuve le fait très estrange et du tout extraordinaire. Retiré, l'on opine après avoir veu les procès verbaux. Est résolu qu'il sera aigrement repris et blasmé de ce qu'il a fait et ordonné; que les prisonniers seront restablis ausdites prisons et aussi que ledit sieur Millotet, attendu ce que dessus, s'abstiendra de connoistre dudit affaire et qu'il ne se trouvera en l'élection. Ce qui est fait à l'instant et puis l'arrêt prononcé (1)

Le vingt troisiesme de juin 1598, les Chambres sont assemblées pour plusieurs requestes présentées par les prisonniers; pour le regard de Midon les prisons sont commuées par la ville, et ordonné que les parties viendront plaider et audit jour se représentera en estat. Pour Poillechat, n'estant prisonnier suivant l'arrêt, après qu'il se sera présenté en estat, il sera pourveu sur sa requeste comme il appartiendra. De la requeste du fils de Mugnier, mis aux arrêts par la ville et ordonné qu'il sera oui; les autres prisonniers ont leurs maisons pour prison, et résolu qu'au premier jour l'on touchera à une nouvelle forme d'élection.

Le vingt cinquiesme jour, les Chambres sont assemblées. M. Maitrot (2), conseiller au Parlement de Dôle, est oui, député dudit Parlement sur plusieurs chefs. Le premier sur la garnison establie à Charolles, de l'ordonnance de M. le

---

(1) « Ledit Millotet a esté mandé et estant debout et découvert derrière le bureau, M. le premier président lui ayant tenu un long propos sur l'entreprise par lui faite, l'a aigrement repris et blâmé d'avoir mis hors de prison lesdits prisonniers, et lui a dit qu'il n'y retourne plus, autrement que la Cour procédera à l'encontre de lui avec telle sévérité et châtiment que mérite telle imprudente entreprise. »— Cf. reg. des délib. du Parlement, III, 707.

(2) Le registre du Parlement le nomme Matherot.

maréchal de Biron. Fait une fort grande digression sur la louange de la paix entre les deux Majestés, appelle notre Roi *très chrétien* le bonnet à la main, laquelle garnison n'estoit nécessaire; aussi que l'usufruit dudit Conté avoit esté donné par Sa Majesté catholique à Mme de Vaudemont, le revenu estant pris pour l'entretenement de cette garnison, ce ne pouvoit estre qu'à la diminution des finances de Sa Majesté, qui seroit tenue d'en rétablir autant qu'il en auroit esté pris, aussi que celui qui y a esté establi capitaine ne veut recevoir en icelui chasteau les prisonniers tant criminels qu'autres, dont appel est interjetté; l'autre chef pour les oppressions qu'ils souffrent continuellement des garnisons de Cuseaux, Longepierre et Autume; fait discours sommaire des informations qu'il présente avec les courses, ravages extraordinaires; que pour leur résister les baillages d'Amont et d'Aval avoient imposé sur eux mille escus par mois pour la solde des gens de guerre pour leur résister; que le Parlement de Dôle avoit formé arrêt pour poursuivre les voleurs, mesme dans le duché. La paix est arrêtée et publiée, toutefois ils ne jouissent de la paix. Ont voulu porter ce respect à ce Parlement que de l'en avertir avant que passer outre et en faire plaintes comme ils sont résolus faire à Sa Majesté et la semondre de sa promesse. Demandent des soldats du Conté qui sont es dittes garnisons pour en faire exemplaire justice et principalement en celle d'Authume.

M. le premier président lui fait réponse à propos sur tous les points. Ledit sieur Maitrot retiré, résolu que le meilleur conseil qu'ils puissent prendre pour la décharge des garnisons estoit d'en faire plaintes à Sa Majesté par les ambassadeurs. Que on écrira à M. le Prince de Mayenne pour la garnison de Saint George et Longepierre, qu'il mettra au greffe sa créance, que on écrira à Sa Majesté, que sur l'appellation interjettée de Charolles, que les parties viendront plaider à huis clos au samedi suivant matin; pour la répétition des soldats, en voyant les informations sur ce faites, il y sera pourveu (1).

Le vingt septiesme juin, les Chambres estant assemblées, M. de Lux au Palais fait plainte de la négligence de Messieurs les Esleus, pour l'imposition des huit mille escus qu'ils ont promis fournir pour le payement de La Fortune. Les difficultés que font de payer ceux de Macon, d'Auxerre et des autres villes. Les scindics députés pour, avec ledit sieur de Lux, en conférer avec lesdits sieurs Esleus pour après y pourvoir.

Le premier de juillet 1598, les Chambres sont assemblées; requeste presentée à la Cour par l'un des huissiers pour mettre à exécution l'évocation obtenue par le sieur de Juilli, an procès criminel pour l'assassin prétendu commis à sa belle fille, fille de M. de La Motte de Ternant. Résolu qu'après qu'il se sera représenté en estat il y sera pourveu, et aussi que M. le procureur général écrira à M. le procureur général du grand Conseil sur ce sujet.

Le dix septiesme juillet, les Chambres sont assemblées pour nos gages. L'on demande la promesse que nous avons faite d'accomoder M. le maréchal de notre quartier. Il ne s'en trouve aucune chose sur le registre de retenu; est résolu que Blondeau, receveur, mettra entre les mains de notre payeur dans trois jours ce qu'il faut pour nos deux quartiers, à peine de prise de corps, attendu que quand nous aurions fait la promesse par escrit, nous avions autre promesse par escrit tant dudit seigneur que dudit Blondeau, du mesme remboursement des mesmes deniers deus à M. le maréchal.

Le vingt huitiesme dudit mois, de relevée, les Chambres sont assemblées sur les cinq heures pour nos gages pour résoudre en pleine compagnie sur la difficulté qui se présentait sur l'état dressé, parce qu'en icelui les augmenta-

(1) Cf., reg. des délib. du Parlement, III, 708.

tions tant de MM. Fremiot et Crepy, présidens, que de M. le procureur général et M. Blondeau, garde des sceaux [estoient compris]. M. le président Fremiot dit que cela lui a esté accordé par le Roi, l'a bien mérité au péril de sa vie, que on ne lui peut oster qu'avec son honneur, aime autant quitter son estat, enfin se retire. MM. Gagne, Berbisey et Quarré, des requestes [se retirent aussi]. M. Blondeau propose en oultre que nous n'en pouvions connoitre, parce que nous étions partie en notre cause; que c'estoit à MM. les trésoriers de dresser ledit estat. L'on ordonne qu'ils retourneront tous. Retournés, M. le président Fremiot remonstre qu'il n'est raisonnable qu'on le mette en délibération en sa présence, se feroit préjudice, se retire. Lui retiré et Messieurs retournés, excepté M. Blondeau, on résout non sans contention de ceux qui lui attouchoient, que l'estat sera baillé au payeur selon qu'il avoit esté baillé l'an passé et des gages ordinaires seulement, et résolu que ceux qui obtiendront lettres d'augmentation de gages feront aussi augmenter le fonds et n'en pourront estre payés qu'après les gages ordinaires payés, ce qui sera retenu sur le registre.

Le vingt neuviesme dudit mois, M. le conseiller Robelin prent congé, est chargé d'obtenir une déclaration contre l'augmentation des gages, pour la forme de l'élection du Viconte mayeur, pour les fréquentes évocations tant pour la Chambre de l'édit que de ceux qui ont suivi le parti de M. du Maine. M. Bossuet, député de La Tournelle à Messieurs de la Grand'Chambre, pour leur faire entendre, qui raporte qu'ils l'appreuvent, et toutefois que quelqu'uns de Messieurs y pouront aussi aller.

Le dernier jour du mois de juillet, l'on respond une requeste en la Chambre de La Tournelle, présentée par La Fortune, gouverneur de Seurre, pour députer commissaires pour informer pour la punition et attentat contre sa personne, par aucuns particuliers de la ville de Seurre, qu'il tenoit prisonniers. Après en avoir consulté Messieurs de la

Grand'Chambre, résolu que M. Bossuet et M. Millière l'aisné iront à Seurre pour informer de ce que dessus. Ledit sieur Millière, pour les occupations de M. Bernardon, scindic de la Grand'Chambre, où ils s'acheminèrent quelques jours après.

Le mesme jour du mois d'août, les Chambres assemblées, M. de Lux au Palais, plaintes des habitans de Seurre à lui faites contre La Fortune, ayant contre la capitulation emporté tous les meubles des habitans, vendu et distribué dix mille livres de munitions qu'il devoit laisser, avoit promis payer aux habitans ce qui leur devoit, ce qu'il n'a fait, a exercé contre les particuliers des cruautés extraordinaires, et entr'autres La Farge avoit esté trois jours à la grue, le marchand Malpoy autant, qu'il en estoit tout froissé; encore d'autres; qu'il avoit fait consigner à Besançon seize mille escus et tout main bourgeoise; avoit envoyé M. Forneret à cet effect et l'avoit chargé de ne délivrer ledit argent qu'il n'eut lettres expresses, après que ledit La Fortune eut satisfait à la capitulation, qu'il estoit à craindre si les deniers estoient delivrés, que le Roi et le public y eussent beaucoup d'intérêt; avoit escrit de sa part aux seigneurs de Besançon de faire en sorte que l'argent fut seurement ramené, avoit estimé toutefois d'en communiquer à la Cour, la suplier d'en écrire à cet effect a la seigneurie. On résout enfin que l'on écrira *nomine curiæ*, à Messieurs de Besançon, pour faire en sorte que lesdits quinze mille escus consignés soient surement ramenés en ceste ville (1).

L'on parle en passant de deux requestes le jour d'hier présentées tant par ceux de la ville de Seurre que par La Farge, qui demandoit estre receu, saisissant pour quatorze ou quinze mille escus que [La Fortune] lui devoit. On raporta aussi la façon comme M. de Lux estoit entré [dans Seurre]. La Fortune sortant par une porte, et M. de Lux entrant par

---

(1) Cf. reg. des délib. de la Cour, III, 713.

l'autre, après avoir touché ledit La Fortune sept ou environ dix mille escus en escus que ses gens ayans receus entre les gens armés dudit La Fortune à cheval estoient de la façon sortis.

L'on eut nouvelles que les Suisses avoient fait saisir lesdits deniers à Besançon pour ceux qui leur avoient estés volés par La Fortune. Bref on a manié tellement ceste affaire que l'on vouloit ou pensoit avoir l'argent et la denrée, à voir les actions des uns et des autres. M. de Lux se retire.

Le douziesme jour du mois d'aoust, les Chambres sont assemblées pour la signification faite à M. le procureur général, par deux huissiers de la Chambre des Comptes, de lettres obtenues par Messieurs des Comptes, pour déffendre à la Cour la connoissance de ce qui leur appartient et contre des arrêts donnés par la Cour, et d'autant que ce n'estoit qu'un *vidimus* signé Nicolas, il est mandé, qui dit l'avoir signé sur l'original qui lui a esté mis en main par M. Humbert. L'on résout que les scindics de la Chambre des Comptes seront interpellés, scavoir : s'ils veulent avouer ou s'aider desdites lettres avec les clauses injurieuses et insolentes y raportées pour, après se pourvoir vivement contre lesdites lettres et aussi pour des arrêts donnés par la Cour et depuis révoquées par Messieurs des Comptes.

Le quatorziesme d'aoust suivant, les Chambres sont assemblées, Messieurs les scindics raportent que Messieurs les scindics de la Chambre des Comptes leur avoient dit avoir charge de Messieurs des Comptes pour le leur faire entendre et signifier que les lettres avoient esté obtenues contre leurs mémoires et pour le plus léger sujet, scavoir parce qu'avions ordonné au receveur Blondeau de mettre entre les mains de notre payeur les deniers de notre quartier passé, s'excusent des clauses, ont esté coulées contre leur intention. On treuve le fait de mauvais gout et résolu que l'on écrira à M. le président Jeannin, pour faire plaintes à M. le chancelier des clauses coulées esdittes lettres et d'en obtenir déclaration contraire que l'on fera registrer.

M. le premier président, après proposé les affaires qui se présentoient, en fait une fort longue narration comme il scait bien faire quand il lui plaist. L'un de Messieurs des Comptes, l'autre de ce qui estoit advenu à Autun, de ceux de la religion qui s'estoient assemblés en maisons particulières pour faire des prières, dont avoit pensé naistre du tumulte dont nous avions les procès verbaux, mis devers le greffe et envoyées par les officiers du Roi au baillage d'Autun. Le tiers pour députer quelqu'uns de la compagnie pour, suivant les lettres de S. M., se treuver en l'assemblée qu'il désiroit faire pour la réfformation de l'Estat, à ce que l'on disoit. Le dernier pour la publication de l'Edit de 1577, pour ceux de la religion. L'on résout sur tous les points : Pour ceux des Comptes jà résolu, pour le fait d'Autun, le lieutenant leur a fait les deffenses, n'y a pourveu, n'y a point d'appel, n'y faut former aucun arrest et les faut faire poursuivre leur restablissement et la publication de leur Edit. Pour les lettres du Roi, ce sont lettres de cachet ausquelles il ne faut avoir aucun esgard; que l'on écriroit à M. le président Jeannin, pour scavoir de lui si l'on fait assemblée, le lieu, quant, après pour adviser sur la députation. La plupart de Messieurs se mettent aux champs, parce que Robelin avoit esté chargé par mémoires arrestés au logis de M. le président de Monthelon, avec M. Bossuet, de poursuivre l'establissement d une chambre de l'Edit; que les mémoires de choses tant importantes n'avoient esté leus à la compagnie. M. Boursault lui dit en face qu'ils n'avoient esté veus ni leus par M. de la Tournelle. M. de Monthelon, soutenant le contraire, lui réplique que c'estoit donc lui qui estoit toute la cour et plusieurs autres propos. Enfin, on résout qu'il sera escrit à M. Robelin de ne faire aucune poursuite dudit establissement, parce que ce seroit une infaillible conséquence de la publication dudit Edit. M. le président de Monthelon, en opinant, parla des remonstrances.

qu'il disoit avoir faites à Messieurs du privé Conseil, lors de la réduction de la ville, pour empescher ladite publication, usant toujours des termes *je dis, je fis*. M. Breunot, l'un des députés avec lui, lui dit, Monsieur, il faut dire, *nous dismes, nous fismes*, parce que j'avois cet honneur que de vous assister. Plusieurs trouvèrent bonne cette répartie et à propos.

Après on parle des scindics, M. Peto en est excusé, et en son lieu M. Milletot, au lieu de M. Bernardon, et ce à cause que M. Bossuet estoit de notre Chambre. M. de la Grange, estant de la mesme, ne le pouvoit estre autrement, les deux scindics auroient esté de la mesme Chambre.

L'on veut après parler des commissions extraordinaires de la recherche des faux saulniers, dont estoient commissaires MM. Gagne et Humbert, des Comptes. L'autre pour la recherche des sergens, commissaires, MM. Bouhier et Ocquidam. De l'édit de la vente de la chastellenie de Rouvre, pour M. le maréchal [de Biron]. MM. Millet, Bouhier et Breunot, s'estant levés pour y avoir interest, chacun se lève sans aucune chose résolue.

En cette année, Messieurs de la Grand' Chambre entrent par commissaire jusqu'au 2 septembre, ce qui jamais n'avoit esté veu.

En ce mesme tems, la procession de l'église de Saint Pierre de cette ville de Dijon, fut en voyage à M. Saint Claude, fut honorablement receue par tous les bourgs et villes, tant du comté que du duché, par lesquelles ils passoient.

Le neuviesme jour du mois de septembre, M. le cardinal de Médicis, *aliàs* de Florence, légat en France pour S. S. (1),

---

(1) Alexandre de Médicis, cardinal-archevêque de Florence.
Le roi avait ordonné au maire de le recevoir avec tous les honneurs dus à sa dignité, et voici comment, d'après les registres de l'hôtel de Ville, la Mairie s'en acquitta:
« Le mercredi 9 septembre 1598, le vicomte mayeur avec plusieurs

retournant de la Cour, passa par cette ville, auquel on fit tous les honneurs dont l'on se put adviser. Il partit le len-

de Messieurs les échevins, secrétaire de ladicte ville et habitants d'icelle sont montez à cheval et allez jusques près Tallant, au proche duquel lieu estoit ledict seigneur révérendissime cardinal qui marchoit en sa litière, accompagné du nonce de nostre Sainct Père, députté par ladicte Saincteté audict royaulme de France, et de plusieurs aultres archevecques, évesques, gens d'église, marchantz devant luy, ung desdicts gens d'église portant la croix. Ledict sieur mayeur a mis pied à terre audict endroict où ledict révérendissime Légat a esté treuvé, qui s'est arresté et à icelluy ledict sieur Mayeur a faict une belle harangue et bienvegnue, de ce que, par son bon travail, prudence et sagesse avec l'employ de nostre Sainct Père, Dieu a faict la grâce à son pauvre peuple luy envoier la paix, dont la France luy estoit grandement obligée, et outre ce faict, offre de tout service et de ce qui dépend de ladicte ville de Dijon, avec plusieurs aultres discours servant à sa bienvennue, que ledict seigneur a heu fort aggréable, en faict responce qu'il estoit entièrement dédié pour le bien et repos dudict royaulme de France, et singulièrement pour ceste dicte ville, et qu'il advertiroit Sa Saincteté du bon acceul et réception qui lui estoit faict de la part de la ville. Ce faict, ledict seigneur a continué son chemin, toujours en sa litière, jusques aux Chartreux, où il est dessendu, ensemble tous ceulx qui l'assistoient. Entrant à l'église a getté et espanché de l'eau benyte sur tous les y présens et s'est mis à genoux à ung siége à luy préparé devant le grand autel; après avoir faict son oraison a veu partout ladicte église et endroitz où sont les choses les plus belles et singulières. Estant au réfectoire s'est présenté à luy M. Jacob, premier président de la chambre des Comptes, accompagné lui sixième d'officiers d'icelle chambre, qui lui a faict son harangue de la part d'icelle. S'est allé ledict seigneur reposer en la sallette du pavillon qui a sa veue et regard sur la grande cour de ladicte religion. Et après avoir séjourné environ une heure et demye, sont arrivez Messieurs de la Cour par monseigneur le premier président assisté de douze conseillers et gens du Roy audict Parlement, qui semblablement ont faict leur harangue audict sieur Légat par la bouche dudict sieur premier président. Et tost après Messieurs les officiers des bailliages et chacun ont semblablement faict leur harangue par la bouche du sieur Morin, lieutenant audict bailliage. Ce faict, est remonté en sa litière ledict seigneur révérendissime Légat, sorti desdicts Chartreux par la grande porte du cousté de la rivière d'Ouche, et approchant la porte de ladicte ville, se sont présentés audict seigneur Messieurs les vénérables religieux de l'abbaye de Sainct-Bénigne, Sainct-Estienne, tous en aubes avec leurs chapes, la croix et l'eaubenytier, lesquels luy ont faict grande révérance et harangue par la bouche de l'ung d'eulx, ledict seigneur leur a spergé de l'eau benyte par-dessus eux; d'illec a passé pour entrer en ladicte ville par ladicte porte d'Ouche, où estoient

demain matin ; il fut logé en la maison de M. le conseiller Odebert, par courtoisie et parce que la maison du Roi estoit demeublée.

tous les ecclésiastiques tant des sept paroisses de ladicte ville, mandiantz et aultres esglises d'icelle ville, tous vestus de leurs aubes et chapes, les croix devant dicelles esglises et les marguilliers desdictes paroisses. Lesquels ecclésiastiques chantoient le *Te Deum*, a esté conduict en ceste forme avec tous lesdicts assistans du long de la rue tirant devant les Carmes, dessendant à la vallée la rue Chapelotte-aux-Riches, passant au coin de la maison du Bœuf, continuant la voye devant l'église de la Magdeleine, par-devant le collége des Godrans, montant du long de la Grand'Rue de la Saincte-Chapelle, tout du long desquelles rues les maisons estoient tapissées par-devant, et parmy icelles ung grand nombre de peuple. Ledict sieur Légat, comme il avoit faict deslors qu'il fut treuvé audict lieu dessoubz Tallant, donnoit à chacung sa bénédiction. Estant près ladicte église de la Saincte-Chapelle, ledict seigneur révérendissime cardinal a esté mis hors de sa litière et conduict jusques à ladicte esglise, au commencement et entrée de laquelle estoit la croix posée sur ung oreiller et siége paré de velours pourfillé d'or, laquelle croix ledict seigneur Légat a adorée et baisée les genoux en terre, les doyen, chanoine et chapitre de ladicte Saincte-Chapelle, par la bouche de M. Petot, conseiller en ladicte Cour de Parlement, prevost d'icelle esglise, lui a faict sa harangue. Ayant esté le poille porté devant les illustrissimes seigneurs depuis ladicte porte d'Ouche, tout du long des rues sus rapportées jusques aud devant de ladicte esglise de ladicte Saincte-Chapelle. Auquel lieu et du long de la nef d'icelle esglise icelluy seigneur illustrissime a esté tousjours soubz icelluy poille, est entré dans le chœur, s'est prosterné à genoux à ung autre siége à luy préparé, estant sur le grand autel la relique précieuse et sacrée Saincte-Hostie, a esté chanté le *Te Deum* en ladicte esglise, les orgues sonnant. A la fin dudict *Te Deum* ledict seigneur s'est levé de sondict siége et présenté audict autel où luy-mesme a monstré, tournant trois tours, ladicte Sacrée-Hostie, estant une à tout le peuple illec, estant avec trois grandes dévotions et cérémonyes. Ledict service faict, a esté conduict et mené ledict seigneur révérendissime cardinal au logis du sieur Odebert, conseiller en ladicte Cour, proche ladicte esglise, à lui préparé, parce qu'au Logis du Roy il n'y avoit aucungs meubles pour le recevoir en ladicte maison. Il a passé la nuit, et le lendemain matin, jeudy du dixième dudict mois, doiz les cinq heures, les seigneurs ayant faict célébrer messe en ladicte Saincte-Chapelle qu'il a ouye, s'en est allé et sorti de ladicte ville par la porte Sainct-Pierre pour tirer à Beaulne où il alloit au gite, et conduict par ledict sieur vicomte mayeur, qui lui a faict compaignie jusques à ladicte porte. N'ont esté joués les haubois parce que lesdicts joueurs n'estoient à la ville. » — Reg. des délib. de la chambre de Ville, n° 108, f° 103 v°.

M. le général des Cordeliers passa aussi dans cette ville dans le mesme terme (1).

Le vingtiesme jour du mois d'octobre, les Chambres sont assemblées de relevée pour nos gages sur un tel sujet. Corberon, notre payeur et en quartier mandé pour payer notre quartier, fait entendre que le président Fremiot, M. le procureur général et M. Blondeau, garde des sceaux, lui avoient fait signifier des lettres par eux obtenües pour estre payés de leurs augmentations avec leurs gages et que l'on eut à y pourvoir. On voit la copie desdites lettres avec les vérifflications d'icelles de Messieurs les trésoriers, entre lesquelles estoit M. le trésorier d'Esbarres, son neveu, aussi l'exploit fait à Corberon. M. le président de Crépy fait difficulté d'en connoistre pour estre couché en mesme estat, ce que toutefois il ne voudroit faire à l'injure de la compagnie ; s'estant retiré, on ordonne que l'on déliberera avec lui. Rentré, l'on opine gravement sur lesdites lettres que l'on treuve fort estranges, eu égard au rang qu'ils tenoient, et enfin résolu deffenses de s'en aider, et au payeur de faire aucun acquittement en vertu d'icelles, mesmes deffenses à tous huissiers et sergens de faire aucun exploit, ou contrainte en vertu d'icelles, à peine de suspension de leurs estats et qu'à la Saint Martin, *pleno senatu*, on adviseroit sur la forme insolente et insolite d'icelles et d'en faire remonstrances.

Après, l'on parle aussi d'autres lettres signifiées portans deffences de payer aux grenetiers aucuns deniers des crües qui sont spécifiées. L'on fait arrêt par lequel on ordonne aux dits grenetiers payer l'augmentation seulement des six sols

---

(1) François de Souza (*Hierarchiæ franciscanæ*, I, 203). Il était arrivé le 8 septembre au couvent des Cordeliers, où le maire et les échevins allèrent le complimenter au nom de la ville, et le remercier de la part qu'il avait prise à la conclusion de la paix et « au soulagement du pauvre peuple, auquel il ne restoit plus que le soufle ». La chambre de Ville lui fit porter du vin en cimaises. — Reg. de la Mairie, n° 108, f° 102.

par minot, destinés pour le payement des gages de Messieurs de Semeur, sans s'arrester pour ce regard aux dittes deffences.

Le douzième novembre 1598, Messieurs assemblés au Palais en robbes rouges avec leurs chaperons vont à la Sainte Chapelle où, après avoir ouï la messse du Saint Esprit et retournés au Palais, le tableau est appellé. Après, M. Bossuet voulut proposer, comme scindic, s'il seroit bon que le propos que devoit tenir M. de Vellepelle, à l'ouverture du Parlement, fut tenu après la prestation du serment des advocats et procureurs, où les Chambres estoient assemblées et grande affluence de peuple, aussi que l'on disoit qu'il se pratiquoit ainsi au Parlement de Paris. On rejeta entièrement ladite ouverture, aussi qu'il fut asseuré par M. le premier président qu'il ne se faisoit cedit jour ainsi au Parlement de Paris, contre ce que l'on avoit asseuré.

Plusieurs requestes sont raportées de jeunes hommes pour estre receus advocats. Fut ordonné qu'elles seroient toutes baillées au greffier pour les lire à la prestation du Parlement.

Ce fait, l'on va sur les fleurs de lys où, après lecture faite par les greffiers des ordonnances qui regardent les advocats et procureurs, et iceux appellés, ils prestent le serment accoustumé.

Le treiziesme dudit mois, les Chambres du matin sont assemblées ; après avoir appellé le tableau, lecture faite des ordonnances, M. le premier président tient un assez long discours, touche quatre points : le premier pour les absens, qu'ils respondent à l'ordonnance ; l'autre pour la concorde qui devoit estre entre nous et retrancher toutes les divisions qui n'apportoient que mespris et contemnement à la justice et aux ministres d'icelle ; aussi que cela estoit diamétralement contraire et répugnant au Christianisme, la charité nous ayant esté tant recommandée sur toutes choses ; l'aure de révéler les opinions, que c'est contre le serment que l'on fait entraîner aux charges que nous tenons, que ce ne seroit jamais fait si l'on vouloit mettre sur le tapis les inconvénients qui en venoient; le dernier pour les jeux, honestes exercices qui n'estoient interdits et deffendus, mais qu'il en failloit user avec tempérament tel, qu'il nous souvint quels nous estions et *quam personam sustineremus;* que nous devions monstrer l'exemple. Prie et exhorte un chacun de mettre la main à bon escient à l'œuvre et exécuter en tant que nous pourrons lesdites ordonnances, dont nous avons à présent ouï la lecture.

Après, Messieurs les gens du Roi sont mandés. Entrés, après lecture faite des ordonnances qui les regardent, M. le premier président les excite à entrer plus assiduement et plus matin en leur parquet pour le soulagement des parties et expédition de la justice ; que c'est à eux à promouvoir les mercuriales prescriptes par l'ordonnance ; excite leur diligence.

M. de Vellepelle tient un propos assez long là dessus, dit qu'ils ne se veuillent excuser que *labor in damno est*, d'autant qu'ils ne sont reconnus des labeurs qu'ils donnent et aux plaidoiries d'importance et à la violation des procès de conséquence, estans mal payés de leurs gages. Pour les mercuriales, que l'on avoit ci devant veu combien de funestes effets elles avoient produit, que ils estoient prests d'obéir aux commandemens qui leur seroient faits par la Cour.

Après ce, les huissiers sont appelés, et après lecture faite des ordonnances qui les regardent, Messieurs les gens du Roi les exhortent d'estre plus assidus au Palais, à garder plus soigneusement les entrées du Palais, de n'aller aux champs sans les en advertir, ce qu'ils font ordinairement contre les arrêts sur ce contre eux donnés, par lesquels il leur a esté ordonné de les advertir pour voir s'ils avoient quelque chose es lieux où ils vont pour le service du Roi. Sur tous lesquels points remonstrances leur sont faites par M. le premier président.

[1598]

Après lesdits huissiers retirés, les officiers des bailliages et chancellerie du ressort sont appellés. Ceux du bailliage du Charollois et de Semeur en Brionnois font défaut et ne sont excusés.

M. Legoux, pour Messieurs les gens du Roi, s'aigrit fort contre les contumax, que c'est le plus grand honneur qu'ils aient de venir une fois l'an reconnoistre la justice souveraine et ouïr les remonstrances qui leur sont faites ; qu'il estoit en résolution de demander contre les chevaliers de la Cour qu'ils fussent privés de leurs gages pour un an à faulte d'avoir comparu ou s'estre fait excuser, ce qui n'estoit de sujet. Mais pour le sujet, requéroit que les contumax fussent suspendus de leurs charges pour un an ou pour un temps tel qu'il plairoit à la Cour arbitrer, jusques à ce qu'ils eussent comparu.

Pour les présens, les reprend de l'excessiveté des espices, de ne vaguer soigneusement à l'instruction des procès criminels, de ne retenir la licence des prévosts des maréchaux de ce ressort, lesquels reçoivent pour tesmoings les dénontiateurs, qui sont instigans secrets, dont l'innocence est opprimée ; de ceux de Chalon, qui ont permis l'exécution d'une évocation d'un procès criminel d'un crime fort qualiffié pour la haine [que l'un d'eux] portoit à son collègue et plusieurs autres fautes.

Sur toutes lesquelles M. le premier président leur fait remonstrances et que l'on pourvoira sur les conclusions des gens du Roi.

L'on députe après ce Messieurs les scindics avec M. Berbisey l'esné, pour communiquer avec Messieurs les Esleus, pour empescher que l'assignation que la Cour avoit de six sols huit deniers sur [chaque] minot de sel, pour le paiement de nos affaires du Palais avant les troubles, et d'autres six sols et huit [deniers] pour minot, affectés aux gages de Messieurs de Semeur.

Le vingt septiesme novembre 1598, les Chambres de relevée sont assemblées pour plusieurs affaires. M. Bossuet fait raport de la commission adressée à MM. Bouhier, Ocquidan, conseillers, et M. Berbisey, lieutenant particulier, pour la recherche des sergens. Veu les conclusions du procureur général, les requisitions du scindic des Estats, à ce que, où aucuns intérêts seroient adjugés par les condamnations qui seroient faites, que ce fut au proffit du pays pour la moitié, selon qu'il avoit esté accordé auxdits Esleus par les articles présentés à Sa Majesté et respondus. Résolu, avant qu'ordonner sur ladite commission, que lesdits articles seroient veu, pour après y ordonner.

Après, l'on fait raport de l'édit pour vendre à perpétuité les chastellenies de Rouvre, Argilly et Pontailler, avec lettres de jussion pour, nonobstant aultre édit de Rouen de la revente du domaine ci devant vendu, estre procédé à ladite vente, suivant le premier édit. Requeste des officiers de la grurie, pour estre conservés en leurs gages et droits attribués à leur charges ou rembourser. Résolu qu'ayant égard ausdites lettres de jussion et ce qu'il s'estoit passé ci devant, qu'il seroit procédé à la vente desdites chastellenies, suivant l'édit, aux charges et conditions que les officiers feroient leurs charges ; que les achetteurs ne pourroient exiger des matroces (1) de Rouvres que ce qui en avoit esté levé du passé ; que ceux qui avoient des rentes assignées sur ledit domaine n'en pourroient estre dépossédés que par les achetteurs il n'en eussent esté remboursés tant en principaulx qu'arrérages, qui, à cest effet, par la réunion dudit domaine, les auroient esté constitués, et autres modifications portées par l'arrêt, sans comprendre dans leur vente les bois de haulte fustaye, fors cinquante arpens qui pourroient estre vendus.

Le dixiesme de décembre, de relevée, les Chambres sont assemblées sur un tel sujet. M. le baron de Viteaux avoit

---

(1) Redevances en blé levées sur le territoire de Rouvres.

présenté requeste à M. de Biron, à ce que l'imposition qui avoit esté faite pour la réduction des ville et chasteau de Noyers en l'obéissance du Roi fut levée, nonobstant les deffences portées par l'arrêt ; ledit seigneur ayant mandé les scindics pour leur faire entendre ce que dessus, et comme sa volonté estoit de se conformer à l'avis que la Cour lui en donneroit, et prie de le faire entendre à la Compagnie pour lui en donner advis, avec plusieurs autres discours.

Fut résolu que Messieurs les scindics lui diroient qu'il sembloit que, par la requeste du sieur baron de Viteaux, il voulut estre saisi avant son prince, car il vouloit estre payé avant que de rendre la place entre les mains de M. de Biron, selon la volonté de Sa Majesté, pour après en ordonner selon son bon plaisir. Fut donc résolu qu'après que le baron de Viteaux auroit remis la place entre les mains de M. de Biron, selon la volonté de Sa Majesté, et démoli les nouvelles fortiffications de son chasteau de Viteaux, il seroit advisé sur les fins de sa requeste, ainsi qu'il appartiendra, parce que la Cour ne jugeoit pas raisonnable pour les démolitions, de commencer à une maison d'un prince du sang, sans parler des autres faites puis ces troubles en ceste province (1).

Le lendemain, lesdits sieurs Bossuet et Milletot, scindics, le firent entendre audit seigneur, qui dit qu'il feroit le susdit appoinctement sur sa requeste et que ledit sieur baron de Viteaux présenteroit sa requeste à la Cour, à mesme effect.

Le seiziesme dudit mois, de relevée, les Chambres sont assemblées. On met sur le tapis la commission de la recherche des sergens pour les concussions qu'ils commettent, ladite commission, adressée à MM. Bouhier et Ocquidam, par les lettres de jussion, pour la vériffication d'icelle, sans y comprendre M. Berbisey, lieutenant particulier. Après plu-

---

(1) Cf. reg. des délib. du Parlement, III, 716.

sieurs contentions et ouvertures d'opinions, enfin fut résolu, après avoir veu et les requestes des greffiers et du scindic des Estats et du procureur général, qu'ayant aucunement esgard auxdittes lettres que MM. Bouhier, Ocquidam et six autres de Messieurs que Messieurs les présidens voudront nommer, seront députés pour faire et instruire les procès auxdits sergens, jusqu'à sentence exclusivement, pour les procès estre jugés par ladite Cour es Chambres esquelles seront lesdits commissaires; procéderont lesdits commissaires ausdites instructions jusqu'à sentence, sans préjudice des appellations qui auront droit dévolutif et non suspensif, que les greffiers ou leurs clercs y vaqueront sous Messieurs les commissaires; et pour le scindic des Estats, ayant demandé que la moitié des amendes adjugées contre lesdits sergens soient au pays, suivant les lettres du Roi, a esté résolu qu'en jugeant lesdits procès il y sera pourveu comme il appartiendra.

Le vendredi, huictiesme jour du mois de janvier 1599, les Chambres sont de relevée assemblées sur la plainte faite par aucuns de Messieurs de l'excessiveté du prix du sel, ayant esté augmenté de deux sols six deniers par pinte de sel, qui coûtoit à présent douze sols, et le minot vingt livres, estant un prix excessif. L'on voit les augmentations faites puis la réduction du pays, l'une pour la gabelle, l'autre pour le prix du marchand, l'autre pour les gages de Messieurs de Semeur, autre pour ceux des Comptes, autre pour Nicolas, autre pour Messieurs les trésoriers, etc. Après plusieurs ouvertures d'opinions, veu les conclusions du procureur général, attendu que les impositions avoient esté destinées au remboursement de M. le maréchal, et qu'il seroit trouvé étrange que, l'ayant permis au particulier, que l'on le vint à deffendre, l'on résoult que à l'advenir deffenses estoient faites à toutes personnes, de quelque qualité et condition qu'elles fussent, mesme à ceux des Comptes, de faire aucune imposition ou procéder à aucune vériffication de lettres pour imposition sur le sel ou autres, qu'au préalable elles n'ayent esté imposées par la Cour, et aux grenetiers d'y obéir, aux peines portées par ledit arrêt, qui seroit publié en audiance et par les carrefours de ladite ville, et envoyé, à la diligence du procureur général, aux siéges du ressort, à ce que personne n'en prétende cause d'ignorance (1).

Le onziesme jour du mois de janvier 1599, les Chambres sont assemblées pour la commission de la recherche des faux saulniers; les conclusions veües tant du scindic des Estats que de M. le procureur général, attendu que la recherche en estoit seulement puis l'an 1589 jusqu'à l'an 1595. Et que puis peu de jours, la Cour en la Tournelle avoit formé arrêt pour le particulier tant de Montcenis, baillage d'Autun que Charollois, que le greffier, receveur et procureur du Roi estoient en blanc. L'on résout qu'il ne pouvoit estre procédé à la vériffication de laditte commission, ains ordonné à tous les baillis et lieutenants, chacun en son endroit, d'informer diligemment des abus et malversations commises en la vente et distribution du sel, puis la réduction des villes en l'obéissance de Sa Majesté, et les envoyer closes et scellées dans un mois devers le greffe de la Cour, pour après y pourveoir comme il apartiendroit.

Après ce l'on fait entrer M. Gagne, pour proposer ce qu'il scavoit pour le payement de nos gages des années 1595 et 1596. Après un grand discours fait par lui de ce qui avoit esté passé au compte de Blondeau, au dernier compte contre la promesse qui nous avoit esté faite par Messieurs des Comptes, que ils avoient passé en l'année 1595 les acquits des années 1592, 1593 et 1594, contre l'ordre des finances, et que par ce moyen l'on nous avoit volé trois quartiers ès dites années, et à M^{rs} estans à Semeur, quatre, encore qu'il ny'ute aucun retranchement en ce que l'on avoit acquité en prémier ordre lesdits acquits avant les charges de la pro-

(1) Cf. reg. des délib. de la Cour, III, 725.

vince. L'on résout qu'il en falloit faire plainte contre Messieurs des Comptes, et en escrire à M. de Rosni, et que M. Gagne, estant instruit de l'affaire [seroit] déput', pour entreprendre la poursuitte tant contre la closture dudit compte que contre Messieurs des Comptes.

Le vingt septiesme jour de janvier dudit mois, les Chambres sont assemblées sur des lettres escrites à la Cour par M. de Biron, sur des lettres de commandement qu'il disoit avoir receu de Sa Majesté pour la démolition des villes et chasteaux de Talent et de Noyers, semblables lettres escriptes par lui au corps de la ville pour faire la susdite demolition de Talent. Ceux de la ville en corps en viennent parler à la Cour. Enfin l'on résout que le tout sera communiqué [au procureur general] (1).

L'on parle après de nos gages, de l'estat que MM. les trésoriers refusoient de donner, et qu'il n'estoit raisonnable d'y employer les chevaliers, sinon en dernier ordre, et après Messieurs faisans actuellement service payé, parce qu'anciennement ils n'estoient payés que sur les amendes. Résolu aussi que l'on verra ce compte de M. Blondeau, pour découvrir les parties qui ont esté passées à notre préjudice, et qui ne l'ont dû estre.

Le vingt neufviesme dudit mois de janvier 1599, les Chambres avant l'audiance sont assemblées pour arrêter et voir la response aux lettres escrites par M. de Biron à la Cour, pour la démolition des chasteaux de Talant et de Noyers (2).

Le douziesme jour du mois de fevrier 1599, les Chambres

---

(1) Le motif qui avait déterminé cette démarche de la chambre de Ville, c'est que le prévôt, mentionné dans les lettres du Roi, étant absent, il fallait, ou attendre son retour, ou que la Cour donnât deux huissiers pour entrer au château de Talant, et en commencer la démolition. — Reg. de la Mairie, n° 108, f° 171. Cf. délib. de la Cour, III, 725.

(2) Cette réponse portait que la Cour avait trouvé l'affaire d'importance, et qu'elle attendait sa venue pour en conférer avec lui. — Reg., III, 726.

ayant esté assemblées, M. le président de Crespy s'estant levé, et derrier le bureau découvert fait sa plainte pour sa séance, n'est poussé en sa poursuite ni d'ambition, ni d'avarice (1), ains pour entretenir les règlements qui sont par lui rapportés, n'a fait aucun choix, son rang et son antiquité lui donnent le rang qu'il demande, suplie Messieurs de le lui conserver. Lors M. le président Desbarres déclare que pour son regard il fait choix de servir en la Grand'Chambre, suplie aussi Messieurs de procéder à la vériffication des lettres obtenues par Messieurs les présidens pour avoir l'escu par heure, selon qu'il se faisoit à Paris. M. le président de Monthelon ne se lève de son siége, encore que ce fut pour lui que ladite plainte fut faite, d'autant qu'il présidoit à La Tournelle, puis deux ans, en l'absence de MM. les présidens Jeannin et Fremiot. On résout enfin que on attendra la venue de M. le président Fremiot, estant en cour.

L'on fait après lecture de la requeste du procureur d'office de Selongey, pour avoir permission à six habitans de porter arquebuses pour chasser aux loups, à l'acharnement que l'on leur dresseroit, dont ledit procureur seroit responsable, ce qui leur fut accordé, veu les meurtres commis inhumainement à l'endroit de plusieurs de toute qualité dudit Selongey.

L'on résout aussi qu'il sera fait un autre arrêt, pour ordonner aux louvetiers de faire la chasse aux loups, à peine de privation de leurs charges.

L'on voit aussi les lettres de Sa Majesté pour mener les condamnés aux galères en l'isle de Canada, découverte puis

---

(1) Il s'agissait de la présidence de la chambre de la Tournelle. Il alléguait, à l'appui de sa réclamation, que M. Des Barres, second président, étant promu aux ordres sacrés, (il était archidiacre de Langres, et ne pouvait connaître du criminel); que M. Jeannin, tiers président, était constamment retenu par S. M.; quant à M. Fremiot, il l'interpellait de déclarer s'il voulait séoir en la Tournelle, et y juger les procès tant civils que criminels. — Reg. des délib. de la Cour, III, 727.

peu de tems par M. le marquis de La Roche. On résout qu'avant que d'y ordonner, que l'on verra l'arrêt de Messieurs du Parlement de Rouen.

Le quinziesme du mesme mois, les Chambres sont assemblées. L'on voit le choix de M. le président Desbarres; on voit le registre puis et lors du règlement, parce que M. le président de Monthelon prétendoit que choix avoit esté fait sur la requeste présentée par M. le président Bourgeois de séoir à La Tournelle. En mesme tems M. le président de Monthelon présente requeste contenant causes de récusations contre M. le prémier président et autres; sont jugées. Enfin résolu que ledit sieur de Monthelon auroit communication de ladite requeste pour dire dans trois jours pour toute préfixion et délai, ce que bon lui sembleroit contre laditte requeste, pour après y ordonner.

Le dix neuviesme de fevrier, les Chambres de relevée sont assemblées pour le mesme fait; requeste de M. le président de Monthelon, demandant extrait et copie des arrêts, et qu'il fut ordonné au greffier de les lui expédier. On voit la requeste de M. le président de Crepy, signifiée à M. le président de Monthelon, sans tesmoings. L'on résout enfin que le greffier lui délivrera extraits des arrêts par lui demandés, qu'il aura la liste de ses juges, qu'il dira contre la requeste dudit président de Crepy, dans trois jours, ce que bon lui semblera pour tous délais, à peine que droit sera fait sur fins d'icelle, sans autre forsclusion et signiffication de requeste.

Le vingt cinquiesme du mesme mois, les Chambres de relevée sont assemblées. Requeste de M. de Monthelon, pour attendre le retour de Mrs Tisserand, Fyot-d'Arbois, et Ocquidam. L'on résout qu'il sera passé outre, ce qui est dit par le greffier. Ledit sieur envoye son plaidé par lequel il pique et poinct M. le président Desbarres, l'appellant *gonfalonnier de la Ligue*, qui en avoit fait de beaux escrits imprimés. Et enfin résolu que leur choix sera registré, et que

[1599]

suivant icelui M. de Monthelon servira en la Grand'Chambre et M. de Crepy en La Tournelle (1).

M. le président Desbarres, après ayant demandé d'estre oui, présente découvert derrière le bureau des lettres de jussion, obtenues par Mrs les présidens pour la vériffication des lettres par lesdits sieurs obtenues pour avoir aux comcommissaires un escu par heure selon qu'il se pratiquoit aux autres Parlemens, et parce que telle requeste n'estoit plausible. L'on se leva sans y ordonner, aussi qu'à la vérité l'heure estoit sonnée.

Le deuxiesme de mars, les Chambres assemblées tant pour nos gages que pour autres affaires. L'on mande le receveur qui dit avoir mille escus. L'on découvre qu'il y a en l'Estat, pour la guerre de Bresse, dix mil escus, que a présent il n'y a guerre, qu'il falloit sur ladite somme prendre notre chambre des vacations. L'on députe à M. de Biron Mrs les scindics pour nos quartiers reculés et pour le paiement de la Chambre des vacations sur ladite somme de dix mille escus de Bresse.

Après l'on fait rapport des provisions obtenues par M. Philippe Berbis, pourveu de l'estat de conseiller par la résignation de M. Valon. Aussi l'on fait raport d'autres provisions obtenues par M. Massol, par autre résignation de M. Fyot l'esné. On résout que les résignans doivent faire la déclaration avant que l'on ordonne la vériffication et communication, ce que l'on résoult après avoir veu le registre, et d'autant que M. Valon estoit à Paris, et que ledit Berbis estoit fils de maitre ; l'on résolut, *non sine contentione,* que on sursoiroit pour quinze jours et pour l'un et pour l'autre.

Blondeau, receveur de la gabelle, oui, lui est ordonné de

---

(1) Ce n'est pas le 25, mais le 20 que la Cour, faisant droit aux réclamations du président Bourgeois de Crepy, ordonna qu'il entrerait à la chambre de la Tournelle pour y exercer la charge de cinquième président. — Reg. des délib. de la Cour, III, 732.

mettre les deniers entre les mains de notre payeur, à peine de prise de corps.

L'on parle après des lettres obtenües par M. de La Roche, pour l'isle de Canada. L'on résout avant que d'y toucher que on verra la vériffication de Messieurs du Parlement de Paris.

L'on veut aussi parler de lever les modiffications sur l'édi^t des cabaretiers en ce qui reste à exécuter. Parce que l'heure sonne, l'on n'y touche.

De relevée MM. les scindics raportent avoir parlé à M. de Biron, qui leur avoit dit que pour les deniers de Bresse il y en avoit qui avoient des assignations, M. Prevost, de douze cent escus, Sarrault de six cent, lui quatre mille escus, M. de Lux, etc.... que cela seroit difficile, qu'il ne scavoit que c'estoit du service de ceste chambre ; que on lui en bailla un estat, que il en écriroit et feroit en sorte que la Cour en aura contentement. L'on résout que l'on lui en baillera un estat des anciens gages et ordinaires, seulement sans attoucher aux augmentations.

Le troisiesme (1) dudit mois de mars 1599, les Chambres sont assemblées ; l'on met sur le bureau les cabaretiers pour la vériffication de l'édit en ce qui reste à exécuter suivant les lettres de Sa Majesté. L'on résout après avoir veu les arrêts que les deffenses portées par iceux tiendront.

L'on parle après de la vériffication des lettres obtenues par le baron de Viteaux (2), contenant abolition non seulement de ce qui avoit esté par lui fait pendant les troubles, mais aussi depuis la réduction du pays, tant lui que ses gens. L'on résout que après qu'il aura satisfait aux arrêts précédens, il y sera pourveu.

M. le président de Monthelon fait derrier le bureau une grande plainte contre M. le président Desbarres, pour le

---

(1) Ce n'est pas le 3, mais le 4.
(2) Guillaume Duprat, baron de Vitteaux.

choix par lui fait, qu'il ne l'avoit fait qu'à son injure. L'on résoult que ledit sieur baillera sa requeste pour après y pourvoir (1).

Le seiziesme jour de mars suivant, les Chambres assemblées pour les provisions obtenues par M. Fremiot fils, de l'estat de conseiller à la Cour par la résignation de M. Chaudon. Lors se meut une difficulté, parce que ledit Chaudon n'avoit esté receu audit estat, ains seulement ordonné qu'il fut informé *de vitâ et moribus*. Ce nonobstant on résout, *paucis discrepantibus*, que lesdittes provisions seront communiquées au procureur général. Ledit sieur Fremiot s'estoit avancé de Paris, où il estoit, et venu en grande diligence pour estre receu audit estat et précéder MM. Berbis et Massol, prests à estre receus d'autant que jà ledit sieur Fremiot avoit esté receu cy devant à survivance.

Après l'on fait raport des lettres obtenues par ceux de la ville pour trouver moyen d'acquitter les grands debts es quels ils estoient impliqués, pour lever sur l'esmine de bled des boulangers de ceste ville quarante sols, et ce au moulin. Après plusieurs contentions l'on résout qu'ils bailleront par déclaration leurs debts et leurs revenus, et qu'ils chercheront autres moyens pour l'acquittement d'iceux que sur le bled, parce que si on accordoit la susditte imposition il estoit à craindre, veu la confusion des affaires, que

---

(1) Il exposa qu'il ne faisait cette entrée que sous les protestations qu'elle ne puisse préjudicier à l'instance qu'il entendait faire à la propre personne du Roi, de ce que M. Bourgeois, son neveu, l'avait déjeté de sa place; au surplus qu'il maintenait que M. d'Esbarres étant *in sacris* et ayant résigné son office, ne pouvait avoir séance ni en la grande chambre, ni en la Tournelle. Ce qui fut dénié par le président d'Esbarres, qui allégua notamment l'exemple de M. de Bepaume au Parlement de Rouen. C'est pourquoi la Cour arrêta que le président de Montholon baillerait sa requête par écrit, laquelle serait montrée au président d'Esbarres pour y répondre dans trois jours. — Reg. des délib., III, 734.

le Roi ne la rendit perpétuelle, et partant qu'il ne pouvoit estre procédé à la vérification des susdites lettres.

Le dix septiesme du mesme mois, pour la réception de M. Fremiot fils, les Chambres sont assemblées. L'on voit les conclusions de Messieurs les gens du Roi qui concluent à sa réception. L'on dispute si on devoit procéder à sa réception pour n'avoir l'eage de vingt six ans complets selon l'ordonnance, aussi pour la dispense de père à fils prohibée par l'ordonnance, aussi si on informeroit *de vitâ et moribus de novo*. Enfin *vicit eorum opinio*, qu'il seroit receu audit estat duquel il avoit esté pourveu, en prestant le serment, et faisant profession de foi à la charge qu'il feroit augmenter le fonds pour ses gages, lesquels il ne pourra prendre des gages anciens et ordinaires de Messieurs, et que ledit estat sera supprimé par mort.

Pour la maladie de M. Berbisey, M. Breunot fait raporter les provisions de M. Berbis, pourveu de l'estat de conseiller laic par la résignation de M. Valon avec une requeste dudit sieur Valon, contenant consentement qu'il prestoit à ladite résignation et autre requeste par ledit sieur Valon, presentée pour jouir du privilége; veu les conclusions du procureur général, résolu qu'il sera informé *super vitâ et moribus*.

Par mesme assemblée, l'on fait arrêt qu'il jouira du privilége, ayant fait service pendant plus de vingt ans.

Après l'on fait raport des provisions obtenues par M. Massol de l'estat de conseiller à ladite Cour, par la résignation de M. Fyot l'esné, ayant donné sa déclaration par escrit pour son indisposition, avec mesme requeste pour jouir du privilege. L'on resout qu'il sera informé *super vitâ et moribus*; aussi que ledit sieur Fyot jouira du mesme privilege, ayant servi plus de vingt cinq ans.

Le vingt-uniesme mars suivant, jour de dimanche, les Chambres sont assemblées; l'on annonce le décès de M. Fyot l'esné, décédé sur les trois heures du matin, après avoir résigné son estat fort à propos à M. Massol, et dont quelque peu de temps avant il se repentoit. M. Colard fait l'invitation, dit par allusion sur son nom, *dum nascor fio, fioque dum morior.* Ledit jour est enterré à Saint Estienne.

Le vingt deuxiesme du mesme mois, Messieurs s'assemblent, et *pro more* vont à la dernière messe dudit sieur Fyot l'esné.

Le vingt sixiesme de relevée, les Chambres sont assemblées, pour des lettres envoyées par Sa Majesté ayant fait arrêt en son privé conseil pour emploïer le redoublement des petits sceaux au payement de ce qui estoit deu par Sa Majesté aux Suisses, en révoquant toutes assignations, et mesmement celle donnée sur ladite augmentation au sieur viconte de Tavanes à grande connoissance de cause, sauf à le pourveoir d'autres assignations ci après, attendu la nécessité de ses affaires. L'on fait par mesme moyen raport de la requeste présentée par ledit sieur viconte de Tavanes, formant opposition à la vériffication desdites lettres comme y ayant un notable interest. Autre requeste veue et levée du procureur scindic des Estats, empeschant la vériffication desdites lettres pour estre le pays chargé de l'acquittement de ce qui estoit deu audit sieur Viconte. Conclusions du procureur général veües, l'on résout enfin que les parties se pourvoiront et, *interim*, deffenses aux receveurs des deniers par eux touchés dudit redoublement du petit scel, jusqu'à ce qu'autrement soit ordonné.

Le septiesme jour du mois d'avril 1599, les Chambres sont assemblées. M. Boursault fait raport de la requeste de ceux de la ville (1), tendante à ce qu'il plut à la Cour treuver bon que les Minimes fussent remis au vieil Collége, attendu la peine qu'on avoit d'avoir des prédicateurs pour les Advents et Caresmes, aussi pour l'instruction de la jeunesse, consi-

---

(1) Cette requête avait été délibérée en chambre de Ville le 19 mars 1599. — V. reg., n° 108, f° 192.

sidéré que ladite maison estoit du tout inutile et à charge à la ville. L'on résoult lors *non sine vehementi contentione* que ladite requeste seroit communiquée aux patrons et au procureur général.

Après ce, l'on parle fort avant de nos gages pour nos quartiers reculés des années 1595 et 1596. M. Gaigne ayant charge de cette affaire, est oui, dit qu'il a conféré avec M. des Marquets, qui lui auroit monstré des lettres de Paris, par lesquelles on lui mandoit qu'il avoit appris qu'il estoit député de la Cour pour en faire remonstrances ; que l'on l'attendoit en fort bonne dévotion ; qu'il se pouvoit assurer qu'il auroit forte partie ; que M. des Marquets lui avoit reconnu en avoir fait plainte à M. de Rosni, qu'il n'y avoit pas beaucoup avancé ; que M. Legrand et M. d'Incarville sont de la partie ; que il avoit fait poursuitte par dix huit mois, pendant lequel temps il n'avoit pu avoir coppie ou extrait du compte de l'espargne, pour reconnoistre les acquits de l'espargne acquittés par le receveur de la gabelle Blondeau, avant l'acquittement des charges de la province ; que l'affaire estoit plus épineuse que l'on n'estimoit, que qui en voudroit tirer la raison, qu'il faudroit evoquer la révision dudit compte au Parlement de Grenoble. L'on reconnoist enfin que tous ses discours ne sont que fumée, et que M. Millet allant à la Cour, l'on peut le charger d'en obtenir lettres, pour avoir communication du compte rendu en la Chambre des Comptes de Dijon par le receveur Blondeau. L'on résoult que ledit sieur en sera chargé et que Messieurs les scindics et deux de Messieurs les anciens conseillers s'assembleront pour pourvoir et dresser les mémoires propres pour obtenir lesdites lettres.

Le vingt septiesme jour du mois d'avril (1), les Chambres, avant l'audiance, sont assemblées pour la réception de M. Berbis, parce que l'information de ses vie et mœurs avoit

---

(1) Le 29, d'après le registre de la Cour.

esté faite. L'on parle sourdement d'un concordat et promesse faite par ledit sieur Berbis ou les siens audit sieur Valon ou aux siens, qu'il ne poursuivroit sa réception avant l'année expirée, et que où M. Valon viendroit à meilleure disposition, que il le lui remettroit. Sur ce, M. le conseiller de Xaintonge certifia ladite composition estre véritable, qu'il avoit esté présent, qu'il en jureroit sur le *corpus Domini*, usant de ces termes voires sur la sainte hostie, parce que ce qu'il disoit estoit véritable. L'on pense faire le raport de ladite information; enfin, après plusieurs contentions, l'on résoult qu'il sera différé seulement pour huit jours, pendant lequel temps l'on pourroit avoir nouvelles dudit sieur Valon.

Le dernier d'avril suivant, les Chambres du matin sont assemblées, sur des lettres envoyées par le Roi à la poursuite de quelques marchands, pour establir des blanques es bonnes villes du ressort. Après avoir veu les conclusions du procureur général, l'on résoult enfin, *omnium pene votis*, qu'on ne peut procéder à la vérification desdites lettres, parce que ce seroit un moyen pour attraper insensiblement les deniers de la province, d'ailleurs déjà assés appauvrie.

L'on représente après sur le bureau l'estat de nos gages anciens. M. le président Fremiot, tant pour lui que pour M. Picardet, procureur général, et autres qui ont des augmentations de gages par les corruptions de l'ordre des finances du passé, déclarent qu'ils ne veulent ou entendent estre payés de leurs augmentions, sinon après le payement entier des gages anciens et ordinaires de Messieurs et Chambre des vacations.

L'on résoult en outre que Messieurs les chevaliers de la Cour seront mis en l'estat après Messieurs actuellement servans, d'autant qu'anciennement ils n'avoient que deux cens livres assignées sur les amendes.

L'on résoult encore que Messieurs receus nouvellement et par création nouvelle feront faire le fonds pour leurs gages. Sur ce, MM. Fevret et Millière puisné dient qu'ils ont fait faire le fonds en l'estat envoyé du privé Conseil et qu'ils ont esté couchés en l'estat.

L'on parle après de la difficulté de Soirot, commis de M. de Chaumelis, receveur général (1), pour la recepte des deniers, qu'il vouloit faire entrée et issue selon la forme des finances. Le receveur de la gabelle et notre payeur disoient que quand il donneroit son acquit que ce seroit le soulagement de tous, pour n'estre empesché à compter tant de fois. L'on résoult qu'il sera prié par M. Bossuet, scindic.

L'on députe aussi MM. Milletot et Fremyot fils, pour parler à Messieurs les trésoriers pour l'estat, aussi pour estre payés en grosses espèces, selon avoit esté ci devant, et non en sols.

L'on fait après lecture des requestes et ouvertures contenues en icelles pour changer la forme de l'élection du Viconte mayeur. L'on ordonne, avant que de faire droit sur icelles, que ceux de la ville mettront rière le greffe civil d'icelle leurs priviléges, mémoires et instructions, pour après y pourvoir, et ce dans trois jours, et cependant que chacun y pense.

Lettres sont leües lors, escrites de Cour par M. Robelin, par lesquelles il mande pour nos gages que l'estat n'est pas encore dressé.

Le huictiesme jour de may, jugeant un procès civil au raport de M. Boursault, en la Grand'Chambre, pour une main morte prétendue par le sieur de Lenti contre la greffière de Mauvilly (2) ; arresté, en jugeant les reproches des tesmoins examinés à requeste de laditte greffière, *que la marraine ne pouvoit* estre bon tesmoing en la cause de sa fillole, *propter*

---

(1) Nicolas de Chaumelis, précédemment secrétaire du maréchal de Biron, fut nommé receveur-général des finances du duché de Bourgogne par lettres du 31 décembre 1598. Il exerça ces fonctions jusques en l'année 1631, que son fils Alphonse-Bénigne de Chaumelis lui succéda.

(2) Mauvilly, canton d'Aignay (Côte-d'Or).

cognationem spiritualem, eo quod videretur esse loco matris; quod nota.

Le dixiesme du mesme mois de mai, de relevée, les Chambres sont assemblées pour le changement de la forme de l'élection du Viconte mayeur. Lors, l'on voit l'inventaire, production de la copie des priviléges de ceux de la ville, les requestes et conclusions du procureur général; plusieurs ouvertures sont mises sur le tapis, et entr'autres une que nul ne donneroit suffrage qui ne payat de la taille de mille escus un escu et de plus à proportion. Enfin, après plusieurs contentions, l'on résoult que l'on doit changer la forme et d'autant que difficillement se pouroit-on accorder sur icelle en tant de variétés d'opinions. Après avoir veu les lettres de cachet envoyées de la Cour, l'on résoult que MM. les présidens Desbarres et Fremiot, Messieurs les scindics et trois de Messieurs les anciens de chacune Chambre seront deputés pour s'assembler, pour entr'eux adviser sur la forme de la susditte eslection, pour après raporter le tout à la compagnie y aviser (1).

Le onziesme dudit mois, les Chambres sont du matin assemblées pour la réception de M. Berbis, à la résignation de M. Valon; l'on fait raport d'une requeste présentée par ledit sieur Valon, escrite de Paris de sa propre main, contenant révocation de la susditte résignation et opposition contre icelle, fondée sur promesse de la lui remettre. Requestes de M. Berbis, l'une qu'on eut à procéder à sa réception, l'autre que les parents de M. Massol ayent à se déporter de la connaissance de sa réception. M. le président Desbarres se retire, M. Berbisey, par conséquent. Est dit qu'il se déportera, et résolu que les parens de MM. Berbis

---

(1) Bretagne, Colard, Tisserand, Briet, Bouhier, Ocquidam, Bonnet et Millière. On remarquera que sur ces dix commissaires, trois, d'Esbarres, Millière et Fremiot, avaient été vicomtes mayeurs, et un autre, Jacques Bossuet, devait aussi porter cette charge.

et Massol s'abstiendront de connoistre de ladite thèse, laquelle sera jugée eux absens.

Après résolu que M. Berbis aura communication de la requeste de M. Valon contenant la susdite révocation, pour en dire dans trois jours, pour après y pourveoir.

Le quatorziesme dudit mois de mai, les Chambres du matin sont assemblées pour l'affaire de M. Berbis. Lors est fait raport de leurs requestes. L'on voit la requeste de M. Valon; l'on voit une fort longue réponse faite par M. Berbis, que la partie n'avoit veüe. L'on résoult que la réponse dudit Berbis sera insérée en l'exploit commencé sur la requeste dudit Valon par l'huissier Poffier, pour après y pourveoir.

L'on parle après de M. Massol, et remonstre-t-on que les contentions de M. Valon et de M. Berbis ne devoient porter un perpétuel préjudice audit sieur. L'on résoult que dans la sepmaine prochaine on lui baillera sa loi sans plus attendre.

Le vingt uniesme dudit mois de mai audit an, avant l'audiance, les Chambres sont assemblées; l'information est veüe *super vitâ et moribus* de M. Massol; est résolu, après avoir veu les conclusions du procureur général, qu'il prendra sa loi entre : *Incidit in l. Primam, c. De excusat. veterano.* Mais d'autant qu'elle estoit stérille, on le fait tirer autre part et *Incidit in l. 3, c., Arbit. tutel.* On lui ordonne de revenir le mardi suivant, du matin.

Après l'on fait raport de la requeste présentée par les parens de M. Valon pour avoir du tems pour faire response à la responce et plaidé donné par le sieur Berbis, et pour avoir copie d'autre requeste ci devant présentée par ledit Berbis. L'on résoult que dans trois sepmaines ils feront responce, attendu que M. Valon estoit encore à Paris.

Messieurs, le mesme jour, députés pour donner quelque ouverture au règlement que l'on vouloit faire sur l'eslection du Viconte mayeur de laditte ville, résolvent de s'assembler de relevée en la Grand'Chambre avant l'entrée. S'assemblent tous, excepté M. le président Fremiot, pour sa maladie (1).

Messieurs entrés, Messieurs les députés pour ceste affaire déclarent qu'ils ont pris advis qu'ils désirent raporter à la Compagnie, si on le treuve bon. Les Chambres sur ce sujet s'assemblent incontinent; lors M. le président Desbarres, au nom de Messieurs les députés, raporte ce qui avoit esté par eux résolu en leur loyauté et conscience et qu'ils avoient jugé propre à empescher la salleté des brigues et tant de faux serments et parjuremens détestables qui s'y commettoient; que l'on garderoit la forme ancienne pour la susditte eslection, afin que l'on ne dit pas que l'on voulut oster leurs priviléges ; que chacun desdits habitans ayant voix et suffrage en nommera trois; autrement sa voix et son suffrage sera compté pour nul ; que les trois ayant le plus de voix en la forme susdite seroient mis en un chapeau et jettés au sort pour estre et faire la charge du Viconte mayeur, sur lequel tombera le sort; que par ce moyen les brigues et monopoles ordinaires, si sallement pratiqués, seroient du tout retranchés, parce qu'estant incertain si le sort tomberoit sur lui, celui qui y aspireroit craindroit de corrompre et de bailler de l'argent. L'on disoit que les parens et amis de M. Poffier père avoient épanché plus de quinze cens escus à l'eslection précédente et si ne l'avoit esté (2).

(1) Ce même jour la chambre de Ville renouvela son ordonnance du 7 précédent, et commit les échevins de s'enquérir des brigues et monopoles qui se commettaient pour parvenir au magistrat. — Reg., n° 108, f° 292.

(2) La chambre de Ville, informée de cet arrêt, et craignant que cette violation des priviléges de la ville n'amènât une mutinerie et du scandale, convoqua une assemblée générale des habitants pour y aviser. Cette assemblée eut lieu le 24 mai, à l'hôtel de Ville. Le maire, Bernard Coussin, lut l'arrêt à « haute et intelligible voix, de même que la formule du serment qu'il avoit prêté lors de son installation, et qui l'obligeoit à défendre les priviléges de la ville » envers et contre tous, même contre le roi et ses officiers. Résolution unanime fut prise d'envoyer l'échevin Millet au Roi, afin d'obtenir une déclaration qui rétablit

L'on résoult qu'il n'est à présent expédient de toucher à retrancher le grand nombre et inutile des eschevins de laditte ville, et qu'il ne failloit pas tant faire pour un coup. Laditte ouverture, après avoir esté examinée par toute la Compagnie, est appreuvée de tous (1).

Après, M. Boursault veut faire raport de la requeste de ceux de la ville pour l'establissement des Minimes au vieil Collége. L'on voit la réponse de Rondot et de quelques autres patrons sans sçavoir s'il y en avoit d'autres ; aussi celle de la ville ; que ils [les magistrats] ne pouvoient satisfaire aux fondations des boursiers pour les grandes nécessités ausquelles la ville estoit constituée. L'on résoult, *non sine vehementi contentione*, que la responce des patrons sera communiquée à ceux de la ville et que Rondot déclarera s'il y a autres patrons que les deux ausquels la susditte requeste a esté montrée. M. Bretagne père et M. Boursault ont des propos pour ledit fait ; lui dit que c'estoit la cause du cordon et que quant à lui, il ne feroit jamais compte ni recette de ceux qui regardoient par le pertuis, parce qu'on sçavoit que ledit sieur Boursault, sa femme et sa fille estoient de la confrérie du Cordon establie en la ville par le père Jean François.

Le lundi vingt quatriesme mai, avant l'audiance, on arreste l'arrêt, les Chambres assemblées, donné par la Cour sur l'élection du Viconte mayeur ; et le mesme jour publié à l'audiance et par la ville (2).

Le vingt cinquiesme dudit mois, les Chambres assemblées, l'on fait plainte de l'assemblée de la Chambre de ville, contre l'arrêt qui avoit esté donné par la Cour et ce par M. le procureur général, qui suplie la Cour d'y pourveoir.

---

les choses dans leur premier état. On le chargea de lettres pour le chancelier et le maréchal de Biron. — Reg. de la Mairie, n° 108, f° 227 v°.

(1) Cf. reg. de la Cour, III, 742.

(2) On arrêta en même temps que le Maire ne pourrait plus nommer que deux lieutenants pour l'assister dans l'exercice de la justice civile et criminelle de la ville. — Reg. des délib., III, 742.

Après, l'on procède à la réception de M. Massot en l'estat de conseiller, lors duquel il avoit esté pourveu par la résignation de M. Fyot l'esné, qui, après avoir esté ouï, preste le serment.

De relevée du mesme jour, les Chambres sont assemblées sur la plainte faite par le procureur général. L'on mande le procureur Martin, greffier de la ville ; est ouï ; l'on envoye le greffier et son huissier quérir son retenu, est apporté, l'on voit icelui, l'on y reconnoit des menées faites par le maire Coussin, les opinions particulières sont veues, les uns sont de l'arrêt, autres qu'il se faut pourvoir contre, parce qu'il est, à ce qu'ils présentent, contre leurs priviléges. Résolu que l'on lui fera signer, que l'on en prendra extrait, que l'on en escrira à M. de Biron et à M. le chancelier, et qu'il sera informé des brigues.

Pendant, l'on voit le fait des Minimes pour le Collége. L'heure sonne, l'on ne peut achever.

Le vingt sixiesme jour de mai, les Chambres sont assemblées sur ce qui avoit esté remoustré par M. le procureur général que l'on lui avoit mis en main de l'ordonnance de ladite Cour le retenu du greffier de ceux de la ville, sur la délibération par eux prise contre l'arrêt pour y conclure, ce qu'il n'avoit voulu faire que, premièrement, il ne l'eut fait entendre à la Cour, considéré ce qui s'estoit fait l'an passé. M. Bossuet, scindic, fait entendre qu'il avoit une requeste de récusation du Viconte mayeur Coussin contre M. le procureur général, qu'il lui avoit communiquée. L'on résoult enfin que le procureur général demeurera *pro nunc*, attendu que M. Coussin exposoit seulement par sa requeste que ledit sieur procureur général scavoit bien en sa conscience qu'il lui estoit ennemi. Ayant sur ce ouï le procureur général qui auroit déclaré qu'estant chrétien, il ne lui vouloit aucun mal, laquelle response fut cause de la résolution ci dessus.

Après, l'on fait lecture des lettres escrites sur ce sujet à M. de Biron et à M. le chancelier, dressées par Messieurs les scindics avec résolution d'escrire à M. le président Jeannin, et qu'il failloit envoyer la liste de ceux qui s'estoient treuvés en la susditte assemblée desrobée et non génerallc, et qu'il n'y avoit eu aucun tumulte ni soubçon d'y en avoir, selon le prétexte causé par la cause de laditte assemblée et qu'il estoit porté par ledit registre.

L'on se retire chacun en sa chambre; après l'heure, les Chambres sont encore assemblées sur une ouverture faite par M. Milletot, scindic, que ou l'on lui voudroit donner trente trois escus, vingt sous, estans entre les mains du greffier pour la réception de M. Massot, qu'il offroit de faire le voïage, ce qui fut appreuvé de la plus grande part de Messieurs. L'introduction et ouverture peut apporter de la suitte à l'advenir. M. Massot y perdra, parce que ses parens et une bonne partie de Messieurs lui eussent rendu ce qui leur en fut advenu.

De relevée, les Chambres sont consultées sur ce que M. Milletot ne peut faire le voïage pour ce qu'on lui baille. L'ont résoult d'envoyer un messager; le receveur est mandé, promet de fournir huit escus. M. Milletot dit enfin qu'il fera le voïage.

Le lendemain, Messieurs de la Tournelle, pendant que nous estions à l'audiance, et *nobis inconsultis*, sur autres difficultés faites par ledit sieur Milletot; ordonnent à Regnaudot, mandé à cest effect de lui fournir encore vingt escus sur les cent cinquante qu'il avoit pour le supplément de notre quartier de novembre et décembre; ce qu'il fait, à la charge de les faire remplacer au receveur des premiers deniers, *sed malo exemplo*.

Le vingt huitiesme dudit mois, procession en robes rouges de la Cour, pour la réduction de la ville.

Le cinquiesme jour du mois de juin, les Chambres sont assemblées sur ce qui fut proposé par M. de Volay (1) ou

---

(1) Viard, seigneur de Volay.

Volé, président au grand conseil et maître des requestes de son hostel, deputé par S. M. pour présenter l'édit par Sadite Majesté, fait pour ceux de la religion. Les Chambres assemblées, entré qu'il est par la permission de la Cour, et siège au premier rang du costé de la chapelle, fait entendre sa créance et présente les lettres de S. M. de cachet, au Parlement, qui sont leues, contenant sa créance, lesquelles achevées, ledit sieur de Volay tient un fort long propos des causes qui avoient meues S. M. d'accorder le susdit édit à ceux de laditte prétendue religion pour remédier au renouvellement des troubles ; que l'édit n'estoit qu'une récapitulation des édits passés, que on avoit esté plus de dix huit mois à le bastir avant qu'il fut conclu et résolu, ce qui avoit esté fait avec autant de maturité et exacte disquisition de toutes choses qui se pouvoit désirer; que S. M. l'avoit fait pour bonnes considérations et mesme à l'instance poursuitte de plusieurs catholiques expulsés et dépossédés puis longues années, es villes tenues par ceux de laditte religion, de leurs biens et honneurs ; que ceux de ladite religion ne permettroient jamais que l'exercice de la religion catholique fut remis en aucune desdites villes par eux occupées que le susdit édit ne fut vérifié en ses parlements; que le parlement de Paris avoit esté plus de six mois à en délibérer. Enfin, après avoir entendu les justes raisons que S. M. avoit eu de le faire, auroit passé à la vériffication sans aucune modification ; avoit esté commandé de S. M. de le venir présenter en ce Parlement et chargé de dire que l'on eut, toutes choses postposées, à procéder à la vériffication d'icelui sans aucune modiffication, d'autant que on désiroit le bien de son service; dit en outre plusieures autres choses tant de la Chambre mi partie establie pour Dijon à Grenoble que d'autres clauses d'icelle.

M. le premier président, après, lui fait réponse que jà assuroit qu'en général et en particulier, tous seroient disposés à effectuer les commandements de S. M. en tant que le service de Dieu et la conscience le pouroient permettre. Ledit sieur de Volay retiré, on fait lecture au bureau dudit édit avec aussi les articles secrets accordés à ceux de laditte religion et résolu qu'il seroit communiqué au procureur général (1).

Le treiziesme de juin suivant, les Chambres sont assemblées au Palais pour la procession de la sainte Hostie. Messieurs en robbes rouges, M. de Biron s'y treuve, M. de Lux aussi, et marche avec Messieurs les quatriesme et cinquiesme présidents, ce qu'il ne devoit faire, parceque où est la personne de M. de Biron, qui porte la qualité de gouverneur, il ne doit avoir aucun rang, ains marcher avec la noblesse. Il y eut grand désordre en ce qu'indifféremment toute sorte de nobles se meslèrent, mesme jusqu'aux laquais et pages, ce que l'on trouva estrange. Au retour de M. de Biron, ouït la messe en un siége qui lui estoit préparé à part (2).

Messieurs les gens du Roi font marcher à la procession Me Jacques Bernier, solliciteur général des causes du Roi, avant eux, ce qui fut trouvé estrange, parceque c'estoit contre tout ce qui avoit esté fait et observé du passé. Il y eut beaucoup d'extraordinaire.

Le treiziesme, les Chambres sont assemblées de relevée

---

(1) Cf. reg. des délib. de la Cour, III, 743.

(2) Messieurs s'y rendirent dans cet ordre : les huissiers des Requêtes, puis les huissiers de la Cour, ayant chacun la baguette en main, ouvraient la marche; venaient ensuite et ensemble les deux commis au greffe, le greffier criminel et celui des présentations; le greffier civil allait seul, et précédait le premier huissier vêtu de robe rouge, ayant un bourrelet noir sur l'épaule et un petit mortier en tête; immédiatement après marchaient les présidents, le premier en tête, les chevaliers d'honneur, les conseillers dans l'ordre de leur réception; les gens du Roi suivaient les conseillers, puis venaient les officiers de la chambre des Comptes, le lieutenant-général du bailliage, le vicomte mayeur, les officiers du bailliage, les échevins, les avocats et procureurs au Parlement.

Les maîtres des requêtes de l'hôtel marchaient avec les présidents. — Reg. des délib., III, 745.

pour ouïr M. Milletot, qui estoit de retour. Lors, M. Bossuet, scindic, proposa ce qui s'estoit passé lors de la procession par Messieurs les gens du Roi, qui avoient fait marcher devant eux Me Jacques Bernier, contre ce qui avoit esté observé du passé, qu'il en avoit lors parlé à M. Bernier, qui lui avoit dit que Messieurs les gens du Roi, ausquels il n'avoit osé contredire, le lui avoient commandé. L'on résout enfin que ledit Bernier sera mandé pour, lui oui, y pourveoir; est mandé, et, entré confesse ingénuement le fait, que Messieurs les gens du Roi l'ont poulsé à ce faire, encore qu'il y ait quarante neuf ans qu'il exerce la charge et qu'il n'ait jamais eu autre rang ni scéance qu'après les gens du Roi. Lui retiré, l'on résout qu'il lui sera dit qu'il n'a peu ni deu faire ce qu'il a fait et que c'est à la Cour de donner les rangs et ordre de scéance et non à nul autre et qu'il n'y retourne plus.

Pendant que les Chambres estoient assemblées et que on avoit mandé Bernier, le procureur scindic des Estats fait entendre que les députés des Trois Ordres désiroient de parler à la Cour. Sont douze en nombre, quatre d'église et de la

---

(1) Ces députés étaient : le R. P. Edme de La Croix, abbé de Citeaux (*a*); le R. P. André Bonnotte, abbé de la Bussière (*b*); Chaudon, doyen de Mâcon (*c*), et Venot, chanoine d'Autun (*d*), pour le clergé; MM. de Rochebaron, de La Vaux (*e*), Chastelux (*f*) et Montessus (*g*), pour la noblesse; MM. de La Mare, de Beaune (*h*); Malteste, de Charolles (*i*); de Bouton, de

(*a*) Edme de La Croix, conseiller d'Etat, abbé général de Citeaux, élu en 1586, mort en 1604.

(*b*) André Bonnotte, abbé de La Bussière en 1598, était avant chantre de la Sainte-Chapelle de Dijon. Il mourut en 1615.

(*c*) Nicolas Chaudon, doyen de l'église cathédrale de Mâcon, député de l'église du comté du Mâconnais.

(*d*) Venot, chanoine, député du chapitre Saint-Lazare d'Autun.

(*e*) François de Rabutin, chevalier, seigneur de La Vaux, baron d'Epiry.

(*f*) Olivier de Chastelux, vicomte d'Avalon, gentilhomme ordinaire de la chambre du roi, bailli d'Autun, gouverneur de Cravant, premier chanoine du chapitre d'Auxerre.

(*g*) Melchior de Bernard, seigneur de Montessus.

(*h*) Pierre de La Mare, avocat du roi au bailliage de Beaune.

(*i*) Claude Malteste, avocat à Charolles.

noblesse, et quatre du Tiers Etat. Entrés et derrière le bureau découverts, M. de Cisteaux, l'un des députés, dit qu'ils ont esté députés des Trois Ordres pour suplier la Cour de leur octroyer communication de l'édit envoyé par S. M. à la poursuitte de ceux de la religion, parce qu'ils entendoient, après l'avoir veu, d'en faire de très humbles remonstrances à S. M.; que ce parlement avoit eu cet honneur, de n'avoir procédé à la publication de l'édit de janvier qui nous avoit causé tant de maux. L'autre, que l'on leur avoit présenté une requeste signée par cinq ou six cent des principaux habitans de ceste ville pour embrasser la poursuitte, pour faire rappeller et remettre le collége de la Société de Jésus, tant pour l'institution de la jeunesse que pour les prédications et instructions du peuple en la religion catholique, en ce tems misérable où on voyoit ceux de la religion lever les cornes, suplioient la Cour d'assister leurs vœux et souhaits envers S. M. pour les vouloir rappeller, ce qu'ils estimoient que la Cour ne leur desnieroit pour, avec M. le duc de Biron, intercéder envers S. M. pour ce regard.

M. le premier président leur dit que la Cour y advisera. Retirés et sortis, l'on résout que le greffier leur baillera copie tant dudit édit que articles secrets et que on en demeureroit en ses termes. Pour la révocation des Jésuites, que on leur diroit seulement qu'ils doivent faire leurs remonstrances à propos et non intempestivement; que la Cour le désire autant qu'eux; que si S. M. désire avoir advis de nous sur ce ou quelques déclarations de leur déportement, nous nous porterons du tout, mais qu'il n'estoit expédient de nous en mesler plus avant, et pour cause.

Mâcon (*j*), et Filsjean, d'Avalon (*k*), pour le tiers-état; tous assistés de Jean Legros, procureur-syndic des Etats. — Reg. des délib. de la Cour, III, 746.

(*j*) Pierre Bouton, président de l'élection de Mâcon, député du comté du Mâconnais.
(*k*) Georges Filsjean, lieutenant au bailliage d'Avallon.

L'on résout après que Messieurs les gens du Roi seront mandés et qu'il leur sera dit qu'ils n'ont pu ni du faire marcher Mᵉ Jacques Bernier devant eux à la procession.

Le quinziesme, du matin, les Chambres sont assemblées pour ouir M. Milletot, de retour de son voïage. Raporte, le jour qu'il s'estoit rendu à Fontainebleau, avoit présenté les lettres de M. de Biron, les ayant veües, auroit demandé s'il y avoit des lettres au Roi, lui ayant dit que non, lui dit qu'il en parleroit au Roi. Le lendemain en ayant parlé au Roi, il reconnut bien que ledit seigneur lui en avoit parlé en ce qu'il lui dit que M. de Biron lui en avoit parlé; qu'il vouloit que l'arrêt de son parlement fut entretenu à la moindre diminution des priviléges de sa ville de Dijon (1), qu'il le renvoyoit à son Conseil, auquel il en escriroit. S'estoit acheminé à Paris, en avoit parlé à M. le chancelier, et le mesme jour avoit esté oui fort briévement et succintement, ce qui lui avoit esté dit, pour estre le Conseil chargé d'infinies affaires fort importantes, où après avoir solemnellement touché les points principaux pour l'arrêt, il n'y eut lors aucun de Messieurs du Conseil qui ne jugeat que l'arrêt devoit avoir lieu comme estant sainctement donné et pour justes considérations. On remit au lendemain à en résouldre que le député de ceux de la ville présenta sa requeste, de laquelle il ne lui fut possible d'avoir communication ou d'estre oui au Conseil après la lecture d'icelle, encore qu'il se tint à la porte dudit Conseil tant qu'il se tint. Enfin, il apprit qu'ils avoient résolu que l'arrêt tiendroit pour cette fois et que pour l'advenir se feroit une assemblée de tous les ordres et colléges pour adviser sur la forme de l'élection à l'advenir, mais que S. M. vouloit que pour cette année les trois qui seroient esleus et nommés suivant l'arrêt lui fussent envoyés pour

---

(1) « Je veux, lui dit le Roi, que l'autorité de mon Parlement soit conservée et que les priviléges de ma ville de Dijon ne soient point diminués. » — Reg. des délib. du Parlement, III, 747.

nommer l'un des trois qui porteroit la charge de Vicomte mayeur, qu'estoit ce qu'il avoit pu négocier; que M. le président Jeannin l'avoit vertueusement assisté et que par son advis il n'avoit voulu attendre les expéditions parceque M. le chancelier l'avoit assuré qu'avant le tems de l'élection on les feroit tenir en Bourgogne ; qu'il avoit appris que M. le chancelier estoit fort mal content d'un arrêt qui avoit esté donné à la Tournelle contre les héritiers de M. Legrand au profit des Suisses, qu'il l'avoit satisfait et assuré qu'il ne s'estoit passé aucune chose audit procès que selon les formalités de la justice; que ledit seigneur lui avoit dit qu'il avoit esté plus maltraitté en Bourgogne qu'en tous les parlemens de France.

M. le premier président, au nom de la compagnie, le remercie de la peine qu'il a prise et, d'un commun avis, on dit qu'il n'y a aucune chose à délibérer et que cependant il fault que l'arrêt tienne et que ceux de la ville jouent à perdre leurs priviléges, et que on voit bien à quoi tend cela de la nomination que le Roi se retient des trois nommés (1).

(1) Cf. registre des délib., III, 747.
La veille, le Viconte mayeur avait aussi, de son côté, rendu compte à la Chambre de ville de la mission qu'elle avait donnée à l'échevin Noblet. Ce député s'était rendu à Fontainebleau, où il avait rencontré le conseiller Milletot. Tous deux avaient été ouïs par le Roi, « qui avait prononcé de sa bouche, en regardant le conseiller, vouloir maintenir la Cour en son autorité, et en regardant Noblet, qu'il vouloit sa ville de Dijon estre maintenue et conservée en ses priviléges sans y rien altérer, » et les avait ensuite renvoyés au chancelier, auquel il chargea monseigneur de Villeroy d'écrire. Acheminés à Paris, et ayant fait discours l'un et l'autre au chancelier, celui-ci avait porté l'affaire au conseil d'Etat, qui avait rendu un arrêt par lequel la ville était maintenue dans ses priviléges; mais que néanmoins, et sans tirer à conséquence, il serait fait cette année élection de trois personnes dignes et capables, dont les procès-verbaux seraient envoyés clos et scellés au Roi, qui choisirait parmi elles celui qui porterait la charge de Vicomte mayeur; et, en outre, qu'il serait fait une assemblée de Messieurs de la Cour et des Comptes, des maire et échevins, sous la présidence du maréchal de Biron, pour aviser aux moyens les plus efficaces pour empêcher à l'avenir

Après, on parle de la commission présentée à la Cour par M. Vignier, conseiller au grand Conseil, pour la refformation et visitation des hopitaux, maladeries et léproseries, pour en ouir les comptes, les condamner es amandes, faire porter les deniers restans bons après les réparations faittes et nourriture des pauvres à Paris pour estre employés à la fondation d'un hopital neuf pour l'entretenement et dottation d'icelui, pour la nourriture et soulagement des soldats estropiés aux guerres passées pour le service du Roi ou autrement, comme il seroit advisé. M. le trésorier [de France] des Marquets (1) estoit nommé dans la dernière commission avec ledit sieur Vignier. Les conclusions données par le procureur général, l'on résoult qn'il ne peut estre procédé à la vériffication de ladite commission, *eo maximè* que le Roi se réservoit les oppositions et appellations en son privé conseil avec deffenses d'en connoistre, et résolu qu'il lui estoit fait deffenses de mettre ladite commission à exécution en ce qui estoit du ressort, et ordonné aux lieutenans des baillages, chacun en son ressort, de, suivant les arrèts précédens, dresser procès verbaux de l'estat des hospitaux, maladeries et léproseries, des réparations et des revenus qu'ils seront obligés d'apporter à la Saint Martin, à peine qu'à leurs frais se feront les susdites visitations faites par commissaires que la Cour députera. L'extrait duquel arrêt sera délivré à chacun des lieutenans du ressort par des huissiers d'icelle Cour, qui en dresseront exploit à ce qu'ils n'en prétendent cause d'ignorance.

---

les brigues et monopoles.» Le maire termina sa communication en annonçant que le chancelier n'avait voulu remettre l'arrêt ni à l'un ni à l'autre des deux députés, mais qu'il l'enverrait prochainement en Bourgogne. — Reg. des délib. de la mairie, n° 108, f° 233.

(1) Jean des Marquets fut nommé trésorier de France en la généralité de Bourgogne par lettres du 30 juin 1578. L'an 1587, il résigna son titre d'ancien président des finances en faveur de Jules de la Bondue, reprit ce titre en vertu d'un arrêt du Conseil, du 10 juin 1597, à l'exclusion de la Bondue, et résigna ses fonctions en 1606 à Pierre Desportes.

L'on mande après Messieurs les gens du Roi. M. Legoux vient seul, dit que M. le procureur général est aux Estats en la Chambre de la noblesse, est chargé ausdits Estats leur faire entendre qu'en leurs cayers ils aient à mettre ce qui nous est deu pour nos gages et qu'ils nous soient payés avant toutes assignations; aussi pour faire révoquer les évovocations des procès, mesme au décret, chose qui estoit fort importante.

M. de Vellepelle y va, M. Millotet, son collègue, s'y trouve. M. Legoux parle pour nos gages et contre les évocations; M. Millotet parle pour les gages de leur parquet et en fait ses recommandations.

Le mesme jour, de relevée, M. de Volay, estant entré en la Grand'Chambre, remonstra pour sa décharge à ce qu'il ne soit blasmé par S. M., qu'il eut désiré estre présent lorsque Messieurs les députés des Estats estoient venus en ceste compagnie et que la Cour avoit résolu de leur bailler copie tant de l'édit que des articles secrets, pour assurer la Cour que ce n'est point l'intention de S. M. que les articles secrets soient communiqués, ce qu'il remonstroit pour sa descharge; suplioit la Cour de le faire retenir à ce que nous eussions à lui estre garans à ce sujet. M. le premier président lui dit que on y aviseroit. Ledit sieur retiré, l'on résout, après avoir consulté Messieurs de la Tournelle, que le registre seroit chargé de ce qu'il avoit remonstré et que c'estoit assez (1).

---

(1) Le 16, la Cour reçut encore une nouvelle députation des Etats, composée de MM. de Beugre, abbé de la Ferté (a), Chaudon, doyen de Mâcon pour l'Eglise, des sieurs de La Vau et de Montessus pour la noblesse, des sieurs de Thésut, de Chalon (b), et Bouton, de Mâcon, pour le Tiers-Etat, qui, informés de cette démarche du président de Volay, vinrent la supplier de suspendre la vérification jusqu'au retour des députés envoyés au Roi — Reg. des délib., III, 749.

(a) François de Beugre, abbé de la Ferté-sur-Grone, ordre de Citeaux, élu en 1574, mort en 1600.
(b) Louis de Thésut, avocat à Chalon, député du Chalonnais.

[1599] — 164 —

Le dix huitiesme jour du mois de juin, le greffier ayant esté appellé par un huissier, raporte à M. Bossuet, scindic, que les députés des Estats désiroient de parler à lui; y estant allé par le congé de la compagnie et rentré rapporte que deux députés de Messieurs de l'Eglise, deux députés de Messieurs du Tiers Estat avec le scindic des Estats, lui avoient mis en main une requeste qu'ils désiroient estre présentée à la Cour pour y pourveoir. Lecture en est faite, porte que par résolutions communes des ordres, il avoit esté résolu que de chaque ordre il seroit député deux pour vacquer à la vériffication et mesnagement des debts dont le pays se trouvoit chargé et aux estats sur ce dressés; que ceux de l'Eglise avoient nommés, ceux du Tiers Estat aussi, mais que Messieurs de la Noblesse avoient nommé M. de Pouilli; et M. Picardet, procureur général, estant entré ausdits Estats pour prendre possession de sa noblesse, suplioient la Cour, attendu que sa qualité de procureur général répugnoit, à ce qu'il pleut à la Cour ordonner que ceux de la noblesse en nommeroient un autre, attendu que chacun estoit sur son départ. L'on fait assembler les Chambres sur ce sujet, on trouve estrange qu'il ait osé accepter ladite charge; l'on résoult enfin qu'il est ordonné à Messieurs de la noblesse de nommer un autre au lieu dudit sieur Picardet, sans le montrer audit sieur ni communiquer davantage, veu que ladite requeste estoit signée par le procureur scindic et qu'il estoit assisté de deux de Messieurs les députés des deux ordres, scavoir de l'Eglise et du Tiers Estat.

Le dix neuviesme juin (1), le scindic de la ville, Gros, de-

---

(1) Le 18 juin, jour de la nomination du garde des Evangiles, la Chambre de ville avait fait proclamer la prochaine élection du maire, suivant la forme accoutumée, c'est-à-dire sans mentionner l'arrêt du Parlement rendu le 24 précédent, et prescrit en même temps au syndic d'armer une dizaine d'hommes pour la police du lieu des élections. De plus, prévoyant qu'en l'absence de l'arrêt du Conseil privé dont il n'ignorait pourtant point la teneur, le Parlement pourrait susciter des embarras,

mande à parler à la Cour. Entré par la permission d'icelle, suplie la Cour députer de Messieurs pour assister à la forme accoustumée à l'eslection du Viconte mayeur lundi prochain. M. Bossuet, député pour la Grand'Chambre, l'ayant fait entendre à M^{rs} de La Tournelle, ils députent M. Blondeau. L'on mande après M. Jean Gros, auquel l'on ordonne faire publier les arrêts, mesme celui donné pour le règlement du Viconte mayeur, et tenir la main à ce qu'il soit entretenu, ce qu'il a promis faire.

Le mesme jour, les Chambres sont assemblées sur une telle occasion. Le procureur Gros, ayant esté au Palais quelque peu avant pour inviter Messieurs suivant la coustume pour l'élection du Viconte mayeur, auquel l'on avoit dit, ordonné ce que dessus de la publication des arrêts, l'on eut avis assuré qu'au lieu de y satisfaire, il estoit allé avertir M. le duc de Biron de l'ordonnance qui lui avoit esté faitte. M. de Biron, à l'issue de son disner, mande MM. Bossuet et Millotet, scindics, ausquels il parle, et les charge faire entendre à la Cour qu'il a commandement de bouche de la volonté du Roi, qui veut que l'arrêt ait lieu pour ceste année, mais que Sa Majesté désire avoir le choix sur trois qui seront nommés. Propose de deux choses l'une, ou qu'on remette l'élection pour quinze jours jusqu'à ce que l'on ait la volonté du Roi, ou bien qu'après la nomination l'on laisse

---

elle avait prié le maréchal de retarder jusqu'après l'élection le voyage qu'il devait faire à Auxonne.

Le maire Bernard Coussin avait ensuite pris la parole, et se prétendant en butte à des bruits calomnieux répandus par ses ennemis, il avait adjuré la Chambre d'attester s'il avait, comme on l'en accusait, tiré profit des boulangers pour leur tolérer un prix excessif pour la vente de leur pain, comme aussi d'avoir mal parlé du Roi et de l'autorité de la Cour à l'assemblée générale du 24 mai. S'étant ensuite retiré, la Chambre lui avait donné acte de son dire qu'elle confirma, et avait enjoint au procureur syndic d'informer contre les calomniateurs.

On avait ensuite procédé à la nomination du garde des Evangiles, fonctions dont Jean Jacquinet fils avait été révêtu. — Reg. n° 108, f° 236.

le choix à Sa Majesté pour en ordonner, ce qu'il leur dit avec plusieurs autres discours entremeslés, et qu'ils ayent sur ce à lui faire response. Sur le soir, M. Bossuet vertueusement lui dit qu'il estoit l'un des députés par la Cour pour assister à la susdite élection, que si on venoit si avant, que au péril de sa vie, il feroit exécuter l'arrêt qui avoit esté fait avec si grande connoissance de cause. Messieurs de La Tournelle, sur ce que dessus estoient d'avis que on diffère jusqu'à lundi et qu'on le lui die, Messieurs de la Grand'-Chambre que on doit s'assembler. L'on s'assemble sur la proposition, l'on résoult qu'un de Messieurs les présidens et trois de chacune chambre seront députés pour lui faire entendre l'importance de cette affaire. M. le président Desbarres, MM. Millet, Odebert, Bouhier et Breunot de la Grand'-Chambre, avec lesdits scindics. Au sortir du Palais nous y allons : estans en la Maison du Roi, on nous dit que M. de Biron joue à la paume. M. de Chaumelis et le prévost vont l'avertir que nous estions l'attendant en la Maison du Roi; dit que l'on ait un peu de patience, qu'il viendra incontinent. Nous attendons jusqu'à six heures et demie. M. de Chaumelis, receveur général, son secrétaire, redouble, lui fait entendre que nous attendions toujours, qu'il approche sept heures, lui dit de plus que la Cour estoit encore assemblée en attendant la response. Nous mande enfin qu'il est empesché et ne peut remettre la partie; que nous retournions sur les huit heures, qu'il nous prie de l'excuser. Nous allons souper; après le souper, nous nous assemblons tous au logis de M. le président Desbarres; après avoir esté avertis qu'il estoit prêt, nous retournons au Logis du Roi, nous reçoit en la grand'salle, s'excuse de ce qu'il n'est venu, fait allumer des flambeaux, nous conduit dans sa chambre, et là en présence de plusieurs gentilhommes, tant de la religion qu'autres qui l'assistoient, et de M. de Lux, M. le président Desbarres lui fait un fort succinct discours de l'arrêt, des causes qui ont meu la Cour de le faire, de la forme qui a esté tenue, les justes considérations qui nous ont meus sur la proposition qu'il avoit faitte, et chargé MM. les scindics faire à la Cour, après l'avoir fort longuement et par son accoustumée prudence examinée, qu'elle avoit résolu qu'elle ne pouvoit se départir de son arrêt, qu'il ne se présentoit aucune chose qui l'en put faire départir, qu'il se laisse vaincre à la raison, lui jette aux yeux qu'il estoit seigneur doué de tant de graces et d'un esprit si prompt, que facilement il pouvoit discerner la lumière des ténèbres, le blanc du noir, le vice de la vertu; que le fait qui se présentoit avoit tant de suitte et conséquence, que puis que le Parlement avoit esté établi, il ne s'en estoit présenté qui en eut plus, que il se devoit se laisser vaincre à la raison, et ne se laisser emporter à la passion de quelques particuliers, gens de néant; qu'il avoit promis d'assister et d'estre uni avec le Parlement pour le service de Dieu, du Roi et du public; qu'il donne cela au Parlement qui l'en suplioit, qu'en ce faisant il feroit le service de Dieu, du Roi et du public, avec beaucoup d'autres submissions. M. [de Biron] nous interrompt plusieurs et diverses fois, discourt sur la forme de l'arrêt, de la volonté et commandement verbal qu'il a du Roi, que c'estoit à lui d'y obéir, que de sa volonté il scait comme il faut, que encores qu'il faille des lettres patentes à la Cour, que pour son regard il en estoit assés instruit par le commandement verbal qui lui en avoit esté fait; tumbe toujours sur cette cadence sans s'en vouloir départir. Passe plus avant, que c'est à lui de confirmer le Viconte mayeur et plusieurs grands discours entassés sur la puissance et autorité. M. le président Desbarres [dit] fort à propos que la puissance estoit séparée, qu'il estoit pour la force, la Cour pour la justice, qu'il n'avoit aucune juridiction contentieuse; que après l'élection faite par le peuple, celui qui estoit esleu se venoit présenter au gouverneur pour le saluer et reconnoistre; mais que s'il y avoit appellation ou opposition, cela estoit jugé par le Parlement. Lors [le marechal] se jette aux champs, dit haut et clair que s'il scavoit que son auctorité fut réduitte à cela près, qu'il n'y auroit escharpes rouges qu'il ne print plutost que de voir son autorité et puissance estre réduitte à si petit pied; que le Roi son maistre lui croyoit bien autre chose, et plusieurs autres propos sur ce mesme effect. Enfin après plusieurs longs discours, dit qu'il permettra que l'arrêt soit exécuté selon qu'il a esté conclu, à la charge qu'on lui promette que quand il aura lettres de Sa Majesté, que l'on procédera à une nouvelle élection. L'on lui respond que l'on ne peut entrer en ses compositions insolites et non accoustumées aux compagnies souveraines. M. de Volay, estant en ce Parlement, député de Sa Majesté, s'y trouve, se veut interposer, dit s'il y auroit moyen de treuver quelque composition en ces difficultés. L'on l'avoit fait venir exprès. L'on trouve estrange et dit l'on que ceux qui sont nourris aux compagnies souveraines scavent ou doivent scavoir que les jugemens et arrêts que l'on y décide ne se font par condition ou composition. Enfin nous sortons à onze heures du soir du Logis du Roi. Le conseiller Breunot, l'un des députés pour l'arrêt, veut parler pour l'arrêt, et dit qu'il se trouvera mil et douze cent bons et notables habitans de la ville qui le soussigneront. M. de Biron réplique qu'il lui baillera la baronnie de Biron, s'il peut faire ce qu'il dit. Depuis, l'on trouve mauvais ce qu'il avoit dit (1).

Le vingtiesme dudit mois, l'on entendit que M. de Biron avoit en devisant dit, que quand il auroit couppé le coul à M. le premier président, il ne s'en soucieroit pas : paroles trop hardies et aisées à dire, mais mal aisées à exécuter. L'on résoult, le mesme jour, au logis de M. le premier président, que l'arrêt sera publié par le greffier de la mairie, mandé à cet effect.

De relevée du mesme jour, l'on s'assemble sur les deffenses faites par M. de Biron, de publier ledit arrêt, et ce

(1) Cf. reg. des délib. de la Cour, III, 750.

extraordinairement. L'on retourne à lui; M. Bernardon, député en mon lieu, aussi que j'estois allé ledit jour à Couchey (1). Enfin l'on résoult avec lui que l'arrêt sera exécuté, sauf toutefois que où il surviendroit des lettres patentes à la Cour et en forme, revestues de la déclaration de ses commandemens, que on obéiroit, et que l'arrêt lui en seroit expédié (2).

Le mesme jour, sur les neuf heures, lettres de cachet du Roi apportées audit seigneur de Biron, apportées par Jean de Langres, messager de la ville; fait entendre à M. le premier président et à M. le président Desbarres qu'il ne peut tenir la convention, lequel avis il fait entendre par Sarrau, son secrétaire, sur les neuf heures du soir.

L'on rapporte une parole d'un vigneron de la porte Saint Pierre, nommé Guillot, qui avoit dit voyant MM. les députés descendre les degrés de la Maison du Roi : *Les voilà, les voilà qui s'en vont bien camus, la queue entre leurs jambes.* L'on oït deux tesmoins, lesquels ouis on ordonne qu'il sera pris au corps. Voila comme l'autorité du Parlement estoit conculquée et mise sous les pieds par M. le duc de Biron, incité à ce par M. de Lux, portant l'ambition de M. Coussin, passionné pour entrer et estre continué en l'estat de viconte mayeur.

Le vingt uniesme du mesme mois, les Chambres sont assemblées (3). M. de Lux, lieutenant au gouvernement du

---

(1) Breunot acquit en 1603 une portion de la seigneurie de ce village.

(2) Le Président Fremiot, qui s'était rendu vers lui, n'en avait pu obtenir davantage, et même le maréchal lui avait fait entendre que si la Cour s'obstinait à faire publier son arrêt, les huissiers qui s'y entremettraient courraient grand risque d'être assommés. — Cf. reg. III, p. 751.

(3) Biron avait mandé dès le matin le garde des Évangiles, et lui annonçant l'arrivée des lettres du Roi, il l'avait invité, sachant la volonté de la Cour de faire néanmoins exécuter son arrêt, à ne point commencer l'élection qu'après avoir été informé de ce qui allait se passer au Parlement, où il envoyait le baron de Lux présenter les lettres du Roi. — Reg. n° 108, f° 240.

Dijonnois, entré par la permission de la Cour, tient un fort long propos, selon sa coustume, du regret qu'il a et porte en son ame de ces divisions qui ne pouvoient enfanter qu'une grande altération au bien du service du Roi et du public; qu'il venoit de laisser M. de Biron aheurté en sa résolution encore qu'il eut employé tous ses nerfs à l'en détourner; que c'étoit à Messieurs d'y apporter le tempérament qu'ils estimeroient par leur prudence ordinaire, avec plusieurs autres raisons selon sa coustume, faisant en ceste part le *Nestor*. Lui retiré, l'on résoult nonobstant (1) que l'arrêt tiendra. Messieurs les députés [vont] encore à lui, M. Bernardon, au lieu de M. Breunot, pour avoir parlé trop hardiment. Messieurs dient qu'il n'est expédient qu'il y aille. Enfin retournent; l'ont treuve [Biron] aheurté, n'ont aucune chose avancé (2), et qu'il tient le greffier de la mairie prisonnier. L'on résoult que le dernier arrêt sera signifié au garde des Evangiles et au procureur scindic, et que l'arrêt sera publié en l'assemblée. Est signifié et de relevée l'arrêt publié, et après la publication on publie les déffenses de M. de Biron d'y obéir, avec paroles insolentes et inaudites contre un parlement, de l'altération au repos de la ville que pouroit apporter la diversit' des arrêts, met les habitans en sa protection, avec autres paroles mal digérées. L'on mande le procureur Perreau, greffier de la mairie. L'on l'oit déclarer s'estre caché, que les gardes de Monsieur [de Biron] avec le procureur Legros, le sont venus trouver, l'ont mené au Logis du Roi, lui ont arraché l'arrêt, ont prins un de ses clercs, l'ont fait publier ledit arrêt avec lesdites déffenses. Son clerc est mandé et oui séparément, dit qu'on les a menacé de leur couper le col. L'on voit en

---

(1) Sur la proposition du président Fremiot et sur les réquisitions des gens du Roi.
(2) Biron avait nettement déclaré aux députés de la Cour que si elle publiait son arrêt, lui ferait immédiatement publier les lettres du Roi qui y étaient contraires.

pleine Chambre ladite ordonnance avec des termes inaudits, et entr'autres qu'il met en la protection du Roi « et la notre » tous les habitans avec deffenses de contrevenir, à peine de la vie. Ceux qui publièrent cette ordonnance estoient assistés des gardes dudit seigneur (1).

Sur telles occurences, l'on mande Jacquinot, pour lors garde des Evangiles; le procureur scindic, Me Jean Gros,

---

(1) Voici le texte de cette ordonnance :

De par le Roy et M. le duc de Biron, pair et mareschal de France, mareschal de camp, général es armées de Sa Majesté, tant dedans que dehors ce royaume, gouverneur et lieutenant général de sadicte Majesté es pays et duché de Bourgogne et comté de Bresse;

Sur le commandement que nous avons receu le jour d'hier de Sa Majesté portée sur les lettres du neuviesme du présent mois, signées Henry, et plus bas Pothier, de la forme qu'il veut estre gardée en l'eslection du Viconte mayeur de ceste ville, qui est qu'après la nomination faicte des personnes de trois qui auront le plus de suffrages, choisir cellui que Sa Majesté aura le plus agréable, pour exercer ladite charge la présente année seulement, et sans pour ce enffraindre les priviléges de ladicte ville et à la charge qu'à l'advenir il sera dressé ung règlement de la forme de ladicte eslection ; et voyant les diversités portées par les arrests de la Cour du Parlement sur la forme de ladicte eslection, qui pourroient apporter quelque altération au bien et repos de ladicte ville, nous, à ces causes, soubs le bon voulloir de Sa Majesté, ordonnons que ladicte eslection, assignée pour cejourd'huy, sera supercédée pour quelques jours, et jusques à ce qu'il ayt pleust à sadicte Majesté faire entendre sur ce subject plus amplement ses volontés. Et cependant le garde des Evangiles, eschevins et procureur scindicq continueront l'exercice de leurs charges, faisant deffences très expresses aux habitans de ladicte ville faire aulcune assemblée, ny procéder à ladicte eslection, jusques à ce que aultrement par sadicte Majesté il y ayt esté pourveu. Mettant lesdicts garde des Evangiles, eschevins, procureur scindicq, officiers de corps à tous aultres habitans d'icelle, soubs la protection et sauvegarde de sadicte Majesté et la nostre, avec inhibitions et deffences à toutes personnes, de quelques qualités et conditions qu'ils soient, de ne leur mesdire ni meffaire, à peine aux contrevenants à ces présentes d'estre attaints et convaincus du crime de lèze Majesté. Ce qui sera publié à cri publiq par tous les carrefours et places principales d'icelle ville, affin que personne n'en prétende cause d'ignorance. Faict à Dijon le vingt unicsme jour du mois de juin 1599. Signé : BIRON. Et plus bas : Par mondit seigneur gouverneur et lieutenant général susdit. Signé : CHAUMELIS. — Reg. des délib. de la Mairie, n° 108, f° 241. — Cf. reg. des délib. du Parlement, III, 754.

dit que M. de Biron l'a mandé, ayant esté mandé en pleine Chambre à cest effect, encore que ce ne fut une excuse affectée, parce que M. de Biron jouait pour lors à la paume. Enfin, ledit Jacquinot et Gros, scindic, viennent à la Cour (1). L'on les blasme aigrement de ce qu'ils n'ont fait publier l'arrêt dès le samedi, de ce qu'ils n'ont fait procéder à l'élection du Vicomte mayeur, selon qu'ils avoient accoustumé, qu'ils se jouent à perdre leurs priviléges. Enfin se retirent.

L'on opine sérieusement sur ce sujet, que on chargera le registre de tout ce qui s'est passé, qu'en tems et lieu il en sera fait remonstrances. L'on leur ordonne de faire par effect exécuter les arrêts aux peines y contenues (2).

M. de Lux, au Palais, porte à regret toutes ces contentions, souhaiteroit d'y pouvoir treuver quelque tempérament, M. de Biron estant aheurté à ce qu'il a fait entendre aux scindics mandés à cet effect en la salle du plaidoyé.

Le vingt deuxiesme dudit mois, le garde des Evangiles, quelques eschevins et procureur scindic vont treuver Messieurs les scindics, ausquels ils font entendre estre en volonté de faire exécuter les arrêts, mais qu'à leur grand regret ils sont empeschés de le faire par M. de Biron, qui veut faire publier une nouvelle deffense d'y obéir à peine de la vie. L'on tient que ledit jour il fut en la Maison de ville, et aux Jacobins pour empescher qu'il ne fut procédé à aucune élection, et que les arrêts ne fussent publiés. L'on s'assemble sur le rapport fait par Messieurs les scindics. L'on résoult enfin qu'il faut se tenir à tant; l'on mande Messieurs les gens du Roi, l'on voit les procès verbaux, l'on decrète de prise de corps tant contre le garde des Evan-

---

(1) Jacquinot rapporta à la chambre de Ville que s'étant rendu à quatre heures à la Cour, elle lui avait ordonné de faire procéder le lendemain aux élections municipales, mais qu'il lui avait fait réponse qu'il ne pouvait outrepasser la défense du duc de Biron.— Reg. de la Mairie, n° 108, f° 242.

(2) Reg. des délib. de la Cour, III, 757.

giles que procureur Gros, scindic, qui sera exécuté en temps et lieu (1).

Le vingt cinquiesme dudit mois, les Chambres sont encore assemblées, sur une requeste de récusation présentée par M. Coussin, contre la plus grande part de Messieurs, avec paroles fort insolentes et injurieuses, et entr'autres

---

(1) La Chambre de ville était assemblée le matin, lorsque M. de Chaumelis, secrétaire du duc de Biron, lui apporta une ordonnance du gouverneur, qui faisait défense aux habitants de s'assembler pour l'élection, sous peine d'être pendus et étranglés; le garde des Evangiles s'étant excusé de la publier, « d'autant qu'il y avait un arrêt contraire de la Cour et que la Chambre était tenue en perplexité pour résoudre sur ledit fait, vu les commandements qui lui étaient faits de part et d'autre, » M. de Chaumelis se retira, et la Chambre commit des échevins pour, avec le garde des Evangiles, parler au premier président et lui donner connaissance de ce fait. — Reg. n° 108, f° 242.

Jacquinot déclara aux syndics que Biron lui avait signifié que s'ils s'assemblaient pour ladite élection, lui-même s'acheminerait aux Jacobins pour l'empêcher, et que s'ils faisaient quelque chose contre sa volonté, il ferait venir des gens de guerre et les punirait de telle sorte qu'ils en maudiraient l'heure. — Délib. de la Cour, III, 759.

Une heure après, Biron renvoya à l'hôtel de ville un de ses gentilshommes avec son prévôt et quatre de ses gardes sommer la Chambre d'avoir à publier l'ordonnance dont nous donnons le texte ci-après. L'échevin qui fut leur ouvrir la porte refusa de le recevoir, en alléguant que c'était au duc à la faire publier; et aussitôt, sur son rapport, la Chambre délibéra que le Roi serait informé du différend et les lettres données à M. de Chaumelis.

De par le Roy et M. le duc de Biron, etc.,

Ensuitte de l'ordonnance par nous faite le jour d'hier, nous avons fait et faisons derechef inhibitions et deffences à toutes personnes de ladicte ville de s'assembler pour l'eslection du Viconte mayeur, ny aultrement jusques à ce que nous ayons esté advertis plus amplement par Sa Majesté de sa volonté sur le faict de ladite eslection. Et ce affin que les priviléges de ladicte ville soient conservés; le tout à peine, contre ceux qui contreviendront à ces présentes, d'estre pendus ou estranglés, sans autre figure de procès; ordonnant aux vignerons et habitans de s'employer à leur travail ordinaire et se retirer après la publication d'icelle, à peine d'estre punis comme séditieux et perturbateurs du repos publicq. Ce que ordonnons estre publié par tous les carrefourgs et places principalles de ladite ville à son de trompe et cri publicq, affin que nul n'en prétende ignorance. Faict à Dijon, ce xxii° de juing 1599. Signé : Biron. Et plus bas : Pour Monseigneur, Chaumelis. — Reg. de la Mairie, n° 108, f° 243.

contre MM. les présidents d'Esbarres et Monthelon. L'on résoult qu'il se restreindra dans trois jours, à peine d'en estre décheu.

Le vingt huictiesme dudit mois, M. de Volay, entré par permission de la Cour, dit qu'il y a longtems qu'il est ici, qu'il résoult de s'en aller rendre raison de la charge que S. M. lui a commise pour la vérification de l'Edit de ceux de la religion. Cela dit, se retire.

Les Chambres s'assemblent. Lors M. Milletot raporte que le jour d'hier M. de Biron l'avoit mandé sur les huit heures du soir, lui avoit fait entendre qu'il estoit très marri de ce qui s'estoit passé, en a du déplaisir, fait toutes les soumissions que l'on peut souhaitter, reconnoissant sa faute, désire d'en faire autant à la compagnie, le charge de lui faire entendre. L'on résoult que Messieurs les scindics lui feront entendre que quand il lui plaira venir en la compagnie, il y sera bien venu et se tenir à tant (1).

Après l'on parle de la commission pour le recherche des faulx saulniers qui avoit esté reformés. L'on ordonne qu'elle sera communiquée au procureur general.

Après l'on voit la requeste de récusation présentée contre la Cour par Mᵉ Bernard Coussin, avec une autre requeste de lui à mesmes fins. L'on le déclare décheu de ses récusations, et pour les paroles injurieuses, qu'il sera oui par MM. Bossuet et Bernardon, scindics, pour après estre pourveu sur la peine.

Le dernier jour dudit mois, les Chambres sont assemblées pour l'Edit de ceux de la religion. L'on voit les conclusions

(1) Biron se rendit au Parlement et, toujours extrême, il alla jusqu'à lui dire que ce qui avait causé son irritation était la menace, qu'on lui avait rapportée, de dix ou douze de Messieurs de faire exécuter l'arrêt à main armée ; que c'était son métier de remuer les mains, mais tant s'en fallait qu'il fût porté là, ni qu'il eût menacé de couper des têtes ; que si la Cour voulait aller en robes rouges faire exécuter son arrêt, lui-même l'assisterait. — Reg. III, p. 760.

du procureur general, qui ne sont que préparatoires. L'on résoult qu'il sera différé et néantmoins n'en sera aucune chose mise par écrit.

Le vingt neuviesme jour précédent dudit mois, MM. Bossuet et Bernardon, mandés par M. de Biron, qui leur dit que Messieurs l'avoient trompé en ce que l'on avoit décrété contre Coussin, lui font entendre la requeste injurieuse qui avoit esté par lui présentée contre un parlement, les formes qui y ont esté gardées. Après un fort long discours, leur dit qu'il treuve mauvais ladite requeste, mais qu'il semblera au peuple que ce sera pour la mairie; qu'il a pris Coussin en sa protection et aimeroit mieux avoir perdu un bras qu'on lui eut arraché un poil de la teste. Enfin se retirent en leur logis. Leur mande après, par son secrétaire, que on ne passe pas outre, ce qu'ils rapportent à la compagnie.

Le premier jour du mois de juillet 1599, M. de Volay, entré à la Grand' Chambre, demande que on lui ait à résoudre ce qu'il dira au Roi pour l'Edit par lui dès longtems présenté. Lors M. le premier président lui dit que sur la supplication et prière faite par tous les ordres que on eut à différer jusqu'à ce qu'ils eussent fait leurs très humbles remonstrances à S. M., qu'ils estoient prests de partir. L'on leur avoit accordé que pour quelque tems il seroit différé.

Demande que on ayt à délibérer de le lui bailler par escrit. Lui retiré après avoir consulté Messieurs de la Tournelle, l'on lui dit qu'il se doit contenter de ce que on lui a dit.

Le troisiesme jour du mois de juillet, les Chambres sont encore assemblées. L'on fait rapport du département fait par M. Valon, de son opposition, déclare qu'il persiste à la résignation faite à M. de Berbis. Requeste dudit sieur Berbis, à ce qu'il fut procédé à la vériffication de ses provisions. L'on voit les informations *super vitâ et moribus*, les conclusions du procureur general; est résolu qu'il sera procédé à sa réception. On le fait appeler pour prendre sa loi.

Entre et ayant ouvert le code, *incidit in l. s. Si pater. c. De dotis promissione*, encore qu'il dit le rubrique : *Si secundo nupserit mulier, etc.* Les parens de M. Massot en connoissent. L'on lui ordonne de le rendre le mercredi suivant.

Le sept du mesme mois, les Chambres sont assemblées. Est ordonné que les parens de M. Massot ne connoistront de la réception dudit sieur Berbis. . . . .

Ledit sieur Berbis est oui, repond fort. . . . . . .
. . . .

Plusieurs estoient d'avis, qu'il n'eut aucune voix délibérative (1).

Le huit dudit mois, l'on sonne de la baguette au milieu de l'audiance, on sort d'icelle. Les Chambres sont assemblées sur les nouvelles deffenses faites par M. de Biron aux officiers du bailliage, d'exercer la justice de la mairie de la ville (2), qui leur avoit esté attribuée par la Cour sur plusieurs requestes présentées par des particuliers habitans de ceste ville, ayant des affaires, parce qu'on tenoit à présent ceux de la ville hors leur tems sans charges et comme privés. Les officiers du bailliage mandés et ouis déclarent la signiffication qui leur a esté faite et ce que leur avoit dit le colonel Espiart (2), chargé de ce par M. de Biron, laquelle signiffication le lui avoir esté faite par Laureau et Mariche,

---

(1) Ce paragraphe a été biffé très soigneusement d'un bout à l'autre du manuscrit original.

(2) Le 6 juillet, la chambre de Ville, informée de l'arrêt par lequel la Cour attribuait au bailliage la juridiction civile et criminelle de la Mairie, et qui avait déjà reçu un commencement d'exécution, avait sommé le bailliage de cesser cette entreprise, et en avait appelé au Parlement. Puis, le lendemain, elle enregistrait l'ordonnance du maréchal de Biron, rendue la veille, qui, considérant que l'arrêt de la Cour avait été donné par surprise, et que l'intention du Roi était de maintenir les priviléges de la ville, défendait aux officiers du bailliage de s'immiscer dans la juridiction municipale jusqu'à ce qu'autrement en eût été décidé par le Roi. — Reg. de la Mairie, n° 108, f° 246.

(3) Elu du Roi en Bourgogne.

sergens de la mairie. Les sergens sont mandés, ouis, déclarent avoir signifié ce qui leur a esté ordonné. L'on ordonne au procureur général, présent à tout ce que dessus, de conclure, demande avoir avis de ses collègues. L'on résout que le tout leur sera communiqué pour bailler leurs conclusions par escrit (1).

Le neufviesme, les gens du Roi sont mandés, M. le procureur général déclare que M. Millotet et lui ne se sont pu résouldre pour ne s'estre treuvés de mesme avis; M. de Vellepelle, mandé, qui s'estoit excusé sur la maladie de sa femme.

De relevée du mesme jour, les Chambres sont encore assemblées sur ce mesme sujet; [les gens du Roi] sont encore mandés, donnent leurs conclusions par escrit. L'on fait arrêt que sans s'arrêter à la déffense faite par le duc de Biron, que les arrêts viendront et résolu que l'arrêt sera publié en audiance, ce qui est fait (2).

---

(1) Cf. reg. des délib., III, 765.
(2) Le 14, le garde des Evangiles communiqua à la chambre de Ville la lettre que Biron venait de lui envoyer de Chalon, et qui était conçue en des termes on ne peut plus caractéristiques :
« Sy les affaires très importantes pour le service du Roy ne m'amenoient à Mâcon pour pourveoir à la seurthé de ladicte ville et de la Bresse, sur l'advis que le Roy me donne de la cognoissance qu'il a des mauvaises intentions du duc de Savoye, je m'achemineroîs de ce païs à Dijon pour remédier aux émotions qui sont nées depuis quelques jours, et faire veoir à ung chascun que ceux qui croient en mes paroles suivent, en y obéissant, les commandements et volontés du Roy, de quoy les lettres patentes que j'ay en main font foy. Car S. M. a de la jalousie de la conservation des priviléges de ses bons subgets, et ne veult qu'il y soit touché qu'avec une bonne et utile délibération. Je n'eusse esté si effronté d'engager tant de gens de bien à maintenir une cause, si elle n'eust esté juste comme elle estoit. Le Roy m'ayant commandé ses intentions telles que je les ay toujours dictes, et dont j'en suis bien advouhé. Soyés donc asseuré que le Roy tient que vous l'avez servy en ceste action. Et d'aultant qu'il y en a de ceulx de vostre compagnie qui par faiblesse vous manquent d'affection qu'ils doivent au Roy, se sont abstraincts d'y venir. Je vous prie et ordonne ne les y recepvoir plus, car telle est la volonté du Roy, qui n'abandonne ses sugets tout ainsy qu'il rejette ceux qui ne se fient en luy. Ayez donc patience et

Le douze du mesme mois, l'on voit des lettres d'évocation, obtenües par les dames héritières de M. le Grand, contre M. de Brion, pour les comtés de Charny et seigneurie de Couchey, fondées sur les créanciers dudit sieur Brion, qui sont Messieurs du parlement, pour la plus saine partie, qui s'assurent du payement de ce qui leur est deu sur l'événement dudit procès; après plusieurs contentions, il passe que les lettres seront rendües à l'huissier.

Le dix septiesme dudit mois de juillet, les Chambres sont assemblées avant l'audiance criminelle, pour résouldre sur la nomination faite par Messieurs les gens du Roi, de M. Berbisey (1), beau frère de M. Picardet, procureur général, pour substitut. Résolu qu'il sera receu pour exercer ladite charge avec M. l'avocat Poillechat, en cas de récusation, maladie, ou absence légitime seulement; plusieurs de Messieurs estoient d'avis qu'il n'y en devoit avoir qu'un, selon qu'il avoit esté observé du passé.

Le vingt troisiesme dudit mois, avant l'audiance, M. le procureur général, entré en la Grand'Chambre, présente des lettres du Roi à la Cour, qui lui ont esté apportées avec lettres de cachet, sur l'élection du Vicomte mayeur, dit qu'il y a autres lettres en forme dressées à M. de Biron, avec commissiou pour la mesme élection, pour faire assemblée des colléges et lui donner avis de la forme qui devra estre tenue. Evocque S. M. à soi les circonstances et dépendances dudit fait, et que cependant que ceux qui ont fait la charge du maire et eschevins soient continués. Après y avoir opiné, l'on résoult que on ne peut procéder à l'entérinement desdites lettres comme contraires à l'autorité du Roi,

demourez unis soubs l'authorité royale, et advertissez en tout les capitaines de la ville, afin qu'ung chascun se dispose à obéir au Roy, qui vous tesmoigne tant de bonne volontez. Sur quoy je finiray, estant, Messieurs, votre bien affectionné amy à vous servir: Biron. — Reg. de la Mairie, n° 108, f° 248.

(1) Guillaume Berbisey, avocat.

à la sienne [de Biron] et les priviléges de ladite ville, que on en conférera encore avec lui. MM. le président Fremiot, Bouhier, Bossuet, Bernardon et Milletot, députés sur ce, y vont, le trouvent à propos, lui font entendre les raisons pour lesquelles on ne peut procéder au susdit entérinement; pour ce qui a esté dit ci dessus, lui font une ouverture qu'il ait à déposer la garde des clefs de ladite ville entre les mains d'autres personnages capables du corps de la ville, tel qu'il voudra choisir. Pendant toutes ces contentions, demande tems pour y faire réponse.

Le vingt quatriesme du mesme mois, mande par son secrétaire que M. le baron de Lux fera réponse sur l'ouverture qui lui a esté faite, s'il plaist à la Cour d'extraordinairement s'assembler (1).

Les chambres sont extraordinairement assemblées, M. de Lux, entré et siége, fait, au nom dudit seigneur de Biron, toutes les submissions d'honneur et supplications à la compagnie pour ce qui s'estoit passé, la prie de tout oublier et que on eut à tolérer les choses en l'estat qu'elles estoient pour un mois seulement, qu'il envoieroit lettres du Roi, pour pourvoir à tout que l'on s'en asseure; s'estant ledit sieur de Lux retiré, l'on résout enfin que Messieurs seront encore députés pour lui faire entendre qu'il choisisse tel personnage qu'il jugera à propos pour la garde des clefs; que Jacquinot est en prévention, et d'ailleurs son père et lui sont comptables, ayant manié ci devant le revenu du collége des Godrans; qu'il y a plus de neuf ans que le père ou le fils sont en la Chambre de ville contre les arrêts et règlemens; qu'il donne cela à la compagnie; que si on ne peut le fléchir et qu'il se roidisse, que pour six sepmaines les choses demeureront en l'estat qu'elles sont, à peine que ledit temps passé, ladite charge de garde des Evangiles de-

(1) Cf. reg. des délib. de la Cour, III, 768.

[1599]

meurera au premier eschevin, jusqu'à ce que par le Roi y ait esté pourveu (1).

Le vingt sixiesme du mesme mois, les Chambres sont encore assemblées sur le mesme fait, et sur la réponse de M. de Biron, et les supplications qu'il faisoit à la Cour que les choses se passassent en la forme, qu'il avoit prié la compagnie de lui donner cela, et qu'il désiroit d'en prier la compagnie et y venir à cet effect. Messieurs les scindics sont députés à lui pour lui faire entendre que quand il lui plaira de venir à la compagnie, qu'il en aura contentement. Vont à la Maison du Roi, le trouvent qu'il pique ses chevaux; lui font entendre par quelqu'uns de ses gens la charge qu'ils ont, leur fait entendre qu'il ne peut à présent venir à la compagnie, les remet au mercredi suivant (2).

Le vingt huictiesme dudit mois, jour de mercredi, les Chambres sont assemblées pour la venue de M. de Biron, au Palais, il entre et se place avec M. de Lux et M. de Varennes. Lors M. de Biron déclare plus ouvertement et avec plus de véhémense ce qu'il avoit fait entendre ci devant, tant à Messieurs les scindics que par M. de Lux, du regret et du plaisir qu'il avoit eu de ce qui s'estoit passé, qu'il en estoit très marri, proteste que cela n'aviendra plus, reconnoit combien cette altération de l'union qui doit estre entre la compagnie et lui peut apporter de préjudice au service du Roi et du public, qu'il prioit encore instament la compagnie de lui donner cela, qu'il mettroit en compte du plus grand bonheur qui lui soit advenu; demande que toutes ces brouilleries soient ensevelies (usant de ces termes), que les décrets et la requeste de Coussin demeurent

(1) Cf. reg. des délib. de la Cour, p. 770.
(2) Biron, moyennant la promesse qu'il faisait d'ôter celui qui était nommé dans les lettres du Roi pour exercer la charge de vicomte mayeur, exigeait le renvoi de toutes poursuites à l'égard du garde des Evangiles et des officiers de la ville, ce que la Cour accepta. — Reg. des délib. du Parlement, III, 770.

comme non advenues avec plusieurs submissions; qu'il tint et obtint ce bien de la compagnie. M. le premier président lui porte et dit la réponse, et l'on résout enfin, après plusieurs importunités par lui faites sur la requeste, que on n'en passera plus avant. L'on lui promet, en outre, que on lui montrera le registre secret, chargé de ce que dessus (1).

L'on lui fait lors ouverture sur le restablissement des jésuites, dit qu'il en a toutes les volontés, mais qu'en ayant jà plusieurs fois jetté des traits à S. M., il ne l'avoit treuvée disposée à ce, que le tems pouvoit apporter quelque mutation à ce et qu'il falloit bien espérer que de lui il y feroit ce qui lui seroit possible envers S. M. (2).

Le vingt neuviesme dudit mois, les scindics sont députés à M. de Biron pour le prier, allant en cour, de tenir la main que nous soyons dressés de nos gages entièrement, ce qu'il promet et proteste d'y tenir la main.

Le quatriesme jour du mois d'aoust dudit an, les Chambres sont assemblées sur l'avis que on eut que M. de Biron avoit enlevé de la recette générale quatre mille escus, encore qu'il [eut] donné parole à Messieurs les scindics, tant de notre quartier escheu que de la Chambre des vacations. Cela donna sujet à Messieurs de députer encore à lui Messieurs les scindics. Messieurs de la Chambre des Comptes en font autant, se rencontrent tous au Logis du Roi. Lui en font plainte, confesse qu'il a pris sur les deniers de la recette quatre mille escus pour retirer les bagues de M. de Lux, qu'il avoit engagées à Paris pour avoir argent pour la com-

---

(1) Cf. reg. des délib. de la Cour, III, 771.
(2) Le lendemain, l'assemblée générale des habitants, convoquée par le duc de Biron pour, conformément aux lettres du Roi, donner son avis sur la forme à suivre à l'avenir pour l'élection du Maire, émettait le vœu que l'ancienne forme fût conservée, que les auteurs des brigues fussent châtiés, et priait le maréchal d'intercéder auprès du Roi pour le rappel des Jésuites. — Reg. 108, f° 251.

position de Seurre, qu'il y devoit encore avoir assés de fonds pour le paiement des gages des colléges. L'on résout que Messieurs des Comptes manderont Blondeau pour scavoir ce qui reste, est découvert que la recette de la gabelle dudit quartier montoit à huit mille escus. L'on résoult que si S. M. approche de Lyon ou de Moulins, que l'on députera de Messieurs pour en faire plainte, tant de la confusion et inversion de l'Estat et contre Messieurs les trésoriers, lesquels non seulement avoient fait l'ordonnance des quatre mille escus, mais, contre leur devoir et les ordonnances, aucuns d'eux avoient esté présens à l'enlevement desdits deniers, ayant fait faire ouverture des coffres. L'on disoit qu'une portion desdits deniers leur estoit laissée, et que M. de Biron n'en touchoit que les deux tiers.

Le sixiesme du mois d'aoust, le Chambres sont assemblées sur la vériffication des lettres et arrests et commission obtenue au Conseil d'Estat par M. de Pouilli (1) pour l'establissement d'un péage, pour le récompenser des ruines et pertes en la démolition de sa maison de Pouilli, à cause de la ville de Seurre, lesquels interests S. M. avoit liquidé et arbitré à dix mille escus. L'on ordonne que lesdites lettres auront lieu pour cinq ans et pour la moitié seulement de ce que S. M. avoit ordonné estre levé, attendu la suite. L'arrêt soit veu.

Le septiesme jour dudit mois, les Chambres sont assemblées pour la vériffication des provisions obtenues par M. Jaquot, pourveu de l'estat de M. Venot, encore que ledit Venot n'eut esté receu. On résout, *non sine contentione*, que lesdites provisions seront communiquées au procureur général et que *liberum erit* lors d'en dire sans que ladite communication puisse apporter aucun préjudice, mesme qu'il pensa y avoir partage.

(1) Charles de Stainville, seigneur de Pouilly-sur-Saône.

Le douzlesme, requesté du scindic des Estats contre la vériffication des lettres et arrêts de M. de Pouilli, pour la somme arbitrée de dix mille escus portée par lesdites lettres; les Chambres consultées, on résout que l'arrêt et l'effect d'icelui sera suspendu et non délivré jusqu'à la Saint Martin, pendant lequel tems le scindic vériffiera ce qui est deu audit sieur de Pouilli.

Le quatorziesme dudit mois d'aoust, les Chambres sont assemblées. L'on fait raport de la requeste, présentée par le scindic du pays contre les sergens commençans à faire des contraintes sur le bestail. L'on résout deffenses à tous sergens faire exploit sur le bestail, et qu'ils mettront leur carnet devers le greffe et entre les mains de M. le procureur général pour après pourvoir sur les abus, ainsi qu'il appartiendra. Résolu, en outre, qu'il sera informé desdits abus par Messieurs les conseillers estans es villes du ressort.

L'on fait après raport des lettres du Roi, pour la levée des confirmations. Résolu que deffenses sont faites de lever aucun droit de confirmation sur les cabaretiers, sur les villages et bourgs pour leurs priviléges, foires et franchises, sur les procureurs, sur les greffiers, tenant leurs greffes en domaine, sur ceux qui ont obtenu provisions de leurs estats du Roi à présent, moings sur leurs résignans, attendu qu'ils ont payé le quart denier et le marc d'or, avec clause que ceux qui ont payé à ceux qui ont esté ci devant commis et qui se sont dits tels, seront quittes, sauf les actions dès à présent commis contre ceux qui l'ont receu.

L'on voit après l'estat de nos gages, qui avoit esté baillé et signé par Messieurs les trésoriers généraux. Regnaudot et Blondeau sont ouis. Regnaudot compte deniers, sont comptés au receveur général. On a advis que le receveur doit avoir six mille sept cent escus de fonds.

L'on parle après de la vériffication de la commission de la recherche des faulx saulniers. L'on n'y touche.

L'on fait après la liste de la Chambre des vacations.

L'on commet après pour la Chambre des pauvres MM. Odebert et Breunot, au lieu de MM. Briet et Bouhier.

L'on commet aussi pour scindic M. de la Grange, au lieu de M. Bossuet.

L'on fait après raport de la requeste du scindic [des lettres] contre M. de Pouilli et responce dudit sieur de Pouilli. Resolu que le tout sera communiqué au procureur général et neantmoings que l'arrêt sera delivré.

Le vingt troisiesme de septembre, Messieurs estans à la ville sont extraordinairement assemblés. M. le procureur général estant de retour de la Cour, apporte des letttres de M. le chancelier responsives à celles que la Cour auparavant lui avoit escrites. Après en présente d'autres du Roi et de M. de Biron, pour l'élection du Viconte mayeur du 21 du présent mois. Autres lettres patentes apportées par M. le baron de Lux, pour faire procéder à l'exécution de la volonté du Roi, où la Cour feroit quelque difficulté d'y procéder. L'on résout, attendu le petit nombre que nous estions, que l'affaire seroit remise en parlement.

Le mesme jour, M. de Lux mande le père Henri [jésuite] ayant reccu lettres de S. M. du cachet et de M. de Biron, pour les faire sortir, parce que S. M. avoit treuvé très mauvais qu'ils se fussent ou qu'on les eut restablis et remis en leur dit collége sans son congé, ayant dit qu'il vouloit qu'ils entrassent par sa porte et non d'autre. J'en fus parler audit sieur de Lux, avec MM. Boursaut et Despringles. M. de Lux nous montra lettres de M. de Biron, qui lui en escrivoit très particulièrement et qui estoit celui qui les avoit soufferts et tolérés à prescher et à dire la messe audit collége. Ceux de la religion, en Bourgogne, ayant donné des avertissemens à M. de Rhosni, avoient causé ce grand désordre et ce vacarme.

Le vingt quatriesme dudit mois, M. de Lux, entré en la Chambre des vacations, remonstre la commission qu'il a de S. M., qu'il est en volonté de la faire mettre à exécution, selon le commandement qu'il en a. L'on le prié de différer pour quinze jours, jusqu'à ce que les lettres soient reformées pour les clauses insolentes contenues en icelles et qui pourroient apporter à l'advenir de la conséquence en l'administration de la justice. M. le procureur général entré à la Chambre dit et raporte comme les choses se sont passées à la Cour, que quand on différera le Roi n'en sera mécontent, encore moins M. de Biron; qu'il sera plus aisé d'oster les clauses contenües en icelles, qu'il n'a esté facile de les y mettre. L'on remonstre sur ce à M. de Lux, qu'il n'y va du service du Roi, que la ville est en seurté, nous estans en haute paix, que celui qui y est et autres estans en charge exerceront cependant leurs charges, que toutes choses seroient plus asseurées. Enfin, vaincu des raisons qu'on met en avant, dit qu'il le fera treuver bon au corps de la ville, lequel il va mander à cet effect et qu'il le fera entendre et reviendra à cet effect; les ayant mandé et les ayant treuvé entièrement disposés et retourné l'ayant fait entendre, l'on résoult qu'il sera différé, que l'on escrira à M. le chancelier et à M. de Biron, pour la refformation desdites lettres et pour en oster les susdites clauses, que si dans quinze jours lesdites lettres sont rapportées, que on procédera à la vérification d'icelles (1).

Le sixiesme jour du mois d'octobre, Messieurs estans à la ville, sont extraordinairement assemblés pour la translation du bureau de Messieurs les Trésoriers à Autun, sur lettres patentes envoyées à la Cour et autres auxdits sieurs Trésoriers. Pour l'importance du fait, l'on voit l'édit avec lettres du Roi du cachet. L'on mande Morelet, procureur, en la Chambre des Comptes et commis de M. le greffier de Frasans père, déclare que Messieurs les Trésoriers ont fait faire des injonctions et commandemens aux receveurs et autres comptables de porter les deniers de leur recette en la ville

(1) Cf. reg. de la Mairie, f° 281.

d'Autun. M. Soirot, commis de M. Chaumelis, receveur général, qui, ouï, déclare que on lui a fait signifier les susdites deffenses et mesme, encore le jour d'hier, nouvel commandement lui en fut fait, que l'huissier lui en donna le dernier exploit, qu'il les mettra au greffe. L'on résout enfin que les susdits exploits seront communiqués aux sindics des Estats et de la ville, et au procureur général, pour après y ordonner ou faire deffenses de désemparer ausdits Trésoriers, ou bien attendre qu'il y fut résolu en plein parlement; qu'il leur falloit bailler des parties et nous décharger de l'envie; résolu, en outre, que MM. les présidents Fremiot et Briet, conseillers, en qualité d'amis parleront à aucuns desdits sieurs Trésoriers, pour rompre le coup de l'exécution de ladite translation, sinon lors qu'on auroit des parties requérantes, que on pouroit faire les deffenses.

Le onziesme dudit mois, Messieurs estans à la ville extraordinairement assemblés, M. le président Fremiot rapporte avoir parlé et conféré avec aucuns de Messieurs les Trésoriers. Après plusieurs redites, sont enfin résolus de satisfaire à la volonté du Roi (1).

L'on voit par mesme moyen les réponses et réquisitions, tant de ceux de la ville que du Conseil des Estats, et les conclusions préparatoires de Messieurs les gens du Roi, que Messieurs les Trésoriers eussent à communiquer les lettres, mémoires et instructions sur ce sujet, pour après y prendre telles conclusions qu'il appartiendroit. Plusieurs de Messieurs estoient d'avis de deffenses particulières, *sed tandem vicit eorum sententia*, que on remettroit le tout en plein parlement.

---

(1) La chambre de Ville n'avait pas attendu si longtemps pour se prononcer sur la question; dès le 11 octobre elle avait prié le duc de Biron d'interposer son crédit et faveur pour empêcher cette translation, et avait mandé aux élus du pays, alors en Cour, de s'évertuer à y donner tous les empêchements. — Reg. 108, f° 283.

Le dix huictiesme du mesme mois, jour de la feste de M. Saint-Luc, sur les onse heures du matin, ou approchant, décéda M. Bernard d'Esbarres, second président au parlement, ayant esté seulement malade d'un flux quatre jours. Le dix neuviesme, Messieurs vont à l'enterrement en corps en l'église Notre Dame. Messieurs ne portent point les coins du drap, selon qu'il estoit accoustumé, à cause qu'il estoit crevé en le mettant dans sa bière pour avoir esté faite trop estroitte. Le vingtiesme suivant, Messieurs *pro more* vont en ladite église, assistent à la première messe, par ce qu'on avoit commencé le service fort tard. Il estoit un grand homme de Palais, qui avoit de grandes et rares parties. *Anima ejus sit in benedictione.*

Le vingt troisiesme d'octobre, Messieurs estans à la Tournelle sont extraordinairement assemblés, M. le procureur général présente des lettres patentes du Roi réformées avec des lettres de M. de Biron, pour procéder à l'élection du Vicomte mayeur, dans dix jours après la susdite réception. On résout enfin qu'il sera procédé à la susdite élection mercredi suivant, que l'arrêt sera publié par les carrefours à ce que personne n'en prétende cause d'ignorance; que monitoire sera publié à requeste du procureur général pour avoir révélation des brigues et saletés infâmes qui se commettoient ouvertement, et que les informations faites ci devant soient veues. Plusieurs estoient d'avis que on dit pour arrêt que le susdit magistrat ne pouroit estre continué plus d'un an pour retrancher les brigues, mais cela ne passa pas (1).

Le douziesme jour du mois de novembre 1599, Messieurs estans assemblés au Palais en robbes rouges, vont à la Sainte Chapelle, et après les prières accoustumées faites,

(1) Le 27 octobre l'élection eut lieu selon l'ancienne forme, et Jean Jacquinot, garde des Evangiles, ayant réuni la pluralité des suffrages, fut proclamé vicomte mayeur. — Reg. de la Mairie, n° 109, 1.

retournent au Palais, vont à la salle de l'audiance, les ordonnances des advocats et procureurs leües, ils prestent le serment, selon leurs rangs et qu'il est accoustumé.

L'on n'entre ledit jour de relevée.

Le treiziesme dudit mois, Messieurs assemblés au Palais en la Grand'Chambre, le tableau est appellé encores qu'il eust esté appellé le jour précédent. Lecture est faite par le greffier des ordonnances. M. le premier président tient un assez long discours de la justice et du devoir que chacun devoit apporter à sa function, avec plusieurs passages, tant de la saincte Escriture que autres, exhortant un chacun de y veiller.

Après Messieurs, les gens du Roi sont mandés. Lecture aussi faite des ordonnances qui les concernent. M. le premier Président leur fait les exhortations accoustumées.

Après, les huissiers sont appellés. Lecture faite de leurs ordonnances, Messieurs les gens du Roi font les requisitions ordinaires et M. le premier Président les accoustumées.

Les officiers du ressort sont appellés, Messieurs les gens du Roi font de fermes et graves remonstrances aux présens, pour les exciter au devoir de leurs charges. Plusieurs apportent les procès verbaux de la visitation des hospitaux qu'ils mettent sur le bureau, et d'autant que d'Autun, d'Auxois, de Bourbon et Semeur en Brionnois, il ne y avoit personne, requièrent qu'il leur soit ordonné de comparoir a tel jour qu'il plaira à la Cour d'ordonner et que jusques à ce, ils soient interdis et suspendus de leurs charges. M. le premier Président leur fait les remonstrances au sujet propre et pour les absens que la Cour y formera arrêt.

Le quinziesme du mesme mois, M. Berbisey présente requeste à la Cour à ce qu'il lui plaise de le recevoir à prester le serment à l'estat de president, ou conseiller et président duquel il avoit esté pourveu par la resignation advisée dès longtems par fut M. le president d'Esbarres. L'on voit les arrêts sur les lettres obtenues et mesme le dernier est arrêté que quant sa santé pourra permettre qu'il vienne au Palais qu'il sera receu aux offices.

Le dix neufviesme du mesme mois, les Chambres assemblées, l'on procède à la vériffication des lettres d'édit contenant abolition du vingtiesme.

L'on procédde à autres vériffications de lettres d'edit obtenues par les gentilhommes et autres soldats ayant porté les armes pour le service du Roi pendant ces troubles passés, qu'il ne pourront estre recherchés, sinon des cas exceptés par les capitulations faites avec ceux de la Ligue et encore par les lieutenans des bailliages et non par les prévosts.

L'on parle après des provisions obtenues par M. Jacob, de l'estat de conseiller et veu l'ordonnance que ceux qui ont lesdits estats pour recompense ne les peuvent résigner. L'on resoult qu'il ne peut estre procedé à ladite vériffication.

Le vingt uniesme (1) dudit mois de novembre, M. Berbisey entre au Palais, est receu à l'estat de président après avoir porté le serment selon qu'il est accoustumé, et ayant pris sa place au banc de MM. les présidents, tient un propos fort court et troussé du désir qu'il a d'exercer dignement ladite charge.

Le deuxiesme jour de décembre suivant, de relevée, les Chambres sont assemblées pour resoudre à préparer la publication de l'édit de ceux de la religion. L'on resoult après avoir veu la responce aux remonstrances faites à S. M. communiquées par M. le greffier Joly et icelui, ouï, que le susdit édit seroit communiqué au procureur général pour au premier jour après les Rois y ordonner.

Le dix septiesme du mesme mois, les Chambres sont assemblées sur un tel sujet. Il y a quelque temps que M. de

---

(1) Le registre des délibérations porte cette réception au lundi 22.

Biron, sortant de la ville, ses gens se battirent avec quelques habitans d'icelle, il y en eut de blessés de part et d'autre; seroit arrivé qu'un nommé Jean Perrot, dit la Jeunesse, estant un de ceux que on prétendoit estre dudit insulte, auquel on faisoit le procès en la mairie par contumace, se voulant représenter, est venu à la ville à cet effect; est mandé en une hôtellerie, près la porte Guillaume, sous espèce d'amitié; y estant, est désarmé et oultragé à coups de dagues et amené prisonnier au chasteau. Il présente requeste à la Cour, demande justice. L'on ordonne à Favoles, capitaine dudit chasteau, de le mettre en la Conciergerie pour lui estre fait et parfait son procès, d'autant qu'il a interjetté appel de la sentence contre lui donnée, par laquelle il est seulement condamné à dix escus d'amande. M. de Favoles fait response qu'il en a commandement de M. de Biron, fait insérer les lettres qu'il en a en l'exploit. L'on juge le fait de telle importance, qu'il le fault traitter les Chambres assemblées, que cela estoit contre la seurté de tous, que le chasteau n'estoit point fait pour servir de prison contre les habitans, que on pouroit en faire autant à d'autres et que c'estoit formellement empescher le cours de la justice. L'on voit des lettres de cachet par lesquelles S. M. avoue la prise, d'autres à la Cour de M. de Biron. L'on résoult enfin, attendu que on a nouvelles que M. le président Fremiot est à Thotes, revenant de la Cour, que on différera d'y pourvoir jusqu'au lundi suivant, mais que lundi, toutes affaires cessantes, l'on y pourvoiera.

Le dix huictiesme du mesme mois, M. le président Fremiot estant arrivé et entré au Palais, les Chambres sont assemblées, fait entendre avoir esté chargé à son départ de M. le chancelier de saluer la compagnie et de lui offrir, et en général et en particulier, toute assistance en ce qui dépendra de lui pour la maintenir en son autorité; lui avoit parlé de prier la compagnie pour la vérification de l'édit pour ceux de la religion, que S. M., à son regret, avoit esté forcée de le faire pour avoir et nourrir la paix en son Estat, que de y apporter plus de longueurs c'estoit mal à propos, qu'il avoit pu voir ce qui avoit esté fait par les autres parlements, que S. M. ne vouloit faire une diversité de bigarrure pour son duché de Bourgogne.

L'autre des affaires qu'il avoit à négocier estoit pour nos gages. M. le président Jeannin et lui en avoient particulièrement parlé à M. de Rhosny, que l'équivocque estoit avenu en ce que Messieurs les Trésoriers avoient seulement mis en l'Estat pour les charges de la province, que les susdits trente six mille escus. L'on avoit des assignations à M. de Biron de seize mille escus, que l'on vouloit estre payés avant nos gages, qu'après le lui avoir fait entendre, ledit sieur de Rhosny y avoit pourvu.

Pour le prisonnier du chasteau, après lui avoir fait entendre, par M. le président de Crepy, ce qui s'estoit passé, raporte ce qu'il en a oui dire à M. de Biron, entré en de grandes et véhémentes chaleurs, l'avoit laissé, en avoit conféré avec M. Prévost, l'avoit reconnu aheurté; retournant, passa par Montigny, en avoit conféré avec M. de Lux, allant à la Cour, qui le trouve mauvais, promet s'y employer.

Enfin, on résoult qu'il sera différé jusqu'après les Rois et qu'il en sera escrit à M. le chancelier et à M. de Biron, et qu'audit seigneur chancelier on envoyera tant les lettres de cachet que les lettres de M. de Biron, avec les copies des requestes, ses responses et de ceux du chasteau, avec la copie des procédures à mondit sieur de Biron, qu'il a esté mal informé.

Le vingtiesme dudit mois, l'on s'assemble sur un tel sujet. M. le procureur général veut aller avec M. Gagne en commission à l'instruction d'un procès criminel, commencé à sa requeste et du scindic du pays contre le receveur Clabart, M. de Vellepelle a l'instruction aussi d'autres procès que M. Bouhier alloit instruire à Beaune contre Barlet; sont ouis, l'ayant demandé, déclarent que ce n'est leur volonté d'y aller *passim*, mais selon les occurences pour se promener et selon le mérite du sujet. Retirés, l'on résoult qu'ils n'iront que quand la Cour l'ordonnera et non autrement, dont ils ont esté picqués.

Le neufviesme jour du mois de janvier 1600 suivant, la résolution prise avant les fêtes, les Chambres sont assemblées, et du matin et de relevée dudit jour, procedé à lecture tant dudit édit fait par S. M., pour ceux de la religion prétendue reformée, que des articles secrets.

Le douziesme dudit mois, les Chambres assemblées du matin, l'on commence à opiner sur chacun article et passe l'on ceux qui estoient conformes aux précédents édits et vérifiiés par les parlemens.

Le mesme jour de relevée, les Chambres sont assemblées sur une telle occasion. M. le Grand Prieur de Champagne ayant treuvé M. le président Fremiot venant au Palais, s'attache à lui de paroles, le suit jusqu'en la Chambre des huissiers, et ce pour lui rendre une partie de deux cent escus, qu'il disoit ledit sieur président Fremiot avoir touché de lui à raison du prieur du Grand Val des Choux; de paroles à autres, lui dit qu'il lui a voulu vendre ledit prieuré et qu'il le scait bien et qu'il en avoit ses missives, avec plusieurs autres propos assez mal digérés. M. le président Fremiot dit qu'il parle mal, qu'il en fera sa plainte à la Cour. De fait, il entre au Palais et ce en la Chambre de la Tournelle en sa place, M. le Grand Prieur le suit, entré en ladite Chambre, après avoir pris le premier lieu du costé de Messieurs les présidents, dit qu'il estoit entré parce que M. le président Fremiot lui avoit dit qu'il vouloit faire plainte contre lui, qu'il venoit pour lui répondre et raporte les mesmes propos ci devant. M. le président Fremiot dit qu'il parle mal, se lève de sa place, et découvert près du bureau, demande réparation de l'injure qui lui est faite. L'on dit à M. le Grand Prieur, que ce n'est la façon de laquelle il faut user. L'on lui dit qu'il se faut pourvoir en la Grand'Chambre et y présenter sa requeste. Enfin il sort. L'on assemble les Chambres. L'on voit le procès verbal dressé par le greffier. L'on ouit la plainte dudit sieur Fremiot, qui est confirmée par Messieurs de la Tournelle. L'on mande M. l'advocat du Roi, de Vellepelle, et en sa presence le procès verbal est leu, on résoult sur ses conclusions que ledit sieur **Grand Prieur**, sera pris au corps et mené en la conciergerie. L'on convoque quatre huissiers le chercher, un au Viconte mayeur pour garder et fermer les portes (1). Enfin est treuvé au logis de M. Coussin. L'on lui dit que la Cour le demande, vient en la Chambre des huissiers. L'on lui fait commandement de passer le guichet, est fort étonné, le refuse, demande de parler à la Cour. L'on lui refuse, enfin descend en la conciergerie. L'on résoult, en outre, qu'il sera informé de ce qui s'est passé en la Chambre des huissiers, qu'il sera oui par MM. de la Grange et Millotet, scindics.

Le lendemain, information faite, est oui; refuse répondre. L'on résoult, les Chambres consultées, le procès verbal de son refus de répondre, veu que le tout sera communiqué au procureur général, pour après y adviser.

Le treiziesme janvier, au commissaire de la Tournelle, au raport de M. Thomas, arrêt notable au fait d'une main morte en une instances de criée.

Le qutorziesme janvier suivant, l'on voit une requeste presentée par le prieur de la Magdeleine pour M. le **Grand Prieur de Champagne**, retenu prisonnier pour le mettre en sa maison, attendu le devoir qu'il lui doit par les statuts de

---

(1) Legouz de Vellepelle se rendit avec deux huissiers chez le vicomte mayeur pour faire fermer les portes de la ville; mais, par égard pour le rang du coupable, il le désigna seulement dans les registres communaux comme un certain personnage qui avait offensé la Cour. — Reg. de la Mairie, n. 109, f° 88.

son ordre. L'on résoult qu'il y sera fait droit en jugeant l'eslargissement requis par ledit sieur Grand Prieur.

Le mesme jour, proceddé à la verification dudit édit et resolu sur l'article 33 d'icelui, que remonstrances seront faites à S. M. MM. Millotet et Robelin, commis, pour l'establissement de la Chambre de l'édit de 1577, et ce aux frais du pays.

Le mesme jour de relevée, les Chambres sont assemblées pour le mesme édit, sont leus les articles secrets. L'on résoult de faire les remonstrances sur les 39, ci devant 40 et 41e articles (1). M. le président de Crepy entré ledit jour en la compagnie; ayant fait entendre qu'il alloit en Cour, est prié de prendre et accepter lesdites remonstrances avec les susdites.

L'on met après sur le bureau le fait de M. le Grand prieur de Champagne. L'on voit ses responses d'incompétence, et aussi ce qui avoit esté dit, tant par M. le président Fremiot que M. le procureur général, empeschant son eslargissement. Résolu qu'après qu'il aura respondu, il sera pourveu sur son eslargissement requis ce qu'il appartiendra.

Le dix neufviesme de janvier, les Chambres assemblées, M. le Grand Prieur de la Champagne, est jugé, est condamné, après avoir chanté la chanson à la conciergerie, puis le douze précédent, en 500 livres d'amande [qui seront employées à la réparation du Palais, [et lui] interdit l'entrée d'icelui pour cinq ans.

Le huictiesme jour de fevrier, les Chambres sont assemblées, l'on voit les procès verbaux concernant la visite des hospitaux du ressort faite par les lieutenans de chacun bailliage, suivant l'ordonnance de ladite Cour. L'on ordonne la communication d'iceux au procureur général.

Après l'on veut faire raport de l'édit dès longtemps pré-

(1) Cf. Reg. des délib. de la Cour, IV, 42.

senté à ladite Cour, pour les chevaux de relais. Sera différé.

L'on raporte après l'évocation obtenue par M. le conseilseiller Saive de ses procès. Les lettres seront communiquées au procureur général.

Le onziesme jour de fevrier, les Chambres sont du matin assemblées pour la venue de M. de Brung, député du parlement de Dôle, portant la qualité de conseiller et advocat fiscal en icelui. Est oui par Messieurs de la Grand'Chrambre seul, ce que on trouva mauvais, enfin l'on s'assemble, on ouit les plaintes dont ledit sieur le Brung estoit chargé, scavoir de ne souffrir l'exercice de la religion au comté de Charollois, et qu'il plut à la Cour ou d'y pourvoir, ou bien de lui donner acte de ses remonstrances pour ce pourvoir devers S. M. pour l'exécution de son édit. L'autre plainte pour l'entreprise qui est faite journellement par ceux de Savigny en Revermont, et autres terres de surséance sur les sujets du comté, pour retenir les choses jusqu'à ce que S. M. et Leurs Altesses ayent député de part et d'autre des commissaires pour décider le tout. Autre plainte contre les péageurs qui ne veulent permettre aux sujets dudit comté de retirer les fruits des biens qu'ils possèdent au duché comme aussi pour le sel qui se transmarche de fort petite espace de chemin aux villes sujettes et dépendantes dudit comté, estant contraint pour y arriver passer sur les terres dudit duché, en quoi faisant, ils sont arrêtés et molestés par les députés à la recherche et visite des faulx saulniers. Il fait encore autres plaintes pour Chaussin, Berbisot, contre le docteur Grivelet, et pour Foucherans.

Lui ayant achevé son propos, l'on lui parle des bénéfices du comté, où ils faisoient tant de difficultés. Répond qu'à leur grand regret ils sont contraints d'user de tant de longueurs, qu'ils en ont expresses deffenses, qu'ils ne scauroient treuver mauvais que l'on praticque le mesme contre ceux dudit comté.

[1600]

L'on résout après veu la protestation laissée à la Cour par ledit sieur le Brung que on escrira à Messieurs nos députés pour en advertir le Roi ou M. le chancelier. Que pour les autres points, que quand les occasions s'en présenteront, nous les maintiendrons et ne permettrons qu'aucune altération soit faite au repos des deux provinces et préjudice de la neutralité. Que c'est à notre grand regret que le susdit édit est vériffié et publié (1).

L'on fait après raport des lettres d'évocation obtenues par M. le conseiller Saive. Les conclusions veues du procureur général, resolu qu'il ne peut estre procédé à la vériffication d'icelle.

L'on résoult après qu'il sera informé *super vitâ et moribus* de M. d'Esbarres, pourveu de l'estat de conseiller par la promotion de M. Berbisey, sans aucune dispense, de M. Fyot Barain, son oncle. Après l'on fait raport des lettres nouvelles obtenues par M. Jacob, pourveu de l'estat de M. Venot, pour le dispenser de l'ordonnance qui veut que ceux qui en seront pourveus par récompense ne les puissent résigner. Resolu qu'il en sera informé.

Le vingtiesme dudit mois de fevrier, les Chambres sont assemblées pour les lettres receues de l'arrivée en bref de M. le duc de Savoie, de M. de Biron, qui mande qu'en ayant conféré avec M. le chancelier et M. de Villeroy, avoit le commandement du Roi, que deux de MM. les présidents et dix de MM. les conseillers fussent députés pour l'aller saluer, ce qui est arrêté, et oultre plus on arrêta qu'en parlant à lui on l'appellera Monseigneur; je fus l'un desdits conseillers.

Le dernier dudit mois, les Chambres sont assemblées pour la vériffication des lettres obtenues par le scindic du pays, pour la modération de la composition des places de

(1) Cf. reg. des délib. de la Cour, IV, 4.

Bourgogne en l'obéissance du Roi; icelles veües et les conclusions du procureur général, la composition pour Noyers, du baron de Viteaux, est réduitte à la moitié, celle du vicomte de Tavannes, pour Talant, de mesme et autres, excepté celles des sieurs de Pleuvot, pour Vézelay; et M. de Pouilli, aux deux tiers. Lesdites lettres sont vériffiées, mais au regard du sieur de Pouilli, près Seurre, que après les assurances baillées pour son payement, le péage mis sur la rivière sera aboli.

Après l'on fait raport d'autre requeste présentée par ledit scindic, par laquelle encores qu'ils eussent obtenu lettres du Roi pour l'abolition du vingtiesme, ce nonobstant l'on ne laissera de continuer ladite levée. Sont faites expresses deffenses de le lever aux peines contenues par l'arrêt.

Après l'on mande le scindic au Palais, auquel l'on ordonne de faire les poursuites pour faire rendre à plusieurs particuliers des sommes de deniers touchées pour le voyage des Estats de Paris contre les deffences portées par les arrêts.

Après est aussi en raportée l'information *super vitâ et moribus* de M. Jacob, et resolu que l'on lui baillera sa loi à commodité.

L'on résout lors aussi que le train du duc de Savoye ne logera point au logis de Messieurs, et que ceux de la ville en ayent à prendre d'autres, s'ils veulent; qu'il ne falloit permettre telle ouverture.

Le second jour du mois de mars 1600, les Chambres sont assemblées, l'information de Maitre Pierre d'Esbarres est raportée. Ordonné qu'il prendra sa loi, est appellé et entré, *incidit in l. Venditionis actio. c. De actionis empt.,* pour le rendre le mardi suivant.

Le troisiesme mars, l'on annonce le décès de M. Michel Millière, seigneur et baron de Saint Germain, près Châlon, moissoné en la fleur de son eage. Est enterré le quatriesme dudit mois à Saint Jean, Messieurs vont et assistent *pro more* à la messe.

Le cinquiesme dudit mois, les Chambres assemblées; l'on fait raport de la requeste présentée par M. Bouhier, des requestes pour entrer au lieu et place de M. Millière. L'on rejetta absolument ladite requeste et en fut incontinent debouté (1).

Le septiesme dudit mois, M. [Pierre] d'Esbarres fut oui et après avoir esté interrogé, tant sur sa loi que sur les trois livres du digeste, il fut enfin receu, *cum admonitione*, devoir ses livres et ses ordonnances.

Le huictiesme dudit mois, sur les quatres heures, ledit seigneur duc [de Savoie] entre en ceste ville avec force suitte, comme à sa grandeur appartient, loge en la Maison du Roi. L'on lui fait tous les complimens d'honneur qu'il est possible. MM. les présidents Fremiot, de Monthelon et dix de MM. les conseillers. Est fort petit, d'un visage beau, mais un peu bossu.

Le dixiesme dudit mois, ledit seigneur sort de la ville après avoir visité portion des églises. [Il] est fort grand catholique (2).

---

(1) Cf. reg. IV, 9.
(2) La Mairie, qui avait reçu à cet effet des ordres précis du Roi, surtout du maréchal de Biron, et de son lieutenant, le baron de Lux, lui rendit les plus grands honneurs. Voici en quels termes le secrétaire de la ville consigna l'événement dans ses registres :

ARRIVÉE DE MONSEIGNEUR LE DUC DE SAVOIE.

Du mercredy huictiesme du mois de mars mil six cent, à l'heure de midy, en ladicte Chambre du Conseil, ont esté assemblez lesdictz sieurs Viconte mayeur, eschevins, procureur sindicq secrétaire, lieutenant de la mairie, recepveur de ladicte ville et greffier de ladicte mairie, lesquelz, parez de leurs beaux vestemens robes et manteaux, sur l'heure d'environ deux heures après midy se sont transportez à la porte Guillaume dans la barle d'icelle porte devant eulx tous les sergens de la mairie, aussy parez de leurs manteaux neufs de drap rouge que ladicte ville leur donne avec leurs hallebardes et espées, et illec attendu l'arrivée de Son Altesse pour la recueillir et recepvoir

En ce mesme temps, l'on fait plainte à la Tournelle, contre M. Massol, ayant offensé le fils de M. de Xaintonge

selon la volonté et commandement du Roy, porté par ses dictes lettres. Et après avoir sejorné quelque temps audict barle, ledict sieur baron de Lux a envoyé le sieur Duplessis audict sieur Viconte mayeur qui luy a porté parolle de tenir prestes les clefz des portes de ladicte ville pour estre présentées à sadicte Altesse à son arrivée, et ainsy qu''il voudra entrer à ladicte porte Guillaume, parce que ledict sieur baron de Lux en avait le commandement exprès d'icelle sa dicte Majesté le faire faire. Ce mis en délibération par ledict sieur mayeur avec lesdicts sieurs eschevins, ayant esgard aux lettres cy-devant transcriptes que Sadicte Majesté a escriptes à ladicte ville pour lui. Réception de Sadicte Altesse contenant créance audict sieur baron de Lux, a esté resolu que lesdictes clefz seront présentées audict seigneur Duc par ledict sieur Viconte mayeur. A cest effect, en toute dilligence ont estez envoyés prendre par des sergens de ladicte mairie en la maison d'icelluy sieur mayeur qui en a la garde et charge. Qui tout aussy tost les ont apportées audict sieur mayeur à ladicte porte Guillaume, approchant Sadicte Altesse de la ville de Tallant dudict lieu où ont estez tirez plusieurs pièces de canons, de mesme proche ceste ville de Dijon du Chasteau d'icelle ville a esté semblablement tiré grand nombre d'artilleryes avec des mortiers, et de ladicte ville aussy grand nombre d'artilleryes en mortiers rangez du long de la cortine et murailles d'icelle ville, depuis la tour Sainct-George jusques à l'endroict de ladicte porte Guillaume en signe de réjouissance de ladicte venue d'icelle Sadicte Altese. Arrivé à ladicte porte Guillaume dans ledict barle, le joignant et cotoyant, ledict sieur baron de Lux et accompaigné d'ung grand nombre de noblesse, mesmement des chevalliers de l'ordre de Savoie habillés en deul, qui est l'accoustrement de noir, à raison du décedz puis naguères advenu de Madame la Duchesse, compagne dudict seigneur Duc, sur leurs manteaux à main gauche. Ledict seigneur Duc, aussi habillé de velours raz noir et d'ung mandille de mesme estoffe, sur la manche gauche une grande croix blanche, au col de Sadicte Altesse ung collier d'or de largeur d'ung pousse ou pendoit avec trois petites cheines d'or dans laquelle est représentée l'Annonciation esmaillée de blanc rouge et bleu, au travers de son corps portoit ung cordon de soye noire où pendoit à son costé droict une petite croix d'or esmaillée de blanc. S'est approché de Sadicte Altesse ledict sieur Viconte mayeur accompaigné de tous lesdictz sieurs eschevins, procureurs sindicq et officiers de ladicte ville, avec toutes très humbles révérences, et lequel sieur mayeur luy a porté les parolles telles et semblables : « Monseigneur, sy les
« les peuples et subjectz ne pouvaient présenter aux princes chose qui
« ne fust esgale à leur grandeur et merite, difficilement pourroient-ils
« leurs tesmoigner par effect le respect qu'ilz leurs ont; mais la bonne
« volonté et l'affection avec laquelle ilz leurs offrent leurs services, est
« ce qui faict paroistre leurs présents; ne pouvant, Monseigneur, pré-

au jeu de paume, pour une querelle, et outre plus [voulu] faire un duel avec lui, ce que l'on treuva fort mauvais, et

« senter à Votre Altesse ce que nous voudrions et désirerions, suyvant
« les commandemens de Sa Majesté, pour faire paroistre à Votre Altesse
« la joye que ceste ville reçoit de son arrivée, elle vous présente ce qui
« luy reste d'entier des misères passées, qui est la bonne volonté,
« devons servir soubz l'obéissance du Roy, nostre souverain seigneur,
« employa les armes avec lesquelles Vostre Altesse verra parée une
« partie des habitants d'icelle ville, lesquelz louent Dieu de lheur et
« bonheur qui leur arrive de veoir et recepvoir un sy grand prince que
« vous, non seullement allié de la France, mais voisin et amy. Pour le
« service duquel ilz s'estimeront très heureux quand ils seront
« employez. » A quoi ledict seigneur Duc a faict responce qu'il mercioit de tout son cœur les honnestes cortoysies et bonnes volontez de ladicte ville, dont il se ressentoit grandement obligé, s'en ressouviendra pour s'employer pour ladicte ville en tout ce qui luy sera possible. Sur ce, conformément à la volonté du Roy, dénoncé auxdicts sieurs Viconte mayeur et eschevins par ledict sieur baron de Lux, ledict sieur mayeur a présenté audict sieur Duc les clefz des portes de ladicte ville, supplye Son Altesse les recepvoir, ce qu'elle a refuzé faire en baisant ses mains, disant ne luy appartenir. Ledict sieur baron de Lux a pris la parole et dict que Sa Majesté luy avoit commandé de faire présenter à Son Altesse lesdictes clefz, et la supplyoit les recepvoir. Ce que d'abondant Sadicte Altesse a refuzé et déclaré qu'elle mettoit ceste obligations avec les anciennes qu'elle debvoit à Sadicte Majesté. Ce faict, ledict seigneur Duc a esté mené et conduict jusques dans le Logis du Roy, du long des rues de ladicte porte Guillaume jusques audict logis du Roy estoient icelles rues garnyes, çà et là des allées d'icelle des habitants de ladicte ville toutz en bonne couche bien armez et equipez d'arquebuzes à meiches, hallebardes et longbois. Devant Son Altesse marchoient les gardes arquebuziers de M. le duc de Biron, gouverneur de ceste province par Sadicte Majesté ou du lieutenant en son absence. Estant Sadicte Altesse passée par lesdictes rues, tous lesdictz arquebuziers ont tiré et deschargé leurs arquebuzes, leur ayant esté deffendu tirer devant luy et lors qu'il passeroit. Arrivé audict logis du Roy et en sa chambre, tous lesdictz habitans, armez et par ordre, sept à sept, sont passez à travers dudict Logis, entrans par la grande et principalle porte, et repassant par la porte derrier du costé de l'esglise Nostre-Dame. Ce faisant, ont faict les salves accoustumées estre faictes par les gens de guerre aux princes et grandz seigneurs. Et lesdictz mayeur, eschevins et officiers sont allez devers ledict seigneur Duc, et par la voix dudict sieur mayeur reiteré les offres, services et obéissance méritées à Sa Grandeur, soubz le commandement toutefois du Roy duquel ilz estoient les très humbles affectionnez et obéissans subjectz, supplyant icelle Sadicte Altesse leur commander ilz estoient pretz d'obeyr. Sur ce, fut invité donner le mot pour estre distribué à ceulx

en fut lors faire plainte à Messieurs de la Grand'Chambre. L'on résoult que le vendredi suivant l'on y pourvoira. L'on

qui font la garde de ladicte ville pour la nuit dudict jour. Ledict seigneur Duc refuza à donner ledict mot pour estre chose qui ne dépendoit de son pouvoir et authorité, et a dict que ladicte ville pouvoit croire qu'elle avoit acquise en luy ung tres entier affectionné amy. Que tout ce qu'elle pourroit pour icelle elle ne s'y espargneroit jamais, mesme pour les particuliers habitans de ladicte ville, si aucungs se treuvoient ou eussent affaires avec villes deppendans de sa souveraineté de principaulté.

A l'instant de sa sortye dudict Logis du Roy, lesdictz sieurs mayeur, eschevins, procureur sindicq et officiers se sont acheminez au logis dudict sieur baron de Lux à icelluy faict la révérence accoustumée à sa venue de la part de ladicte ville. Lequel sieur baron de Lux a dict que le Roy estoit d'accord avec ledict sieur Duc de Savoie de leurs contentions et difficultez, et s'entraymoient beaucoup l'ung avec l'autre. Au surplus que Son Altesse estoit très contente du bon accueul et réception qui luy a esté faicte en ceste ville, et qu'il n'avoit passé en lieu, depuis qu'il est sorty de Paris ou ce que lui avoit este faict lui a esté plus aggréable que en icelle ville; qu'il alloit escripre à Sa Majesté par homme qu'il avoit en ce lieu, Son Altesse estre arrivée en bonne disposition, et le bon accueil et réception qu'il avoit heu de ladicte ville, dont il s'asseuroit qu'icelle Majesté en seroit bien joyeuse, pour entre tout son désir, en oultre ce dict audicts sieurs Viconte mayeur et eschevins que ledict sieur Duc auroit fort aggréable sy l'on luy présentoit des fruictz et confitures seiches et que seroit bien faict luy en envoyer. Ensemble, du vin à plusieurs chevalliers et seigneurs estans à la suite de sadicte Altesse.

Lesdictz sieurs sortiz d'icelluy logis dudict sieur baron de Lux et pris congé de luy, s'en sont allez en la Chambre du Conseil de ladicte ville. Et illec conclud et delibéré qu'il sera envoyé audict sieur Duc douze livres de confitures seiches des plus exquises qui se pourront treuver, ensemble des fruictz, tant poires que pommes des plus beaulx et entiers dans des platz d'argent. Ce qui a este faict le lendemain matin et présenté par aucungs de Messieurs les eschevins, lequel présent, ledict seigneur Duc a receu une grande allégresse et contentement. Luy a esté envoyé à son soupé douze simaizes de vin clairet et le landemain de son sujour au disné pareille quantité de douze simaizes, tant de vin blanc que clairet, et à son soupé douze simaizes de clairet.

Audict sieur baron de Lux en a esté semblablement envoyé à tous ses repas quatre simaizes. Et auxdictz sieurs chevalliers et seigneurs de ladicte suytte de Sadicte Altesse à chacung deux simaizes.

Les joueurs d'aubois et viollons de ladicte ville, à ladicte arrivée de Sadicte Altesse ont fort longuement joué, les ungs sur la terrasse de ladicte maison du Roy à l'arrivée de Son Altesse, et les aultres sur le théâtre qui est dans la grande salle, despuis en sa chambre.

La nuict d'icelle sadicte arrivée et le lendemain, ont este faitz audict

estourdit le fait depuis l'interposition de ses parens. Tant nos mœurs sont à présent corrumpues.

Logis du Roy feuz de jóye dans le jardin tout du long de la treille dudict jardin, sur des aiz y accommodez avec plusieurs mortiers qui ont estéz tirez. Et les pièces d'artillerye estans dans la tour Sainct-Nicolas, sy bien qu'il ne se pouvoit faire mieulx pour ladicte arrivée et bienvenue de Sadicte Altesse.

Le lendemain matin, ledict sieur Duc a esté à la Saincte-Chapelle, ouy messe qui a este celebrée eu musique par Messieurs les chanoines d'icelle eglise, le grand autel et tout allentour fort bien orné et paré. Tout allant au devant dudict grand hautel, estoit a genouil ledict sieur Duc en ung siége à luy préparé. Et après ladicte messe célébrée luy a esté audict grand autel monstrée nue la sacrée Saincte Hostye, pendant que icelle estoit monstrée et eslevée estoit à genoul, ayant regetté un oreiller préparé pour s'agenouiller, les ayant voulu avoir sur terre. Et avec une grande ferveur avoit les yeulx eslevez, faisant ses prieres et oraisons.

Ce mesme jour, et après le disné a esté aux Chartreux visiter ledict lieu, et veoir la représentation et sépulture des Ducs et Duchesses de Bourgogne qui y sont eslevez et inhumez.

Le matin l'après disné, et le soir dudict lendemain ledict sieur mayeur, assisté de Messieurs les eschevins, a veu et visité ledict sieur Duc, luy a faicte la révérance au nom de ladicte ville et pour recepvoir ses commandemens.

Le pourlendemain, vendredy dixiesme dudict mois de mars, ledict sieur Duc a ouy messe à ladicte Saincte-Chapelle, à la chapelle de la saincte hostye en ung siége à luy préparé au meilleur d'icelle chapelle, où il a esté a genoul durant ladicte messe, l'autel paré des ornemens et chapele d'icelluy sieur Duc, et la messe célébrée par ung des chanoynes de ladicte église.

A la sortye de laquelle est allée Son Altesse audict logis dudict sieur baron de Lux où il a disné et en mesme table, plusieurs de ses chevaliers, tous assiz, et le sieur baron de Lux sur scabeaux, et ledict sieur Duc en une chaize.

A la sortye dudict disné, ledict sieur Duc est monté à cheval et sorty de ladicte ville par la porte d'Ouche, après toutefois que tant auparavant ledict disné que audict département, lesdicts sieurs Viconte mayeur et eschevins ont pris congé de Son Altesse, et luy ont esté tenues ces parolles par ledict sieur Viconte mayeur, assisté desdictz sieurs eschevins. Que la ville supplyoit Son Altesse d'excuser sy elle n'avoit ésté receue et heu tant de contantement pendant son séjour qu'elle heust peu désirer et espérer que la briefveté du temps que l'on avoit heu pour se préparer en la recepvoir, avait empesché luy faire paroistre les bonnes volontez des habitans. Lesdicts sieurs supplyoient Sadicte Altesse de croire que soubz l'obeissance du Roy, ilz luy seroient tousjours très

Le mesme jour la loi est baillée à M. Jacob par Messieurs de la Grand'Chambre, seulement pour les occupations des Chambres et aussi de peur que si on s'assembloit, l'on ne parla de ce qui s'estoit passé. *Incidit in l. Pani. c. Solut. matri*, pour le rendre le quatorziesme suivant.

Le quatorziesme dudit mois, M. Jacob est oui et receu, à charge que l'estat, venant à vacquer, sera supprimé, sans qu'il peut estre restabli et aussi à la charge de faire accroistre le fonds pour ses gages.

Le vingt uniesme dudit mois, les Chambres sont assemblées pour arrêter la liste des juges de M. Saive, sur requeste par lui présentée à cest effect.

Le vingt neuviesme jour du mois de mars 1600, les Chambres sont assemblées pour le retour de MM. Milletot et Robelin. M. le président de Crepy estant demeuré en Auxois, de la Chambre de l'édit; de l'adresse du grand parti du scel à la Cour; lettres des terres de surséance et pour les bénéfices. L'on en aura lettres et commissaires de nos gages, des requestes aux procès criminels de la Chambre des vacations. M. de Volay avoit dressé des procès verbaux mal à propos, est encore député par S. M. avec M. de Villernoul, pour l'entière exécution de l'édit. L'on résoult que l'on s'assemblera à midi et demi pour ouir MM. [Vyart] de Volay et Villernoul, députés de S. M., et résolu que M. de Volay sera en son rang ordinaire et M. de Villernoul au bureau (1).

---

humbles et affectionnez, et comme telz la supplyoient de les maintenir en ses bonnes grâces.

Laquelle Sadicte Altesse, parlant audictz sieurs mayeur et eschevins, a déclaré estre infiniment contente de recepvoir tant de bonnes volontez et offres d'eux. Et de sa part, offroit de faire toutes faveurs et amitiez pour ladicte ville, tant pour le général que particulier, en tous cas où il sera requis et aura le moyen.

Et ont este tirez au départ de ladicte tour Sainct Nicolas lesdictes pièces d'artilleryes y estans.

Reg. de la Mairie, n° 109, f. 116.

(1) Le Roi dit aux députés qu'il avait reçu beaucoup de contentement

[1600] — 204 —

Le dix septiesme jour d'avril 1600 (1), les Chambres sont asssemblées de relevée. MM. de Volay et Villernoul, entrés et ouis. L'on demande extrait de l'arrêt et édit de Nantes. L'on fait rapport de la requeste présentée par ceux de la religion, à ce qu'il fut ordonné que leurs procès fussent sursis pour quinze jours, jusqu'à ce qu'ils s'en fussent résolus entre eux pour l'establissement de la Chambre, ce qui leur est accordé. Autre requeste aussi des mesmes, à ce qu'il pleut à la Cour leur accorder sauf conduit pour quinze jours, pendant lequel temps ils ne pourroient estre arrêtés ni leurs chevaux, ce qui leur est aussi accordé.

Lesdits sieurs retirés, M. Giroux, derrière le bureau et

---

de ce que cette compagnie avait procédé à la vérification de l'édit, mais qu'avant d'établir une chambre de l'édit, il remettait, pour y pourvoir, après l'assemblée que ceux de la religion devaient faire en ce pays.

Le chancelier déclara qu'avant de statuer sur la connaissance que la Cour prétendait sur les actes, le Roi voulait que le grand parti fût vérifié par le Parlement.

Les mémoires préparés sur cette question furent remis au chancelier, à MM. Villeroy et de Gesvres, secrétaires d'Etat, et au président Jeannin, qui promirent que le Roi y pourvoirait et enverrait une déclaration.

On leur accorda des lettres par lesquelles ceux du comté ne pouvaient posséder de bénéfices dans le duché sans permission du Roi.

Le procureur de Rosny, superintendant des finances, en promit le prochain paiement « sans diversité. »

Quant aux séances de Messieurs des Requêtes aux assemblées des chambres, lorsqu'on traitait d'affaires criminelles et civiles, ils étaient admis au Parlement de Paris à toutes les assemblées.

— Reg. des délib. du Parlement, IV, 11.

(1) Le 15 avril, ces deux commissaires se rendirent à l'hôtel de Ville, où la chambre était extraordinairement assemblée; là, ayant pris place à côté du Maire, M. de Volay fit « un beau, docte et grave discours » sur les causes qui avaient déterminé le Roi à accorder l'édit de Nantes, qui venait d'être vérifié au Parlement, et dont l'exécution leur avait été confiée. Il fit donner lecture de leurs lettres de commission et exhorta l'assemblée à en jurer l'observation. Répondant à ce discours, le Maire dit que lui et toute la chambre étaient prêts à jurer, mais il demandait que, suivant la forme ancienne, ce serment fût prêté sur l'Evangile, non seulement par tous les habitants catholiques, mais aussi par ceux de la nouvelle religion. Ce que les commissaires ayant agréé, le serment fut reçu. — Reg. de la Mairie, n° 109, f° 137.

découvert, fait plainte contre M. Gallois, pour l'information des sergens au bailliage de Chalon. M. Gallois est après oui; l'on résout, eux retirés, qu'ils seront exhortés de vivre fraternellement ci après, que M. Gallois avoit deu défférer à son aisné, qu'estoit M. Giroux, pour la modestie et pour les habits.

Après M. de la Grange parle de nos gages. L'on commet MM. Briet et Gagne, scindics, pour y donner ordre, comme aussi à la Chambre des vacations, Messieurs iront à Messieurs des Comptes pour en plein bureau faire plainte du compte de Blondeau pour les années 1598 et 1599.

Le vingt sixiesme d'avril 1600 de relevée, les Chambres sont assemblées. MM. de Volay et Villernoul apportent un billet de l'ouverture faitte en leur assemblée, pour la Chambre de l'édit (1) qui est comme un establissement de Chambre mi partie que l'on rejette entièrement; lesdits sieurs estans retirés, l'on en délibère. Après entrés par ordonnance de la Cour, M. le premier président leur dit que on ne peut se départir de la résolution prise par la Cour pour l'utilité mesme et le repos de ceux de la religion et de la province. L'on leur rend le billet, se retirent.

Après on fait lecture de l'édit du grand parti avec l'adresse à la Cour. L'heure sonne, l'on cesse.

Le vingt septiesme dudit mois, les Chambres sont assemblées pour le susdit grand parti que l'on lit. Enfin résolu après avoir veu les conclusions du procureur général, que il sera registré. Sera à la diligence du procureur général envoyé aux greniers de ce ressort pour y estre leu et publié, et ordonné que la connoissance des mésus sera et appartiendra aux officiers desdits greniers, en tous cas et par

---

(1) Les Réformés demandaient la création d'une chambre composée d'un président et de huit conseillers de la Cour, d'un président et de quatre conseillers de la Religion, créés par le Roi. — Cf. reg. des délib. du Parlement, IV, 13.

appel à la Cour. Leur ordonne de y vaquer soigneusement et d'en certifier la Cour de mois en mois. L'on en excluld les prevosts des mareschaux, excepté toutefois pour l'augmentation des huit sols par muids pour le paiement des gages de Messieurs du Parlement, séant de Paris ; pour les quinze sols de creue, pour les compagnies d'Amiens et M. de Guise; qu'ils se leveront à la charge que les deniers seront employés aux charges de la province, avec autres modiffications.

Le mesme jour, l'on présente l'arrêt donné au privé Conseil obtenu par M. le Grand Prieur, contre celui que l'on avoit donné contre lui en ce parlement. Après que M. Milletot estant par delà pour autres affaires eut esté oui, encores qu'il n'en eut aucune charge, en quoi il s'est mépris grandement et a fait un mauvais office à la Cour et entr'autres à M. le président Fremiot. Avec le susdit arrêt estoit jointe une requeste présentée à la Cour par M. Chavrond, premier huissier dudit Conseil, venu exprès. M. Milletot se veut retirer, l'on dit qu'il retournera, enfin on résoult que très humbles remonstrances seront faites au Roi sur l'importance dudit fait.

Le vingt huictiesme dudit mois, Chavrond demande ses lettres; les Chambres consultées, l'on résoult qu'elles lui seront rendues en présentant requeste et que l'on en retiendra des coppies.

Le quatriesme du mois de mai 1600, les Chambres sont assemblées pour l'arrivée à la Cour de M. de Lux. Estant entré, dit avoir commandement du Roi de procéder à la saisie de tous les bénéfices du duché tenus par ceux du comté, jusqu'à ce qu'ils eussent de pareil droit au comté, que l'on avoit accoustumé d'user au duché; qu'il en avoit apporté les patentes. Après il parle de l'édit ci devant présenté à ladite Cour pour la vériffication de l'édit des chevaux de relais publié et observé à Paris, remontre ledit édit estre entièrement à la descharge du peuple qui en recevra du soulagement. Il y avoit intérêt et M. de Biron, qui en avoit le don, dit, en oultre, qu'il seroit bon permettre la vente du bestail pour les quottes faites et imposées seulement par les eslus et non plus. Cela dit, se retire. Retiré, l'on parle des lettres du Roi pour la saisie des bénéfices du duché tenus par ceux du comté. L'on résoult enfin que Messieurs les Eslus, ayant député pour aller audit comté, seront chargés des lettres du parlement avec copie des lettres du Roi à ce qu'ils y fassent donner ordre ; que nous n'avons voulu passer oultre à l'exécution sans premièrement leur en donner advis, et qu'il suffira sans faire autre députation qu'aucuns désiroient estre faite,

Le procès verbal de l'exécution de l'arrêt d'entre les boulangers et ceux de la ville demandans nouvel essai, et que l'on ne paie que cinq sols par esmine. Fut dit que l'arrêt tiendroit.

Après M. le procureur général entre au Palais et dit qu'aucuns de Messieurs des Comptes l'estoient allé trouver pour l'entreprise que la Cour faisoit journellement sur ce qui estoit de leur juridiction, ce qu'ils n'estoient résolus de tolérer, désiroient d'en poursuivre un règlement et plusieurs autres paroles assés mal digérées; on trouva estrange et encore plus de ce qu'il s'estoit chargé d'en tenir propos à la compagnie.

Après l'on ordonne que l'édit des chevaux de relais sera vériffié pour avoir lieu seulement pour les chevaux de selle et de courbe, à vingt sols par journée, et vingt cinq sols pour le cheval de courbe, sans aucuns frais que de la disnée, pour avoir lieu six ans, avec autres modiffications contenues au registre.

Après est parlé du propos tenu par M. le procureur général sur les lettres à lui communiquées par aucuns de Messieurs des Comptes. L'on résoult qu'il faut dresser de bons mémoires pour, à la première commodité, en faire remonstrances par députés de ladite Cour, ce que on résolut, parce que, par lesdittes lettres, il n'y avoit aucune clause pour donner assignation pour se trouver au Conseil privé.

L'on fait après raport des lettres envoyées par le Roi, par lesquelles S. M. declare quittes des recherches que l'on pourroit faire contre ses serviteurs pour les démolitions des villes et places qu'ils tenoient pour son service. Lesdites lettres sont vériffiées. Ordonné qu'elles seront publiées pour en jugeant y avoir tel esgard que de raison.

Le vingt huictiesme de mai 1600, la procession en robes rouges pour la reduction de la ville, à laquelle assiste M. le président Jeannin.

Le trentiesme dudit mois, communication au logis dudit seigneur des députés de la Cour avec les députés aussi de Messieurs des Comptes.

Le onziesme jour du mois de juin, au procès du sieur de Chevigny Fresnoy, prisonnier pour l'homicide commis à la personne du baron de Thénissey, arrêt notable fait, les Chambres consultées. Ledit sieur de Jouancy, beau frère dudit sieur de Thénissey, présente requeste à la Cour pour informer du rapt et de l'homicide commis à la personne du sieur de Thénissey. Le sieur de Chevigny, le lendemain, en présente une autre pour informer de l'assassin que on auroit voulu faire à sa personne. L'on avoit apporté devers le greffe les procès verbaux et informations faites par les officiers du bailliage d'Auxois, par arrêt l'on avoit ordonné que le sieur de Chevigny seroit oui, pour après estre pourveu sur l'eslargissement par lui requis. Le sieur de Jouancy veut et demande qu'il soit informé par commissaire que la Cour députera qui fut M. de Magny. Ayant rapporté les requestes, on demande si informant il pourra ouir les tesmoings qui lui seront nommés par le sieur de Chevigny. Après avoir consulté Messieurs de la Grand'Chambre, on résoult que si les choses estoient entières et qu'il n'eut esté dit qu'il seroit oui, que le sieur commissaire l'eut pu faire, mais qu'à présent l'on ne peut ouir que les tesmoings qui seront nommés de la part dudit sieur de Jouancy, instigant et pour ne confondre l'ordre de la justice. Bien est vrai que ledit sieur commissaire pourra ouir lesdits tesmoings sur les faits contenus es dites requestes.

Le dix huictiesme du mois de juin 1600, les Chambres sont assemblées pour les lettres obtenues par M. de Montmoyen pour la vente de cent arpens de bois des forêts de Vanvey et Argilly, pour le récompenser des capitaineries d'Aisey le duc et de Chastillon. Résout qu'avant qu'ordonner sur lesdites lettres que l'on aura advis des officiers de la gruerie, pour après estre pourveu.

Après l'on fait raport de deux autres édits présentés par les ecclésiastiques, l'un pour les bureaux et juges establis à Lyon pour le surtaux desdites décimes, l'autre pour la police ecclésiastique aussi vériffiées.

Après l'on fait arrêt par lequel la Cour renvoie les procès verbaux faits par les lieutenans des bailliages de ce ressort concernant lesdits hospitaux ausdicts lieutenans pour vacquer incessamment à iceux faire restablir et remettre sans aucune connivence ou dissimulation et d'en certifier la Cour du devoir qu'ils y auront fait.

Le vingt huictiesme jour du mois de juin 1600, les Chambres sont assemblées pour ouir M. Langlois, maitre des requestes, qui présente deux commissions, l'une pour la recherche des restes des comptes rendus par les villes et communautés puis l'an 1585 jusqu'à présent; l'autre pour empescher les faulx saulniers et régler les impositions sur le sel, à la descharge du peuple. Lui retiré, l'on ordonne que lesdites commissions seront communiquées tant au scindic du pays qu'à M. le procureur général.

Le premier jour de juillet, les Chambres sont assemblées sur l'advis d'une femme de Saint Denis, en France, qui avoit voulu attenter à empoisonner le Roi par le moyen de ses deux fils qui estoient de la fruiterie ou cuisine du Roi, ce qu'elle auroit déclaré à M. de Soissons, qui en auroit averti S. M. qui la fit parler à lui et découvrit le fait en son cabinet, après y avoir fait introduire deux des plus confidens du Roi, cachés derrière les tapisseries. Elle est constituée prisonnière, confesse le fait et avoir esté poussée à ce, parce que le Roi estant à Saint Denis pendant ces troubles, il lui devoit cinq ou six cent escus, dont elle n'avoit pu estre payée. Elle est condamnée à mourir cruellement comme elle méritoit. L'on en a nouvelles de M. de Biron. L'on résoult, les Chambres assemblées, que l'on fera une procession générale en robbes rouges pour la santé et prospérité du Roi. Ayant esté avant averti de ce funeste et misérable accident, l'on avoit ordonné des prières publiques par toutes les églises du ressort (1).

Le second dudit mois, la dernière procession se fait. M. de Biron y assiste et non à la messe qui se dit à la Sainte Chapelle.

Le septiesme de relevée, les Chambres sont assemblées pour aviser sur la commission de M. Langlois, pour empescher les faulx saulniers. Après avoir veu ladite commission et les conclusions de M. le procureur général du Roi avec ce qui avoit esté dit par le scindic des Estats, l'on lui permet l'exécution d'icelle pour la recherche seulement puis le premier janvier 1596, à la charge que il laissera la copie de ses procès verbaux au greffe de la Cour; que les appellations et oppositions seront retenues à la Cour et n'auront droit suspensif que au dessous de cent escus; que les deniers provenant des amandes seront employés selon la volonté du Roi, le tiers au pays, le tiers au marchand, le tiers au Roi; qu'il sera establi un receveur desdites amandes en ce ressort pour les recevoir. Promet faire modérer le prix du sel à la descharge du pauvre peuple, parce que les

(1) Cf. reg. des délib. de la Cour, IV, 20, et reg. de la Mairie, n° 110, f° 51.

accreues et augmentations estoient telles, que le minot non reposé couste à présent vingt livres tout de sols.

Le dixiesme juillet suivant, l'on parle de l'autre commission dudit sieur Langlois pour la recherche des comptes des villes et communautés, puis l'an 1586 jusques à présent. Après avoir veu les conclusions, tant du scindic dudit pays qui l'empeschoit formellement que celles du procureur général, l'on résoult que lesdites lettres seront vériffiées pour la recherche des receveurs des deniers du Roi, que receveurs des Esleus avec les modiffications précédentes, fors que les oppositions ou appellations auront droit devolutif et non suspensif au dessus de cinquante escus; que la moitié des amandes seront appliquées au pays, suivant le don qui lui en a esté fait par Sa Majesté.

Le uniesme juillet suivant, les Chambres sont de relevée assemblées pour l'arrêt obtenu par M. Blondeau, garde des sceaux, au privé Conseil, contradictoirement contre ceux du sceau. L'on résoult enfin qu'il sera registré et que suivant icelui le *sciendum* mis au greffe de ladite Cour et affiché à la porte du sceau, avec les deffenses d'exiger des parties plus que ce qui est accoustumé, à peine de concussion, et résolu que les précédentes lettres par lui présentées à ladite Cour que ceux du sceau lui avoient communiquées lui seront rendues.

Après l'on fait raport de la commission présentée par M. Vignier pour le restablissement de l'édit des consignations, pour y establir des receveurs que le pays avoit peu de temps avant rachetté. L'on résoult qu'il sera différé.

Le septiesme jour du mois d'aost 1600, les Chambres de relevée sont assemblées sur une difficulté survenue à l'audiance, scavoir si un deffaut obtenu au greffe et sur le réajournement la partie s'estant présentée, et depuis la cause estant mise au rolle et estant appellée à son tour, la mesme partie ayant fait deffaut, si le cas dit deffaut doit emporter l'exploit. Messieurs les anciens estoient d'avis qu'oui, autrement ce seroit bailler gain de cause aux fuiards qui se présenteroient toujours après avoir fait un deffault et ne y auroit jamais fin. Les jeunes, au contraire, estoient d'avis que par la présentation qui avoit esté faitte par la partie, que la contumace estoit purgée, et qu'il falloit encore un deffault sur le deffault fait à l'audiance, qui ne pouvoit emporter que simple réajournement et non exploit. L'on résoult enfin que l'on verroit les arrêts, parce que on dit qu'il avoit esté jugé suivant le dernier avis et aussi les registres.

M. Milletot, scindic, avoit, avant que de parler du susdit fait, dit que sur le mauvais ménage que on disoit estre [fait] aux amandes proposé quelques jours auparavant par M. Boursaut, en ayant esté chargé par Mrs de la Tournelle, qu'il n'y avoit esté fait chose qui ne dut estre faitte, qu'il suplioit la Cour députer des commissaires pour voir l'estat du receveur desdites amandes.

Après on parle de nos gages, et de continuer la conférence avec messieurs des Comptes, pour la connaissance des aides, parce que l'on rapporte qu'ils la demandoient. L'on résolut qu'elle seroit continuée, et assignation prise à jeudi, et après icelle, l'on avisera de députer en cour.

Après, l'on met sur le tapis les lettres de M. de Monmoyen avec l'avis des officiers de la gruerie, qui estoit plustost pour ledit sieur poursuivant que pour la conservation des deniers du Roi, ce qui fut treuvé estrange. Enfin, après avoir veu les susdits procès verbaux, lesdites lettres patentes sont vériffiées pour cent arpens seulement, savoir : soixante en la forest de Villiers et Vanvey, au bailliage de La Montagne et quarante à la forest d'Argilly, es lieux les moins dommageables, avec autres modiffications portées par l'arrêt de veriffication.

Le quatorziesme dudit mois d'aost 1600, les Chambres sont assemblées. M. Milletot sort du scindicat et en son lieu, M. Quarré, scindic.

L'on fait après la liste de la Chambre des vacations. L'on député M. Bossuet pour aller en Cour, et que l'on dressera des mémoires ; toutefois, avant que s'y acheminer, l'on attendra des nouvelles de M. le président Jeannin.

L'on reçoit des lettres de messieurs les Trésoriers que ils ont député M. Maillard en Cour pour faire le fond nécessaire qui manquait pour le paiement de notre quartier d'avril escheu sous six semaines, que ils l'attendent de jour à autre.

L'on en reçoit après de M. le président Jeannin, qui nous y promet toute assistance. Il y peut beaucoup.

L'on fait la guerre fort et ferme au duc de Savoie, parce qu'il n'a voulu satisfaire à sa promesse pour la reddition du marquisat de Salusses (1).

Le dernier jour du mois d'octobre de la présente année 1600 [Messieurs] sont extraordinairement assemblés au

---

(1) Les hostilités avaient éclaté au mois d'août. Le 21 juillet, le maréchal de Biron avait, de concert avec les magistrats, fait la visite des murailles de la ville, et prescrit les travaux nécessaires. Il les avait invités, en outre, à se rendre auprès du Roi, à Lyon, pour lui faire les hommages, révérences et offres d'obéissance que la ville lui devait. La chambre avait délégué à cet effet le vicomte mayeur Jacquinot; Jean Moisson, religieux, secrétaire de l'abbaye Saint-Etienne; Vincent Collet et J. Gros, échevins. Ceux-ci se rendirent aussitôt à Lyon, et furent présentés au Roi par le baron de Lux. Henri, après avoir reçu leurs protestations de fidélité, leur témoigna sa satisfaction de leur démarche et leur dit de lui continuer leur bon service, qu'il leur demeurerait bon Roi, mais il recommanda vivement au Maire de faire bonne garde et de veiller soigneusement à l'exécution des ordres qu'il avait transmis à cet effet au duc de Biron. Partis de Lyon le surlendemain, ils rencontrèrent le maréchal à Mâcon, qui parut très satisfait du succès de leur voyage, et leur recommanda encore la stricte observation des mesures prescrites pour la garde de la ville. Aussi, à peine de retour, le Maire convoqua la chambre et les députés des cours souveraines pour en délibérer. Celles qui prévoyaient que le résultat final serait une demande d'argent déclinèrent l'invitation ; ce qui n'empêcha pas la chambre d'ordonner la reconstitution des dixaines des paroisses, un guet de quarante hommes aux ordres du procureur syndic, le rétablissement des tambours, le renvoi des étrangers, et autres mesures de sûreté générale.— Reg. de la Mairie, n° 110, f°s 71, 73 et 88.

Palais, en la chambre de la Tournelle, pour des lettres receues par M. de Biron, à la Cour, avec autres lettres écrites par Sa Majesté au [dit[seigneur duc, par lesquelles Sa Majesté se plaint de ceux du comté qui, contre la neutralité, donnent secours en ce qu'ils peuvent au duc de Savoie, le charge expressément d'escrire au Parlement pour en avertir messieurs du Parlement de Dôle, pour y donner ordre et leur représenter les inconvénients qui en peuvent arriver. Lesdites lettres apportées par M. le commandeur Bethaut, venu exprès, qui estoit chargé de porter les lettres que le Parlement escrivait audit Parlement de Dôle, et à M. de Chamlitte, gouverneur. L'on trouve bon d'escrire suivant la volonté de Sa Majesté audit Parlement de Dôle; M. le Président Fremiot, chargé de ce. M. le procureur général dit que ledit sieur Bethaut lui a fait entendre la créance que ledit seigneur lui avait donné, que nonobstant les grandes poursuittes de messieurs du Parlement de Paris, que la Bresse demeureroit au Parlement de Dijon. L'on l'en doit remercier, ce qui est aussi résolu.

Le treiziesme du mois de novembre 1600, messieurs assemblés au Palais avec leurs robes rouges sont allés à la Sainte Chapelle. Après la messe retourné en la Grand'Chambre du Palais, le tableau appelé. L'on va en la sale de l'audience, où, après lecture faite des ordonnances qui concernoient tant les advocats que procureurs, est procédé à la prestature du serment d'iceux à la forme et manière accoustumée.

L'on n'entre au Palais ledit jour de relevée. Le quatorziesme, les Chambres du matin assemblées, l'on appelle de rechef le tableau; après lecture est faite des ordonnances, après laquelle M. le premier président tient un fort long discours de la concorde et union qui devoit estre entre nous, combien cela portoit de commodités à l'exercice de la justice, qu'il exhortoit un chacun à se dresser, aussi que chacun se souvint de l'estat auquel nous estions : *Et Spartam orne-*

mus quam nacti simus, et plusieurs autres points ordinaires et accoustumés à ce sujet.

Ce fait, messieurs les gens du Roi mandés et lecture faite des ordonnances qui les concernent, ils font les remontrances ordinaires et accoustumées.

Après ce, les huissiers entrés, lecture faite aussi des ordonnances qui les concernent, messieurs les gens du Roi font les requisitions accoustumées, et M. le premier président aussi.

Retirés, l'on fait entrer les officiers du ressort. Messieurs les gens du Roi, par M. Legoux, advocat du Roi, leur fait de graves et sévères admonitions du devoir de leurs charges. M. le premier président leur fait après les exhortations accoustumées.

Le seiziesme, à l'ouverture de l'audience, M. Legoux tient un fort long et docte discours par l'espace de deux heures et demie et plus, sans hésiter d'un seul mot. M. le premier président, après, fait aussi une petite exhortation aux advocats et procureurs.

Le septiesme du mois de décembre, l'on députe neuf conseillers et un de messieurs les présidents pour aller saluer M. de Biron, qui estoit de retour de l'armée. Je n'y fus avec messieurs des anciens, tant de l'une que de l'autre chambre, et M. le président Fremiot. Messieurs de la Grand'Chambre estoient d'avis que l'on n'y envoya que cinq, avec un de messieurs les présidents ; messieurs de la Tournelle, sur ce consultés, sont d'avis que on y allat en plus grand nombre que par le passé, ce qui fut suivi.

Le neuviesme dudit mois, les Chambres sont assemblées pour adviser sur le payement de nos gages, attendu que on estoit assuré que messieurs des Comptes avoient esté payés par M. Petit, receveur général. Après plusieurs propos jettés de part et d'autre, on résout enfin que on attendra le quinziesme de ce mois.

Après, l'on parle de faire response à messieurs des

Comptes, qui pressoient pour résoudre sur la conférence faite avec les députés desdits sieurs et les députés de messieurs du Parlement pour le règlement des matières dont ils peuvent connoistre. L'on lit en pleine assemblée les articles généraux, et résoult on qu'ils leur seront donnés pour après s'en résouldre.

Le quinziesme du moi de janvier 1601, sur la réponse et propos tenus à messieurs les députés, qui estoient allés prendre congé de M. de Biron, qu'il avoit avis que Sa Majesté seroit dans six jours suivans à Bourg en Bresse avec la reine, et qu'il seroit expédient que la Compagnie députat quelqu'uns pour le saluer et la reine et lui congratuler de ses victoires et de son mariage, M. le président Fremiot, qui à ce avoit esté député l'ayant rapporté, comme aussi M. de la Grange, l'un des députés, chacun en sa Chambre, on trouva bon d'assembler les Chambres et le proposer, et aussi que si on députoit, qu'il falloit partir dans le mercredi. Après plusieurs ouvertures, l'on résoult enfin de députer à Sa Majesté estant en la province, messieurs les présidents Fremiot, messieurs Tisserand et Ocquidam, qui, après quelques difficultés, en acceptent la charge et leur donne-l'-on charge seulement de saluer Sa Majesté et lui congratuler, tant sur ses victoires que sur son heureux mariage, sans les charger d'autres affaires.

Le dix huitiesme dudit mois, jour de jeudi, que messieurs les députés devoient partir, les Chambres sont assemblées sur l'avis que M. le président Fremiot avoit eu, que la paix estoit tournée et conclue et qu'il couroit un bruit que le Roi prenoit la poste pour se rendre à Paris ; qu'il en avoit bien voulu avertir la Compagnie pour avoir son advis. L'on résoult qu'ils ne lairront de faire ledit voyage ou à Bourg ou à Lyon, et non plus avant.

Le reste dudit mois de janvier et février, jusqu'au vingt cinquiesme mars, je n'ai aucune chose retenu de ce qui s'est passé au Palais, les Chambres assemblées, à cause que ledit temps j'ai esté fort malade de la colicque (1).

M. le grand prieur de Champagne, par arrest du Conseil d'Estat, restabli en sa séance. L'amende demeurera.

Le vingt-septiesme du mois de mars, les Chambres ont esté assemblées avant l'audience pour le retour de M. le président Fremiot, et aussi pour le retour de M. de Biron. [Ledit pré-

---

(1) Nous suppléons encore à cette lacune du journal par l'analyse de ce qui s'est passé de plus intéressant à la Cour et à la Mairie, toujours d'après les registres de ces deux compagnies.

Le 23 janvier, le duc d'Elbœuf, pair de France, admis à l'audience, présente, de la part du Roi, un édit pour le desséchement des marais, demande que l'on procède en toute diligence à sa vérification. Les chambres consultées, l'édit est renvoyé au procureur-général.

Le 30, M. de Montholon, conseiller au Grand-Conseil, admis à l'audience et siégeant au-dessous de deux des conseillers, entretient la compagnie des bons offices que lui rend le président Jeannin en toutes circonstances, et invite messieurs de sa part à députer vers le Roi, pour empêcher les poursuites que faisaient messieurs du Parlement de Grenoble et ceux de Lyon, qui sollicitaient l'établissement d'un Parlement dans leur ville avec la Bresse pour dépendance. M. de Montholon annonce son prochain départ, et fait offre de ses services à la Cour, qui l'en remercie par la bouche du premier président.

Le 3 février, M. de Génicourt, maître des requêtes de l'hôtel du Roi, entré à l'audience, présente à la Cour un arrêt du Conseil privé, par lequel M. Philippe de Foissy, grand prieur de Champagne, est rétabli dans la séance qu'il avait au Parlement; l'arrêt qui le condamnait tiré des registres, le receveur des amendes contraint à lui restituer les 500 livres auxquelles il avait été condamné. Il annonça que, délégué par le Roi et le chancelier pour en assurer l'exécution, il n'a voulu y vaquer sans avertir la Cour. Il dépose l'arrêt et se retire.

Le 5 février, MM. Fremyot, Tisserand et Ocquidam, députés à Lyon vers le Roi, rapportent qu'ils sont arrivés trop tard pour trouver le Roi, lequel avait quitté Lyon avec la reine et le chancelier; cependant que leur voyage n'a point été infructueux, puis qu'ils y ont rencontré le président Jeannin, qui les avait entretenus du sujet de leur députation; que, s'étant rendu à Bourg, vers le maréchal de Biron, ils en avaient été très bien reçus, leur ayant longuement discouru de ce qui s'était passé touchant la Bresse, des traverses opposées par le Parlement de Grenoble et par ceux de Lyon; mais qu'il avait rompu leurs desseins, et obtenu parole du Roi pour la réunion des provinces conquises au Parlement de Dijon. Il ajouta qu'il espérait que ce serait sans augmentation du nombre des officiers; mais qu'après la réduction de la citadelle de Bourg, il serait à propos que la Cour députât encore où il se trouverait pour l'appuyer,

sident Fremiot a fait entendre] que il estoit arrivé fort à propos à Bourg, que l'on avoit donné de mauvaises impressions de la Compagnie audit sieur duc de Biron, qui avoient aucunement altéré la bonne volonté qu'il avoit, qu'est que et qu'en outre, son intention était d'assembler les Etats de Bresse et de faire comprendre cette annexion dans leurs remontrances.

La Cour décide que le maréchal de Biron sera remercié de tant de faveur et amitié qu'il fait à la compagnie.

Le 6, la Cour entérine l'arrêt du conseil relatif au grand prieur de Champagne, mais elle exige que le grand prieur, s'il veut rentrer à l'audience, ne soit point accompagné du maître des Requêtes.

Le 8, ayant demandé d'entrer, il est admis à la Grand' Chambre, prend place au-dessus des conseillers, dit qu'il est très marri de ce qui s'était passé, et prie messieurs de croire qu'il leur fera très humble service. Le premier président lui répond que la Cour sera toujours bien aise de le voir en cette compagnie en y apportant la modestie et le respect qui est dû.

Le 12, elle charge l'avocat-général Legouz de se rendre à l'assemblée des Etats afin de les exciter pour supplier S. M. d'annexer les pays conquis au ressort du Parlement.

Le 13, il rend compte du succès de sa mission.

Le 28 février, Margeret et Morelot, maîtres des Comptes, viennent faire remontrances à la Cour de ce que, au mépris des priviléges de leur compagnie, un sergent royal s'était permis d'arrêter et mettre en prison M. Jacques Bourrée, conseiller correcteur, se rendant à la chambre en robe pour y faire service, à raison de quoi ce sergent ayant été décrété de prise de corps par la chambre, il en avait appelé au Parlement, qui avait reçu l'appel et défendu aux huissiers de l'emprisonner. La Cour leur répond qu'elle a trouvé mauvais que la Chambre ait décrété le sergent de sa propre autorité, ce qui ne lui appartenait pas; qu'elle devait en venir faire plainte à la Cour; néanmoins qu'elle manderait le sergent pour lui remontrer qu'il ne devait pas arrêter M. Bourrée, puisqu'il l'avait trouvé en robe et venant faire service.

Le 2 mars, sur le rapport du conseiller de La Grange, d'une requête de Marguerite Fournier, femme de Louis Dubois, seigneur de Sacquenay, tendant à ce que le geolier des prisons soit condamné à lui payer la somme de 216 écus 2/3 à elle adjugés par sentence des Requêtes contre Jacques Bourrée, correcteur à la chambre des Comptes, pour l'avoir laisser échapper des prisons. La Cour mande ledit geolier, qui déclare que le 28 février, des huissiers de la chambre des Comptes lui signifièrent un arrêt de ladite chambre qui ordonnait la mise en liberté, et nonobstant son opposition, mirent Bourrée hors des prisons, après en avoir donné décharge sur son écrou. La Cour, toutes chambres assemblées, renvoya l'affaire au procureur-général.

— Reg. des délib. du Parlement, IV, 26 et suiv.

l'on avoit semé des bruits que messieurs du Parlement disoient qu'il ne se soucioient pas beaucoup de l'accrue de la Bresse, que selon les occurences, il avoit rebattu toutes telles difficultés, et l'avoit, pour ce chef, satisfait. Qu'il ne falloit douter que l'on ne fît de grandes et avantageuses ouvertures audit seigneur par ceux de la ville de Lyon, mesme qui lui avoient offert jusqu'à trente mille escus, mais que ledit sieur lui avoit dit leur avoir résolu qu'il n'estoit point homme d'argent et avaricieux, et qu'il maintiendroit sa promesse, qu'il en avoit parole de Sa Majesté, qu'il croioit fermement qu'il lui garentiroit, et plusieurs autres propos sur ce sujet.

Après, M. le président de Crepy rapporte aussi le propos et les courtoisies et honnestes offres qu'il leur avoit faites, l'estant allé saluer de la part de la Compagnie.

L'on parle après du payement de notre quartier de novembre et décembre dernier. L'on députe M. Bossuet pour aller à Autun, où estoient messieurs les Trésoriers, et M. le président Jeannin, pour y donner ordre et avoir les contraintes nécessaires pour contraindre le receveur général. Il y va, apporte des lettres et contraintes, mais non précises, qui nous avancent peu ou point, parce que le receveur s'excuse pour n'avoir point receu la partie de six mille escus du pays en son estat. Ledit sieur Bossuet rapporte des lettres à la Compagnie, par lesquelles est mandé qu'à l'avenir nous serons payés par préférence après M. de Biron, sans attendre que le fonds sorte en la recepte. La Cour lui fait réponse.

M. le Grand Prieur de Champagne, par arrest du Conseil d'Estat, restabli en sa séance. L'amande demeurera (1).

---

(1) Le 9 avril, le procureur-général vient déclarer à la Cour, de la part de Biron, qu'il avait reçu ordre du Roi de prêter main-forte pour que le Grand Prieur de Champagne obtienne la restitution des 500 livres auxquelles il avait été condamné; mais qu'il ne vouloit rien faire sans

[1601]

Le quatorziesme jour d'avril, veille du dimanche des Rameaux, les Chambres sont assemblées. L'on parle du payement de ce meschant quartier; messieurs parlent au receveur Petit, qui promet, à ce qu'ils rapportent, de payer le quartier avant les festes, et qu'il se forcera; dit que messieurs les Trésoriers lui ordonnent qu'il paye, qu'il payera, et la Chambre des vacations. On en parle à ceux qui sont ici, mesme à M. Jacob, trésorier, qu'il dit qu'il n'est pas à Autun pour le dire. Enfin, au lieu de payer le quartier, il paye après à messieurs de la Chambre des vacations, dont il se fait du bruit.

L'on parle après du propos que M. le procureur général avoit porté à la Grand'Chambre pour l'assignation que messieurs des Comptes lui avoient fait bailler au Conseil d'Estat, qu'il n'avoit encore l'exploit, encore que l'on lui eust demandé, désire de s'y trouver. Enfin, l'exploit est veu, ledit sieur fait entendre à quelqu'uns qu'il n'y veut aller, prie d'en estre excusé. L'on voit les lettres et commissions, et l'exploit qui est à la Cour la personne du procureur général. L'on résoult que l'on reverra les mémoires ces festes; que l'on fera nouveaux extraits de ce qui nous peut servir en nos registres pour les envoyer seurement à nos députés.

Le vingt sixiesme du mesme mois, extraordinairement les Chambres sont assemblées. L'on voit les lettres et mémoires dressés pour ce que dessus pour envoyer à nos députés et messieurs les scindics chargés de ce.

Le septiesme et quinziesme jour de mai 1601, les Chambres sont assemblées pour la vérification de l'édit des lieutenants criminels alternatifs en chacun bailliage sur lequel les poursuivants avoient obtenu des lettres de jussion. Les

---

en avertir la Cour. Celle-ci lui mande qu'elle a pourvu sur les lettres obtenues par M. de Foissy, et que ce dernier y a acquiescé. — Reg. des délib. de la Cour, IV, 34.

conclusions veues du procureur général, résolu qu'il ne se peult que les arrests ceste an donnés tiendront.

L'on voit après les lettres escrites à M. le chancelier pour l'affaire de M. le Grand Prieur de Champagne.

Le dix huitiesme du mois de mai suivant, les Chambres sont aussi assemblées pour un arrest obtenu sur requeste au privé conseil, par lequel, sur la requeste de M. de Cisteaux, le Roi avait ordonné que messieurs des Requestes, ci après, connoistroient des causes de ladite abbaye, encore que le lieutenant au bailliage de Dijon en eut la connoissance, et sans ouir ledit lieutenant ; lequel arrest avoit esté présenté par M. l'avocat du Roi, de Vellepelle, qui avoit remontré, attendu que le chapitre général de l'ordre de Cisteaux se devoit ouvrir dans deux jours, qu'il auroit esté averti que ceux du bailliage de Dijon estoient délibérés d'y aller, ce qu'aussi entendoient faire ceux des Requestes, qu'il seroit à craindre qu'il n'y eut de la confusion, ce qui seroit mal séant et peu convenable en une si grande assemblée de tant de diverses nations, qu'il estoit nécessaire et expédient d'y pourvoir, s'il plaisait à la Cour. Lui retiré, l'on montre l'arrêt à M. le lieutenant général, pour en dire promptement. [Fait une] réponse ambiguë. L'on résoult enfin que messieurs le président de Crepy, de La Grange, scindic, et M. l'avocat du Roi, de Vellepelle, sans préjudice du droit des parties, se trouveroient en ladite assemblée jusqu'à ce qu'autrement y eut esté pourveu (1).

(1) Le même jour, comme les abbés étrangers, venus pour assister au chapitre, étaient réunis au petit Cîteaux et allaient s'y mettre à table, deux échevins, commis par le Maire, se présentèrent et offrirent à l'abbé de Cîteaux, qui présidait, douze cimaises de vin vieux. Ils prièrent les abbés, s'il était de leur goût, de ne le point épargner, et d'avoir en leurs prières mémoire de la conservation de la ville, santé et prospérité de ses magistrats. L'abbé général les remercia bien affectueusement de leur politesse, et exhorta les abbés, à leur retour, d'en informer leurs frères et de prier Dieu tous ensemble pour la ville. Une nouvelle distribution de cimaises eut lieu pour le souper, et mit le comble à la

[1601]

Le vingt cinquiesme dudit mois, les Chambres sont assemblées pour le retour de MM. Tisserand et Ocquidam, avec lettres de MM. les présidents Jeannin et Fremiot; rapportent leur négociation, donnent louange entière à M. le duc de Biron, qui avoit en cette affaire couché entièrement de son reste, rapportent l'édit qui a esté scellé à contre cœur de plusieurs grands seigneurs qui faisoient poursuittes contraires. M. le duc de Biron avoit surmonté toutes les difficultés, que l'on lui devoit tout et non à autre. Pour Vidal, en avoit souvent parlé à M. le chancelier. N'avoient pu estre ouis. Pour M. le grand prieur, après en avoir parlé à plusieurs reprises à M. le chancelier, qu'il falloit que l'arrêt du privé Conseil fut exécuté, et qu'il estoit beaucoup plus expédient que la Cour supprima et arracha de ses registres le susdit arrêt que de souffrir que cela fut fait par un commissaire qui seroit député dudit Conseil. Sont remerciés de la peine qu'ils ont prise à l'accoustumée.

Le deuxiesme du mois de juin, on annonça le décès de M. Maitre Thomas Berbisey, ci-devant procureur général (1), et *extrema ei persoluta pro more*, tant à son enterrement qu'au jour suivant à la dernière messe du *chanté*, fait et célébré en l'église Saint-Jean; *anima ejus sit in benedictione.*

Le vingt cinquiesme juillet, jour de Saint Jacques audit an, les Chambres furent assemblées pour assister à la procession générale qui se faisoit pour l'intempérie de la saison et du temps inégal. La Cour ayant esté invitée par ceux du clergé y assiste en corps avec tous les ordres en robes noires (2).

Le trentiesme dudit mois audit an, les Chambres sont assemblées pour résoudre sur la vériffication des édits des mes-

---

satisfaction de l'abbé de Citeaux et des Pères. — Reg. des délib. de la Mairie, n° 110, f° 220.

(1) Il avait été pourvu par lettres du 25 mars 1557; reçu le 7 juin 1558, il avait résigné en 1585 en faveur de Hugues Picardet, son gendre, qui fut pourvu par lettres du 4 janvier 1586.

(2) Cf. reg. de la Mairie, n° 111, f° 69.

tiers, tant pour le mariage du Roi, que pour la Reine. Les conclusions veues du procureur général, lesdits édits vériffiés pour un chacun mestier, excepté les quatre de réserve et ce *inter volentes*, à la charge de faire expérience, sans qu'ils puissent estre forcés à prendre lesdits mestiers.

Le dernier dudit mois de juillet, M. de Varennes Nagu présente requeste et ses lettres de grâce, rémission et pardon pour l'homicide par lui commis à la personne de feu M. de Parcours, ci devant lieutenant du chasteau de Dijon, et lieutenant de la compagnie de M. de Biron, de laquelle lieutenance M. de Biron avoit fait pourvoir M. de Varennes, ce qu'ayant sceu, ledit sieur de Parcours seroit venu de sa maison de Xaintonge, et à deux lieues près de Mâcon, fait appeler ledit sieur de Varennes, lequel y seroit allé et tué ledit sieur de Parcours, dont il auroit obtenu lettres du grand sceau addressées à la Cour de Parlement de Dijon, encore que le délit eut esté commis au Mâconnais, attendu que ledit sieur de Varennes étoit chevalier de la Cour. Résolu enfin, après plusieurs ouvertures d'opinions, que il les présenteroit en Chambre, par son avocat, derrier le bureau et debout. Plusieurs estoient d'avis qu'il les présenta à genoux. M. le conseiller Blondeau refuse d'en connoistre, parce qu'il a appris que ledit sieur a commandé et communiqué à la mort de son frère dont il espéroit en faire instance et d'avoir la justice (1).

En ce tems ceux de la ville entreprennent de nettoyer le cours de Suzon, nous ayans invités plusieurs fois les assister, attendu la grande commodité et la santé que la ville

---

(1) Le conseiller Blondeau avait été tué en 1593 dans son château de Sivry-les-Voudenay lors de l'expédition du vicomte de Tavanes en Charolais. — Le conseiller Blondeau exposa que, lors du procès intenté par son frère Blondeau, grand maître des eaux et forêts, à la Garenne et à ses complices, ceux-ci soutinrent que ledit de Nagu était seul auteur de l'assassinat. — Reg. des délib. de la Cour, IV, 38.

recevrait en général et en particulier. L'on résoult que nos aumônes de l'année, attendu que les pauvres avoient des deniers présens, et de grands magasins de bled, y seroient employées, et de fait estant de la Chambre desdits pauvres avec M. Odebert, nous avons fait toucher audit receveur des pauvres neuf vingt quinze escus de présent, sans ce qui reste à payer des arrêts d'aoust, ny attoucher aux privilégiés hors du corps actuellement servans en icelle, lesquels deniers ledit receveur des pauvres, par délibération de ladite Chambre, devoit mettre es mains de M. Moniot, l'un des eschevins et de M. Chisseret, assistans le Viconte mayeur audit affaire (1).

Le second jour d'aoust suivant, les Chambres sont assemblées pour les lettres de rémission et pardon obtenues par M. de Varennes Nagut, chevalier de la Cour, pour l'homicide par lui commis en duel à la personne du sieur de Parcours. Ledit sieur présente ses lettres en Chambre, se met à genoux, l'on lui ordonne de se lever. Après les solennités gardées, l'on ordonne qu'il passera le guichet, sauf après ses réponses et répétitions estre pourveu sur son eslargissement ce qu'il appartiendra. MM. Tisserand et Briet, commis pour l'ouir (2).

Le sixiesme du mesme mois, avant l'audiance, les Chambres sont assemblées pour des lettres escrittes par M. de Lux à M. le président Fremiot, par lesquelles il avertissoit qu'il faisoit assembler la noblesse en la ville de Bourg, pour

---

(1) La chambre de Ville, informée que le cours était rempli « au moyen de quoi les eaux pluviales étant arrêtées causaient des féteurs et mauvaises odeurs putrifiées qui pouvaient gâter l'air et engendrer des maladies contagieuses, ordonna aux riverains de curer chacun en droit soy, sous peine de 3 écus 1/3 d'amende, et de supprimer toutes les ouvertures qui donnaient dans le cours. » Elle accepte l'offre de 500 écus qui lui fut faite au nom des privilégiés, et vote un impôt de 1500 écus pour employer au curage général. — Délib. du 24 juillet 1601, reg. n° 111, f° 80.

(2) Cf. reg., IV, 39.

recevoir le serment de fidélité pour S. M., et d'autant que ledit sieur président et M. Tisserand estoient commis pour recevoir le serment des officiers de la Bresse, il désiroit qu'ils s'acheminassent à la ville de Bourg, ce qu'ils firent entendre ne pouvoir faire d'autant qu'ils n'y avoit aucuns fonds pour faire les frais qu'ils ne pourroient supporter, dont ils avoient bien voulu avertir la compagnie pour en avoir advis ; l'on résout qu'attendu qu'il ne y a encore aucuns officiers establis, que ledit sieur président poura faire response selon le sujet.

Le huictiesme du mesme mois, de relevée, les Chambres sont assemblées. M. du Bled, baron d'Usselles (1), gouverneur de la ville, citadelle et bailliage de Chalon, après avoir veu les conclusions du procureur général, l'on résout que ses provisions seront vériffiées et de fait preste le serment derrier le bureau, et averti par le greffier qu'après le serment presté il se retire ; et résout l'on qu'il n'aura aucune séance, encores qu'il porte la qualité de gouverneur, attendu la conséquence à l'advenir.

Le treiziesme du mesme mois, les Chambres assemblées pour pourvoir sur les requestes et responces présentées à ladite Cour, tant par la dame de Parcours que ledit sieur de Varennes Nagut.

Le treiziesme du mesme mois, les Chambres sont assemblées pour juger l'évocation demandée par Mᵐᵉ de Parcours(2) contre M. de Varennes Nagut, à la Chambre de l'Edit, attendu qu'elle faisoit profession de la religion, et renvoi de ladite cause en la Chambre de l'Edit, soit à Paris, soit à Grenoble, il est résolu qu'attendu que le Roi en attribue la connoissance au parlement, et que l'Edit ne peut avoir lieu

---

(1) Antoine du Bled, chevalier de l'ordre du Roi, baron d'Uxelles.
(2) Fançoise de Saint-Maure, veuve de messire Jean Grain de Saint-Marsault, gentilhomme ordinaire de la chambre du Roi, seigneur de Parcours.

en matière criminelle, qu'elle est déboutée d'icelle et qu'il sera passé outre à l'instruction dudit procès.

Le quatorziesme jour du mois d'aoust, les Chambres sont extraordinairement assemblées. L'on ordonne ceux qui exerceront la charge de scindics et aussi ceux qui iront en la Chambre des pauvres : scavoir MM. Fyot d'Arbois et Gaigne. L'on fait le but de la Chambre des vacations.

Avant ce M. Fyot d'Arbois, de retour de la ville de Grenoble pour l'instruction d'un procès criminel pour le meurtre de M. le baron de Boissieux, raporte les bons traitemens que l'on leur a fait, tant par MM. les gouverneurs de Lyon et de Grenoble que Messieurs du parlement dudit Grenoble tant en général qu'en particulier.

L'on résoult l'eslargissement de M. de Varennes Nagut en faisant les submissions ordinaires, à caution de 2000 escus.

Le trentiesme d'aoust suivant, Messieurs estans à la ville extraordinairement assemblés pour la publication de l'édit, contenant création d'un siége présidial de Bresse, et les provisions tant de M. de Gravet, pourveu d'un estat de président et garde des sceaux, les provisions d'un pourveu d'un estat de conseiller audit siége, plus autres provisions d'un estat de procureur du Roi au bailliage de Belley. Résolu que le tout seroit communicqué au procureur général, sans attendre la Saint Martin, parce que ladite province estoit sans officiers.

Le troisiesme du mois de septembre, Messieurs extraordinairement assemblés à l'audiance, fut procédé à la vériffication de l'Edit contenant l'establissement d'un siége présidial à Bourg en Bresse. [Messieurs des requestes se retirent après ladite publication.] De huit huissiers, scavoir : un conseiller clerc et sept laïcs, quatre conseillers, six sergens à verge, avec les modiffications. M. Gravet receu audit estat de président audit siége, auquel estoient annexés les estats de lieutenant civil, criminel et garde des sceaux audit siége, avec les modiffications et restrictions portées par les ordonnances et arrêts des Cours souveraines, sans préjudice des priviléges du pays de Bresse.

De conseiller pourveu sera informé le procureur du Roi de Belley, receu sans examen.

Le Roi, par les provisions de M. de Gravet, le quallifie de conseiller au parlement de Grenoble. La Cour n'y eut aucun égard et ne lui bailla aucune séance, ainsi fut ordonné au greffier de lui dire qu'après qu'il avoit presté le serment qu'il eut à se retirer, ce qu'il fit.

M. de Vellepelle, son propos pour le doyen de Saint Jean pour le collége est contenu au registre (1).

Le premier octobre suivant, sur les cinq heures, arrive un courrier avec lettres pour l'accouchement de la reine d'un daulfin, venu au monde le vingt septiesme du mois passé. L'on s'assemble extraordinairement à la Sainte Chapelle pour rendre graces à Dieu et chanter l'himne de *Te Deum*.

Le lendemain, procession generalle à la Sainte Chapelle, Messieurs en robes rouges. Après l artillerie donna.

Le septiesme suivant, l'on fait les feux de joie en la place de la Sainte Chapelle (2).

---

(1) Cf. reg. des délib. de la Cour, IV, 41.

(2) La chambre de Ville qui, dès le 25 septembre, faisait dire à Saint-Michel des prières publiques pour l'heureux accouchement de la Reine, n'eût pas plutôt reçu les lettres du Roi, qui lui annonçaient la naissance du Dauphin, qu'elle en fit immédiatement chanter le *Te Deum* à la Sainte-Chapelle. Le lendemain, 2 octobre, eut lieu une procession générale à laquelle assistèrent tous les corps constitués et qui fut suivie d'une messe à la Sainte-Chapelle; puis, comme le temps manquait, on renvoya au dimanche les réjouissances publiques. Ce jour, les capitaines des paroisses, ayant choisi chacun parmi leurs dixaines 120 hommes des plus beaux et mieux armés, parcoururent la ville, enseignes déployées (la paroisse Notre-Dame, où demeurait le vicomte mayeur, ayant l'enseigne colonelle), et se rendirent sur la place de la Sainte-Chapelle, « où ils firent plusieurs tours et salves.»

On voyait sur cette place un théâtre sur lequel « estoit ung gros et

[1601]

Le douziesme novembre 1601, l'on ouvre le parlement, *sacris de more peractis*, en robes rouges à la Sainte Chapelle. Retournés au Palais, le tableau appellé, l'on procède à la réception du serment des advocats et procureurs après lecture faitte des ordonnances et avoir esté appellés selon leur ordre.

Le treiziesme dudit mois, Messieurs assemblés en la Grand'Chambre, lecture est faite des ordonnances. M. le premier président fait les remonstrances ordinaires et accoustumées.

Après Messieurs les gens du Roi appellés, lecture faite des ordonnances aussi qui les regardent, ils font les requisitions ordinaires.

Les huissiers appellés, lecture faite des ordonnances qui les regardent, Messieurs les gens du Roi ayant fait les requi-

---

puissant Dauphin, eslevé en rond sur la queue, et dans le rond d'icellui estoit assise une figure couronnée représentant la France, ayant à la main dextre une branche qui gestoit les fleurs de lys et des lys à la fenestre; une ancre, signifiant cest heureux avénement du prince Dauphin estre celui qui, par la grâce de Dieu, maintiendra tout le royaume en terre et à la mer en paix, repos et tranquillité. »

Sur les six heures du soir, la chambre de Ville se réunit en corps à la Sainte-Chapelle pour le *Salut* célébré en l'honneur du Dauphin, auquel elle avait convié tous les habitants, sous peine d'être déclarés rebelles et ennemis de S. M. On « ouït les beaux cantiques composez en musique par le maître des enfants de chœur; » puis, la bénédiction donnée, tous messieurs, ayant chacun une torche ardente en main, descendirent sur la place précédés des hautbois, tournèrent trois fois autour du théâtre, et au troisième un dauphin, glissant le long de la terrasse de l'église, alluma le feu d'artifice, « qui se recongneu le plus beau qui se vit onques. » Trois autres petits feux d'artifice furent aussi tirés devant l'abbaye Saint-Étienne, sur la terrasse de la Sainte-Chapelle et sur celle du Logis du Roi. Les mortiers et le canon ronflèrent dans la cour de ce Logis, sur la tour Saint-Nicolas et au Château. « Bref, tout fut bien accompli, et le peuple plein de joie de cet heureux événement, priant Dieu le vouloir garder et conserver pour le bien et repos de la France. »

La Mère-Folle voulut aussi contribuer à l'allégresse commune. Le mois suivant elle mit son *infanterie dijonnaise* en marche dans une « action, » aux dépenses de laquelle la chambre de Ville contribua pour 40 écus.

— Reg. de la Mairie, fos 124, 126, 131, 132, 133 et 163.

sitions accoustumées, M. le premier président fait les exhortations ordinaires.

Retirés les huissiers, les officiers du ressort sont appellés, entrés après les avoir appellés tour à tour, selon leurs ressorts et ordre des juges, Messieurs les gens du Roi ayant tenu les propos accoustumés, M. le premier président leur fait les exhortations accoustumées et se retirent.

Le vingt uniesme jour de novembre, les Chambres sont assemblées pour M. de Varennes, pour l'entérinement de ses lettres de grâce, est oui derrier le bureau. L'on résout après qu'il passera le guichet; après ses lettres de rémission sont vériffiées sans dépens, dommages ni intérêts.

Le cinquiesme jour de décembre 1601, les Chambres sont assemblées pour aviser sur une difficulté qui s'estoit présentée en un procès et instance de requeste des habitans de Fleurey contre leurs créanciers; que il leur fut permis de aliéner leurs communautés pour l'acquittement de leurs debts sans que les créanciers précédens eussent aucun hipothèque sur lesdites choses aliénées au refus qu'ils feroient d'en acheter et prendre pour ce qui leur estoit deu, et qu'il estoit expédient d'y donner un règlement pour l'avenir pour toutes les communautés du ressort tant affoiblies par les misères passées qu'il n'estoit pas possible de sortir des grands debts esquels elles se treuvaient impliquées si l'on ne leur donnoit quelque moyen d'en sortir. M. Tisserand, commissaire. Après plusieurs ouvertures, l'on résoult que l'on fera une assemblée au logis de M. le président de Crépy et trois de chacune Chambre y compris Messieurs les scindics pour aviser de ce qui seroit expédient de faire sur ce sujet, pour après le tout rapporté en la compagnie en resouldre.

L'on fait après raport de la jussion obtenue ou envoyée par le Roi pour la publication de l'édit des cuirs. Enfin, après difficultés et *non sine contentione*, veues les conclusions du procureur général qui consent tout, le susdit édit est vériffié sans préjudice du droit de ceux des villes.

[1602]

L'on fait raport après, pendant que l'on estoit en bonne veine, d'autres lettres de jussion pour lever autres modiffications données par la Cour sur l'édit des mestiers. Résolu enfin, conclusions veues du procureur général, que ledit édit aura lieu encores pour un autre mestier pour le mariage du Roi et pour la naissance de M. le daufin et que pour le surplus que l'arrêt tiendra.

Le quatorziesme jour de décembre, M. de Biron arriva à la ville (1), est salué selon qu'il avoit esté arrêté au nombre de dix de Messieurs les anciens, scavoir : quatre de chacune Chambre, les scindics et deux de Messieurs les présidens ; est remercié par M. le président Fremiot, pour la Bresse, sa response accompagnée d'honnestes offres et de mots courtois et civils. Nous retournons au Palais; les Chambres s'assemblent. M. le président Fremiot fait entendre à la Cour sa response (2).

Le huictiesme du mois de janvier 1602, M. le président Fremiot, MM. Millotet, Bouhier, Boursaut, scindics de la Tournelle, et autant de la Grand'Chambre vont prendre congé de M. de Biron, prest à partir pour faire pour S. M.

---

(1) La chambre de Ville, le Maire en tête, s'était portée à sa rencontre jusqu'au bois de Haute-Serve, près Darois. Là, le vicomte mayeur ayant mis pied à terre lui fit un compliment auquel Biron répondit par une protestation de services envers la ville. Rentrés en ville, et le maréchal conduit au Logis du Roi, le Maire et les échevins le remercièrent des 10,000 écus pour le mariage du Roi, dont il leur avait fait obtenir décharge de l'incorporation de la Bresse à la Bourgogne. — Reg. des délib. de la Mairie, n° 111, f° 173.

(2) Après avoir fait aux députés de grandes démonstrations d'amitié, il leur dit qu'en toutes affaires qui concerneraient messieurs de la Cour, il y apporterait ce qui était en sa puissance ; que depuis la naissance de M. le Dauphin, messieurs du Parlement de Grenoble avaient pensé faire révoquer l'édit d'annexion de la Bresse à ce Parlement, mais que le Roi leur avait fait réponse que le Dauphin serait roi de France et qu'il aurait lors la Bourgogne, la Bresse et le Dauphiné, et que, par ainsi, il ne fallait lui remettre au devant la faveur de mondit seigneur. — Reg. des délib. de la Cour, IV, 46.

voyage en Suisse, pour renouer l'alliance d'iceux avec la France.

Le treiziesme fevrier, les Chambres assemblées pour M. Le Brun, conseiller au parlement de Dole, pour se plaindre de l'arrêt donné par la Cour à Mᵉ Guy Belriaut, pourveu de l'estat de lieutenant au comté de Charollois, qu'il pouroit icelui exercer par commission, attendu le refus que faisoient ceux dudit parlement de Dole de le recevoir audit estat. Apporte lettres de cachet du Roi, rapporte le contract et le montre fait avec Mᵐᵉ de Vaudemont, avec pouvoir de nommer auxdits offices personnages en tant qu'ils seroient agréables. Ladite dame a révoqué la nomination de la personne dudit Belriaut, et a nommé de M. de Ganay, qui en a les provisions de leurs Altesses, eagé de soixante dix ans, avocat fiscal, dès longtems audit Charollois, suplioit la Cour de ne tenir Leurs Illustrissimes de pire condition que les seigneurs du ressort qui pouvoient mettre, instituer et destituer officiers *ad nutum* et qui leurs fussent agréables, et qu'il plust à la Cour révoquer ledit arrêt. Il parle après des terres de surséance et voisines pour nommer et faire députer des commissaires pour icelles partager. L'autre pour la traitte de Lorraine, pour corriger et retenir les exactions qui s'y font. L'on lui répond à tous ses points, et outre ce l'on lui parle des bénéfices du comté, qu'ils ne veulent permettre estre tenus par ceux du duché, sans attache, et de ce qu'ils commencent à pratiquer contre ceux du duché de leur faire prester caution *judicatum solvi* contre la neutralité. Ledit sieur Le Brun répond fort dextrement à tous lesdits points *à la façon accoustumée de ceux du comté*. Lui retiré, on ordonne la communication des lettres présentées de provisions de M. de Ganay, et lettres du Roi à M. le procureur général.

Le vingt cinquiesme fevrier suivant, les Chambres assemblées pour adviser sur une forme de pancarte obtenue par les Estats pour cinq ans pour l'acquittement des dets à payer à lever sur toutes les villes de la Bourgogne sur les nobles, ecclésiastiques qu'autres privilégiés, et autoriser l'imposition de vingt cinq mille escus en cinq ans aussi à mesure effet, et lever sur la queue de vin dix centimes, sur les velours et draps, soye, morue, saulmons, etc.; fut enfin résolu que ladite pancarte seroit registrée sans tirer à conséquence.

Le dix neufviesme mars 1602, les Chambres sont assemblées, de relevée, et lors est procédé à la vériffication des lettres du Roi, contenant deffenses à ceux du comté de tenir bénéfices en France sans avoir attache de Roi et que les *vidimus* desdites lettres seront envoyées aux bailliages du ressort à ce que l'on n'en pr tende cause d'ignorance. Après l'on fait raport de l'aliénation faite par les commissaires à ce députés à M. le baron d'Uxelles, capitaine en la citadelle de Chalon, du fauxbourg Saint Laurent dudit Chalon. L'on résoult que pour la conséquence à l'advenir d'icelle aliénation ne peut estre procédé à la vériffication de la susdite aliénation et pour justes considérations.

Le quatorziesme mai 1602, les Chambres sont assemblées pour la réception de M. de Monthelon fils, à l'estat de président de M. de Monthelon, son père, par résignation à lui faitte. M. Colard, rapporteur, se lève et derrière le bureau dit qu'il fait difficulté d'en connoistre pour avoir esté témoin à l'information faitte par autorité du Grand Conseil lorsque ledit sieur de Monthelon y fut receu. Après l'on voit une requeste présentée par M. le maistre des requestes Brulart, pourveu de l'estat de président en ladite Cour par la résignation de M. le président Jeannin, attendu ses provisions de jour à autre, en tant que on voudroit passer outre à la réception dedit sieur de Monthelon, entend former opposition. Ledit sieur Colard se retire et plusieurs de Messieurs aussi (1).

---

(1) Cf. reg. des délib. de la Cour, IV, 49.

L'on avise, pendant que les Chambres estoient assemblées, de résoudre du général sur les assignations respectivement données tant par nous que [par] Messieurs des Comptes, pour le règlement et la connoissance qui leur doit appartenir. M^rs les scindics députés, scavoir : MM. Boursault et Quarré et où la santé de M. Boursault ne le pourroit permettre, M. Milletot, commis.

Après l'on parle de l'eslection de l'esleu de Nuis; l'on résoult que l'arrêt sera fait sans conférer avec M. de Biron pour la crainte que les habitans de ladite ville ne vinssent aux mains divisés en deux factions, l'une pour Machecot, l'autre M. Regnaut. L'on fait arrêt que deux commissaires avec le procureur général iront pour assister à ladite eslection et empescher qu'aucun tumulte n'arrive en icelle.

L'on répond après la requeste de M. Brulart fils, et ordonne-t-on que ladite requeste sera communiquée par le greffier à M. de Monthelon, après avoir avant arrêté que Messieurs retourneront; s'estans retirés, est retenu que le greffier qui signifiera la susdite requeste audit sieur Monthelon fils, lui fera signer sa responce pour après y ordonner; et depuis l'on sceut qu'ils s'estoient accordés ensemble, que M. de Monthelon ne feroit aucune poursuitte pour sa réception de quinze jours.

L'arrêt fait ci dessus pour l'eslection de l'esleu de Nuis fut sans effet, parce que on sceut que M. de Biron et M. de Lux y alloient et qu'il ne seroit raisonnable d'y envoyer des commissaires qui seroient présidés par autres, ce qui ne croit *e dignitate senatus*, et résolu qu'on les lairroit faire.

Depuis l'on sceut que M. de Biron, faisant semblant d'aller à la chasse, estoit allé à Nuis le jour de l'eslection; que M. de Lux avoit recueilli les voix et suffrages et que Savot (1) avoit esté gresffier.

Le vingtiesme jour de mai, les Chambres avant l'audience,

---

(1) Zacharie Savot, greffier en chef des Etats.

sont assemblées, est procédé à la vériffication de l'édit contenant revocation du bureau de Messieurs les Trésoriers pour le publier en l'audiance. M. de Monthelon père tient l'audiance ; l'on le treuve estrange, veu la vériffication par lui faitte, la déclaration et consentement par lui presté pour la réception de Monthelon, son fils, audit estat.

L'on mande avant l'audiance de Pringles pour l'emprisonnement fait de Corberon, notre payeur, estant venu en cette ville pour payer notre quartier de janvier à faute de rendre ses comptes, s'en excuse, dit qu'il l'en a averti sont plus de dix huict mois, dit qu'il présente sa requeste à Messieurs des Comptes, lesquels avoient ordonné ladite prise de corps et il y sera incontinent pourveu.

Le vingt uniesme mai suivant, decès de M. Jean Morin, ci devant conseiller à la Cour, ayant resigné à M. Giroux. M. Odebert fait l'invitation et tient le propos aux Chambres, est enterré le vingt deux en l'esglise Saint Estienne : *Justa ei persoluta de more*. Messieurs assistent à la première messe du premier *chanté*.

Le mesme jour, les Chambres sont encore assemblées pour résoudre sur l'entrée que faisoit M. de Monthelon père, et s'il entreroit au Palais, s'il présideroit et pouvoit entrer es commissaires, attendu la déclaration par lui faitte. Résolu enfin qu'à l'avenir Messieurs pourront entrer et faire leurs fonctions et charges ordinaires jusqu'à ce qu'il y eut arrêt à informer (1).

Le vingt quatriesme du mesme mois, les Chambres, de relevée, sont assemblées. M. le président Fremiot fait plainte contre Mᵉ Jean de Souvert, advocat des Estats, pour avoir esté lui et son fils injurieusement traduits par ledit Souvert en pleine tenue des Estats, en présence de tous les ordres; rapporte en partie ce qu'il a dit, en demande réparation, présente sa requeste. M. Milletot la veut rapporter, ledit

---

(1) Cf. reg. des délib. de la Cour, IV, 50.

sieur estant retiré et plusieurs de Messieurs, et lors fait rapport d'autre requeste de récusation contre M. Ocquidam. Au mesme instant, M. Ocquidam dit qu'il a une requeste de M. de Souvert contre M. le président Fremiot et son fils, M. Ocquidam, après lecture faitte de ladite récusation contre lui, s'estant retiré, l'on résoult qu'il s'abstiendra. Ladite récusation fondée sur inimitiés causées sur l'eslection de l'esleu de la ville de Nuis. Après l'on voit tant ladite requeste dudit sieur président que celle de M° Jean de Souvert, qui récuse en général toute la compagnie; on résoult, suivant l'édit, que ledit de Souvert se restraindra au tiers, pour après pourvoir sur l'information requise par ledit sieur président ce qu'il appartiendroit (1).

Le vendredi, avant l'audiance, les Chambres sont assemblées. M. de Biron vient et entre au Palais, ce qu'il n'avoit fait sont plus de quatre ans, dit qu'il s'en va en Cour par commandement de S. M., prie Messieurs de l'employer, tant pour le général que pour le particulier, avec beaucoup d'autres honnestes offres retenues au registre. M. le premier président le remercie pour et au nom de la compagnie. Enfin il tombe sur l'eslection qui se devoit faire du maire, qu'il prioit la compagnie d'avoir esgard aux services de Jacquinot, où les suffrages tomberoient sur lui, qu'il estoit homme de bien et bon catholique qui avoit bien fait du passé, que l'arrêt ne lui pouvoit nuire. M. le premier prési-

---

(1) Jean de Souvert avait demandé la réunion des trois ordres, et, à la fin de son discours, il avait accusé le président Fremyot d'avoir, *par ambition et indues façons* fait *promouvoir* son fils aux ordres sacrés et élire doyen de Saulieu, pour le faire nommer Elu des Etats; et cela dans l'intention de rejeter des oppressions sur le pays, et de couvrir les fautes qu'il avait commises dans le maniement des affaires publiques, notamment en passant pour la fourniture des greniers à sel, sans procuration, un contrat qui a fait tort au public de plus de 100 à 120,000 écus. Il ajoutait, comme s'il eût voulu désigner Fremyot, qu'il y avait sept ou huit personnages du pays qui étaient de parti avec les adjudicataires pour partager à tel brigandage et saccagement. — Reg. des délib. du Parlement, IV, 51.

dent lui dit qu'en sa considération que l'on fera pour lui ce que la justice pourra permettre. Ledit sieur retiré, l'on parle de la conférence que l'on avoit eue avec Messieurs des Comptes; qu'il en faut parler à M. de Biron et lui dire les ouvertures qu'ils font.

Le premier jour du mois de juin, avant l'audiance, les Chambres sont assemblées sur requeste présentée tant par M. le président Fremiot que M⁰ Jean de Souvert. Resolu que deans trois jours il se restraindra, à peine d'estre decheu des recusations par lui proposées.

Le troisiesme juin 1602, les Chambres sont assemblées. M. le président Jeannin, entré à la compagnie, prend congé d'icelle, dit avoir résigné son estat à M. le maistre des requestes Brulart, demande à la compagnie et la suplie de lui conserver les priviléges accoustumés, fait des honnestes offres en bons termes, veu ses services, envoye quérir sa robbe, tient l'audiance, prononce des arrêts donnés en icelle disertement et en bons termes (1).

Le douziesme juin suivant, les Chambres sont assemblées. L'on fait raport des provisions obtenues par M. Brulart fils, à l'estat de président au parlement, que souloit tenir ci devant M. le président Jeannin; sera informé *super moribus*.

Après l'on fait rapport des provisions de M. de Monthelon, veu la démission de Monsieur son père, enfin est resolu qu'il sera informé *super vitâ et moribus et religione*, et non de l'age, parce qu'il ne pouvoit avoir atteint l'age de trente six ans; pour les considérations de son mérite qu'il avoit porté charge de conseiller au grand Conseil et qu'il avoit aussi esté grand raporteur et fait la profession d'avocat plus de quatorze ans.

(1) Après l'audience, les chambres étant assemblées, la Cour ordonna que M. Jeannin, conseiller du Roi en ses conseils d'Etat et privé, jouirait des mêmes priviléges et prérogatives que les autres présidents et conseillers ayant fait service pendant vingt ans. — Reg. des délib. de la Cour, IV, 52.

Pour M. Brulart, l'on ordonne l'information encore que Monsieur son père fut président et sans dispense pour tels préjugés ci devant faits au fait des enfans de M. Bretagne, en ce que par ses provisions il estoit porté que son père estant premier président audit parlement, et partant que le prince l'avoit tacitement dispensé. Mais c'est faire l'ordonnance de cire et gastons tout.

Après l'on fait rapport des requestes respectivement présentées, tant par M. le président Fremiot que M° Jean de Souvert. Décheu Souvert des récusations générales, sauf s'il se présente des récusations particulières d'y pourvoir, et arrêté qu'il sera informé par deux commissaires des faits contenus en la requeste de M. le président Fremiot.

Après ce, MM. les présidents, suivant l'arrêt et règlement fait entre eux, font leur choix. M. le président Fremiot choisit la Tournelle, M. Berbisey la Tournelle, M. de Monthelon la Grand'Chambre, M. Brulart fils, par nécessité, doit aller à la Tournelle, à cause de Monsieur son père, le tout sans que ci après ils puissent varier (1).

Le quatorziesme dudit mois, M. Brulart fils, receu audit estat de président. On demande avant, si l'on lui demandera si pour parvenir audit estat, il a baillé ou fait bailler aucun argent, selon que ci devant l'on avoit accoustumé. L'on résoult enfin que non, ains seulement que on lui fera faire profession de foi et prester le serment. L'on propose, sans résolution toutefois, que il faut prendre les rolles à réception pour employer à nos affaires et voyages.

Le quinziesme jour de juin, sur les huit heures du soir, arrive un courrier, le sieur de..... avec lettres addressantes à la Cour de la part du Roi de cachet seulement. Quelques uns des plus proches du logis de M. le premier président mandés; on les lit, M. le procureur général estant présent. Le courier demande s'il n'y avoit en la compagnie que de

(1) Cf. reg. des délib. de la Cour, IV, 54.

bons serviteurs du Roi; M. le conseiller Quarré dit lors qu'il en doutoit, et franchement dit au procureur général qu'il scavoit bien qu'il estoit de corps et d'ame à M. le duc de Biron, et qu'il en avoit fait assés de déclarations. [Ils] eurent plusieurs propos picquans sur ce sujet. Le contenu desdites lettres estoit qu'à son grand et extrême regret il avoit esté contraint [de faire] arrêter son neveu, le comte d'Auvergne et le duc de Biron pour avoir attenté à sa vie et à son estat; que on avise de tenir la ville en seurté sous son obéissance. Incontinent l'on mande le Viconte mayeur, nommé Jacquinot, pour s'assurer des clefs de la ville, pour estre suspect en ce que Sarrault, secrétaire de M. de Biron, estoit son beau frère; aussi qu'au partir de la ville, ledit seigneur avoit recommandé fort expressément ledit Jacquinot pour estre continué en ladite charge, encore qu'il y eut esté trois ans. Arrivé, dit qu'il est homme de bien, qu'il n'y avoit aucun soubçon contre lui, que de lui oster les clefs ce seroit lui faire injure, que le lendemain elles seroient mises entre les mains du garde des Evangiles, qui n'avoit encore presté le serment. L'on lui ordonne après plusieurs redites qu'il les portera en la Chambre de ville pour y estre toute la nuit gardées par gens non suspects de ladite ville, ce qui est à l'instant exécuté. L'on escrit à M. de Tavanes (1) de se rendre à la ville pour le service du Roi. L'on prend les armes, l'on fait des corps de garde par la ville, plusieurs rondes et patrouilles. L'on commence à se retrancher contre le chasteau auquel tous les serviteurs de M. de Biron, au moins la plus grande part, se retirent. Ses grands chevaux y sont menés.

Ce jour là M. Poffier (2), le marchand, avoit esté nommé

---

(1) Guillaume de Saulx, comte de Tavanes.
(2) Breunot fait ici erreur: Pouffier avait été élu garde des Evangiles le 14, mais il ne fut installé que le dimanche suivant 16 du mois. Le maire Jacquinot conservait donc tous ses pouvoirs, et c'est en cette qualité qu'il convoqua extraordinairement la chambre le samedi 15

garde des Evangiles, encore que ledit Jacquinot, Viconte mayeur, et M. de Favolles, capitaine du chasteau, eussent tasché de faire nommer l'apotiquaire Gautier que l'on tenoit estre de son parti.

Plusieurs de Messieurs, tant d'un que d'autre collége, font patrouilles et rondes la nuit. L'on fait sortir quelques chevaux la nuit hors de la ville pour observer ce qui entreroit ou sortiroit du chasteau. Bref, toute cette nuit la ville est en une grande rumeur.

Le seiziesme dudit mois de juin, l'on découvre que M. de Lux avec M. de Pleuvot estoient entrés au chasteau avec quelques autres. M. de Lamotte Réal estant hors de la ville à cheval, dit audit sieur de Lux que ce n'estoit la porte par où les serviteurs du Roi entroient à la ville. La ville prent l'alarme, l'on sonne à l'effroi à l'église de Saint Michel, paroisse du garde des Evangiles.

Les Chambres s'assemblent à six heures du matin. M. de Tavanes, botté et éperoné, entré en la Grand'Chambre, dit que comme serviteur du Roi, ayant entendu la rumeur qui est à la ville, il avoit fait toute diligence pour s'y rendre pour employer sa vie et ses moyens pour le service de S. M. et pour la conservation d'icelle en son obéissance.

L'on députe MM. Boursaut et Quarré, scindics, pour aller parler à M. de Lux, au chasteau, et ce sur des lettres escrites par ledit sieur de Lux à M. le premier président, ayant ce

pour lui donner connaissance des lettres qui lui étaient parvenues en même temps que celles adressées au Parlement. Il les lut devant ses collègues, ce qui, d'après Breunot, lui avait été intimé par la Cour. Toutefois, la chambre établit un corps de garde sur la place Saint-Jean, réunit les ecclésiastiques sur la place de la Sainte-Chapelle, et rompit toute communication avec le Château. Elle garnit les murailles d'habitants en armes, envoya des cavaliers à la découverte, et se déclara en permanence. Le lendemain elle compléta ces mesures de sûreté, elle reçut le comte de Tavanes, mandé tout exprès par la Cour, et le conduisit elle-même au Palais. Et, après la messe, la commune étant, selon la coutume, assemblée au cimetière Saint-Philibert, Jacquinot remit la magistrature au garde des Evangiles. — Reg. des délib., n° 111, f° 273 et suiv.

par icelles demandé. Est résolu qu'ils iront sur le ravelin dudit chasteau; y estans, les treuvent fort estonnés, sçavoir : M. de Lux, le sieur de Pleuvot et le sieur de Favolles, plorent avec beaucoup de souspirs, protestent tous trois tenir la place pour le service du Roi, y veulent vivre et mourir, entreront à la ville, soit M. de Lux, soit M. de Pleuvot, ont à perdre en la province, iront trouver le Roi et M. de Pleuvot et M. de Lux. M. de Lux désire lui escrire ce que dessus soit par Savot soit par autres avec infinies protesta ions d'obéissance et de fidélité au service de S. M.; se plaignent de leurs gens qui ont esté emprisonnés. L'on oit à leur retour ce que dessus. Les eschevins de la ville, entrés par le congé de la Cour, rapportent qu'il leur a escrit, demande si la Cour aura agréable qu'ils aillent parler à lui. L'on leur permet, y vont.

Retirés, l'on fait arrêt que l'on ordonne estre publié, par lequel l'on ordonne que l'on ait à obéir et reconnoistre M. de Tavanes, jusqu'autrement par le Roi ait esté ordonné. Cela fait, après avoir montré des lettres de cachet que le Roi lui avoit escrites, par lesquelles il lui mandoit avoir arrêté M. le duc de Biron, pour avoir attenté à son estat et à sa vie, le prie d'assembler ses amis, tenir la campagne et empescher en tant qu'en lui sera qu'il n'y ait aucune altération en la province, qu'il se trouve aussi prest pour marcher où S. M. commandera. Ledit sieur de Tavanes se retire pour donner ordre aux trenchées et à la seurté de la ville.

Les eschevins de Talent s'estans rendus maistres de leur place, demandent entrée, ce qu'on accorde. Entrés, protestent de garder icelle pour S. M., ce qu'on leur ordonne avec deffenses de recevoir aucuns, sinon par l'avis de Messieurs les lieutenans de S. M. reconnus, ce qu'ils promettent.

Nos députés retournent encore au chasteau avec ceux de la ville pour dire à M. de Lux que s'il est si bon serviteur du

Roi comme il le proteste, qu'il le doit montrer; qu'il doit murer la porte du ravelin, ou souffrir que le pont derrière ledit chasteau soit abattu; ce sera un assuré tesmoignage de sa fidélité et asseurance pour la ville en attendant nouvelles de S. M. A cela il redouble ses sanglots et plaintes; dit que c'est entièrement se deffier de lui et lui oster le mérite de sa fidélité qu'il désire tesmoigner à S. M.; que cela apporteroit peu de seurté à la ville, parce que l'on peut faire entrer gens au chasteau par les fausses brayes; se plaint aussi des tranchées que l'on fesoit dedans la ville contre le chasteau, proteste de vivre et mourir au service du Roi, et d'aller à Beaune pour donner ordre qu'il ne s'y fasse aucune chose pour son service, ains retenir le tout en repos; offre pour gage de sa parole faire venir en cette ville sa femme et ses enfans à lui plus chers que chose du monde. L'on résout de porter les lettres de cachet [du Roi] au chasteau à M. de Pleuvot, par lesquelles il lui mande de l'aller treuver.

Les grands chevaux de M. de Biron sont menés à Saulx le duc.

L'on accorde à ceux du chasteau, attendant nouvelle du Roi, qu'ils pourront prendre leurs commodités en la ville sans fraude. L'on résoult aussi que les serviteurs, laquais, et autres ayant esté ci-devant prisonniers seront relaschés.

L'on résoult aussi que le sieur des Alimes, gentilhomme bressan, estant retourné de Lux avant l'émeute en ceste ville, se tiendra en son logis, et que ses papiers estans en un coffre bahut audit logis, seront, en sa présence, visités par commissaires de la Cour. M. Sayve, commis pour ce.

M. le marquis de Mirebel arrive à l'instant à la ville, avec lettres de cachet par lesquelles Sa Majesté lui ordonne de se rendre incontinent en cette ville, et pourvoir à la seurté d'icelle et de la province pour son service, prend les arquebusiers et autres marques de lieutenant. M. de Tavanes, ce voyant, sort de la ville, et partant, l'arrêt ci-devant donné demeure sans effect. L'on dépesche le procureur Gros au Roi pour lui donner advis de l'estat de la province et de la ville et des chasteaux. L'on envoie lettres de la Cour par toutes les villes de la province, à ce que les habitants d'icelle demeurent fermes au service du Roi. Le mesme jour, M. de Lux sort du chasteau avec dix huit ou vingt chevaux, le coutelas au poing et le pistolet à la main, ce qui fut treuvé estrange, veu les protestations par lui faittes ci devant.

Le dix septiesme dudit mois les Chambres sont assemblées. Le marquis [de Mirebel] tient un propos de ce qu'il juge necessaire pour la conservation de la ville contre le chasteau (1), les corps de garde qu'il y faut faire, demande quatre cents hommes au maire, pour estre en garde sans en partir vingt-quatre heures ; dit qu'il ne veut faire aucune chose que par l'avis de la Compagnie ; demande que l'on députe de messieurs pour l'assister, MM. les présidents Fremiot et de Crepy, MM. Tisserand, Briet, Odebert et Bouhier, avec MM. Boursaut et Quarré, scindics, sont nommés pour ce, à la charge de rapporter ce qui feroit difficulté à la Compagnie.

L'on résoult que l'on ira dire à ceux du chasteau, parce qu'il menaçoient de tirer contre ceux qui faisoient les tranchées, que s'ils s'hasardent de tirer, que du premier coup de canon, le Roi en oïra le son.

L'on rapporte que l'on a fait entrer des ouvriers et des moutons. L'on a aussi nouvelles que M. de Lux est à Saulx le Duc.

(1) Avant de se rendre au palais, le marquis de Mirebeau était passé à l'hôtel de Ville pour s'entendre avec les magistrats sur le logement des gens de guerre qu'il attendait, et pour l'armement des tranchées. Le même jour, la chambre de Ville défendit aux habitants de communiquer avec le château sous peine de la vie. Elle ordonna en même temps l'envoi au Roi de la relation de tout ce qui venait de s'accomplir. Elle commit des échevins pour assister avec ceux des Cours souveraines au conseil de guerre du marquis. Elle rétablit les tambours, la guette, et organisa un corps de cavalerie. — Reg., n° 111. f° 277 et suiv.

Sur la requeste du scindic de la ville, l'on ordonne que toutes les jurisdictions cesseront, jusqu'autrement ait esté ordonné, et que Messieurs iront à la garde des portes.

Lors, M. Ocquidam et M. Robelin eurent plusieurs piques à cause de M. de Chaumelis, receveur général, ayant épousé la nièce de M. Ocquidam, parce qu'il estoit de la maison et secrétaire ci devant de M. de Biron.

Le mesme jour de relevée, les Chambres sont assemblées; M. le marquis de Mirebel, auquel on communique les lettres de la Cour escrites par M. de Lux, dit s'estre retiré à Saulx le Duc pour empescher et retenir qu'il ne se fasse aucun mouvement contre le service du Roi. Autres lettres escrites sur le mesme sujet à M. le marquis, avec la copie des lettres escrites par Sa Majesté audit sieur de Lux, le quatorziesme juin, apportées par la Plume, avec récréance. L'on lit les lettres, l'on fait entrer ledit sieur de la Plume, dit ce dont le Roi l'a chargé; après aussi, ce dont M. de Lux l'a chargé, qui est d'assurer la Cour de son obéissance au service du Roi, et qu'il le témoignera, moyennant qu'il soit conservé en la créance qu'il a eue du passé. L'on fait escrire et signer à la Plume ce qu'il dit. L'on résoult de lui faire réponse après que ledit la Plume s'est retiré, qu'en satisfaisant à la volonté du Roi, et rendant les places en l'obéissance de Sa Majesté, il sera le bienvenu (1).

(1) Au sortir du palais, M. de La Plume se rendit chez le garde des Evangiles, auquel il fit entendre, de la part du baron de Lux, savoir : que le Roi lui avait commandé de porter audit baron les lettres dont il présentait la copie, et qu'il lui avait dit de bouche qu'« il trouvoit l'entreprise si *gaufe* qu'il estimoit le seigneur de Lux de meilleur esprit pour y participer, cause pour quoi il vouloit et entendoit qu'il continua le debvoir et service qu'il lui debvoit en sa charge, et que, au mandement qu'il lui feroit, il l'aille treuver entrant en ceste province, qui seroit en bref, et cependant qu'il envoyoit par deça le régiment de Champagne, et qu'il eût à faire rendre les châteaux de Dijon, Beaune et Saulx-le-Duc en son obéissance. Et, parlant pour ledit seigneur de Lux, que si messieurs de la Cour et de la Ville ont pour agréable qu'il vienne, il se rendrait aussitôt à leur désir. » Mais comme le garde des Evangiles

L'on resoult en outre d'avertir le Roi de tout ce qui se passe. M. le marquis dit y envoyer un gentilhomme de sa suitte, M. de la Fondrière. L'on mande et avertit on Sa Majesté des menaces que font ceux du chasteau, et que trois charpentiers estoient entrés en icelui, en trousse, avec trois chevaux, et que M. de Lux avoit mis des soldats à Malain.

Après ce, Messieurs les scindics rapportent ce qu'ils ont négocié avec le sieur de Favoles, capitaine du chasteau. Sont fort tristes tous ceux dudit chasteau, et estonnés, et non sans cause. Ses sanglots, ses soupirs et ses submissions au service du Roi, [il demande] que l'on lui donne un jour pour avoir l'avis de M. de Lux.

Le dix huitiesme du mesme mois, les Chambres sont assemblées. M. le marquis entre à la Compagnie, montre des lettres escrittes par ceux de la ville de Beaune, qui mandent qu'après la nouvelle receue, ils se sont retranchés contre le chasteau, du couté de la ville. Le sieur Du Motet, capitaine dudit chasteau, a receu environ trente soldats entrés la nuit par la porte derrière, protestent de vouloir vivre et mourir au service du Roi, demandent des vivres par jour pour leur nourriture, qu'ils pourront prendre dans la ville, en demandent advis se ils les doivent accorder. L'on fait aussitôt arrest contenant défenses très expresses à toutes personnes de quelque qualité et condition qu'elles soient de lever gens, se saisir de places, y mettre gens sans expresse commission du Roi, ou attaché de Messieurs les marquis de Mirebel, comte de [Clermont] Tonnere, ou du sieur baron d'Usselles, reconnu pour tel au bailliage de Chalon, à peine d'estre procédé contre eux comme criminels de lèze majesté au premier chef, avec plusieurs autres peines. M. le marquis

---

lui dit qu'il devait, avant de lui faire réponse, consulter la chambre, il lui répondit qu'il ne pouvait se charger de lettres pour le baron de Lux, son intention étant de retourner près de S. M. — Reg. des délib. de la Mairie, n° 111, f° 282.

montre aussi des lettres surprises de M. de Lux, escrites à M. Decrot, maréchal des logis de la Compagnie de M. de Biron, et à autres particuliers, par lesquelles il leur mande de s'amasser incontinent et le venir treuver à Saulx le Duc, encore qu'il dit par icelles qu'ils viennent au chasteau de Dijon. L'on a nouvelles que ledit sieur se munit audit chasteau de Saulx le Duc, et qu'il a acheté du grenetier Morillot vingt esmines, fait moudre force farines. Lettres aussi apportées par le procureur général, escrittes par M. d'Arlay, lieutenant à Montcenis, avec copie des lettres escrittes par M. de Lux à M. Decrot, apportées par ledit sieur procureur général en la Tournelle, avant que l'on assemble les Chambres. La mesme nuit, on a nouvelles que quelques gens estoient entrés au chasteau. L'on tient que ce sont laquais.

Après, l'on reçoit des lettres escrites à la Cour et autres à M. le marquis par M. de Favoles; proteste de fidélité et y veut continuer. L'on se plaint de ce que, au conseil de M. le marquis, l'on avoit retenu Savot pour greffier, pour estre entière créature de M. de Biron et du sieur de Lux, qu'il en doit prendre un autre, qu'il n'y aura aucune chose dont l'on ne donne avis, dit ledit sieur marquis qu'il s'assure de sa fidélité. L'on montre en mesme temps un petit billet de telle substance semé par la ville : *Nostre cas ne va pas si mal qu'on pense.* M. le président Fremiot est retenu du conseil. Savot est aussi greffier, il nous faut faire Gobin de Requeleyne *maire*. L'on en parle à bouche ouverte. Ledit sieur marquis retiré, l'on résoult qu'on en doit appeler un autre et nomme-t-on M. le greffier Griguette. Enfin l'on dit que Messieurs estans assemblés avec ledit sieur marquis, y ordonneront.

Le mesme jour de relevée, les Chambres sont assemblées, ceux de la ville demandent d'estre ouis. Entrés, supplient la Cour leur donner advis si l'on devoit procéder à l'élection du Vicomte mayeur, selon que on avoit accoustumé du passé, ou bien attendu le tumulte présent, si on devoit remettre à quinzaine ou tel autre temps qu'il plairoit à la Cour. L'on leur résoult qu'ils fassent comme ils avoient accoustumé du passé, et qu'ils doivent procéder à leur élection sans la remettre.

M. le marquis monstre des lettres surprises, escrittes par M. de Lux aux villes du ressort et aux capitaines, avec copies des lettres que le Roi lui a escrittes pour sçavoir si l'on les envoyeroit. L'on résoult qu'il estoit meilleur de ne les point envoyer.

L'on fait courir un bruit que M. de Lux s'estoit rendu maistre de Saulx le Duc, et qu'il en avoit chassé M. de Forteau, qui y commandoit.

L'on fait une ouverture sur la plainte de M. le marquis pour avoir quatre ou cinq cents escus de fonds pour envoyer des messagers et autres menus frais à faire en telles occurrences ; qu'il seroit bon d'appeller quelqu'uns de Messieurs des Comptes et Trésoriers, parce qu'ils peuvent ordonner sur les finances. L'on résoult qu'ils seront invités de députer quelques uns d'entre eux pour assister aux résolutions qui se prendront pour avoir moyen d'avoir du fonds pour subvenir aux frais et autres petites dépenses.

L'on voit après les lettres escrittes à la Cour par les habitants des villes de Seurre, Nuis et Auxonne, responsives à celles que la Cour leur avoit escrittes, promettent vivre et mourir en l'obéissance et fidélité qu'ils doivent au Roi.

M. le marquis de Mirebel lors dit qu'un de ses amis lui mandoit que M. le connestable estoit prisonnier, et que M. d'Epernon s'estoit sauvé, ce qui fut depuis trouvé faux. Rozerot, en plein Palais, tient des paroles insolentes, dont on ordonne qu'il sera informé, et ce, pour soutenir M. de Lux.

On voit aussi des lettres à la Cour, de M. l'amiral (1), es-

---

(1) Charles de Montmorency, duc de Damville, amiral de France, baron de Châteauneuf, en Auxois (Côte-d'Or).

tant lors à Château Neuf, promet toute assistance et obéissance à la Cour.

Le dix neuviesme du mesme mois, les Chambres sont assemblées. M. le marquis y entre. L'on voit des lettres escrittes par M. de Lux à la Cour et audit sieur marquis de [Mirebel], d'autres aussi d'Orace à M. le marquis, sur le sujet d'obéissance au service de Sa Majesté; autres à M. de Favoles dudit sieur de Lux, respond du chasteau. Résolu d'envoyer en Cour M. Quarré, scindic, avec autres des autres colléges qui en seront avertis pour la démolition du chasteau, en ce qui estoit dans la ville, et que l'occasion s'en présentoit propre; que on en escriroit aussi à M. le président Jeannin pour assister notre juste poursuitte. M. le marquis le treuve bon et résolu que l'on envoyera les lettres de M. de Lux au Roi. L'on sceut depuis que Messieurs des Comptes, invités à ce, avoient député M. Morelet, maistre des Comptes, et ceux de la ville, l'échevin Roi, pour mesme effect (1).

L'on fait par toutes les églises de la ville des prières de quarante heures.

De relevée du mesme jour, les Chambres sont assemblées. L'on voit des lettres escrites par M. de Lux à la Cour, par lesquelles il déclare qu'il est prest de rendre les places au premier commandement du Roi, retient près de lui quelques uns de la compagnie et des gardes de M. de Biron pour empescher qu'il ne se fasse aucune altération en la province, ausquels il ordonne de se contenir près de lui, tant il a désir de tesmoigner l'effet de ses promesses. L'on en voit d'autres escrites par ledit sieur de Lux, faisant responce à celles qui lui avoient esté escrites par M. le président Fremiot, de l'avis de Messieurs du Conseil près M. le Marquis, sont remplies de bonnes paroles. L'on voit aussi les lettres escrites au Roi, qui ne sont que de créance.

(1) Cf. reg. des délib., n° 111, f° 285.

[1602]

Le vingtiesme jour du mesme mois, les Chambres sont du matin assemblées, M. le Marquis présent. L'on voit des lettres expresses du sieur de Lux audit sieur Marquis, et à M. le président Fremiot, pour l'aller exprès treuver pour chose qui importe le service du Roi, et chose qui importe, dont il les conjure. M. le Marquis ne peut y aller. L'on résout enfin, puis que c'est chose importante au service de S. M., que ledit sieur président Fremiot fera le voiage jusqu'à Saulx le Duc, pour conférer avec ledit sieur de Lux, ce qu'il accorde de faire, moyennant qu'il soit assisté de quelqu'uns de Messieurs pour ouir ce qu'il dira et éviter au blasme. L'on résout que M. Boursaut, scindic, accompagnera audit voiage ledit sieur Fremiot.

L'on voit après plusieurs lettres de ceux d'Autun qui s'estans rendus maistres du chasteau de Riveau, avoient à l'instant démoli les fortiffications estans du couté de la ville sans placet, *visa* ni *pareatis;* de M. Russard, de Langres, qui nous escrit des nouvelles des quatre parties du monde. Nos députés, tant de la Cour, Chambre des Comptes, que de la Chambre de ville, partent ledit jour pour aller en Cour pour obtenir la démolition du chasteau.

Le vingt uniesme dudit mois, jour de l'eslection du maire, MM. Saumaise puisné et Gallois y vont (1). Les Chambres sont assemblées, M. le Marquis présent. MM. Fremiot et Boursaut, de retour de Saulx le Duc, ont conféré avec ledit

---

(1) Michel Bichot, marchand, fut élu; son concurrent était Gobin de Requeleyne, contrôleur provincial d'artillerie. Avant l'élection, le conseiller Saumaise fit un « beau discours, » et « remontra ledit privilége
« que les ducs ensuite les roys ont tiré de leurs mains et puissance
« pour les donner entre celles des habitants, se devoit bien et religieu-
« sement garder sans en abuser ni le profaner, et rejeter toutes sortes
« de brigues et enharrement que l'on pourroit avoir fait pour parvenir
« à ladite charge; et ceux qui la veulent acheter par telles voies indi-
« rectes. Il cita plusieurs passages servant à cette action pour exciter
« le peuple à quitter les brigues et à choisir un homme de bien, d'hon-
« neur et de vertu, bien entendu aux affaires du public et gouverne-
« ment de la ville. » — Reg., n° 112, f° 2.

sieur de Lux, ses grandes plaintes, ce qu'il a à dire pour le service du Roi. Dit qu'il ne peut satisfaire à la réduction des chasteaux de Dijon, Beaune et Saulx le Duc, qu'il ne soit maintenu en créance qu'il a eue parmi les siens ; se plaint de ce qu'il a esté *exautoré* par la Cour, Messieurs lui répondent à toutes ses plaintes, les entretient au serain jusqu'à près de minuit, continuant ses plaintes et enfilant discours sur discours sans finir, *tandem* prindrent congé ; leur dit si on ne lui feroit pas response, l'on résoult lors qu'on ne lui feroit aucune response.

M. Brulart puisné, de retour de Paris, rapporte la forme de la prise de M. de Biron et de M. le comte d'Auvergne, menés en caroce cadené à Melun depuis Fontainebleau, où ils avoient esté arrêtés, depuis Melun mis dans un bateau avec gardes sans armes et autres deux bateaux équippés et armés de gardes, et exempts de S. M., qui cottoyoient sur ladite rivière ledit bateau où estoient lesdits seigneurs et sur les rives de la rivière de Seine, quatre à cinq cent chevaux d'un à un autre bord de la rivière, et ainsi furent menés et coffrés, par eau, en la Bastille de Paris, au grand estonnement d'un chacun. Sarrault arrêté et plusieurs autres de la suitte dudit sieur duc de Biron.

Le vingt deuxiesme juin, les Chambres, à quatre heures du matin, sont assemblées. M. le Marquis présente des lettres du Roi (1) du premier courrier par lui envoyé, loue le zèle qu'il a eu à son service, l'exhorte d'y continuer ; qu'il dépesche le lendemain son cousin, M. le maréchal de Lavardin, avec le regiment de ses gardes, avec dix canons et dix qui monteront du Lyonnois, et autres troupes nécessaires pour la réduction des places. A avisé de faire *parler françois* et comme il faut à MM. de Lux, Favolles et Du Montet, pour les chasteaux de Dijon, Beaune et Saulx le Duc, qu'il estoit expédient pour le bien de la province, pour

(1) Le marquis communiqua ensuite ces lettres à la chambre de Ville.

destourner l'orage de ladite armée, attendu la prochaine moisson, d'avoir assurance que l'on rendra les places au premier commandement du Roi. Ledit sieur Marquis est d'avis que la Cour doit députer des commissaires aux susdits pour avoir par escrit leur résolution, ce qui est treuvé bon. Ledit sieur Marquis, avec deux de Messieurs, vont parler à M. de Favolles, sur le plain du pont dudit chasteau, scavoir : MM. Briet et Boursaut; à Saulx le Duc, MM. les présidens de Crepy et Robelin, avec un gentilhomme, à Beaune, MM. Ocquidam et Milletot, avec lettres à M. le comte de Commarin (1), estant dans Beaune pour les assister.

L'on résout lors un arrêt pour la convocation de l'arrière ban pour se tenir prests en l'urs bailliages pour marcher lorsqu'il leur sera ordonné.

Le mesme jour, Messieurs partent et pour Beaune et pour Saulx le Duc.

De relevée, les Chambres sont assemblées. M. Gros, de retour de la Cour. Lettres du Roi, tant à la Cour qu'à M. le Marquis, sont veues du dix neufviesme du présent mois. A M. le Marquis, qu'il le loue de ce qu'il s'est rendu en cette ville, le prie de continuer, qu'il assiste son cousin, le maréchal de Lavardin, qu'il a despesché pour venir avant qu'il puisse venir en personne. Les lettres à la Cour quasi de mesme substance. Gros (2) rapporte en pleine Chambre que S. M. avoit esté très contente et satisfaite d'entendre le devoir auquel, tant son parlement, ledit sieur Marquis, que ceux de la ville, s'estoient mis après avoir receu ses com-

---

(1) Antoine de Vienne, chevalier de l'ordre du Roi, baron de La Borde, comte de Commarin.

(2) Gros en rapporta également à la chambre de Ville, dont il fut fait aussitôt lecture. Le Roi témoignait aux magistrats sa satisfaction de leur conduite, leur recommandait de veiller soigneusement à la garde de la ville, et annonçait la prochaine arrivée du maréchal de Lavardin. — Reg. de la Mairie, n° 112, f° 38.

mandements, lui avoit fait reprendre trois fois. Mande au sieur Marquis, par l'un des chefs de sa lettre, qu'il se comporte de sorte qu'il n'y ait point de jalousie entre M. de Lux et lui et qu'il l'aille treuver.

Après avoir ouï ledit Gros, l'on résoult que M. le Marquis parlera à M. de Favolles, et que le procureur Gros lui portera les lettres de cachet que lui escrit S. M.; de là prendra la route de Saulx le Duc pour présenter aussi celles que S. M. escrit à M. de Lux, avec instruction audit Gros que si en chemin il rencontroit MM. de Crepy et Robelin retournans, qu'il les ramène pour avoir une dernière assurance dudit sieur de Lux.

Par les lettres escrites à la Cour, Gros n'oublie ses recommandations pour estre scindic de la ville.

L'on voit des lettres fort expresses de M. Du Motet qui proteste de tenir la place pour S. M. et non pour autre, ce qu'il jure et proteste.

Le vingt troisiesme du mesme mois, les Chambres sont assemblées. M. le Marquis présent. M. Tisserand fait rapport d'une requeste présentée, tant par le procureur scindic que de M° Michel Bichot, sur l'appellation interjettée par Potot, de l'eslection faitte de la personne dudit sieur Bichot en la charge de viconte mayeur de ladite ville. Autre du procureur scindic, à ce que sans préjudice de ladite appellation il fut passé outre à la réception en ladite charge dudit Bichot. Conclusions veues du procureur général, la Cour ordonne que pour certaines causes et considérations et sans tirer à conséquence, sans préjudice de ladite appellation, que Bichot sera receu en ladite charge de viconte mayeur, par le lieutenant général au bailliage dudit Dijon, et exercera ladite charge, et que sur ladite appellation les parties viendront plaider à huitaine (1). Depuis, ledit Potot renonce à son appel, ce qui fut ainsi ordonné en considéra-

---

(1) Cf. Reg. des délib. de la Mairie, n° 112, f° 40 et suiv.

tion et du tems et que on devoit ledit jour arrêter les eschevins.

Après MM. Ocquidam et Milletot rapportent à la compagnie ce qu'ils ont négotié avec Du Moutet, capitaine du chasteau de Beaune, que jamais ils ne lui avoient pu persuader de sortir dudit chasteau sur le pont hors de la ville. Enfin, s'estoient résolus d'entrer en icelui et que y estans, ils lui avoient remonstré pour le faire remettre en son devoir, ne vouloit permettre que le gentilhomme que M. le Marquis envoyoit, M. de Perrigni, y entrât. Enfin, y seroient tous entrés, avoient tirés lettres de la Cour et promesse expresse escritte et signée de sa main qu'ils présentoient. M. le comte de Commarin avoit fort aidé à retenir la ville en ces mouvemens, estans presque divisés, se meffiant les uns des autres. L'on résout que l'on envoyera lesdites lettres et copie de ladite promesse au Roi. L'on retient l'original de ladite promesse. M. le comte de Commarin en prend et accepte la charge.

Quelque tems après MM. de Crepy et Robelin arrivent de Saulx le Duc, rapportent ce qu'ils ont négocié avec M. de Lux, qui persévère dans la mesme volonté, escrit à la Cour qu'il consignera à M. de Senecey son chasteau, sa femme et ses enfants, qui promettra pour lui l'effect de ses promesses. Leur montre les promesses, tant de M. de Favolles, de M. Du Moutet que de Forteau, en escrit à la Cour, raportent que s'en retournans, estans à Messigny, avoient trouvé le procureur Gros, leur ayant dit l'intention de la Cour, retournent coucher à Is sur Tille; du matin estans retournés à Saulx le Duc, treuver ledit sieur de Lux, le trouvent, après lui avoir fait bailler les lettres du Roi, du tout disposé à rendre les places : c'est son repos et son ambition, ayant descharge de S. M. par patentes, que si M. le président Jeannin arrive à midi, il les fera rendre à une heure, avec infinies protestations et assurances que M. le Marquis répondroit bien pour lui, qu'il scait bien que si l'armée entroit en son gouvernement avant que lesdites places fussent rendues, il n'y auroit plus de mérite. L'on trouve qu'il parle assés ouvertement. Messieurs sont remerciés. L'on résout que le Roi sera du tout averti. M. de Commarin passera par Auxerre, et portera lettres à M. le maréchal de Lavardin et à M. le président Jeannin, pour apporter provisions nécessaires pour la réduction desdites places. MM. de Crepy et Robelin raportent que dès Saulx le Duc ils avoient dépesché Gros à M, le président Jeannin, avec lettres à cet effect.

Le vingt cinquiesme jour de juin suivant, les Chambres sont assemblées. M. le Marquis aussi, qui fait voir des lettres du Roi (1), par lesquelles il lui mande qu'il envoye les exempts de ses gardes pour recevoir les chasteaux, remercie et la Cour et M. le Marquis de ce qui a esté fait, aura souvenance des services dudit Marquis, lettres de M. de Lux à M. de Crepy contenue en la mesme volonté.

Le vingt sixiesme, les Chambres sont assemblées. On reçoit lettres du Roi sur le mesme sujet des précédentes. L'on résout qu'elles seront communiquées audit sieur Marquis, et que MM. Tisserand et Milletot les lui porteroient à l'issue. Par lesdites lettres, il mande qu'il dépeschera à son cousin, M. de Lavardin, veu l'estat de la Bourgogne, pour contremander les troupes à ce que l'armée n'entre en Bourgogne.

De relevée, le mesme jour, arrivée de M. le président Jeannin à la ville (2).

---

(1) Le marquis de Mirebeau communiqua ces lettres à la chambre de Ville. Et, comme le Roi lui mandait qu'en attendant l'arrivée du maréchal de Lavardin et celle de M. de Pluvaut, qu'il renvoyait avec des exempts de ses gardes pour recevoir des mains du baron de Lux les places de Dijon, Beaune et Saulx-le-Duc, il bloquât ces châteaux pour intercepter toutes communications avec eux. Le marquis de Mirebeau demandait à la ville 500 hommes qui lui furent accordés, et dont le Parlement, consulté, prit 40 pour sa part. — Reg. des délib. de la chambre, 26 juin 1602, n° 112, f° 53.

(2) Il était accompagné de 30 exempts des gardes du Roi. La chambre

[1602]

Le vingt septiesme dudit mois de juin suivant, les Chambres du matin sont assemblées. M. le président Jeannin, entré au Palais, présente lettres de cachet. M. le Marquis arrive. Après la lecture desdites lettres, M. le président Jeannin tient un long propos de ce qui s'estoit passé puis son départ et dit en termes choisis que ce n'estoit l'intention du Roi d'arrêter M. le duc de Biron lorsqu'il arriva à la Cour; qu'il lui avoit dit, après estre arrivé, qu'il s'estoit bien oublié et avoit commis une lourde faute; qu'il lui donnoit vingt quatre heure pour se reconnoistre, qu'il ne l'avoit voulu faire, ayant toujours dit estre innocent; ce voyant et qu'il estoit aheurté, l'auroit, à son grand regret, fait arrêter et ce par l'avis des princes et seigneurs lors près de lui; lui fait faire son procès, veut que les pairs qui se pouront treuver lors, assistent au jugement et arrêt de son parlement de Paris, donna dès le soir ordre pour la réduction des chasteaux, dépescha M. le maréchal de Lavardin, avec forces, dix canons, et autres dix de Lyon, avec autres forces et six mille suisses, où les chasteaux ne se voudroient mettre à leur devoir; ne veut S. M. aucune capitulation et lui a oui dire qu'il aimeroit mieux avoir tiré deux cent mille coups de canon que de capituler, dont il ne faut aucunement parler, ains de simple et nüe obéissance. A receu S. M. lettres du sieur de Lux, du sieur de Favolles et du sieur Du Montet; si la Cour le trouve bon, [lui, Jeannin] ira parler audit Favoles, avec M. le Marquis; ira en quelque lieu près d'ici aussi parler à M. de Lux pour avoir d'eux une dernière résolution, car samedi il en fera une dépesche au Roi. Pour les chasteaux, encores que l'on lui ait dit qu'ils les devoit démolir, il avoit résolu, tant pour celui de Semur qu'autres de la province, qu'il y vouloit estre en personne et en ordonner. Est remercié par M. le premier président; ce fait, se

---

de Ville alla le complimenter à son arrivée, et lui envoya du vin en cimaises. — Reg. des délib. de la Mairie, n° 112, f° 55.

retire. Parle le mesme jour aux susdits et à M. de Lux, à Messigny; sont prests d'obéir et rendre les places à l'arrivée de M. de Lavardin. Que l'on résoult qu'il [le maréchal] sera salué par deux de MM. les présidens et huit de Messieurs de chacune Chambre des anciens.

De relevée du mesme jour, M. de Lux au chasteau. MM. les marquis de Senecey et Pleuvot se préparent pour aller au devant dudit sieur Maréchal et M. Blondeau, grand maistre, hors du chasteau communiquent avec ledit sieur de Lux.

Le vingt huitiesme du mesme mois, l'on va au devant dudit seigneur, M. le président Jeannin, M. le Marquis, Messieurs de la noblesse et Messieurs de la ville. Arrive entre quatre ou cinq heures du soir, loge en la maison du Roi. Messieurs, selon la résolution, le vont saluer, les reçoit fort humainement avec beaucoup d'honnestes offres sur le propos qui lui avoit esté tenu (1).

L'on dit pour vrai que M. le Daufin est destiné gouverneur de Bourgogne.

Le chasteau de Dijon rendu, et celui de Saulx le Duc aussi. Le sieur de la Fayolle et le sieur d'Anstrude, ecos-

---

(1) Le maire, les échevins, les officiers de la ville, et des habitants, au nombre d'environ 100 chevaux, allèrent au-devant du cortége jusques au-delà de Talant, où ils rencontrèrent le maréchal, qui était accompagné de MM. de Mirebeau, de Ragny, de Clermont-Tonnerre, lieutenants-généraux; de beaucoup de gentilshommes, à la tête desquels figuraient MM. de Tavanes et de Brion, et de trois cornettes (escadrons) de cavalerie. Les magistrats mirent pied à terre, et le maire, prenant la parole, complimenta le maréchal sur sa venue, et lui fit offre de ses services et de ceux des habitants. Celui-ci les félicita au nom du Roi de leur fidélité, et promit de s'employer pour la ville en tout ce qu'il pourrait. Remontés à cheval, ils furent salués au passage par les canons du fort de Talant. Le maréchal, en entrant en ville, au milieu des salves d'artillerie, trouva toutes les rues bordées par une haie d'habitants en armes, qui, lors que le maréchal fut arrivé au Logis-du-Roi, défilèrent devant lui et le saluèrent de leurs arquebuses.— Reg. des délib., n° 112, f° 62.

sois; la Fayolle au chasteau de Dijon et Anstrude à Saulx le Duc, avec quelques gardes du Roi (1).

Le vingt neuviesme dudit mois, de relevée, les Chambres sont assemblées extraordinairement. L'on fait une solennelle députation audit seigneur Maréchal, tant pour contremander les troupes qui gagnoient toujours pays et estoient jà bien avant en l'Avalonnois que pour faire instance pour la démolition du chasteau de Dijon, en ce qui estoit du couté de la ville. Messieurs des Comptes avertis, les Esleus et ceux de la ville d'en faire autant pour faire voir que c'est le vœu de tout le général. MM. de Crepy, président, Colard, Saumaise, Odebert, Breunot et du Magny, conseillers, députés. Nous y allons et sommes ouis en son cabinet, l'ayant demandé. M. le président tient un fort long propos et fort nerveux audit seigneur. Nous promet toute assistance pour ce regard envers S. M. envers laquelle il accompagnera nos vœux.

Le dernier jour du mesme mois, s'en va à Beaune, le chasteau lui est rendu; le capitaine Martin, avec quelques soldats, mis aussi audit chasteau. M. le président Jeannin va aussi en ladite ville de Beaune. M. de Lux ne paroit point. L'on tient qu'il s'est retiré au Conté. L'on tient qu'ayant demandé assurance audit seigneur maréchal d'entrer et venir le voir en la ville, qu'il n'auroit voulu lui en donner, parce qu'il ne scavoit si entre ceux des exempts des gardes ou autres estans à sa suite, il n'y en avoit aucun qui eut lettres patentes pour se saisir de la personne dudit sieur de Lux.

Le deuxiesme jour du mois de juillet suivant, sur les sept heures du soir, MM. Quarré, conseiller à la Cour, Morelet, maistre des Comptes et Roi, eschevin de la ville, arrivent de la Cour.

---

(1) La Fayolle quitta la place en emportant tout ce qui appartenait au duc de Biron. — Reg. des délib. de la Mairie, n° 112, f. 63.

[1595]

Le troisiesme dudit mois, les Chambres sont assemblées pour la venue de M. Quarré, qui présente lettres du Roi, qui mande à M. de Lavardin, son cousin, de contremander les troupes par lui dépeschées ci devant, attendu la réduction des chasteaux, en a expressement chargé son dit cousin, veut et entend que la province en soit entièrement deschargée.

FIN.

TABLE GÉNÉRALE ALPHABÉTIQUE.

A

Abbeville, ville, négocie sa reddition, II, 22, 69, 250 ; — reste neutre, II, 232 ; — soumission, II, 252, 256.
Abraham, boutonnier, II, 21.
Achery (M. d'), II, 174, 176.
Acoste, conseiller au Parlement de Toulouse, I, 301.
Agey, village (Côte-d'Or), I, 34, 386.
— (M. d'), I, 282, 284 ; II, 6, 321.
Aglan (Vallée d'), I, 277, 385.
Agot, capitaine ligueur, I, 125.
Ahuy, village (Côte-d'Or), grêlé, II, 201.
Ailleboust (M. d'), évêque d'Autun, III, 108.
Aisey-le-Duc, village (Côte-d'Or), château, I, 280 ; — capitainerie, III, 209.
Aix en Provence, ville, assiégée, I, 356 ; — reconnaît Henri IV, I, 374 ; — arrêt de son Parlement, II, 30.
— (M. le baron d'), I, 136 ; II, 576.
Albanais, I, 66, 71, 79, 90, 103, 150, 364, 365.
Alençon (François, duc d'), entre à Dijon, I, 17.
Alixant, échevin de Beaune, député au Roi, II, 354, 357, 358 ; — tue le capitaine Guillerme, II, 448 ; — se distingue à la reddition de Beaune, II, 452.
Alimes ou Animes (M. des), gentilhomme bressan, III, 241.
Allègre (Maison d'), I, 276.
Allemagne, (Empire); I, 89, 379.
Allonne, près Autun (Saône-et-Loire), I, 272, 322.
— (M. d'), II, 26, 124, 127.

Alphonse, voir Ornano.
Amanzé (M. d'), capitaine royaliste, — fait une entreprise sur Flavigny, I, 324 ; — envoyé au roi, II, 8 ; — prend S.-Gengoux, II, 50 ; — aux portes d'Autun, II, 107, 140 ; — assiégé par Mayenne, II, 409.
Ambassadeur français assassiné à Salins, I, 420.
Amboise (M. d'), M⁰ des requêtes, III, 108, 109.
Amendes adjugées au roi, I, 177.
Amiens, ville (Somme), reprise I, 154 ; — maire décapité, II, 16 ; — soumission, II, 69, 137, 244, 250, 252, 256, 280 ; — contenue par le duc d'Aumale, II, 178 ; — refuse les soldats de Mayenne, II, 207 ; — Mayenne s'y enferme, II, 223, 228 ; — reste neutre, II, 232.
Amiot (Jacques), évêque d'Auxerre, sa mort, I, 291.
Amiral de France, I, 369 ; nommé par Mayenne, I, 369.
Amour (Clerget dit capitaine d'), II, 219.
Andelot (M. d'), rend les villes qu'il tient, I, 337 ; — prisonnier de Nemours, I, 272, 284 ; — sollicité par Tavanes de prendre Nemours, I, 372 ; — tué par Nemours, 380.
Angers, ville, I, 292.
Angoulême, grand-prieur de France (Henri d'), I, 204.
Animes ou Alimes, ambassadeur de Savoie (M. des), I, 368.
Anjou (princes de l'), I, 272.
Anstrude (M. d'), écossais, III, 255.

Antilly, baronnie, I, 181; (château d'), II, 44.
Apremont-les-Gray (Haute-Saône), II, 24.
Arbalète (jeu de l') à Dijon, II, 502.
Arbois, ville (Jura), I, 144.
Arc-en-Barois, bourg (Haute-Marne), I, 331; — bloqué par le duc de Bouillon, II, 418.
Arc-sur-Tille, village (Côte-d'Or), I, 296, 316, 317, 368; II, 287, 315, 339; — incendié, II, 417; — pillé, II, 421; — garnison, II, 462.
Arceau, village (Côte-d'Or), II, 189.
Arcelot, hameau (Côte-d'Or), II, 189.
Archives de la Côte-d'Or (Hôtel des), II, 555.
Arconcey (Mlle d'), II, 453.
Ardres, défaite des Protestants, I, 8.
Arenthod (Paule d'), II, 194, 201.
Argolets, P., 2, 99.
Argilly (Côte-d'Or), II, 462; — siége du château, I, 60; domaine, 231; — séjour de Biron, II, 517; — aliénation du domaine, III, 112, 135; — forêt, III, 209, 212.
Arlay, lieutenant au bailliage de Montcenis (M. d'), III, 245.
Armet-Dracy, (M.), I, 340.
Arnay-le-Duc, ville (Côte-d'Or), I, 39, 192; — séjour qu'y fait Mayenne, I, 39 — excès commis, I, 192; — rixe entre deux officiers du bailliage, I, 248; — menacé par Nevers, I, 341; — occupé par Biron, I, 382.
Arquebuse (Prix de l'), I, 31.
Arques (combat d'), I, 5.
Arras, ville, II, 261.
Arthaut, lieutenant particulier à Autun, II, 104, 106, 166, 216.
Arvisenet (Nicolas), bourgeois de Dijon, I, 64, 223, 362; — II, 319; soufleté par Tavanes, II, 297, 298; — banni, III, 23.
Arviset, bourgeois, échevin, I, 136; II, 551.

Arviset, avocat, II, 297, 328, 332, 345.
— chanoine, II, 528, 529, 531.
— jeune, banquier, I, 413.
— (Richard), procureur, I, 221.
— secrétaire, I, 423 et 5, 8, 21.
Asnières-lez-Dijon, village (Côte-d'Or), I, 20, 22; — Cypierre y passe, II, 240; — bois coupé par les Dijonnais, II, 462, 463.
Aubert (fille), demande à épouser le condamné à mort La Gauche, I, 393.
Attignac, capitaine ligueur, I, 348; II, 14, 476.
Aubervillers, près Paris (Seine), I, 277.
Aubetrée (M. d'), capitaine ligueur, I, 320, 483.
Audineau, prévôt de l'hôtel de Mayenne, II, 453, 454.
Augeret, gouverneur de Mâcon (M. d'), III, 71.
Aumale, bourg (combat d'), P. 79.
Aumale (Claude de Lorraine duc d'), I, 233; arrive à Dijon, p. 10; tué devant La Rochelle, p. 11; obsèques, p. 12.
— (Charles de Lorraine duc d') fait son appointement, II, 64, 100, 415; — contient Amiens, II, 178; — retenu par les habitants d'Amiens, II, 256.
Aumont (maréchal d'), I, 369; assiste à la bataille d'Ivry, I, 61; — quitte Henri IV, après le siége de Paris, I. 64; — veut soulever la Bourgogne, I, 67; — prend La Motte Ternant, I, 68; — assiége Autun, I, 69-70; — barre le chemin à Guionvelle, I, 71; — tente de surprendre Avallon, I, 74; — bloque Dijon, I, 75, 76, 298; — assiége Perrigny, I, 77; — se brouille avec Tavanes, 77; — prend des places dans la Bresse chalonnaise, I, 78; — nommé gouverneur du Dauphiné, I, 86; — gratifié du profit de la Chambre

des enquêtes du Parlement de Semur, I, 412; — sa mort, II, 173; — somme la Bretagne, II, 360.
— Marquis de Nolay (Antoine d'), I, 68.

Aunay (d'), agent du roi d'Espagne, II, 359.

Auneau, surprise d' (Eure-et-Loir), p. 39, 260.

Autun, bailliage, I, 411; II, 147.
— Chap. N. D., I, 270.
— Doyen, I, 160, 260, 264; II, 104, 106. (Voir aussi Jeannin, doyen.)
— Evêque, I, 84, 87, 150, 262, 264; — tente de soulever la ville, I, 104; II, 103, 106; — écrit touchant les Etats généraux, I, 306; — revenu des Etats de Paris, I, 368; — se retire à Lucenay, II, 104; — traité d'Espagnol, III, 80; — admis au Parlement, III, 108. (Voir aussi d'Ailleboust et Saunier.)
— Abbaye de Saint-Jean-le-Grand, II, 481.
— Grenier à sel, II, 500.

Autun, ville, I, 105, 396, 397; II, 25, 158, 491; III, 500; — (siége d'), I, 69, 70, 71; — Mayenne s'y achemine, I, 121; — refuse une garnison, I, 117; II, 40; — tentative de surprise, I, 276; — clocher des Cordeliers renversé, I, 286; refuse une imposition du Prince, I, 423; — marchands volés, II, 25; — refuse de recevoir M. de Thianges, II, 32; — démolition de Marchaut, II, 35; — royalistes chassés, II, 80; — soulèvement, II, 103, 106, 498; — entreprise sur, II, 111, 112, 140; — refuse une garnison, II, 113, 220; — la chasse, II, 491; — décri des monnaies, II, 137; prêt à chasser les ligueurs, II, 147; — envoie une députation à Mayenne, II, 149, 152, 159, 320; — habitants défaits par ceux de Montcenis, II, 151; — divisés, 159; élection du Vierg, II, 165,

241; — fait trève avec les royalistes, II, 170; — menacée par Tavanes, 216; — on veut changer son gouverneur, II, 239, 241; — bloquée par les royalistes, II, 240; — mande à celle de Dijon les entreprises faites sur elle, II, 303; — envoie une députation au roi, II, 348, 377, 409; — menacé d'une garnison, II, 357; — branle fort, II. 358; — Mayenne s'en assure, II, 374, 396, 400, 409; — il y envoie du vin, II, 413; — réduction, II, 433, 475; — incendie des faubourgs, II, 434, 481; mande M. de Cypierre, II, 500; — garnison ligueuse, II, 501, 508; — Biron, marche sur, III, 505; rendu à Biron, II, 516, 533; — troubles causés par les réformés, III, 127; — siége du bureau des finances, III, 185, 219; — les habitants prennent et démolissent le château de Riveau, III, 248.

Authume (Jura), château, I, 291, 300, 315, 326, III, 90, 122.

Auvergne, (province), II, 346, reconnait Henri IV, II, 34.
— (comte d'), complice de Biron, III, 249.

Auvillars, chevalier d'honneur du Parlement (M. d'), I, 170.

Auxerre (ville), attend le prince de Mayenne, I, 282; — évêque, 290; — menacée par Biron, 385; — pratiquée par Thenisey, II, 16; grenier à sel, II, 24; députe au roi, II, 64, 73; — soumission, II, 77, 80, 88, 96; — refuse d'admettre le vicomte de Tavanes, II, 87; — armée royale autour d', II, 303, 368; bloquée par le duc de Nevers, II, 399; — entreprise tramée par des chanoines ligueurs, II, 485.

Auxerrois, réuni au Parlement de Semur, I, 412.

Auxey (Côte-d'Or), village, II, 19, 306, 395.

— 262 —

Auxois, pays de Bourgogne, I, 80, 321; II, 306, 338, 501; — greffe du bailliage, I, 222.
Auxonne, ville (Côte-d'Or), I, 56, 79, 152, 193, 377; II, 127, 138, 212, 257, 308, 340, 356, 361, 367, 368, 373, 385, 426, 454, 468, 476, 494; III, 1; — le vicomte de Tavanes en est chassé, I, 35; il y est réintégré, I, 36; — Henri IV y entre, I, 141, passage de l'armée de la Ligue, I, 326; château, I, 356; — attaquée par Vaugrenant, I, 384, 413; — prise du bétail par Vaugrenant, I, 386; — Jeannin y séjourne, I, 387; — veut reconnaître Henri IV, II, 47, 51, 243; — Tavanes veut le surprendre, II, 97; — Senecey prépare sa soumission, II, 232, 240, 439; — séjour de Henri IV, III, 16; — promet fidélité au roi, III, 246.
Avallon, ville (Yonne), I, 302; II, 123; II, 127; surprise, p. 74; — prise par le vicomte de Tavanes, I, 114; — II, 87, 89; — menacée par Biron, I, 388; — pillée, II, 91, 96; — en révolte, II, 101; — citadelle, 111; traite avec Gouville, II, 114; — chasse sa garninison, II, 143, 145; — avisée de la prise de Laon, 212; — prédicateurs, II, 297; — les Etats s'y tiennent, II, 303, 334, 337.
Avignon, ville (Vaucluse), I, 367; III, 23.
Avocats mandés pour juger le procès Laverne, II, 300, 303, 311, 313.
— réception, III, 49, 132.
Avon, conseiller au Parlement de Dijon (M. d'), III, 75.
Avosnes, village (Côte-d'Or), prise d', II, 205.
Avot (Côte-d'Or), village, I, 385, 389.

B

Badot, capitaine, I, 59.
Bagé, ville (Ain), II 496.
Baigneux, bourg (Côte-d'Or), II, 11, 483, 530.
Bailliage de Dijon (officiers du), I, 201, 254; — va au devant du Parlement de Semur, II, 509; — entreprend sur la justice de la ville, III, 176, 177.
Bailliages, officiers astreints à assister aux rentrées de la Cour, III, 45; — lieutenants criminels alternatifs, III, 220; — préséances entre les, I, 249.
Baillet (Jacques), conseiller au Parlement, III, 4, 13, 14, 50, 52.
— (Jean), conseiller au Parlement, I, 129.
— (Robert), conseiller au Parlement, I, 172, 312; II, 2, 441; III, 2, 50, 115; — sa maison, III, 6;
— beau-frère de Pouffier, II, 319.
— chanoine de la Sainte-Chapelle, I, 119; II, 292.
— Mme, I, 306, 308, 310; II, 335.
Bailly, capitaine royaliste, tué par Mayenne, I, 41; — livre Vergy au comte de Tavanes, I, 72; — veut le livrer à Vaugrenant, I, 102, 265, 266, 268; trahit Vaugrenant, II, 27, 28, 32.
— (fils), I, 274.
— chanoine de St-Denis de Vergy, I, 268, 271.
Baissey-les-Langres, (Haute-Marne), I, 371.
Balagny, (Jean de Montluc, seigneur de), gouverneur de Cambray, envoie ses deux gendres au roi, II, 158; — l'avarice de sa femme fait perdre Cambray, III, 84.
Baltasar, colonel suisse, II, 546.
Ban et arrière-ban, II, 140.

Bapaume, ville (Pas-de-Calais), espagnols autour de, II, 228, 232.
Bar-le-Duc (Meuse), motte de, II, 75, 79, 97.
Bar-sur-Aube, ville (Aube), assiégée par le duc de Nevers, I, 327; — rendue, II, 64; — gouverneur, II, 103.
Bar-sur-Seine, ville (Aube), I, I, p. 389; II, 11, 147; — prise par le duc de Guise, I, 190; — grenier à sel, II, 24; — Biron en approche, II, 102; — gouverneur, II, 355; — soumission, II, 355; — bloquée, II, 411, 420, 424.
— bailliage annexé au Parlement de Semur, I, 412.
Barbier, contrôleur, impliqué dans la conspiration La Verne, II, 272, 273, 277, 312.
Barbotte (Simon), député d'Autun au roi, II, 348, 377, 385, 409.
Barlet (M.), III, 191.
Baron, messager de Chalon, II, 130.
Barre (la), capitaine ligueur, I, 69.
— prisonnier, I, 241, 242; II, 246.
Barricades de Paris (journée des), p. 41.
Barrière, régicide, I, 374.
Bart (M. de), gendre du président d'Esbarres, II, 11, 353.
Barthillon, curé de Prenois, banni, III, 23.
Basoche (M. de), gentilhomme du duc de Nemours, I, 422.
Bassan, échevin, prêtre de Saint-Jean de Dijon, II, 185.
Bassigny (pays de), fait sa soumission au roi, II, 98.
Bassin, (château du) (Côte-d'Or), II, 317.
Bassompierre, Christophe (baron de), II, 9, 100, 121, 123, 130.
Bassoncourt (sr de), II, 122.
Baudot, prisonnier, I, 234, 249; II, 316; II.
— procureur, 512.
Baudouin, procureur syndic des Etats de Bourgogne et de la ville de Dijon, I, 383, 408, 413; — s'oppose aux propositions de la Cour pour la paix, I, 115; II, 181, 182, 185, 217; — visite le président de Montholon, II, 250; — installe les Minimes au Vieil Collége, II, 251; — arrête le conseiller Quarré, II, 272; — fait expulser l'avocat Pallier, II, 313; — poursuit le jugement des conspirateurs, II, 319, 329; — Mayenne le remercie de son zèle, II, 322; — malade, 359; — La Verne l'accuse de concussion, II, 365; — s'excuse de la mort des conspirateurs, II, 368; — presse le Parlement de payer sa cote d'impôt, II, 444; — Mayenne lui promet un office, II, 446; — menace les fils Brulart et Morelet, II, 478; — fait guet et garde, II, 504, dispute avec le procureur Vallot, II, 513; — veut faire rompre l'assemblée du Logis-du-Roi, II, 527; — déterminé à ouvrir les portes au maréchal de Biron, II, 536.
Baudriet, échevin, II, 187, 329, 453.
Baudrot, échevin, II, 265.
Beaufremont (M. de), évêque de Troyes, I, 416.
— (Henri de), reçu bailli de Châlon, III, 102.
— de Montfort, I, 126.
Baume (A de la), II, 8.
Beau, maître des requêtes de l'hôtel, III, 14.
Beauchamp (Gilles, sire de), président des monnaies, III, 23.
Beaufort-Canillac (M. de), I, 310.
Beaujeu (M. de), I, 59.
Beaulieu, canton d'Aignay, Côte-d'Or (château de), I, 84.
Beaumont, près Saint-Denis, I, 82.
Beaune, ville, I, 60, 85, 88, 91, 96, 100, 162, 184, 277, 293; II, 378, 415, 417; — Combat aux fau-

bourgs, I, 68 à 105; — Arrivée du duc de Nemours, I, 71; — Faubourgs démolis par Mayenne, I, 121; — reconnaît Henri IV, I, 123; — siége du château, I, 125; émeute, I, 323; II, 45, 51, 410; — Doyen, I, 188; — Gouverneur, I, 132, 290, 301; II, 473, 498, 552, 554; III, 256; — troubles, I, 302; — ravages autour de, I, 331; — Assemblée du clergé de Bourgogne, I, 381; — menacée par Biron, I, 401; — repousse les impôts extraordinaires, II, 31; — mésintelligence avec le Château, II, 133; — prête à se soulever, II, 147; — hostilités autour de, II, 161; — élection du maire, II, 165; — fait trève avec le comte de Tavanes, II, 173, 195, 207, 209; — fait trève avec Vaugrenant, II, 215, 306; — envoie des députés au Roi, II, 216, 259, 348, 362, 458; — Dubourg y passe, II, 283; — garnison, II, 306, 357, 413, 424, 431; — Mayenne veut s'en assurer, II, 374; — il s'y rend, II, 368, 395, 408, 444; — veut mettre une taxe sur la ville, II, 397; — en hostilité avec Saulx-Tavanes, II, 408; — fortifications ordonnées par Mayenne, II, 411, 412, 416, 421, 422; — démolition des églises et couvents, II, 411, 416, 418, 421, 422; — Maladière, II, 412; — libération des prisonniers pour cottes, II, 418; — Mayenne en sort et y revient, II, 420; — reçoit le maréchal de Biron, II, 447, 448, 449, 452, 458; — siége du Château, II, 449, 454, 455, 457, 460, 461, 463, 465, 466, 467, 468, 470, 472, 473; — Fremyot y arrive, II, 452; — arrestation des envoyés de Mayenne, II, 453; — Mayenne marche au secours du Château, II, 458, 466; — interdit aux Dijonnais, II, 463; — Parlement transféré, II, 467, 486; — sermon de carême, II, 468; — misère de la ville, II, 470; — tenue des Etats, II, 486; — Ligueurs chassés, II, 493; — émigration à, II, 496, 501; — fortification du Château, II, 498; confirmation des priviléges de la ville, II, 574; — opposition à une commission de M. le Compasseur, III, 50; — passage du Légat, III, 130; — occupation du Château par les partisans de Biron, III, 243; — blocus du Château par les habitants, III, 244, 252; — refus de le rendre, III, 243; — reddition du Château, III, 256.

Beaunois ruiné, II, 464.
Beaupoil, garde des sacs du Parlement, II, 462.
Beauvais ville (Oise), surprise par les Espagnols, II, 147; — reste neutre, II, 232; — soumission de, II, 244, 250, 252, 256.
— M. de, I, 287.
— La Nocle (M. de), II, 352.
Bégat (François), chanoine de la Sainte-Chapelle, imposé pour la garnison, I, 165; — impliqué dans la conjuration La Verne, I, 118; II, 263, 314; — sollicite l'office de conseiller au Parlement, I, 353; — dispute avec M. de Loches, II, 77; — en fuite, II, 268, 276; — près de Mayenne, II, 407; — revenu à Dijon, II, 415.
— Président, sa demeure, II, 276.
Begin fils, II, 15.
Belin, bourgeois, impliqué dans la conspiration La Verne, II, 285.
— capitaine royaliste, I, 324; II, 4, 10.
— (de), gouverneur de Paris, I, 311, 419; — négocie la paix, I, 419, 422; II, 4, 8; — quitte l'Union, II, 22; — gouverneur de Sens, II, 62, 87; — député du Bassigny, II, 98; — estimé des royalistes, II, 235.

— 265 —

Belin (Le), bourgeois et maire de Beaune, II, 40, 11 ; — reçoit Bissy blessé, I, 343 ; — reçoit le maréchal de Biron, II, 448, 449 ; — proscrit par Mayenne, II, 454 ; — nommé conseiller au Parlement, III, 12, 81.

Belle-Croix, chapelle aux faubourgs de Dijon, II, 76, 77 ; — combat près de la Belle-Croix, II, 198, 319.

Bellefond, village (Côte-d'Or), grêlé, II, 201.

Bellevesvre (commandeur de), III, 109.

Belley (bailliage de), III, 226, 227.

Bellièvre (Pomponne de), député à la conférence de Suresne, I, 313, 406 ; — envoyé à Lyon, II, 153 ; — son mot aux Lyonnais sur le duc de Nemours, 244.

Belriault, lieutenant en Charollais, III, 231.

— (Mme), femme Thomas, II, 13.

Bénigne, habitant de Dijon, III, 23.

Benoit, évêque de Troyes, I, 416.

Béranger, lieutenant au bailliage de Beaune, I, 184 ; II, 470, 574 ; III, 20.

Bréard, procureur au Parlement, III, 57.

Berbis (Philippe), doyen de la Sainte-Chapelle, conseiller au Parlement I, 1, 23, 35, 171, 193, 196, 216, 233, 241.

— (Jacques), doyen, I, 35, 36.

— (Philippe), sieur de Dracy, conseiller au Parlement, III, 2, 3, 142, 144, 145, 146, 148, 150, 151, 175, 176.

— (N.), conseiller au Parlement, I, 171, 193.

Berbisey, audiencier, II, 30.

— conseil de la ville, II, 185, 329.

— fils, avocat, II, 532.

— fils, lieutenant criminel au bailliage, II, 147, 289.

— fils, lieutenant particulier au bailliage, II, 147.

Berbisey (Guillaume), substitut du procureur général, III, 178.

— (Guillaume) père, II, 516.

— (Jean), conseiller au Parlement, III, 20, 53, 54.

— (Jean), lieutenant particulier au bailliage, I, 83, 254 ; III, 135, 136.

— (Perpétuo), conseiller au Parlement, I, 173, 281, 403, 415, 417 ; II, 2; III, 2, 103, 150 ; — présent à l'assassinat de Chantepinot, I, 75 ; — commis par Henri IV pour traiter avec Franchesse, I, 134 ; — succède au conseiller Popon, I, 195, 197, 198, 200, 201, 229 ; — député aux Etats de la Ligue, I, 262, 263, 265, 321 ; — écrit touchant les gages de la Cour, I, 264, 270, 323, 403 ; — annonce la paix, I, 314 ; II, 307 ;—rend compte de sa députation, I, 405 ; — sa légende sur Jacques Clément, I, 419 ; — garant du baron de Lux, II, 27, 28 ; — commis pour faire payer les gages de la Cour, II, 71 ; — s'oppose aux propositions de paix tentées par la Cour, II, 181, 209 ; — s'offre pour second à Franchesse, II, 198 ; — auteur de sa querelle avec Vaugrenant, 202 ; — récusé dans l'affaire La Verne, II, 214, 229 ; — va en Cour, 232, 240, 257 ; — cas qu'en fait le Parlement de Semur, II, 236 ; — nommé syndic, II, 254 ; 394, 409 ; — ennemi de Lavisey, II, 291 ; — empêche Sennecey de reconnaitre Henri IV, II, 340 ; — d'Esbarres conseille de le députer à Mayenne, II, 356 ;—envoyé à Auxonne pour pratiquer M. de Sennecey, II, 356 ; — va au-devant de Mayenne, II, 361 ; — commis pour le visiter, II, 370 ; — va quérir Sennecey, 373 ;— empêche la délivrance de Lavisey, II, 390 ; — mandé par Mayenne, 391, 439 ; — rapporte un

B   18

écrit sur les greniers à sel, II, 394; — a des assignations sur la gabelle, II, 402, 407; — délégué pour le paiement des gages, II, 406, 494; — refuse d'écrire à cet effet à Mayenne, 414; — Tavanes lui parle de ses gages de chevalier d'honneur du Parlement, II, 427; — malade, II, 439; — assiste au conseil de l'Union, II, 504, 524; — opposé à l'assemblée du Parlement convoquée par Breunot, II, 520; — demande que l'on incite Mayenne à faire la paix, II, 521; — député à l'assemblée du Logis-du-Roi, II, 522, 525; — député pour y convier Franchesse et Tavanes, II, 522, 523; — visite Breunot, II, 522; — ajoute aux articles de la capitulation, II, 530; — député au duc de Mayenne, II, 530; — veut empêcher la députation de se rendre vers Biron, II, 532; — député pour aller féliciter le maréchal de Biron, II, 542; — fait des remontrances à Biron au sujet des soldats logés chez les conseillers, II, 545; — chargé de parler au président Fremyot touchant l'accommodement du Parlement, II, 558; — chargé du répartement d'une contribution, II, 568; — propose de conserver la fraternité avec la Chambre des Comptes, III, 35, 36, 37; — député au maréchal pour la neutralité des deux Bourgognes, III, 38; — syndic de la Cour, III, 46, 50, 54, 62, 65, 72, 78, 83; — poursuite du conseiller Valon contre lui, III, 55; — succède au président d'Esbarres, III, 90, 188, 189; — reçoit des augmentations de gage, III, 124; — cède son office de conseiller à P. d'Esbarres, III, 196; — choisit la Tournelle, III, 237.

— (Mme), II, 555.

— (Prudent), lieutenant du maire, III, 84, 85; — recherche Lavisey, II, 270; — ennemi capital de Lavisey, II, 275, 291; — annonce la libération des conspirateurs, II, 286; — empêche la délivrance de Lavisey, II, 390; — nommé conseiller au Parlement à la place de La Verne, II, 436, 437, 472; — gendre du procureur général, II, 475; — lui écrit une lettre compromettante, II, 478; — dégoûté de la Ligue, II, 488; — veut empêcher les députés de se rendre vers Biron, II, 532.

— (Thomas), ancien procureur général, III, 222.

Berbisot, III, 195.

Bernard (Etienne), avocat, maire de Dijon, député aux Etats généraux, son départ, I, 73, 80, 83; II, 101, 181; — élu maire de Dijon, II, 83; — négocie au nom de Mayenne, I, 141, 147; — arrêté à Dijon, I, 148; — donne des nouvelles des Etats, I, 285, 298, 331, 335; — membre de la conférence de Suresne, I, 286, 308, 312; — va trouver les princes à Reims, I, 306; — en conférence avec le président Fremyot, I, 314; — retenu par Mayenne, I, 321; — envoyé par les Etats à Rome, I, 324; — nommé conseiller au Parlement, I, 341, 346; — écrit touchant la mairie, I, 352; — dispute avec Jeannin, I, 358, 367, 368; II, 63; — dispute avec La Verne, I, 408; — son retour des Etats, I, 368; — envoyé vers le Pape, I, 369; — avertit Breunot des propos tenus contre lui, I, 393; — pourvu d'un office de conseiller au Parlement, I, 417, 420; — apaise une querelle entre Franchesse et Vellepelle; — au conseil de la Ligue, II, 3, 289, 292; — garant du baron de Lux, II, 27; — fait emprisonner le paysan d'Etevaux, II, 63; — on lui fait plainte de la première présidente, II, 95 ; — tableau où il est représenté pendu, II, 94 ; — poursuit sa réception au Parlement, II, 101, 126, 135, 189, 208, 209, 223, 228 ; — reçu, 236 ; — insulté par les lavandières, II, 110 ; — dispute avec La Verne, II, 211 ; — reçoit des nouvelles de Rome, II, 225 ; — commis pour demander réparation de l'insulte faite au président de Montholon, II, 248 ; — visite le président de Montholon, II, 250 ; — sa demeure, II, 264 ; — défend Breunot au conseil de la Ligue, II, 267, — refuse d'être commissaire pour le procès des conspirateurs, II, 271, 272; — assiste à un sermon du père Buffet, II, 281 ; — mécontent du prince de Mayenne, II, 293 ; — accusé de favoriser les politiques, II, 254 ; — mandé par Tavanes, II, 256 ; — engage Mayenne à traiter, II, 298 ; — opposé à la remise des conseillers conspirateurs, II, 299, 309, 317, 319 ; — Mayenne lui écrit, II, 327; — accepte la mission de réclamer les conseillers, II, 345, 346 ; — communique avec eux, II, 359 ; — accusé par La Verne, II, 365 ; — accompagne Mayenne à son entrée à Dijon, II, 369 ; commis pour le visiter, II, 370 ; — confère avec Mayenne sur le sort des conseillers prisonniers, II, 371 ; — assiste à la rentrée de la cour, II, 391 ; — à des assignations sur la gabelle, II, 401, 407, 423 ; — prend l'alarme dans son quartier, II, 406 ; — prié de parler des gages au vicomte de Tavanes, II, 415 ; — commis pour faire des remontrances à Mayenne au sujet d'un impôt, II, 429 ; — fait arrêter un soldat qui avait menacé le conseiller Boursault, II, 443 ; — assiste au conseil de l'Union, II, 446, 504, 514 ; — fait le guet la nuit, II, 456, 504 ; — manque d'être tué, II, 467 ; — saisie d'écrits compromettants pour lui, II, 469 ; — dispute avec Breunot, II, 473, 503, 518 ; avertit Breunot de la saisie d'une lettre, II, 479 ; — tourmenté d'une demande de la maréchale de Tavanes, 482 ; — tient conseil de l'Union chez lui, II, 484 ; — arrache des procédures à la biche de Franchesse, II, 492 ; — mandé au palais, II, 502 ; — veut qu'on reçoive une garnison, II, 506 ; — excite Franchesse contre la ville, II, 512 — harangue les habitants, II, 512 ; — dispute avec Baudot, II, 512 ; — demande un passeport pour des conseillers, II, 516 ; — s'oppose à l'assemblée des chambres, II, 517 ; — envoie Breunot à Tavanes, II, 519 ; — demande que l'on excite Mayenne à la paix, II, 521 ; — s'oppose à la sortie des députés envoyés à Biron, II, 532 ; — fait évacuer la maison du Mircir aux ligueurs, II, 535 ; se retire chez le maire, II, 540 ; — loge des soldats, II, 545, 546 ; — mandé par le chancelier, II, 558 ; — insulté dans les rues, II, 558 ; — son libelle contre Henri IV est déféré par le roi lui-même au procureur général, II, 561 ; — effet que ce libelle produit au conseil d'Etat, II, 562 ; — évincé du Parlement, II, 570 ; — présidial de Chalon érigé pour lui, III, 19 ; — député de Mayenne à Dijon, III, 33 ; — mis en état d'arrestation par le Parlement malgré son caractère d'ambassadeur, III, 38 ; — auteur d'un libelle contre Henri III, III, 40 ; — délivré sur la demande de Mayenne, III, 42 ; — retourne à Chalon, III, 43 ; — nommé lieutenant général au bailliage de Chalon, III, 98.

(Mme) va implorer Montholon, III, 43.

Bernard, bourgeois de Dijon, I, 119. — commis du Parlement, I, 210.

Bernard dit la Jeunesse, capitaine ligueur, II, 79, 174, 452, 480, 515, 529, 576.
— Paris, prieur de St-Etienne, I, 150.
— receveur général, I, 368; II, 83, 149, 312.
— sergent de la mairie, II, 3.
Bernard, moulins à Dijon, brûlés par le maréchal d'Aumont, I, 75, 95; — pris par Vaugrenant, II, 524.
Bernardet, II, 314.
Bernardin, I, 273.
Bernardon, conseiller au Parlement, III, 3; — chassé de la ville, I, 119; — refuse la députation aux Etats de la Ligue, I, 262; — injurié par Legouz de Vellepelle, II, 24; — refuse de connaître de l'affaire La Verne, II, 214, 229; — impliqué dans la conspiration La Verne, II, 276, 292, 293, 297, 303; — arrêté et relâché, II, 321; — réfugié à St-Jean-de-Losne, II, 317; — obtient des lettres de rétablissement, II, 362; — Mayenne veut le rançonner, II, 374; — revient à Dijon, II, 543; — va se faire rétablir à Semur, II, 566; — député à la chambre des comptes, III, 36, 37; — député au maréchal de Biron, III, 38, 115, 170, 179; — syndic de la Cour, 46, 50, 52, 65, 72, 75, 78, 125, 128, 174; — député pour l'élection du maire, III, 79; — commissaire pour une enquête, III, 106.
— lieutenant criminel au bailliage de Dijon, I, 399.
— (Mlle), II, 426.
— (hôtel), II, 555.
Bernier, solliciteur des affaires du roi à Dijon, III, 157, 158, 160.
Berthaut (J.), concierge du Logis-Roi, I, 290; II, 90, 296, 373, 439, 557.
— fils, II, 372.
Bertrandy, premier président du Parlement de Toulouse, I, 301.
Berre (Fernand de), III, 55, 56.
Béru (M. de), commandant à Bellevesvre, III, 109.
Béry, de Saux-le-Duc, II, 67.
Besançon, ville (Doubs), III, 125, bloquée par Henri IV, I, 142.
Besançon, bourgeois, I, 64; II, 297, 298.
— greffier de la mairie, III, 119.
Bessey-les-Cîteaux (Côte-d'Or), II, 402.
Besson, gardien des Cordeliers, I, 119, 143, 245. (Voir aussi Cordeliers.)
Bethaut, commandant, III, 214.
Beugre, abbé de La Ferté III, 163.
Bèze, abbaye et bourg (Côte-d'Or), I, 302; — menacé, I, 275.
— pris par Thenissey, I, 89; — assiégé par les royalistes, I, 269; — garnison, I, 372; — rendu à l'évêque de Langres, I, 403; — séjour de l'évêque, I, 417.
Beuverand, lieutenant au bailliage de Chalon, I, 249.
Bichot, marchand, I, 361, 381, 416.
— élu maire, III, 248, 251.
Billocart, bourgeois de Dijon, I, 83.
— marchand de Dijon, III, 116.
Binet, procureur syndic, I, 153.
Birague (René de), chancelier, I, 17.
Biron père (maréchal de), I, 61 79; — tué devant Epernay, I, 87.
— fils, maréchal de France, gouverneur de Bourgogne, envahit la Bourgogne, I, 110; — entre à Beaune, I, 123; — fait le siége du château, I, 124, 125; II, 449, 474, 473; — marche sur Autun, 125; II, 481; — s'en empare, I, 127; II, 516; — marche sur Dijon, I, 127, 128; — prend Nuits, I, 182; II, 517, 518; — entre à Dijon, I, 129; II, 538, 540; — assiége le château, I, 130; II, 544; — blessé à Fontaine-Française, I, 132; II,

552; — revient à Dijon, I, 147; — assiége Seurre, I, 150; — va en cour, I, 152, 158; — assiste à une procession, I, 155; — tient les Etats de Bourgogne, I, 160; — prend Bourg en Bresse, I, 161; — revient à Dijon, I, 162; — autour d'Arnay, I, 382; — autour d'Avalon, I, 388; — autour de Beaune, I, 401; — autour de Noyers, II, 73, 74; — envahit la vallée d'Aglan, I, 385; assiége Montsaugeon, II, 10, — reçu à Auxerre, II, 68; — reçu à Troyes, II, 82; — mande des pionniers devant Noyers, II, 83; — entre Troyes et Bar-sur-Seine, II, 102; 420; — entre dans Noyers, II, 31; — vient réinstaller Mayenne, II, 279; — envoyé par Henri IV en Bourgogne, II, 403, 408; — sa retraite, II, 516; — assiége Bar-sur-Seine, II, 525; — reçu à Semur, II, 430; — reçoit mal Vaugrenant, II, 435; -- prend l'abbaye de Moutier-St-Jean, II, 440; — tire contre la Loire, II, 446; — reçu dans Beaune, II, 447, 448, 449; — veut faire pendre le prévôt de Mayenne, II, 454; — refuse de rendre les nièces du président de Latrecey, II, 456, 459; — sommé par Mayenne de ne rien entreprendre sur la Bourgogne, II, 457; — blessé aux tranchées de Beaune, II, 461; — ruine les abbayes de Cîteaux, et de Lieu-Dieu, II, 464; — charge Mme de Thianges de négocier la reddition du château de Beaune, II, 465; — prend le château de Champforgeuil, II, 465; — marche au-devant de Mayenne, II, 466, 468; — jette au feu les lettres de la mairie de Dijon, II, 467, fait prêcher le carême à Beaune, II, 468; — autorise la culture des vignes du finage, II, 470; — fait pendre quatre soldats, II, 472; — institue un gouverneur à Beaune, II, 473; — marche sur Mâcon, II, 477; — prend le château du Fay, II, 482; — rebrousse du côté de Dijon, II, 489; — court au secours de Vesoul, II, 492; — envahit la Bresse, II, 496; — le roi lui donne le gouvernement de Beaune, II, 498; — reçoit un convoi d'argent, II, 501; — bloque Dijon, II, 503, 505, 514, 524, 527; — somme le maire de Dijon de lui ouvrir les portes de la ville, II, 522; — députation qui lui est envoyée, II, 528; — investit Dijon, II, 531; — campé à Champmaillot, II, 532, 533; — reçoit la députation envoyée par la ville de Dijon, II, 533, refuse toute entrevue avec Mayenne, II, 533; — entre dans la ville, repousse les ligueurs et bloque le château, II, 538, 540; — reçoit la députation du Parlement, II, 543; — impose la ville pour l'approvisionnement de l'armée, II, 544; — fait évacuer les soldats logés chez les conseillers au Parlement, II, 545, 546; — excite Breunot à presser la députation au Roi, II, 545, 546; — le Roi lui annonce sa prochaine arrivée, II, 547; — prépare le Logis-du-Roi, II, 548; — accompagne le Roi à son entrée dans Dijon, II, 549; — présente Breunot au Roi, II, 550; — transporté blessé à Dijon, II, 556; — les Espagnols lui renvoyent son casque, II, 557; — sollicité pour le rétablissement du Parlement, II, 562, 563; — fait la débauche avec le Roi, II, 565; — confère avec le Roi et Sennecey, II, 565; — va rétablir la mairie de Dijon, II, 566; — assiste à l'audience donnée par le Roi aux compagnies de la ville, II, 566; — garde le Roi endormi, II, 568; — va au-devant du Parlement de

Semur, II, 559; — va reconnaître l'ennemi à Lux, II, 573; — salué par le Parlement de Semur, II, 575; — consulté sur la démolition du château, II, 579; — furieux contre le Parlement à ce sujet, II, 580, 581; — explication qu'il a avec la cour, II, 582; — enregistrement de ses provisions de gouverneur de Bourgogne, II, 583; II, 9; — empêche que l'on outrage les défenseurs du château, II, 584; — logé chez le président des comptes Fremyot, III, 6; — porte le dais sur la Sainte-Hostie, III, 9; — bat les Espagnols à Jussey, III, 33; — annonce la prise de Cambray, III, 33; — le Parlement lui adresse des réclamations pour ses gages, III, 35; — le Parlement prend congé de lui, III, 36; — renvoie au Parlement des propositions de neutralité du comté de Bourgogne, III, 37; — fait délivrer Bernard, III, 42, 48; — le Parlement lui fait des remontrances au sujet des violences des soldats, III, 49; — assiste à la procession pour l'absolution du Roi, III, 52; — vient au Parlement, III, 53; — ajourne sa réponse à la demande du Parlement de Dole touchant la neutralité, III, 56; — sollicite la réception de M. de Senneçey, son lieutenant, III, 65; — a le don de l'édit des notaires, III, 69; — le Parlement exige qu'il garde la neutralité entre les deux Bourgognes, III, 70; — le Parlement lui députe pour empêcher l'enlèvement du bétail, III, 72; — a des assignations sur la pancarte, III, 78; — exige le paiement des sommes promises à La Fortune, III, 78; — vient au Parlement avec Senneçey, III, 79, 82; — ses menaces contre les Etats du duché, III, 80; — fait réduire les garnisons, III, 103; — annonce son retour, III, 109; — tient séance au Parlement, III, 209; — convoque une assemblée générale, III, 110; — ses propositions pour le soulagement des habitants, III, 111; — prête à la province pour l'évacuation de Seurre, III, 111 ; — impose la province sans le concours des Elus, III, 113; — annonce la composition de Seurre, III, 114; — Vitteaux lui remet le château de Noyers, III, 146; — le Roi lui commande de faire démolir Noyers et Talant, III, 139; — le Parlement lui députe au sujet de ses gages, III, 142, 143; — et des élections municipales, III, 152, 154, 179; — assiste à la procession de la Sainte-Hostie, III, 157; — consulté sur l'affaire de l'élection du maire, III, 160; — fait renvoyer l'élection contre l'avis du Parlement, ses débats à ce sujet avec la cour, III, 165; — menace de couper le col au premier président, III, 168; — cache les officiers de la ville pour les dérober au Parlement, III, 170; — empêche les élections à force ouverte III, 170, 171, 172, 173; — fait ses excuses au Parlement, III, 174, 175; — défend aux officiers du bailliage d'exercer la justice municipale, III, 176; — encourage l'opposition de la mairie au Parlement, III, 177; — vient lui-même au Parlement déclarer sa volonté, III, 180; — promet de travailler au rétablissement des Jésuites, III, 181; — promet de s'occuper des gages, III, 181; — enlève l'argent des caisses publiques, III, 181; — fait chasser les Jésuites rentrés à Dijon, III, 184; — refuse de relâcher un habitant qui s'était battu avec ses soldats, III, 190, 191; — ses assignations sur le Trésor, III, 191; — annonce au Parlement et à la mairie l'arrivée du duc de Savoie, III, 96, 198; — annonce la découverte d'un complot contre la vie du Roi, III, 210; — assiste à la procession faite à ce sujet, III, 210; — visite les fortifications de la ville, III, 213; — dirige la guerre contre le duc de Savoie, III, 213; — se plaint au Parlement de Dole des infractions à la neutralité du comté, III, 214; — revient à Dijon, III, 215, 217, 230; — invite la cour à députer au Roi, III, 216; — sollicite et obtient la réunion de la Bresse à la Bourgogne, III, 217, 222, 230; — fâché contre le Parlement, III, 218; — part pour la Suisse en ambassade, III, 230; — dirige les élections municipales de Nuits, III, 233; — sollicite pour le maintien de Jacquinot comme maire de Dijon, III, 235; — le Parlement avisé de sa conspiration prend des mesures contre ses adhérents, III, 238; — ses chevaux sont menés à Saulx-le-Duc, III, 241; — mesures prises pour sa translation à la Bastille, III, 249; — Jeannin raconte au Parlement son arrestation, III, 254.

Bissy (Héliodore de Thiard, s^r de), gouverneur de Verdun, — bloque Dijon, I, 75; — retourne de l'Auxois, I, 79; — tend une embuscade vers Saint-Philibert, I, 85; — assiégé dans Verdun, I, 94, 95; — bat les ligueurs à Isier, I, 99, et près de Chalon, I, 329; — cousin de Chanlecy, I, 102; — défait sous les murs de Beaune, I, 105, 342, 345; — sa mort, I, 106, 351; — guette les députés des Etats, I, 264; — blessé, I, 285; — parrain de l'enfant de Vaugrenant, I, 286; — refuse de reconnaître Mayenne, I, 296; — ses rapports avec Vaugrenant, I, 307, 310, 315; — brouillé avec Tavanes, I, 346;

Bissy fait ses adieux à Chauffour, I, — 347; — visité par son oncle l'évêque de Chalon, I, 348; — fiancé à Mme de Rully, I, 349; — inventaire de son trésor, I, 356; — indemnité accordée à ses enfants, I, 371; — se rend au baron de Vitteaux, II, 145; — compagnie, II, 200.

Bissy (Marguerite de Busseul dame de), I, 94.

Blaisy (Haute-Marne), I, 82; II, 467.

Blaisy-Haut, village (Côte-d'Or); — prise du château, I, 104, 328, 329, 330, 340; — repris par le seigneur, I, 107, 359, 365; II, 6.

Blaisy (M. de), prisonnier; — sa femme forcée de quitter le château, I, 330; — traite avec Vaugrenant, II, 6; — prend Avosne, II, 205, 206.

Blanot (Charles), maire de Semur, II, 255.

Blanques, leur établissement défendu, III, 148.

Blasphémateur brûlé vif, I, 23.

Blaye-les-Bordeaux (Gironde), assiégé, I, 314; — gouverneur, II, 22.

Blavot (Mlle), I, 261.

Blé (prix du), I, 2, 12, 13, 103, 153, 154.

Bligny (Jacques Richard, s^r de), I, 273; — député de la ville de Beaune, II, 362; — cause un soulèvement dans Beaune, II, 410; — se distingue à la reddition de cette ville, II, 452; — prisonnier à Seurre, III, 105.
— fils, II, 459, 475.

Blondeau, conseiller au Parlement, I, 321, 417; — tué par les ligueurs, I, 332, 346; — remplacé par Bernard, I, 341, 417; II, 236.
— (François), conseiller au Parlement, III, 3, 24, 58, 113, 114, 115, 123, 124, 131, 182, 183, 205, 211, 223.

— 272 —

Blondeau grand-maître, III, 255.
— receveur de la gabelle et des gages du Parlement, III, 46, 73, 83, 138, 142, 147.
Bœuf (maison du), III, 130.
Bois (rareté et cherté du), II, 409, 416, 420, 463.
— de l'Etat, aliénation, I, 177.
Boissé, colonel du régiment de Navare, II, 581.
Boisselier, Md de fer, I, 37, 382; II, 95, 466, 510; III, 31.
Boissieux (meurtre du baron de), III, 236.
Bondue (Jules Le Maire de La), président au bureau des finances, II, 27, 28; III, 162; — assiste La Verne à son exécution, III, 365.
Bonnard Carlin, huissier, I, 18; II, 457; — impliqué dans la conspiration La Verne, II, 265, 268, 270, 273, 277.
— capitaine, I, 30,
— échevin, refuse de juger le procès La Verne, II, 318.
— procureur, III, 119.
Bonnencontre, (Côte-d'Or), château de, I, 60; II, 32, 237, 297, 312, 362, 469; III, 59; — garnison, II, 145, 257, 297, 402, 422, 499.
Bonnier, procureur au Parlement, III, 45.
Bonnotte, abbé de la Bussière, III, 158.
Bonette, chanoine de la Sainte-Chapelle, I, 138.
Bons-Hommes, voir Minimes.
Bonvouloir, capitaine d'Epoisses, II, 40.
Borde (M. de La), I, 26.
Bordeaux, ville (Gironde), I, 301.
Borderie (M. de La), I, 413.
Bordet, général des Monnaies, II, 430.
Borrot, maire et capitaine d'Avallon, II, 114, 145.
Borrenet, prévôt de la cathédrale d'Autun, I, 97, 381; II, 90, 160, 108.

Bossuet (Jacques), conseiller au Parlement, I, 237; II, 149, 231; 573; III, 239, 98; 114; 124, 125, 128; — syndic, III, 132, 135, 136, 149, 150, 164, 165, 174, 179, 184; — député en cour, III, 213; — envoyé à Autun, III, 219.
Bouchard, capitaine ligueur, I, 54, 97; — banni, III, 23.
— avocat, II, 399, 400.
— médecin, III, 40.
— le petit, I, 274.
Boucher, curé de Paris, banni, II, 73.
Boucherat (Nicolas), abbé de Cîteaux, I, 23, 228,
Boucherie (règlement pour, la) I, 152.
Bouchin, Md à Dijon, I, 301.
— procureur du Roi à Beaune, II, 459; III, 105.
Bouchu (Jean) fils, avocat, lieutenant-général au bailliage de la Montagne, I, 423; II, 255.
— (Marguerite), femme de Pierre Odebert, conseiller, II, 255.
— (Quantin), grenetier au grenier à sel et maire de Montbard, II, 165, 255.
— Mlle, II, 97.
Bouhardet, échevin et juge de la conspiration La Verne, II, 185, 329.
Bouhier (Jean), conseiller au Parlement, I, 172, 356; II, 2, 29, 57; III, 2, 128, 135, 136, 150, 166, 179, 184, 191, 230, 242; — chassé de la ville, I, 119; — reçu au conseil, I, 169, 172, 358; — commissaire aux requêtes du Palais, I, 174, 177, 182, 237, 333; — va saluer le prince de Mayenne, I, 288; — refuse de connaître de la réception d'un conseiller, I, 29; — propriétaire de la Noue, II, 178; — enlèvement de son bétail, II, 218; — seigneur de Pouilly, II, 224; — impliqué dans la conspiration La Verne, II, 276, 292, 293, 297,

303; — s'évade de Dijon, II, 319; — réfugié à St-Jean-de-Losne, II, 317; — obtient des lettres de rétablissement, II, 362; — accusé par La Verne, II, 305; — pendu en effigie, II, 366; — compris dans le rôle des gages, II, 419, — annonce l'absolution du Roi, II, 466; — rapporteur de l'office du conseiller Baillet, III, 13; — rapporteur de l'arrêt sur les meubles des absents, III, 14; — envoyé à la chambre de ville signifier l'arrêt qui donne au président Fremiyot la garde des clés de la ville, III, 26, 27, 28; — sollicite la charge de M. Millière, III, 197.

Bouhier (Pierre) conseiller au Parlement, II, 2; III, 2, 109; — revient à Dijon, II, 543; — va se faire rétablir à Semur, II, 566; — — Mlle, II, 426,
— religieuse clariste, III, 107.

Bouillon (duc de) guerroye en Bourgogne, I, 269; — nommé maréchal, I, 369; — assiége Montsaugeon, II, 10; — prend Reims, II, 46; Luxembourg, II, 121; — marche contre les espagnols, II, 360; — envoyé aux secours des Flamands, II, 371; — prié de ne point faire acte public du culte réformé, II, 385; — fait maréchal de France, II, 396; — menace le comté de Bourgogne, II, 418; — bat les Espagnols, II, 432; — entre en comté, II, 439, 447, 453, 454, 461, 467; — tire à Lyon, II, 447; — entre dans le Luxembourg, II, 472; — prend Ham, II, 577.

Boulée, garde, I, 118.
— bourgeois impliqué dans la conspiration La Verne, II, 258, 270, 272, 277, 329.
— capitaine des murailles de Dijon, III, 22, 85, 86; — commandant de Baigneux, II, 312.
— echevin, III, 96.

Boulonnier, I, 355.
Bourbon (cardinal de), enfermé dans Paris, I, 272; — assiste à la conversion du roi, I, 297; — chante sa première messe devant Henri IV, I, 320; — Henri IV le visite, I, 402; — sa mort, II, 84, 222, 236.
Bourbon Lancy, ville (Saône-et-Loire), I, 197; — bailli, I, 358.
Bourbonne-les-Bains, ville (Haute-Marne), II, 97.
Bourdin, bourgeois de Dijon, III, 118.
Bourg-en-Bresse, ville (Ain), prise, I, 161, 162; III, 217, 218; — entrevue des princes, II, 419; — Mayenne s'y rend, II, 455; — Nemours y est acculé, II, 496; — le roi et la reine s'y rendent, III, 216; — assemblée de la noblesse, III, 224, 225; — érection d'un présidial, III, 226.
Bourg-les-Valence, I, 145.
Bourg (quartier du), à Dijon, I, 152; — favorise l'évasion de La Gauche, I, 391, 392, 394; — la procession de la Sainte-Hostie, y passe, II, 150; prêt à se mutiner pour un impôt, II, 430; — bouchers, II, 482; — soulevé contre la garnison, II, 500.
Bourg (Du), commandant de Laon, II, 203, 243, 244, 282, 283, 284.
Bourgeois, conseiller au Parlement, I, 357.
Bourges, ville (Cher), archevêque de, I, 297, II, 124; — député à la conférence de Surêne, I, 312, 314; — reçoit Henri IV dans l'église de Saint-Denis, I, 353; envoyé vers le Pape, I, 365; — rendu au roi, I, 389, II, 95; — négocie avec Henri IV, II, 22, 25, 33, 35, archevêché, II, 235.
Bourgogne (duché et province de); lieutenant général au gouvernement, I, 50; — appelée par Mayenne le friant morceau, II,

B 19

— 274 —

72; — villes demandées par l'Espagne, II, 321; — modération de la composition des places rendues, III, 196.

Bourlier (Le) (Hélène), dame de Chauffour, II, 242.

— (Odette) dame de Vellepelle, II, 242.

Bourrée, M., I, 349, II, 201.

— conseiller correcteur à la Chambre des comptes, III, 218.

Bourrelier, bourgeois, impliqué dans la conspiration La Verne, II, 271, 438.

— échevin, II, 329, 502; III, 9, 85.

— receveur général de Bourgogne, I, 185.

— (Mlle), II, 285, 438.

Boursault (P.,) conseiller au Parlement; — sa réception, I, 190, 201, 204, 206, 207; III, 3, 149, 212, 230, 233, 242; — refuse d'assister aux Etats de la Ligue, I, 263; — rapporte deux édits bursaux de Mayenne, I, 401; — rapporteur des provisions obtenues par La Verne, I, 412; — fait lever des saisies sur le président de Montculot, II, 26, 28; — rapporteur des lettres de nomination de l'abbé de Saint-Etienne, II, 62; — rapporteur des lettres de provisions d'Etienne Bernard, II, 101, 135, 208; — excuse La Verne, II, 169; — mandé au château, II, 278; — député pour réclamer les conseillers emprisonnés, II, 342; — gendre de Mme d'Esbarres, II, 368; — fait partie de la députation envoyée à Mayenne, II, 370; — menacé par un soldat, II, 443; — député vers Tavanes, II, 451; — absent lors de la convocation faite par Breunot II, 521; — député au chancelier II, 555; — mandé au conseil d'Etat, II, 564; — rapporte la provision du conseiller de Souvert, II, 574; — commis pour l'administration du collége, III, 15; — accusé par les Chabot-Brion d'un libelle diffamatoire contre eux, III, 31; — syndic, III, 83, 109; — dispute avec le président Montholon, III, 127; — rapporteur pour les Minimes, III, 146, 153; — intercède en faveur des Jésuites, III, 184; — député au baron de Lux, III, 248; — député à Favoles, III, 250.

Boussenois, village (Côte-d'Or), IIe 218.

Boutière, enseigne de Tavane, (François de Sergères, seigneur de Pommeret et de la), I, 346; II, 158.

Bouton (Pierre), président de l'Election de Macon, III, 159, 163.

Bouvot, conseiller maître à la chambre des comptes, I, 306; — pris par les Lyonnais, I, 380, 383, 384; — négocie la délivrance du duc de Nemours, I, 413; — pris par la garnison de Saulx-le-Duc, II, 80; — surintendant du duc de Nemours, II, 255; arrive à Dijon, II, 259; — sa demeure, II, 264; — confère avec Thenissey, II, 276; pratique dans l'intérêt de Nemours, II, 323, 404; — retourne près du duc de Nemours, II, 349.

— de l'Isle, bourgeois de Châtillon, II, 172.

— (Mme), I, 306, 308, 373; II, 67, 87.

— Mlle, fiancée à l'avocat Legrand, I, 348.

— procureur du Roi à Châtillon, II, 50.

— fils, dit le capitaine Gravière, II, 478.

Bragny.

— (Mme de), I, 94.

— Village (Saône-et-Loire), I, 95.

Boyvin fils, étudiant, I, 88.

Brancion (château de), (Saône-et-Loire), II, 65, 89, 154; pris, II 170, 171, 178, 216, 347.

— 275 —

Brandon (M. de), II, 446.
Brasey, bourgeois de Dijon, I, 391.
Brazey en plaine, (Côte-d'Or), I, 75, 103, 318, 319 ; II, 124, 499, 505.
Bray (Pâquier de), I, 321 ; II, 477 ; — rente de, I, 340, II, 174.
Brechillet officier municipal, I, 253 ; — procureur, II, 541.
Bremur, château (Côte-d'Or), I, 280, 282, 284, 317 ; II, 546.
Bredache (La), banni, II, 293.
Breslay (René), évêque de Troyes, I, 416.
Bresse (pays de), II, 8 ; envahi, ravagé par Henri IV, I, 146 ; II, 447 ; — réuni au ressort du Parlement de Dijon, III, 70, 214, 217 ; — guerre, III, 103, 142 ; — Etats, III, 218, 224 ; — érection d'un présidial, III, 226, 227.
Bressin de la Madeleine, religieux de Malte, I, 67.
— Curé, II, 200.
Bretagne, duché, I, 88 ; — Mercœur gouverneur, I, 82 ; II, 340 ; — réduction de la, I, 155 ; II, 121, 340, 360.
— Antoine, conseiller au Parlement, III, 4, 90.
— père, II, 408, 414.
— (Claude) conseiller au Parlement, I, 171, 217, 296, 362, 408 ; II, 1, 12, 149, 254 ; III, 2, 57, 150 ; — député de la Cour à la mairie, I, 176. — Au Roi contre l'établissement de la Chambre des requêtes, 1, 214, 218, 251 ; — rapporteur sur l'édit de création d'un cinquième président, I, 224, 235 ; — commis pour informer sur la violation des prisons de la Cour, I, 242 ; — reçoit M. de la Guesle, I, 244 ; — dispute avec Saumaise, I, 289 II, 209 ; — s'oppose à la réception de Rouhier, I, 408, 415, 418 ; — demande la libération des villageois incarcérés pour les cottes, II, 42, 60 ; — menacé par Pignalet, II, 115 ; — visité par La Verne, II, 172 ; — impliqué dans la conspiration La Verne, II, 263, 276, 303 ; — caché, II, 268, 292, 295, 303, 304 ; — recherché jusque chez le président, II, 279 ; — cherche à s'évader, II, 321 ; — son évasion, II, 399, 400 ; — le Parlement fait retirer les sacs de procédure déposés chez lui, II, 401 ; — reçu au Parlement de Semur, II, 417 ; — compris dans le rôle des gages, II, 419 ; — lettres interceptées, II, 422 ; — occupation et pillage de sa maison, II, 430, 435 ; — commis au département des chambres, II, 573 ; — le Parlement consentà ce qu'il prenne l'office de M. de Maillerois, III, 54 ; — garant de la Cour, III, 57, 62 ; — dispute avec le conseiller Boursault, III, 153.
Bretagne (Cl.), commissaire aux requêtes du palais, I, 174, 178, III, 3 ; — lieutenant général au bailliage d'Auxois, I, 201, 228, 237, 373.
— (Cl. fils), conseiller au Parlement, III, 3.
— étudiant, I, 88.
— avocat, I, 271 ; — banni, II, 292 ; — s'évade de Dijon, II, 297 ; — écrit au conseiller Bouhier, II, 472.
— (Isaac), conseiller au Parlement, tente de soulever Dijon contre Mayenne, I, 44 ; — doyen, III, 84.
— (Jules), conseiller au Parlement.
— étudiant, I, 88.
— avocat, I, 271.
— (Mme), mère du président Jacob, I, 421, II, 398, 477.
— (Mlle), I, 261.
— procureur du roi à St-Jean de Losne, I, 212, 227.
Bretenière (Côte-d'Or), II, 60, 254.
Bretigny-lez-Dijon (Côte-d'Or), I, 423.

Bretin, médecin, II, 325.
Breton, chevalier, I, 367; II, 427.
Breunot (Gabriel), conseiller au Parlement, I, 267, 273, 288, II; 2, III; 2, — achète la charge d'André Fremyot, I, 167; — reçu conseiller, I, 168; — syndic de la Cour, I, 267, 270, 293, 308, 363; — subit une visite domiciliaire, I, 373; — commissaire pour la monnaie, I, 376, 380; — bravé par Mornac, I, 391; — commis pour les gages, I, 392; — accusé de mettre les habitants aux fers, I, 393; — ses récusations contre Morandet, II, 25, 31; — rapporteur, II, 26; — reçoit la visite du Maire Fleutelot, II, 165; — reçoit la visite de l'antique Verne, II, 166, 223; — invité au banquet municipal, II, 167; — suspect aux ligueurs, II, 181, 267, 328; — visite le maître des Comptes Bouvot, II, 264; — sa demeure, II, 264; — menacé par Pignalet, II, 271; — commis pour réclamer les conseillers conspirateurs, II, 291; — visité par Fyot, II, 300; — reçoit l'appel de Réal contre l'expulsion de l'avocat Pallier, II, 314; — dispute avec Montholon, II, 325, 326; — nommé syndic, II, 326, 394; — excite le Maire à reconnaître le Roi, II, 334; — recusé par La Verne, II, 351; — commis pour visiter Mayenne, II, 370; — son colloque avec Sennecey, II, 380, 384; — Sennecey lui offre un asile, II, 383; — délégué pour le paiement des gages, II, 407, 494; — écrit à cet effet à Mayenne, II, 414; — Tavannes exige qu'il lui fasse payer ses gages de chevalier d'honneur, II, 427; — propose de faire des remontrances à Mayenne, II, 429; — mandé par Mayenne, II, 439, 440, 441; — mandé par Tavannes pour l'impôt mis sur la Cour, II, 444, 458; — refuse d'aller convoquer à une assemblée de la Cour, II, 450; — dispute avec Saumaise, II, 451, avec Bernard et d'Esbarres, II, 473, 503, 518; — député vers la Chambre des Comptes pour les gages, II, 471; — sollicite un passeport, II, 478, 479, 481, 503, 515; — visite le Maire et Franchesse, II, 489; — reçoit un passeport de Vaugrenant, II, 492; — capture de son bétail, II, 493; — en partie dans le jardin Petit, II, 510; — convoque les Chambres pour aviser sur les périls de la ville, II, 517; — entrevue avec Tavannes, II, 519; — député à l'assemblée du Logis du Roi, II, 525; député pour y convier Franchesse et Tavances, II, 523; — reçoit la visite de Berbisey, II, 522; — invite la chambre des Comptes à l'assemblée du Logis du Roi, II, 525; — maintient cette assemblée malgré les ligueurs, II, 527; — député à Franchesse et à Tavannes pour la reddition de la ville, II, 528; — député à Biron à cet effet, II, 528, 530; — député au Roi à cet effet, II, 531, 546; — rapporte à l'assemblé les paroles de Franchesse et de Tavannes, II, 531; — se rend vers le maréchal de Biron, comme député de la ville, II, 532; — son entrevue avec Biron, II, 532, 533; — détermine le Maire à ouvrir les portes au maréchal, II, 536, 537; — ouvre la porte St-Pierre au maréchal de Biron, II, 538; — député pour aller saluer le maréchal qui le complimente, II, 542, 543; — va délivrer les prisonniers pour les côtes d'impôts, II, 543; — admis au conseil du maréchal, II, 544; — fait des remontrances à Biron au sujet de soldats logés chez des conseillers, II, 545; — Biron l'excite à presser la Cour de députer au Roi, II, 545; — altercation avec

le président Fremyot, II, 545 ; — présenté au Roi par Biron, II, 550 ; — empêche le pillage d'une maison, II, 555 ; — député pour saluer le chancelier ; — II, 556 ; — négocie pour l'accommodement du Parlement, II, 558, 559, 560, 561, 562, 563, 565, 570 ; — mandé devant le conseil d'Etat, II, 564 ; — chargé du département de l'imposition frappée sur les cours souveraines, II, 568 ; — fait des remontrances pour l'exécution des articles arrêtés avec Biron, II, 569, 583 ; — va au devant du Parlement de Semur, II, 569 ; — prête serment de fidélité au Roi, II, 571 ; —député par la Cour au chancelier, II, 574 ; — délégué pour réorganiser le collége, II, 579 ; — délégué pour biffer les arrêts contraires à l'autorité royale, III, 10 ; — délégué pour vérifier l'arrêt sur les meubles des absents, III, 14 ; — commis pour l'administration du collége, III, 15 ; — envoyé en députation au Roi, III, 16 ; — député à la chambre de ville, III, 21 ; — député pour des mesures de sûreté générale ; — exclu de la Chambre des vacations, III, 34 ; — perd sa seconde femme, III, 43 ;—enfants de Breunot, III, 44 ; — député à l'assemblée convoquée par Biron, III, 110 ; — prend congé de Biron, III, 113 ; — député au maréchal, III, 114 ; — réplique au président de Montholon, III, 128 ; — commissaire pour la vente de Rouvres, III, 128 ; — rapporteur de la réception du conseiller Berbis, III, 145 ; — député à Biron touchant les élections municipales, III, 166 ; — a une altercation avec lui, III, 168, 170 ; — nommé à la Chambre des Pauvres, III, 184 ;— intercède pour le maintien des Jésuites, III, 184 ; —tombe malade, III, 217 ; — député au maréchal de Lavardin, III, 256 ; —
— (Mme), va à Saulieu, I, 416, 420 ;
— mêlée à des disputes, II, 97 ;—
sa mort, III, 43.

Brezilles, v. Crusilles.

Brienne (Charles de Luxembourg, Cte de), I, 49.

Briet F., conseiller au Parlement, I, 172, 221, 241, 319, 415 ; II, 354, 573, 579 ; III, 2, 15, 19, 21, 47, 50, 55, 62, 77, 80, 150, 184, 186, 205, 224, 241, 250.
— commis au greffe, II, 221, 428, 432.
— (Mlle), II, 366, 373, 378.

Brion (Franço s Chabot, seigneur de), assiste aux Etats, I, 7 ; — assiste à l'entrée du duc de Mayenne, I, 16 ; — assiste au baptême du fils de Tavannes, I, 30 ; — ne veut conclure de trêve avec les ligueurs, I, 63 ; — reçoit Henri IV à Mirebeau, I, 132 ; — se retire à Dijon, I, 144 ; — créé marquis de Mirebeau, I, 174, 182, 202, 219, 220 ; — va trouver le Roi, I, 266 ; assiste au serment de la ligue, I, 210 ; — confère avec Dinteville, I, 269 ; — à la suite du Roi, I, 297 ; — annonce la paix, I, 371 ; — ses terres ravagées, I, 379 ; — remet à Vaugrenant l'ordre de St-Michel, I, 421 ; — ruine de son château, II, 222 ; — fait un approvisionnement, II, 409 ; — le Roi lui ordonne de rejoindre Biron, II, 490 ; — arrive à Dijon, II, 558 ; — requête infâme présentée au Parlement contre lui et sa femme, III, 24, 27, 31 ; — porteur d'assignation sur la gabelle, III, 35, 46 ; — assigne le Parlement au Parlement de Paris, III, 69 ; — poursuivi par les héritières de Chabot-Charny, III, 178 ; — va au-devant du maréchal de Lavardin, III, 355.
— (Mme Chabot de) vient visiter Mayenne, I, 121, 266 ; II, 387 ; —

près du Roi, I, 297; — à Dijon, I, 370; — à Lyon, I, 396; — à Mirebeau, II, 390; — demande à Mayenne une déclaration confre Guionvelle, II, 441; — demande le don de ce qu'elle doit à la ville, II, 482; — requête infâme présentée au Parlement contre elle, III, 24, 27, 31.

Brissac (Charles de Cossé, comte de) livre Paris au Roi, I, 113; II, 72, 73; — sa mort, I, 143; — nommé maréchal de France, I, 368; II, 73; — commande à Paris, II, 22; — chassé de Paris, II, 36; — méprisé des royalistes, II, 235; — porte le dais sur la Ste-Hostie, III, 9.

Brisset (M.), I, 145.

Brisson (président), assassiné par les juges, I, 376; II, 125, 151, 327.

— (Mme la présidente), I, 376, 384.

Brocard, auditeur à la Chambre des Comptes, II, 26.

— capitaine de Flavigny, II, 117, 206, 253, 263.

— président à la Chambre des Comptes, II, 562.

— messager, II, 128.

— maison, I, 163.

— (Claude), conseiller au Parlement, doyen, I, 170, 196, 225; — dispute avec le président La Verne, I, 173; — fait des représentations sur le serment de la Ligue, I, 191 — député pour saluer le grand Prieur de France, I, 204; — s'oppose à la création d'un 5e président, I, 226; — nommé conseiller laïc, I, 231; — reçoit le duc de Mayenne, I, 242; — procès contre La Verne, I, 273.

— conseiller (Jeanne de Montholon, femme de), II, 516.

— (Mlle), II, 136, 284.

Brognon (Côte-d'Or), II, 128.

Brouillart (seigneur du), I, 31.

Brouilly (M. de), II, 414, 453, 487, 489, 496, 500, 501.

Brulart (Denis), premier président du Parlement de Dijon, I, 19, 169; II, 1, 110; III, 1; — signe la Ligue, I, 190, 191; — député en cour, I, 222; — expose la situation politique au Parlement, I, 321; — garant du baron de Lux, II, 27; — annonce un impôt pour la garnison, II, 102; — reçoit une lettre de son frère, II, 120; — sommé de représenter Mlle de l'Epervière, II, 211; — recusé des poursuites contre La Verne, II, 213; — Mayenne lui écrit touchant la réception de La Verne, II, 226; — sommé de représenter son fils et son gendre, II, 274; — souffre les perquisitions du prévôt, II, 279; — invite le Père Buffet à se modérer dans ses sermons, II, 281; — refuse de prêter à Tavannes, II, 287; — propose la réclamation au prince de Mayenne des conseillers emprisonnés, II, 289; — refuse de connaître de l'appel émis par Gault, II, 317; — incline à reconnaître le Roi, II, 334; — Tavannes lui promet de rendre les conseillers, II, 355; — invité à aller saluer Mayenne, II, 370; — Mayenne lui donne une sauvegarde pour Santenay, II, 395; — Mayenne veut lui emprunter de l'argent, II, 404; — assiste au conseil de la Ste-Union, II, 425; — accusé d'avoir détourné La Verne de faire son coup, II, 438; — confère avec Tavannes sur la prise de Beaune, II, 451; — compromis par les lettres de son fils, II, 470; — tourmenté d'une demande des dames de Tavannes et de Brion, II, 482, 486; — conférence avec Tavannes, II, 486; — avec le Maire, II, 517; — s'oppose aux passeports demandés par les membres de la Cour, II, 503; excité à quitter la Ligue, II, 515; — Tavannes veut le dissuader d'assembler les chambres, II, 519 ; — préside l'assemblée générale au Logis du Roi, II, 522, 525, 526;— invité par le président Legrand à différer l'assemblée, II, 530 ;—conférence chez lui pour déterminer l'ouverture des portes à Biron, II, 537 ; — pardonné par le Roi, II, 552 ; — imposé à 4,000 écus, II, 561 ; — mandé devant le conseil d'Etat, II, 564 ; — sa demeure, II, 570;— fait un discours de rentrée, III, 44 ; — recusé pour le traité de Folembray, III, 76 ;—mercuriale, III, 132, 214.

Brulart (Mme), première présidente, marie son fils, I, 387, 402, 403 ; — réclame la grâce de La Gauche, I, 395 ; — son altercation avec le Maire, II, 36 ; — son altercation avec Mme Fyot l'aîné, II, 85, 102; — malmène Franchesse, II, 187; — fait évader Mlle de l'Epervière, II, 211 ; — obtient un passeport du Roi, II, 238 ; — empêche l'arrestation de son fils et de son gendre, II, 268 ; — s'estomacque contre le prévôt, II, 279 ;— Mayenne lui accorde l'exemption du logement de son fils, II, 425 ; — empêche la maison de Crépy d'être convertie en magasin, II, 435 ; — se plaint de la décharge obtenue par le président d'Esbarres, II, 570.

— (Anne), veuve de Baillet de l'Epervière, remariée à M. de Chamilly, I, 334 ; II, 387.

— (Nicolas), marié à Mlle de Crépy, 88, 109, 386, 387, 401, 402, 403 ; — se bat avec M. de la Tour, I, 269 ; — arrêté par les ligueurs, I, 129;— réfugié à Semur, I, 380, — admis au Parlement, II, 60 ; — va trouver le Roi, II, 99 ; — on veut l'arrêter, II, 268, 274 ;—quitte Dijon, II, 288 ; — banni, II, 292 ; — revenu de la Cour, II, 469 ; — admis à la Cour comme maître des requêtes, III, 61;—Jeannin résigne en sa faveur, sa réception au Parlement, III, 232, 233, 236, 237.

Brulart (de Sillery), ambassadeur en Suisse, III, 56.

— (Mme de Crépy, femme de),II, 334.

— (Noël), baron de Sombernon, II, 387, 479 ; — menacé par le syndic Baudoin, II, 478 ; — menacé par le lieutenant de Vellepelle, II, 512; — empêché d'accompagner les députés de la ville, II, 532 ; — arrêté, II, 535 ; — s'évade du château, II, 583,

— (Pierre), seigneur de Genlis, II, 120.

— (Sophy), lieutenant au bailliage d'Arnay, I, 248.

Brunet, Antique maire de Beaune, I, 302; — soulève la ville contre Mayenne, II, 448.

Bruxelles (ville), II, 257, 288, 310, 321, 322, 348, 349.

Bruyère (La), bourgeois de Dijon, banni, III, 23.

Bruyères (Des), lieutenant au bailliage de Nuits, II, 122 ; — baron de Longepierre, II, 207.

Buatier (dit Réal de La Motte), conseiller maître à la Chambre des comptes, I, 65 ; II, 433 ; — candidat maire, II, 83 ; — envoyé vers le duc de Lorraine, II, 86 ;— achète la terre de Charrey, II, 159 ; dispute avec Fyot puîné, II, 237 ; — lui fait passer l'avis de se cacher, II, 266 ; — son successeur, II, 319 ;— communique avec les conseillers prisonniers, II, 359 ; — consulté par Mayenne, II, 380 ; —créancier de la ville, II, 419 ; — évincé de la Chambre des comptes, II, 572 ; — dénonce au Parlement la tentative des soldats du château sur les coffres du Roi, II, 45.

Voir aussi Réal de La Motte.

Buchillot, procureur au Parlement, III, 23.

Buchon, capitaine, III, 90.
Buffet (P.-D.), prieur des Carmes de Dijon, I, 80; — ses prédications contre Henri IV, I, 365, 366; II, 159, 136; — ses prédications contre le Parlement, II, 188, 232; — ses prédications sur la conspiration La Verne, II, 271, 281; — on veut lui faire prononcer l'oraison funèbre de Henri III, III, 18;- fait celle du maire de Requeleyne, III, 101.
Buncey (Côte-d'Or), I, 297.
Bureau des Finances de Dijon, transféré à Autun, III, 185; — révocation du bureau, III, 234.
Busseaut (Côte-d'Or), I, 297.
Bussière (abbé de La), (Côte-d'Or), I, 161.

C †

Caen (Calvados), ville. L'armée de Mayenne y est réunie, I, 81.
Caillet, bourgeois d'Auxonne, II, 41.
Caillin (Robert), notaire, I, 383; II, 531.
— lieutenant de la paroisse St-Nicolas, II, 185.
Cajetan, légat du Pape, I, 56, 113. Voir aussi légat.
Calais (Pas-de-Calais), ville, prise par les Espagnols, I, 151; III, 70.
Cambray (Nord), ville, prise par les Espagnols, I, 148; II, 360; III, 33, 70.
Campenne (M.), II, 7.
Campon, gouverneur de Beaume, I, 32. Voir aussi Rampoux.
Camus, capitaine ligueur, I, 77.
Camuset (M.), I, 194.
Canada (découverte du), III, 140, 143.
Candale (abbé de Fontenay), I, 301.
Canquoin, de Dijon, I, 304.
— échevin, II, 185; — juge le procès La Verne, II, 329.
— de Plombières, I, 333.
La Capelle (Aisne), ville.
— siège, II, 123, 131, 134, 144.
— (combat de), II, 142.
Capitaine voleur, pendu, II, 576.
Capitaines, arrêt contre leurs exactions, III, 57; — édit d'abolition de leurs actes pendant les troubles, III, 189, 208.
Carabins (cavaliers), I, 128.
Carcassonne (Aude), ville.
— (soumission de), II, 130.
— se déclare pour l'Union, II, 506.
Carces (la comtesse de), I, 356.
Carlo, ingénieur du duc de Mayenne, II, 149.
Carmes, couvent de Dijon, II, 522. III, 130; —chapitre général, I, 80; — prédications contre Henri IV, I, 364; — placard contre les Carmes, I, 365; assistent à la procession du Jubilé, II, 457; — Pequelin, prêcheur des Carmes, II, 465; — prieur réfugié au château, II, 541; — refusent de prier pour le Roi, III, 24; — procession pour le Roi, III, 90.
Carneaux, capitaine, I, 48.
Carnet, avocat, juge du procès La Verne, II, 329.
Carpentras (Vaucluse), ville, III, 23.
Carrelet (Jean), bourgeois de Dijon, I, 161, 316.
— (Bernard), receveur, I, 322; II, 213.
— échevin, III, 96.
Carreleurs (fête des), II, 133.
Carrey, notaire à Dijon, I, 269.
Casaques vertes (les), II, 235.
Casimir duc des Deux Ponts, I, 20, 231; — commandant l'armée des

— 281 —

Reitres, I, 20, 22, 23, 175, 176, 185.
Castelnaudary (Aude), ville, II, 506.
Castille (Fernand de Velasco, connétable de), II, 500; — amène une armée à Mayenne, I, 126; — son entrevue de Bourg avec Mayenne, II, 419; — Franchesse va le rejoindre, 479; — fournit la garnison de Chalon, II, 485; — battu à Fontaine-Française, II, 553; — le Parlement lui écrit touchant la captivité du fils de Montholon, III, 27.
Castrum Divionense, II, 154.
Catelet (Le), Aisne, prise de, I, 140.
Catherine de Bourbon, sœur de Henri IV, son mariage, I, 159; — préfère le comte de Soissons au duc de Montpensier, I, 302; — visitée par les princesses de Lorraine, I, 354; — son frère la fait instruire, II, 89, 177; — sa conversion, II, 128; — fréquente les ministres protestants, II, 464; — malade, II, 499.
Catherine de Médicis, reine de France, entrée à Dijon, I, 17.
Catherine (Guy), conseiller au Parlement, I, 172; II, 2; III, 2; — Mayenne lui écrit pour la libération de son fils, I, 285; — démarche de sa femme à ce sujet, I, 286; — on lui refuse l'entrée de Dijon, I, 377; — confère avec le président Jeannin, I, 392; — possesseur de la Colombière, II, 178; — rapporteur de la requête de La Verne, II, 208; — exempté de l'impôt par La Verne, II, 213; — suspect dans son affaire, II, 215; — donne des nouvelles du duc de Nemours, II, 254; — pillage de sa métairie de Chenoves, II, 361; — malade, II, 391; — perquisitions dans sa maison, II, 476; — part pour Beaune, II, 515; — volé par les carabins, II, 517; — son gendre Berbisey lui succède, III, 20.
Catherine (Mlle), I, 293, 366; II, 488.
— (Claude), conseiller au Parlement, III, 2.
— échevin, II, 488, 529.
Caudebec (Seine-Inférieure), ville, prise par Mayenne, I, 81.
Cazotte, bourgeois de Dijon, I, 323; — échevin, II, 364, 383.
Cerf-Volant, à Dijon (auberge du), I, 370.
Cerisy (Mme de), I, 262.
Ceston (M. de), I, 360.
Chabert, capitaine royaliste, à Couchey, I, 96; II, 191, 317, 368, 387.
— (Mlle), I, 317.
Chablis, bourg (Yonne), I, 294.
Chabot-Brion, voir Brion.
Chabot-Charny (Eléonor), grand-écuyer de France, lieutenant-général au gouvernement de Bourgogne, I, 308; — fait son entrée à Dijon, I, 1; — assiste à l'entrée du duc de Mayenne, I, 16, 36; — parrain de son petit-fils, le comte de Tavanes, I, 30; — bruit de sa mort, I, 101, 265, 266, 275; — veut s'emparer de Seurre, I, 124; — sa mort, I, 154; apporte l'édit de pacification au parlement, I, 183; — fait jurer la ligue au parlement, I, 190; — mort de sa femme, I, 203; — présente l'édit de pacification au parlement, I, 209; — ressuscité, I, 275; — avisé de la paix, I, 311, 371; — demande à Franchesse une sauvegarde pour Couchey, II, 191; — reçoit une lettre du chancelier de Cheverny, II, 253; — reçoit des nouvelles de Bretagne, II, 340; — n'ose s'emparer de Seurre, II, 452, 455; — se retire à Saint-Jean-de-Losne, II, 477; — arrive à Dijon, II, 561; — donne sa démission de lieutenant-général, III, 57; — poursuites de ses héritiers contre M. de Brion, III, 178.

B 20

— 282 —

Chabot-Cormatier (Mme de), 1, 36.
Chabot, mis de Mirebeau, voir Mirebeau.
— trésorier de France, I, 202.
Chagny, bourg (Saône-et-Loire), I, 289, 359, 414, ; II, 50, 577.
Chaignay, village (Côte-d'Or), I, 372.
Chaillot, près Paris (Seine), I, 297, 304.
Chalmant (M.), II, 412.
Chalon-sur-Saône, ville (Saône-et-Loire), I, 60, 317; II, 50, 63, 396, 402, 458, 476; — évêque de, I, 94, 340; II, 78,123; — citadelle de, I, 42, 70, 82, 96 ; — députés aux Etats, I, 85 ; — artillerie de, I, 97 ; — séjour du prince de Mayenne, I, 103; — Tavanes s'y retire et s'en assure, I, 105; II, 111 ; — Mayenne s'en empare et y séjourne, I, 126; II, 374, 444, 446; — peste, I, 248; désordres, I, 291, 406; — gouverneur, I, 281, 577; III, 225; — prêt à se soulever, II, 147 ; — refuse l'impôt, II, 152 ; — élection du maire, II, 165; — trève avec Verdun, II, 240 ; — Mayenne assailli dans son voisinage, II, 403; — refuse l'entrée au marquis de Tréffort, II, 480 ; — logis de Mayenne, II, 461 ; habitants emprisonnés, rançonnés et chassés, II, 453, 469, 476 ; — garnison étrangère, II, 485, 508; — livre du vin à Mayenne, II, 500 ; — érection d'un siége présidial, III, 19 ; — prête serment de fidélité au roi, III, 88.
Chalonnais, ruiné, II, 464.
Chalons-sur-Marne, ville (Marne), I, 91, 334 ; — entreprise du duc de Guise sur, II, 177.
Chambéry, ville (Savoie), I, 378.
Chambre de l'édit en Bourgogne, III, 127.
Chambolle, village (Côte-d'Or), I, 92 ; — combat, I, 323.
Chambre des comptes de Dijon, royaliste rentre à Dijon, 1, 135; — réunion des deux fractions; I, 136; — convoquée pour la mairie, II, 195; — imposée pour la garnison, II, 196; — négocie avec les greneliers des greniers à sel, II, 198, 211; — s'associe aux démarches du parlement, II, 217, 220 ; — informe la cour de la rupture des coffres des receveurs par les chefs militaires, II, 253 ; — réunie au parlement pour les gages, II, 402, 404, 494; — convoquée à l'Assemblée tenue au Logis-du-Roi pour aviser sur les dangers de la ville, II, 522, 525 ; — rétablissement de cette Chambre après la réduction de Dijon, II, 562 ; — mandée au conseil d'Etat, II, 564 ; — imposée pour la guerre, II, 564, 565, 568, 580, 581; — reçue par le roi, II, 566, 580 ; — va au devant du parlement de Semur, II, 569; — retenue par le chancelier, II, 572; — plaisanterie que le roi lui adresse, 581 ; — séance du président, III, 12; — syndics convoqués chez le président Fremyot pour des mesures de sûreté générale, III, 21; — fraternité avec le parlement pour les gages, III, 34, 37; — entreprise sur les prérogatives du parlement, III, 74, 207, 208; — concert avec le parlement pour les pauvres et la garde de la ville, III, 90 ; — défend au parlement d'entreprendre sur ses attributions, III, 126, 216, 220, 233 ; — se plaint à Biron de l'enlèvement des caisses publiques, III, 187; — gages, III, 215; — arrestation illégale d'un de ses membres, III, 218 ; — demande la démolition du château de Dijon, III, 256.
Chambre des pauvres de Dijon, III, 184.
Chambre (Claude de Saulx, marquise de La), I, 8, 91.
Chamfourçant, capit. ligueur, I,78.

Chamilly (Erard Bouton, sieur de), blessé par Guillerme, I, 106; — député aux Etats, I, 264 ; — réclame le fils Gontier, I, 331; — son mariage, I, 334; — envoyé par Vaugrenant à Verdun, I, 346; blessé dans un combat, I, 352; — arrêté par Sennecey, I, 356, 365, 366, 383 ; — guette Sennecey, I, 389; — trahit Vaugrenant, II, 27, 28; — château de, II, 134; — reçoit Pierre d'Esbarres, II, 158; — reçoit Mlle de l'Epervière, II, 211, 395; — son duel avec Vaugrenant, II, 347; — reçoit son beau-frère Brulart, II, 387; — en reçoit des lettres, II, 470.

— village, II, 211.

Champagne (province de), I, 278, 279; — mouvement en faveur de Henri IV, II, 42; — refuse le duc de Guise comme gouverneur, II, 98 ; — gouvernement, II, 250; — recette générale, II, 339; — gentilshommes prisonniers à Duême, II, 525.

— grand prieur de (voir la Romagne.
— régiment de, III, 243.
— sur-Vingeanne (Côte-d'Or), II, 524.

Champeau (Roch), pourvu d'un office de conseiller au parlement, I, 417; II, 438, 471.

Champeron (M. de), III, 104, 106, 113, 114.

Champforgueil, château de (Saône-et-Loire), II, 465, 491.

Champlat, avocat, pourvu d'un office de conseiller au parlement, I, 414, 415.

Champlitte, bourg (Haute-Saône), prise de, I, 138, 139.

Champmaillot, métairie près Dijon, I, 129; II, 141, 146, 439, 443, 493; — quartier général du maréchal de Biron, II, 532, 533.

Champrenaut, village (Côte-d'Or), II, 30; — château, II, 206.

Champvallon (Jacques de Harlay, sieur de), I, 387; II, 20, 22, 34, 36, 194.

Chanceaux, bourg (Côte-d'Or), II, 312; III, 90.

Chancelier, voir Cheverny.

Changenet, notaire et procureur à Dijon, I, 167, 305, 398.
— avocat, III, 119.

Changey, ferme près Dijon, I, 4.

Chanlecy (seigneur de), capitaine de Talant, cède sa place de Talant au vicomte de Tavanes, I, 102, 261, 272, 273 ; — député du duc d'Elbeuf, II, 100.

Chantal (baron de), I, 275.

Chantepinot (Edme de), avocat du roi au bailliage de Dijon; son assassinat juridique, I, 75; II, 125, 168, 246, 247, 248, 317, 329, 331, 336, 351, 355, 358, 376.

Chanteret, auditeur à la Chambre des comptes, II, 172 ; — impliqué dans la conspiration La Verne, II, 268, 273, 283; — garnison mise chez lui, II, 372; — banni, II, 390, 455; — amené à Dijon, II, 438.

Chanteureux (M.), II, 287.

Chapelle des Ursins (M. de la), I, 279.

Charancey, village (Côte-d'Or), II, 218; — curé de, II, 141, 311.

Charles, prédicateur dijonnais (Père), I, 92.

Charles IX, roi de France; sa mort et ses obsèques, I, 14; III, 19.

Charlieu, ville (Saône-et-Loire), II, 499.

Charmoi ou **Chamoi** (vicomte de), commandant de Thoissey, II, 40, 139, 146, 237.

Charny (comté de), III, 178.

Charolles, ville (Saône-et-Loire), II, 158; III, 121.
— (M. de), I, 180.

Charollois (comté de), I, 60; III, 122, 231.

Charpy (Etienne), II, 233.

Charrey-en-Plaine (Côte-d'Or), I, 159.

Chartres, ville (Eure-et-Loir); I, 279; — prise par Henri IV, I, 69, 74, 275; — assemblée tenue à, I, 259, 275, 385; — couronnement de Henri IV, I, 381; II, 46; — lettre du gardien des Cordeliers de Chartres à celui de Dijon, II, 47.

Chartreux de Dijon, I, 330; — le légat y descend, I, 158; — refusent de payer les décimes, II, 81, — couvent profané par une fille; II, 120; — Mayenne s'y rend, II, 386; — entretien d'un chartreux avec Mayenne, II, 460; — prieur député au roi, II, 531; — visités par Henri IV, 551, et par le duc de Savoie, III, 202.

Chaseu-Laisy, hameau (Saône-et-Loire), I, 92.

Chaseuil, village du canton de Selongey (Côte-d'Or), I, 90, 289.

Chastelier (M.), I, 285.

Chastellux (Olivier de), député des Etats de Bourgogne, III, 158.

Chastenay-Lanty (Mlle de), II, 452.
— (M. de), III, 149.

Château de Dijon, assiégé par Biron, I, 130; — conspiration pour s'en emparer, II, 263, 329; — incendie au, II, 333; — approvisionnement, II, 403; — projet de le démasquer, II, 418; — Franchesse promet de ne point y recevoir l'Espagnol, II, 497; — bloqué par Biron, II, 541; — assiégé, II, 544, 546, 547, 554, 556, 557, 561, 565; — reconnu par Henri IV; — chute de la tour St-Georges, II, 565; — la ville en demande la démolition, II, 578, 579; III, 247, 254, 256; — violente opposition de Biron, III, 581, 582; — évacuation, III, 583, 584; — mesures prises contre le château, à l'occasion de la conspiration de Biron, III, 238 et s.; — reddition, III, 255.

Château-Moselle (Lorraine), II, 84.

Châteauneuf en Auxois, bourg (Côte-d'Or), I, 302, 341; II, 12, 387, 434, 445, 446, 447; III, 247.

Château-Thierry, ville (Aisne), prise par Mayenne, I, 70; rendue à Henri IV, II, 244.

Château-Vilain; bourg (Haute-Marne), I, 303; II, 467; — siége de, I, 84, 330; II, 355.
— comte de, I, 303.
— comtesse de, I, 303.

Châtel (attentat de Jean), I, 132; II, 425, 426, 430.

Chatelet, marquis de Tilchâtel (Erard de), fait prisonnier par les ligueurs, I, 65.

Châtillon-sur-Seine, ville (Côte-d'Or), I, 373; — prise pour Avallon, I, 74; — traversée par les députés aux Etats, I, 101; procès fait à la mairie, I, 296; — Thenissey s'en empare, I, 314, 315; — se déclare pour le roi, II, 39, 41, 47; — royalistes chassés, II, 50; — incendie des faubourgs, II, 101; — démolition des faubourgs, II, 110; — démolition des églises, II, 422; — misère des habitants, II, 118, 505, 508; — bloquée, II, 223; — demande de trève, II, 339; — siége de la recette générale de Champagne, II, 339; — menacées, II, 403, 412; — visitée par Mayenne, II, 420; — neutralité, II, 452, 464, 487; — réponse du roi à ses députés, II, 489; — capitainerie, III, 209.

Châtillon (M. de), seigneur d'Allonne, I, 322.
— bailli d'Autun (M. de), III, 89.

Châtre (la), gouverneur d'Orléans, I, 275; — nommé maréchal de France, I, 366; II, 33, 35, 36; — rend Orléans et Bourges, I, 389; II, 35; — négocie cette reddition, II, 22, 25; — tué, II, 142; — prend Honfleur, II, 158; — méprisé des royalistes, II, 235; supprime la confrérie du Cordon, II, 260.

Chaudon, nommé conseiller au parlement, III, 47, 107, 113; — résigne en faveur d'A. Fremyot, III,

Chaudon, doyen de Macon, III, 158, 163.
Chauffour (M. de), I, 296, 297; — pris sous les murs de Beaune, I, 105, 342, 343; — refuse les offres du prince de Mayenne, I, 347; — reçoit les derniers adieux de Bussy mourant, I, 348; — tient des prisonniers ligueurs pour échanger, I, 348; — tient Verdun, I, 353, 359; — devient ligueur, II, 11; — repoussé par les Suisses, II, 13; — rixe avec les portiers de Macon, II, 43; — revenu à Dijon, II, 52; — capitaine de la garnison de Dijon, II, 54; — quitte le parti de la ligue, II, 54, 61; — répond à Tavanes, II, 83; — refuse de servir avec lui, II, 114; — échauffourée qu'il cause, II, 116; — retiré à Chevigny-St-Sauveur, II, 158; — assiste Franchesse, II, 200; — retiré à Bonnencontre, II, 237; — Mayenne lui écrit, II, 242; — chargé par la garnison de Saint-Jean-de-Losne, II, 257; — cautionne la Sablonnière, II, 273; — entre à Verdun, II, 418; — défend le château de Villers-la-Faye, II, 465; — fait sortir sa femme de Dijon, II, 482, 483; — se distingue au combat de Fontaine-Française, II, 553.
Chaume, château de la (Côte-d'Or), I, 145.
Chaumelis, secrétaire de Biron, puis receveur-général de Bourgogne, III, 149, 166, 171, 173, 186, 243.
Chaumont, ville (Haute-Marne), II, 79, 104; — réduite à l'obéissance du roi, II, 87, 88, 95, 144; — lieutenant criminel, II, 98; — canons menés devant Dijon, II, 558.
Chaumont-Quitry, lieutenant-général; réuni au maréchal d'Aumont, I, 68.
Chaussin, bourg (Jura); marquisat de, I, 174.
— château, I, 326; III, 195.

Chaussin (François de Lorraine), marquis de, II, 84.
Chaux-en-Bassigny, village (Haute-Marne), I, 100.
Chavigny, seigneur d'Is-sur-Tille (M. de), II, 329.
Chavron, voy. Escars.
Chavrond (M.), III, 206.
Chenevières (M.), II, 417.
Chenot, huissier, II, 460.
Chenôve-les-Dijon, village (Côte-d'Or), I, 75, 77, 97, 110; II, 111, 361, 364, 518; — émeute à, III, 84; — chapitre de, II, 312.
Chéras, ville de Piémont, II, 432.
Cheriot, 1er huissier du parlement, I, 363; — II, 7, 345, 460; III, 15.
Chevalier dit **Mornac**, I, 391; II, 71, 358, 398.
— Le doux, I, 281.
— procureur, II, 202.
Chevannay, village (Côte-d'Or), II, 23.
Chevelon, avocat, refuse de juger le procès La Verne, II, 285.
Cheverny, chancelier de France (Hurault de), chasse les Jésuites de Dijon, I, 133; — réunit les fractions des deux cours souveraines de Dijon, I, 136; — assiste à la procession de la Sainte-Hostie, I, 139; — séjourne à Dijon, I, 140; — quitte la ville, I, 141; — député à la conférence de Surène, I, 313; — écrit à Chabot-Charny, II, 253; — bruit de sa décapitation, II, 396; — écrit à son fils à Pagny, II, 406; — arrive à Dijon, II, 554; — logé chez Moisson, II, 555, 569; — salué par le parlement, II, 555; — négociation pour le rétablissement du parlement, II, 559, 560, 562, 563, 565; — assiste à l'audience accordée par Henri IV aux compagnies de la ville, II, 566, 567; — invite Brenot à se rendre au devant du parlement de Semur, II, 569; — salué par ce parlement

à son arrivée, II, 569; — rétablit le parlement de Dijon, II, 751; — réunit les deux parlements royaliste et ligueur, II, 572; — rétablit la Chambre des comptes, II, 572; — consulté par le parlement réuni pour se présenter devant le roi, II, 574; — sur la préséance à la procession, III; — assiste à la procession de la Sainte-Hostie, III, 5; — visite le château de Dijon, III, 10; — celui de Talant, III, 12; — fait complimenter le parlement, III, 190; — l'invite à enregistrer l'édit de Nantes, III, 190.

Cheverny (Mme de), I, 314; — marraine du fils du baron de Lux, I, 102.
— Henri Hurault (vicomte de), II, 352, 406, 477, 489.

Chevrières (M. de), I, 318, 321; II, 48.

Chevigny-Saint-Sauveur, village (Côte-d'Or), I, 297; II, 158, 161, 190, 416, 436, 461, 466, 490.
— Fresnoy (M. de), III, 208.

Chifflot, conseiller au parlement, III, 3.

Chisseret, échevin, III, 224; — procureur, I, 213, 273; — refuse d'être juge du procès La Verne, I, 297, 305, 318; — juge ce procès, I, 329; — apporte la sommation de Biron au maire de Dijon, I, 522.
— lieutenant de la paroisse Saint-Philibert, II, 185.
— Mme, I, 394.

Chissey (M. de), gouverneur d'Autun, I, 264; — déjoue une entreprise des royalistes, I, 114; II, 103, 106, 107, 140; — reçoit une gratification, II, 358; — en désaccord avec l'abbé Jeannin, II, 230; — compose d'Autun avec Thianges, II, 239, 241; — d'accord avec les Autunois, II, 348; — manque d'être tué, II, 349; — mort de son père, II, 396; — se rend à Biron, II, 516.

Chocelle (baronnie de la), II, 122.

Chretiennot (M.), I, 259, 362.

Christophe, prédicateur jésuite, lit la réponse de Mayenne aux sommations des royalistes, I, 288; — approuve le régicide, I, 396; — félicite La Verne et Franchesse, II, 45; — menace les habitants politiques, II, 50; — repris en chaire par un paysan, II, 63; — apostrophe les vignerons en chaire, II, 128, 138; — leur fait ses excuses, II, 132; — ses violences contre Henri IV, II, 132, 136; — prêche contre la conspiration La Verne, II, 271, 273.

Cimetière (M.), I, 309.

Cirette, bourgeois de Dijon, I, 334.

Cirey, village (Haute-Marne), I, 82; — château.

Cirey, conseiller au parlement (Bénigne de), II, 2; III, 3.
— (Jérôme de), conseiller au parlement, I, 171, 204, 233.

Cîteaux, abbaye de (Côte-d'Or), I, 212; II, 389; — envahie par les reitres, I, 20; — pillée par Tavanes, I, 54, 125, — par Vaugrenant, II, 129, 410; — par Biron, II, 464.
— (abbé de), I, 25, 30, 40, 66, 160; III, 158, 159.
— chapitre général, III, 162.
— abbés conseillers nés au parlement, I, 228.
— notaire de, II, 129; — prieur, II, 177; — Henri IV lui accorde une sauvegarde, II, 178; — la connaissance de ses causes est remise au parlement, III, 221; — vins d'honneur envoyés par la ville de Dijon au chapitre général, III, 221.
— Petit, à Dijon, II, 5.

Clabard, receveur à Semur, III, 107, 191.

Clairfort (A.), I, 145.

Clairvaux, à Dijon (hôtel de), II, 78.

Claude, père jésuite, I, 393.

Claveson (Charles d'Ostun de), II, 20, 22.

Clayette (baron de la), I, 330; — va aux Etats de la ligue, I, 101, 262, 369; — marche au secours de Montsaugeon, I, 117; — Saint-Sorlin lui donne une mission, II, 140; — livre la ville de Tournus aux royalistes, II, 151; — entré dans Autun, II, 239, 341; — en garnison à Dijon, II, 259, 358; — va au devant de Mayenne, II, 359.

Clément, conseiller au bailliage d'Arnay, I, 248.

Clément (Jacques), assassin de Henri III, I, 51, 419; — anagramme sur son nom, II, 239.

Clément VIII, pape, I, 162.

Clercs des Greffes (offices des), I, 239.

Clergé de Bourgogne; décimes, I, 377; II, 110; — assemblée, I, 381; — de Dijon, chargé de la garde des portes, II, 238; — va saluer Mayenne, II, 375; — convoqué à l'assemblée du Logis-du-Roi, II, 522; — contraint de prier pour le roi, III, 16, 17, 24; — prétentions qu'il énonce sur l'Eglise, III, 24.

— de France, assemblé à Paris, II, 460; — édit pour les décimes et la police, III, 209.

Clermont-Tonnerre, (Charles de), lieutenant-général du roi en Auxois, III, 99, 244; — va au devant du maréchal de Lavardin, III, 255.

Cléry, capitaine d'Auxonne, I, 194.

Cloche (à Dijon, hôtel de la), II, 126.

Cluny (ville, Saône-et-Loire), II, 219; — soumission de, II, 127.

— (abbé de), avisé d'une entreprise — sur Lourdon, I, 276; — assiégé dans ce château, II, 327, 332, — sa soumission, II, 127, 130.

— (collége de), à Paris, I, 351.

Cocalane publié à Dijon, II, 125.

Coclès, conseiller au parlement de Paris, I, 263.

Coiffy (Haute-Marne), prise du château de, I, 80.

Colard, conseiller au parlement, I, 171, 191, 242; III, 2, 43, 53, 55, 57, 72, 110, 146, 150, 232, 256.

— (Mlle), I, 379.

Coligny (amiral), annonce de sa mort, I, 8.

Colin, conseiller au parlement, I, 181.

Collége Godran, à Dijon, III, 130; — ouverture des classes, I, 30; — bâtiment, I, 36; — installation des nouveaux régents, I, 142; — procession des élèves, II, 281; — pensionnaires beaunois arrêtés, II, 459; — commission pour le réorganiser, III, 15; — inventaire du mobilier, III, 17; — voir aussi Jésuites.

Collége vieil, voir Minimes.

Collet (S^r), échevin de Dijon, III, 213.

Collin, greffier, échevin, II, 185; — commissaire pour le procès de la conspiration La Verne, II, 276, 318, 329; — dégoûté de la ligue, II, 448; — s'oppose à l'entrée de Thenissey, II, 502, 506; — encourage le peuple à la paix, II, 529, — député pour aller trouver Biron, II, 530, 532, 535; — député au roi, II, 531; — détermine le maire à ouvrir les portes, II, 536; — commis pour acheter des grains, II, 545; — va au devant du roi, II, 545; — porte la Sainte-Hostie à la procession, III, 9; — s'oppose aux prétentions du parlement sur l'administration de la ville, III, 26, 27.

Collot, marchand du Bourg, impliqué dans la conspiration La Verne, II, 272, 307, 318, 338.

— boucher à Dijon, banni, III, 23.

Colombière-les-Dijon (ferme de la), I, 77; II, 178.

Colombière (Pierre de Boyaux, seigneur de), capitaine ligueur, I, 59; II, 3.

Colon (M.), I, 275.

— 288 —

Colonge (la), conseiller au parlement, I, 220.
Commarin (Antoine de Vienne, comte de), III, 250, 252, 253.
— (Jacques de Toulongeon, dit de Vienne, comte de), II, 138, 231.
Comart (Jeannette), sorcière, I, 413.
Communes (Joachim Damas, seigneur de), officier ligueur, I, 306; — député aux Etats de la ligue, I, 342; — député à la conférence de Couchey, I, 371; — pris par les Avalonnais, I, 143, 148; — commandait les prédicateurs, I, 297; — favorable à La Verne, I, 306; — dispute avec Pignalet, I, 307; — avec Des Boutons, I, 342; — dégoûté de la Ligue, I, 344, — retenu à Dijon, I, 359; — rapporte la querelle entre Nemours et Mayenne, I, 483; — rapporte des ducatons, I, 484; — va rejoindre Mayenne, I, 488.
Communautés (aliénation des biens des), III, 229.
Compasseur (le, M.), III, 50.
— Trésorier, II, 301.
Compiègne, ville (Oise), siége de, I, 278.
Comptes des villes et communautés (recherche des), III, 211.
Comté de Bourgogne, voir Franche-Comté.
Concierge de la prison, banni, I, 406.
Condé (Henri, prince de), I, 20, 82.
— (Henri II, prince de), abjure le protestantisme, I, 149; — déclaré chef des protestants, II, 4; — le roi le fait instruire, II, 148; — le roi le fait reconnaître comme son successeur, II, 337.
Condé (Charlotte de la Trémouille, princesse de), ménage la trève de Noyers, II, 231; — déclarée innocente du meurtre de son mari, III, 102.
Confirmation (droits de), III, 183.
Conforgien (M. de), I, 310.
Confrérie du Cordon ou du Rosaire aux Jacobins de Dijon, II, 554, 563; III, 21, 153.
Confréries de Dijon, supprimées, III, 16, 17, 21.
Congrégation ligueuse de Dijon, II, 281, 466.
Connétable, voir Montmorency.
Consignations (édit des), III, 211.
Conspiration de Jacques La Verne, I, 118 et suiv.; II, 262 et suiv.
— du maréchal de Biron, III, 238 et suiv.
Constant (M.), receveur d'impôt, I, 290; II, 568.
Contet, lieutenant criminel à Langres, I, 390.
Conti (François de Bourbon, prince de) I, 61; — défait par Mercœur, I, 82; — le resserre dans Nantes, II, 360.
Conygham, lieutenant de Vaugrenant, II, 69, 200.
Coquelin, bourgeois, II, 21; — compromis dans la conspiration La Verne, II, 307, 318, 338, 496.
Corabeuf (Antoine de Salins, seigneur de), II, 19.
Corberon, payeur des gages du parlement, III, 69, 72, 83, 131, 234.
Corcelles-les-Monts (village, Côte-d'Or), I, 110.
Corcelets frères, à Dijon, II, 524.
Corcelotte (M. de), II, 195, 196.
Cordeliers de Dijon (couvent des, construction des fours pour l'armée, 1, 135; — on y tient les Etats I, 149; — misère, II, 420; — à la procession du jubilé, II, 457; — prédications espagnoles, II, 495; — sépulture, III, 53.
— passage du général, III, 121.
Cordeliers de Dijon, gardien chassé de la ville, I, 119; II, 294; — annonce l'élection du duc de Guise comme roi de France, I, 350; — appelé prédicateur des politiques, II, 59; — mandé par le maire, II, 61; — impliqué dans la conjuration La Verne, II, 263; — mandé

— 289 —

au château, II, 268, 274; — offre un refuge à Lavisey, II, 274; — réfugié à Auxonne, II, 290; — appelé par Biron à Beaune, II, 468; — refugié au château, II, 541; — prêche devant le Roi, II, 556; — insulté en sortant du château, II, 584; — s'acquitte mal de l'oraison funèbre de Henri III, III, 21; — fait l'oraison funèbre de Vaugrenant, III, 33.

Corderolle, orfèvre, II, 86, 91.

Cordier, valet de chambre de Mayenne, II, 143, 446, 504.

Corisande (Diane d'Andouins, C^{sse} de Grammont, dite la Belle, II, 424.

Cornaro (cardinal), légat en France, II, 400.

Cornuel, procureur au Parlement, I, 414; II, 471.

Corvaut, maître d'hôtel de Biron, III, 77.

Cothenot, conseiller au Parlement, I, 221; — dispute avec Picardet, II, 236; — arrive à Beaune, II, 467; — tué au siége de Beaune, II, 474; — remplacé, III, 83.

— procureur au Parlement, I, 221; — reçoit Henri IV dans sa maison, II, 576.

Cottin (M.), II, 443.

Couches, bourg (Saône-et-Loire), II, 83, 149.

Couchey, village (Côte-d'Or), I, 71, 96, 97, 108, 265, 298; II, 205, 317, 489, 518.

— conférences avec les Royalistes, II, 367, 371, 371; — rencontre de soldats, II, 91; — sauvegarde, II, 191, 387; — ravagé par les Savoyards, II, 436; — seigneurie, III, 178.

Coucy en Picardie (Aisne), II, 143.

Courcelles-les-Rangs, village (Côte-d'Or), I, 317.

Courtivron, village (Côte-d'Or), II, 467; — garnison, II, 233.

Coussin (Bernard), avocat à Dijon,

brigue la mairie, I, 83, 161; — bâtonnier de la Sainte-Hostie, I, 152; — élu commis au magistrat, I, 155; — élu maire, I, 157, 158; — dispute avec Rouhier, II, 241; — refuse de juger le procès La Verne, II, 304, 305; — le juge, II, 329; — somme Tavanes de ne point recevoir de garnison, II, 508; — commis au magistrat de Dijon, III, 100; — dénonce les entreprises du Parlement sur les priviléges de la ville, III, 101; — enquête sur ses brigues, III, 116; nommé garde des Evangiles, III, 116; — ses débats avec le Parlement au sujet du changement de la forme des élections, III, 117, 152 et suiv. ; — fait annoncer l'élection du maire sans parler de l'arrêt du Parlement, III, 154, 164; — poursuites dirigées contre lui par le Parlement, III, 173, 174, 175, , 180; — visité par le grand prieur de Champagne, III, 193.

— (Etienne), procureur, I, 201.

Coutume de Bourgogne (révision de la), I, 174.

Couture (La), gouverneur de Nuits, II, 552; — officier des troupes du Roi, III, 106.

Craon (combat de), (Mayenne), I, 82.

Cravant, bourg (Yonne); — sel de, I, 399; II, 68; — soumission de, II, 64, 68, 77, 80.

Crecey-sur-Tille, village (Côte-d'Or), I, 285; — château, II, 147.

Crépan lez Prusly, hameau (Côte-d'Or), II, 16.

Crepet, sergent de la mairie, II, 129.

— de la Forge (M.), 1, 168.

Crépy en Valois (Aisne); — forêt, I, 406.

Crespy (Bourgeois de), président au Parlement, I, 172; II, 110; III, 1; — emprisonné à Dijon, I, 44, 48; —

B 21

amène des troupes au siége d'Autun, I, 69 ; — marie sa fille au fils de Brûlart, I, 109, 380, 386, 387, 401, 402, 403 ; II, 60 ; — nommé président, II, 180, 183, 187, 208, 209, 223, 229 ; — annonce une guerre à outrance, II, 288;—guetté par le chevalier Franchesse, II, 295 ; — prise de son château de Mussy, II, 313 ; — délégué à la conférence de Couchey, II, 367 ; — annonce la paix, II, 408 ; — ravages commis sur ses terres, II, 414 ; — député en cour, II, 100, 231, 469 ;—donne des nouvelles de Paris, II, 123, 406 ; — Franchesse lui tend une embuscade, II, 234 ; — obtient un passeport pour Me Brulart, II, 238 ; — Fremyot lui écrit, II, 256 ; — annonce l'arrivée du Roi, II, 406 ; — sa maison convertie en magasin, II, 435 ; — a vu la bulle d'absolution du Roi, II, 455 ; — barricade élevée devant sa maison, II, 526 ; — Biron visite sa maison pour y loger le Roi, II, 548 ; — annonce la volonté du Roi touchant la vérification d'édits, II, 579 ; — député à Biron au sujet de l'enlèvement du bétail, III, 72 ; — assemblée tenue chez lui, III, 103 ; — reçoit des augmentations de gages, III, 113, 124, 131 ; — réclame la présidence de la Tournelle, III, , 140 141, 142 ; — député en cour au sujet de l'édit de Nantes, II, 194, 203 ; — rend compte d'une mission près de Biron, II, 219 ; — envoyé au chapitre général de Citeaux , II, 221; commissaire pour l'aliénation des biens des communes, II, 229 ; — assiste le marquis de Mirebeau, II, 242; — envoyé au baron de Lux, II, 250, 251, 252, 253 ; — député au maréchal de Lavardin, II, 256.

— (Mlle), I, 366, 373, 378 ; — mariée au fils Brulart, I, 109, 380, 386, 387, 401, 402, 403.

Crillon (M. de), I, 50 ; II, 467, 565, 582.

Croix (M. de La), I, 286.

Croix (image de la), trouvée dans le tronc d'un pommier, I, 145.

Croix de Guise ou **Juise** à Dijon, I, 85.

Croquet, soldat, I, 268.

Croy (M. et Mme de), I, 29.

Crusilles (comte de), I, 50, 69 ; — s'empare de Tournus, I, 50,; — assiége Autun, I, 69 ; — battu par le prince de Mayenne, I, 103 ; — attaque le château de Lourdon, I, 275 ; — fait prisonnier, I, 310 ; — en querelle avec Tavanes, II, 154 ; — prend Brancion, II, 170, 347.

— château de (Saône-et-Loire), II, 154, 159, 171.

Cugnois, secrétaire de Jeannin, II, 490.

Cuirs (édit sur les), III, 229.

Cuiseaux, bourg (Saône-et-Loire), (garnison de), III, 122.

Cujer, marchand de Dijon, II, 257, 262.

Culêtre, village (Côte-d'Or), (château de), II, 137.

Cuny, avocat, II, 319.

Cusey, village (Haute-Marne), I, 372.

Cussigny (M. de), I, 342, 343, 353.

Cypierre (Humbert de Marcilly), I, 114; — surprend la ville de Semur, I, 47, — attaque M. de Sennecey, I, 68 ; — assiége Autun, I, 69 ; — accompagne les Suisses, I, 111; — reprend le gouvernement de Bourgogne, I, 284 ; — en lutte avec le marquis de Mirebeau, I, 346 ; — prend Epoisses, II, 40, 45 ; — Henri IV lui annonce son entrée à Paris, II, 72 ; — député en cour, II, 100 ; — les Autunois menaçent de le recevoir, II, 104, 106 ; — autour de Beaune, II, 161 ; — annonce à Avallon la prise de Laon, II, 212 ; — passe à Asnières, II, 240 ; — assiége Moutier-Saint-Jean, II, 273 ; — présent à l'attentat de J. Chastel, II, 425 ; — appelé à Autun, II, 500 ; — arrive à Dijon, II, 561 ; — le Roi lui annonce le prochain accommodement de Mayenne, II, 564 ; — le Parlement lui donne ses entrées à la cour, II, 573 ; III, 18 ; — sa mort, III, 99.

D

Dacier, capitaine ligueur, I, 76.
Dagobert, receveur à Autun, II, 348, 413.
Daix, village (Côte-d'Or), II, 14 ; — grêlé, II, 201.
Dampierre (M. de), I, 342, 343, 353.
Damville, amiral de France, (Charles de Montmorency, duc de) ; — bat le grand prieur de France, I, 18 : — battu par Joyeuse, I, 83, 85 ; — envoie des lettres à Franchesse, I, 345, 350 ; — reçu à Lyon, I, 416 ; —poursuit la restitution du château de Chateauneuf, II, 387 ; — intendant de, II, 410 ; — visité par le président de Crespy, II, 581; — promet fidélité à la Cour, III, 246.
Dauer, général des Reitres, I, 39.
Dauphiné, I, 86, 217.
David, avocat, II, 183 ; — échevin, III, 25, 26, 118.
Decrot, maréchal des logis de Biron, III, 245.
Delacroix (Ed.), abbé de Cîteaux, I, 66 ; II, 178 ; III, 158.
— maire d'Auxonne, I, 365, 383 ; II, 243, 544.
Delamare (fils), II, 459 ; — nommé conseiller au Parlement, III, 81.
— avocat du Roi à Beaune, III, 158.
Delaplace, chirurgien, I, 343 ; II, 346, 467, 479.
— amodiateur de Larrey, II, 399, 400, 454.

Denis, poullailler, II, 272.
Deromochert, sergent de la mairie, III, 97.
Depringles, substitut du procureur général, I, 420 ; II, 29, 417 ; III, 234 ; — refuse d'être juge du procès La Verne, II, 297 ; — commis pour aller trouver Tavanes au sujet des gages, II, 472 ; — intercède pour les jésuites, III, 184.
— (Mlle), II, 85.
— Jean, procureur général de la chambre des Comptes, II, 572.
De Rey, habitant de Dijon, banni, III, 23.
Desbarres. V. Esbarres.
Desboutons, capitaine ligueur, II, 237, 342, 344.
Des Bruyères. Voir Bruyères.
Descheintres, fermier de halles, II, 99.
Desgans, receveur de la Sainte-Chapelle, I, 65, 120 : — impliqué dans la conspiration La Verne, II, 276, 365, 374, 380, 383, 397, 423.
Desloges, commandant d'Epoisses, II, 243.
Desmarquets, trésorier de France, I, 287 ; II, 147, 162.
Desmoulins, capitaine ligueur, I, 297.
Desnoyers, audiencier, I, 280 ; — secrétaire de Franchesse, II, 191, 274, 501.
Des Pages. (J.) banni, III, 23.
Desplanches (Jean), imprimeur, II,

561; — chassé de la ville, II, 66, 86; — imprime le libelle contre Henri, III, 40.
— Maximilien, imprime le libelle contre Henri, II, 40.

Desportes (Bauvilliers), secrétaire du duc de Mayenne, II, 6, 222; — va trouver Jeannin, I, 405; II, 62, 64; — annonce le départ de Mayenne pour Bar-le-Duc, II, 85, 210, 279, 356, 412; — une défaite des troupes royales, II, 210; — l'accommodement du duc de Mayenne, II, 279; — le voyage de Mayenne à Nancy, II, 356: — au conseil de Mayenne, II, 379, 382; — sorti de Laon, II, 228, 349; — a des assignations sur la gabelle, II, 407: — quitte Dijon, II, 412; — se rend à Beaune, II, 422; — loge à Saint-Etienne, II, 434; — sauve les meubles du conseiller Quarré, II, 436; — demande un aide aux Dijonnais au nom de Mayenne, II, 477; — arrive à Dijon, II, 373, 490, 497, 544; — va en Comté, II, 491; — apporte la paix, II, 530.
— Grand maître des eaux et forêts I, 401; II, 27.
— Nommé abbé de Saint-Etienne de Dijon, II, 434.
— (Pierre), trésorier de France, III, 202.

Deterre, sergent de la mairie, II, 162
Devillehichot, enseigne de la paroisse Saint-Jean, I, 345, 350; — échevin, laisse sortir La Gauche, I, 397.
Devoyo, conseiller au bailliage d'Autun, II, 152.
Didier, capitaine ligueur, I, 64; II, 55, 125, 190, 202, 463.
Diénay, village (Côte-d'Or), II, 213.
Dieppe, ville, I, 55, 79.
Dieu de pitié de la place Saint-Jean, I, 274.
Digoin, bourg (Saône-et-Loire), I, 55, 341.

Dijon (ville de); — arrivée du maréchal de Vieilleville, I, 2; — du cardinal de Lorraine, I, 3, 11, 25; — solennité du jubilé, I, 5; — élargissement des protestants après la Saint-Barthélemy, I, 9; — entrée du duc de Mayenne, I, 15; — entrée de la Reine et de la cour, I, 16, 17; — entrée du duc de Ferrare, I, 19; — entrée du roi Henri III, I, 19, 167; — bloqué par les Reitres, I, 20, 76; — naissance de Henri de Mayenne, I, 25; — arrivée des princes lorrains, I, 25; — Mayenne s'empare de la ville, I, 32; — fête pour la paix entre le Roi et les princes, I, 42; — Dijon se révolte contre Henri, III, 43; — signe et prête le serment de la Ligue, I, 46 : — arrestation de M. de Fervaque, I, 48; — arrivée du duc de Nemours, I, 49; — arrivée des troupes suisses, I, 51; — entrée du cardinal légat Cajetan, I, 56; — exécution du capitaine Tresnard, I, 64; — tenue des Etats, I, 64, 84, 149; — exécution du capitaine Robert, I, 68; — arrivée du duc de Nemours et de St Sorlin, I, 71; — bloqué par le maréchal d'Aumont, I, 75; — attaqué par le marquis de Mirebeau, I, 79, — par Vaugrenant, I, 93; — incendie à, I, 93; — arrivée du vicomte de Tavanes, lieutenant de Mayenne en Bourgogne, I, 80, 89; — départ des députés aux Etats de 1593, I, 101; — arrivée du prince de Mayenne, I, 102; — attaqué par les royalistes, I, 112; — complot du maire La Verne pour le livrer aux royalistes, I, 118; — arrivée du duc de Mayenne, I, 120; — émeute à l'occasion de la garnison, I, 127; — bloqué par le maréchal de Biron, I, 128; — entrée de ce maréchal, I, 129; —

siége du château, I, 132, 134, 137 ; — entrée de Henri IV, I, 131 ; — il assiste à la procession de la Sainte-Hostie, I, 138 : — revenu à Dijon, I, 140 ; — arrivée du maréchal de Biron, I, 147 ; — la peste y éclate, I, 152 ; — fêtes à l'occasion de la paix de Vervins, I, 156 ; — entrée du Légat de Médicis, I, 157 ; — entrée du duc de Savoie, I, 161 ; — fêtes à l'occasion de la naissance du Dauphin, I, 163 ; — obtient un arrêt contre les privilégiés, I, 234 ; — violation de ses prisons par le duc d'Elbeuf, I, 241 ; — attaqué par Rougemont, I, 274 ; — défense aux habitants des faubourgs de recevoir des marchandises, I, 303 ; — enlèvement de ses bestiaux, I, 316 ; — attaque des faubourgs, I, 338, 382 ; II, 13, 15, 66, 137, 141 ; — émeute à l'occasion de l'exécution du capitaine La Gauche, I, 392 ; — alarme causée par un soldat, II, 3 ; — peste, II, 6 ; — passage de l'armée royaliste, II, 12 ; — défense d'y parler politique, II, 34 ; — déclaration du Roi affichée aux portes, II, 39 ; — émeute pour les feux des Brandons, II, 44 ; — combat aux portes, II, 51 ; — garnison pour la sûreté des vignerons, II, 52 ; — prise des vignerons, II, 55, 59, 111, 117, 120, 124, 137, 141 ; — troubles à l'occasion des insignes politiques, III, 86 ; — marque des maisons des ligueurs, II, 94 ; — accidents qui arrivent, II, 119 ; — soulèvement des vignerons, II, 122 ; — émeute causée par un prédicateur, II, 128, 132 ; — prêt à se soulever, I, 147 ; — tentative du baron de Vitteaux sur la ville, II, 152 ; — émeute, II, 161 ; — la mairie craint une entreprise des chefs ligueurs, II, 182 ; — affamé par les royalistes, II, 194 ;

— revenu des habitants saisi par les royalistes, II, 251 ; — découverte de la conspiration La Verne, mesures de sûreté, II, 262 et suiv. — communications interrompues avec le dehors, II, 279 ; — fausse alarme donnée par les Ligueurs, II, 280 ; — assassinats et vols qui s'y commettent, II, 304 ; — attaque des faubourgs, II, 332 ; — guet et garde, II, 352, 490 ; — assemblées, dragées, bouquets et présents défendus, II, 399 ; — alarme, II, 402 ; — approvisionnements empêchés par les royalistes, II, 409 ; — approvisionnement ordonné aux habitants, II, 411 ; — projet de découvrir les abords du château, II, 418 ; — dettes, II, 419 ; — imposée par Mayenne, II, 428, 430, 432, 433 ; — alarme à l'occasion de la prise de Beaune, II, 450, 454 ; — imposition sur le bailliage, II, 461 ; — rapports avec Beaune interdits sous peine de mort, II, 463 ; — vol commis chez un chapelier, II, 466 ; — alarme à l'occasion de la reddition de Beaune, II, 473 ; — les habitants des campagnes s'y réfugient à l'approche de Biron, II, 475 ; — pillage du grenier à sel, II, 477 ; — émeute à l'occasion des troupes savoyardes, II, 478 ; — enlèvement des vignerons, II, 479, 495 ; — mécontent d'une prédication espagnole, II, 496 ; — escalade des remparts par des goujats, II, 505 ; — soulèvement au sujet des garnisons, 509-512 ; — alarme causée par l'approche de Biron, II, 518 ; — bloqué par Biron, II, 518 ; — émotion causée par l'assemblée des chambres du Parlement, II, 522 ; — assemblée tenue au Logis-du-Roi pour aviser aux périls de la ville, II, 522 et suiv. ; — attaqué par Pollville, II, 526 ; — efforts des Ligueurs pour rompre l'assemblée du Logis-du-Roi, II, 527, 530 ; — impatience des habitants de secouer le joug de la Ligue, II, 529 ; — investi par Biron, II, 531 ; — capitulation arrêtée avec ce maréchal, II, 532-535 ; — attaque des Ligueurs, II, 535 ; — barricades sur la place Saint-Jean, II, 536 ; — reçoit le maréchal de Biron, II, 538 ; — combat dans les rues, II, 539 ; — canonné par le château, II, 541 ; — ravages commis par les soldats, II, 549 ; — menacé du feu par les Ligueurs, II, 546 ; — entrée de Henri IV, II, 548, 549 ; — imposé pour la reddition Talant, II, 565 ; — siége du château, II, 565 ; — police, III, 17 ; — fortifications, III, 17, 20, 21 ; — obtient la révocation de lettres de dons, III, 62 ; — obtient un octroi pour le paiement de ses dettes, III, 73 ; — combat avec les soldats du château, III, 85 ; — refuse de contribuer à la reddition de Talant, III, 99, 102 ; — exige de La Fortune le renvoi des habitants faits prisonniers, III, 99 ; — libelle diffamatoire affiché aux portes du palais, III, 104, 106 ; — troubles à l'occasion des élections, III, 116 et suiv.; — pèlerinage des habitants de la paroisse Saint-Pierre à Saint-Claude en Jura, III, 128 ; — lettres d'octroi sur le blé pour payer ses dettes, III, 144 ; — rixe entre les habitants et les gens du château, III, 190 ; — entrée du duc de Savoie, III, 198, — envoie une députation au Roi, III, 213 ; — mesures de sûreté à l'occasion de la guerre de Savoie, III, 213 ; — réjouissances pour la naissance du Dauphin, III, 227 ; — rentrée solennelle du maréchal de Biron, III, 230 ; — mesures de sûreté à l'occasion de la conspiration de Biron, III, 238 et suiv.; — arrivée du maréchal de Lavardin, III, 255.

Voir aussi :
— Bellecroix.
— Boucherie.
— Bourg.
— Carmes.
— Castrum.
— Chartreux.
— Château.
— Églises.
— Enfants de la ville.
— Faubourgs.
— Garnison.
— Gelées.
— Guet et garde.
— Hôtels.
— Impôts.
— Jacobins.
— Justices.
— Ligue.
— Maires.
— Mairie.
— Maladière.
— Mère-Folle.
— Minimes.
— Miroir.
— Moulins.
— Orages.
— Ouche.
— Palais de Justice.
— Pauvres.
— Peste.
— Places.
— Ponts.
— Portes.
— Processions.
— Renne (Cours de.)
— Rues.
— Saint-Bénigne (abbaye).
— Saint-Etienne (abbaye).
— Suzon (Cours de).
— Tours.
— Vignerons.
— Vin.
— Vœu de Sainte-Anne.

Dijonnois (pays), ruiné, II, 464.

Dijonnois appelés Coupaux, II, 60.
Dinet, minime, prédicateur du Roi, I, 133, 153 ; II, 562.
Dinteville (Joachim de Jaucourt, baron de), ravage la Bourgogne, I, 49 ; — manque la surprise de Troyes, I, 64 ; — bloque Dijon, I, 111, 269 ; — rejoint le maréchal de Biron, I, 128 ; — amène du canon pour le siège du château de Dijon, I, 133 ; II, 558, 568 ; — confère avec M. de Biron, I, 269 ; — fait réduire les cotes imposées par les Ligueurs, I, 371 ; — envoie à Dijon pour la trève, I, 374 ; — entré dans Troyes, II, 82 ; — bloque Bar-sur-Seine, II, 411 ; — marie sa nièce à Thenissey, II, 452 ; — va au-devant du connétable, II, 577 ; — porte la Sainte-Hostie à la procession, III, 9.
Diombes (M. de), II, 412, 469, 499.
Divet, sergent, II, 26.
Dole (ville), I, 126 ; II, 349.
— appointement de, II, 409.
— Voir Parlement.
Domaine de la Couronne, aliénation, I, 215, 219.
Domoy, hameau (Côte-d'Or), I, 297, 314 ; II, 153, 321, 579.
Dondain, (Saône-et-Loire), siège du château, I, 105, 304, 307, 330, 332, 334, 340, 365.
Douai (ville), prise par Henri IV, II, 143, 145.
Dourdan (combat de), I, 38.
Dourlens (ville), II, 207, 490.
Dracy-Saint-Loup (Saône-et-Loire), I, 92.
Drée (M. de), I, 32, 307 ; II, 137.
Dreux (ville), I, 61 ; — prise de, I, 327, 328, 330, 339.
Droivot, fermier du Roi, I, 177.

Dubois, avocat, refuse de juger les conspirateurs La Verne, II, 313.
— seigneur de Sacquenay, III, 218.
Dubuisson, avocat du Roi, puis conseiller au bailliage, I, 344 ; II, 25, 221, 342.
— fils, II, 212, 214, 482.
Duesme, château (Côte-d'Or), I, 59 ; II, 437, 525.
Dugros, messager, II, 222.
Duguet, surintendant de la princesse de Condé, II, 193, 194.
— greffier du bailliage de Beaune II, 449, 459.
Dulaurens, député des Etats aux conférences de Suresne, I, 308, 312.
Dumont, capitaine ligueur, II, 68.
Dumoutet, commandant du château de Beaune, III, 244, 245, 251, 252, 254.
Duperron, évêque d'Evreux, I, 370 ; — envoyé par Henri IV au Pape, I, 292 ; II, 320 ; — précepteur du prince de Condé, II, 337.
Duplessis, officier du baron de Lux, III, 198.
Duplessis-Mornay, I, 277, 287 ; — se retire de la Cour, I, 385 ; — surintendant des finances, II, 396.
Dupont, I, 308.
Duprat. Voir Vitteaux.
Dupré, apothicaire ; — sauve le prince de Mayenne, II, 157.
— échevin, II, 185 ; — juge le procès La Verne, II, 329.
Durandy, premier président du Parlement de Toulouse, I, 301.
Duverne, habitant de Dijon, II, 539.
Dyo (commandeur de), ambassadeur de la Ligue à Rome, I, 292 ; II, 3, 20, 225, 468.

E

Ebaty, château (Côte-d'Or), II, 481.
Echevins de Dijon (projet du Parlement contre les), III, 153.
Echigey, village (Côte-d'Or), II, 479.
Ecu de France à Dijon (hôtel de l'), II, 349.
Edit de Nantes, enregistré à Dijon, I, 159.
— de pacification, enregistré à Dijon, I, 210.
Effrans (baron de Neucheze d'); — I, 26; — suspect aux Dijonnais, II, 76, 133, 328; — Fremyot lui écrit, II, 88; — reçoit l'avis d'une surprise sur Autun, II, 140; — accompagne le prince de Mayenne, II, 157; — malade, II, 181; — assiste Franchesse, II, 200; — laquais messager, II, 228; — favorable à La Verne, II, 306; — banni de Dijon, II, 333; — accompagne Senneçay à Mâlain, II, 425, 427; — délivré par Tavannes, II, 480; — on met garnison dans sa maison, II, 443.
— mort de Mme d', I, 324.
Eglises de Dijon. — Voir Notre-Dame, Saint-Jean, Saint-Médard, Saint-Michel, Saint-Philibert, Saint-Pierre.
Eguilly (Côte-d'Or); — château, I, 104, 330, 331, 346; II, 244.
Eguilly (Jacques de Choiseuil-Chevigny, seigneur de Blaisy et d'), II, 41.
— (Mme Chrétienne Regnier de Montmoyen, veuve de Jean, seigneur d'), II, 440, 488.
Elbeuf (duc d'), I, 36; III, 217; — passe à Dijon, I, 11, 15, 21; — assiste au baptême du fils de Mayenne, I, 25; — secourt Henri IV à Fontaine-Française, I, 132; — traite de la reddition du château de Dijon, I, 134; — renvoyé en Poitou, I, 142; — viole les prisons de la ville de Dijon, I, 242-244; II, 246; — reçu par le Roi, I, 295; — reconnaît Henri IV, I, 298; II, 86, 100; — à Rheims, I, 306; — menace de se venger de Tavannes, I, 351; — logé chez le conseiller Fyot, I, 551; — somme Franchesse de se rendre, I, 554, 565.
— (duchesse d'), I, 115, 265, 295, 306; — reçue à Dijon, I, 314; — rend le bâton de la Sainte-Hostie, II, 150; — donne à Chabot-Charny des nouvelles de Bretagne, II, 340.
Elus des Etats, font le département de l'impôt, II, 152; — écrivent à Mayenne sur la misère du pays, III, 250; — s'opposent à une imposition qu'il veut établir, II, 426.
Emard (Mme), II, 344.
Emery (d'), député à la conférence de Surène, I, 313.
Emprunts sur les riches, I, 299.
— sur les politiques, II, 78.
Enfants de chœur de la Sainte-Chapelle, I, 154.
— de la ville (Compagnie des), II, 369, 569.
Epagny, village (Côte-d'Or), I, 154.
Epée (Jean de l'), I, 301.
Epernay en Champagne (ville); — siége, I, 87, 91, 92, 93, 278.
Epernon (duc), I, 50; — bruit de sa mort, I, 108; — en lutte avec le duc de Guise, I, 148; — assiége Aix, I, 356; — impuissant, I, 407; — se fait ligueur, II, 30; — promet de s'opposer à Henri IV,

II, 53 ; — envoie un secours au Roi, II, 151 ; — change de parti, II, 496 ; — en fuite, III, 246.

Epernon (mort de Mme), I, 407.

Epervière (Mlle de L'), I, 285, 334; II, 85, 211, 213, 395.

— (château de l'), II, 435.

Epinac, archevêque de Lyon (Pierre d'), I, 108, 112, 293 ; — chancelier de Mayenne, I, 280 ; — député à la conférence de Surène, I, 312; — dispute avec le président Le Maistre, I, 352 ; — envoyé à Provins, I, 367; — vers le Pape, I, 369 ; — fait arrêter Nemours, I, 381 ; — prend le gouvernement de Lyon, I, 383, 384 ; — empêche les Lyonnais de reconaître Henri IV, II, 23; — retiré à Vimy, II, 36 ; — revenu à Lyon, II, 37, 49; — invite les Jésuites à la modération, II, 38 ; — à Mâcon, II, 45 ; — à Mâlain, II, 52, 62, 64, 127; — convie Mayenne à faire la paix, II, 64 ; — va à Lyon ou vers le Roi, II, 346.

— (M. d'), I, 270 ; — se réunit au maréchal d'Aumont, I, 68 ; — assiége Autun, I, 69.

— Mme (d'), I, 254.

Epoisses (Prieuré d'), procession générale, I, 31 ; — croix (d'), I, 92.

— château (Côte - d'Or), I, 92; — prison du marquis de Mirebeau, I, 99 ; — château acquis par Nemours, I, 276 ; — pris par Cyprien, II, 40, 45 ; — tenu par Franchesse, II, 126 ; — son gouverneur se fait royaliste, II, 231.

Ernest, archiduc d'Autriche, garde Mayenne comme prisonnier, II, 310, 341; la relache sous caution, II, 372.

Esbarres (Bernard d'), élu maire de Dijon, I, 13, 15 ; — président au Parlement, I, 170, 172, 251, 264, 307, 363, 415, 418; II, 1, 29, 38, 254 ; III, 1, 150 ; — présent à l'assassinat de Chantepinot, I, 75 ; — reçu conseiller I, 182, 184, 185; — sa réception comme président, I, 186, 188, 189, 193, 197, 209, 214, 215, 218, 219, 222, 223, 226, 227, 229, 235, 236 ; — refuse d'aller aux Etats, I, 263 — dispute avec le conseiller Morin, I, 267 ; — dispute avec le président de Montholon, I, 270 ; — commis sur le fait des monnaies, I, 307; — s'oppose aux exactions de Tavanes, I, 317; — on enlève ses chevaux, I, 334 ; — délégué à la conférence de Couchey, I, 367, 370 ; — décrété par ceux de Langres, I, 372 ; — part pour Voulaines, I, 372 ; — annonce le retour de son gendre, I, 403 ; — défend les pouvoirs du prince de Mayenne, I, 404 ; — avisé de la trêve, II, 11 ; — sollicité de s'occuper des gages de la cour, II, 71 ; — appelé au conseil de l'Union, II, 112 ; — demande une garnison, II, 137; — assiste à la procession, II, 150 ; — chasse un bourgeois du Logis-du-Roi, II, 162 ; — propose de recevoir La Verne à la Cour, II, 164; — hostile aux propositions d'accommodement, II, 180, 181; — accusé d'avoir provoqué au massacre des politiques, II, 193, 194; — prend part à la querelle de Vaugrenant et de Franchesse, II, 198, 202 ; — enlevé par le baron de Lux, II, 201 ; — s'oppose à une demande de trève, II, 204 ; — fait avorter la négociation, II, 205, 206 ; — pillé par son neveu, II, 210 ; — dispute avec le receveur Carrelet, II, 213 ; — récusé dans l'affaire La Verne, II, 214, 229 ; — en procès avec le commandeur de la Romagne, II, 215; — ménagé par les deux partis, II, 218 ; — écrit au Parlement de Semur pour la trève, II, 220,

226; — écrit au prince de Mayenne sur ce sujet, II, 221; — enlèvement de son bétail, II, 224; — commis pour demander réparation au prince de Mayenne de l'insulte faite à Montholon, II, 249; — refuse une mission près du prince de Mayence, II, 253; — opposé à ce que les conseillers conspirateurs soient jugés par la Cour, II, 271; — fait des rondes la nuit, II, 280, 320; — assiste à un sermon du Père Buffet, II, 281; — assiste au conseil d'Etat, II, 289, 337; — refuse de réclamer ses collègues prisonniers, II, 291, 296, 299, 320, 322, 337; — veut la mort des conjurés, II, 295, 296, 314, 315, 320; — la fait demander par la populace, II, 302; — refuse de connaître de l'appel de Gault, II, 313, 315, 320, 325; — répond à Mochet sur les prisonniers, II, 340; — brouille Fyot l'aîné avec le prince de Mayenne, II, 340; — récusé par La Verne, II, 351; — son gendre, II, 353; — annonce la venue de Mayenne, II, 356; — propose d'aller le saluer, II, 370; — lui conseille la paix, II, 381; — empêche la délivrance de Lavisey, II, 390; — présente les excuses de Berbisey, II, 351; — délégué pour le paiement des gages, II, 407, — refuse d'écrire à Mayenne touchant l'enlèvement des deniers des gages, II, 414; — Tavanes lui parle de ses gages de chevalier d'honneur, II, 427; — commis pour faire des remontrances à Mayenne sur un impôt, II, 429; — parle à Mayenne sur l'imposition, II, 441; — manque d'être tué, II, 467; — dispute avec Breunot, II, 474; — recommande la modération, II, 481; — ses menaces à l'endroit des politiques, II, 484; — sa versatilité, II, 485; — dispute avec Saumaise, II, 488; — assiste au conseil de l'Union, II, 504, 524; — mécontentement du peuple contre lui, II, 506, 507; — corrompt les gardiens des portes, II, 512; — menaces dont il est l'objet, II, 515, 529; — s'oppose à l'assemblée des Chambres, II, 519, 520, 521; — délégué à l'assemblée du Logis-du-Roi, II, 522, 525; — député pour dresser les articles de la capitulation, II, 529; — va saluer Biron sans être mandé, II, 541, 543; — pardonné par le Roi, II, 552; — va saluer le chancelier, II, 556, 558; — le Roi fait rechercher ses écrits, II, 563; — mandé devant le conseil, II, 564; — chargé du répartement d'une contribution, II, 568; — commis pour le département des chambres, II, 573; — dispute avec le conseiller Millet, II, 574; — député au maréchal de Biron, II, 579, 581; — querelle avec Lavisey, III, 10; — invité à ne point connaître du procès fait à M. Bernard, III, 42; — commis pour faire un mémoire sur les dons, III, 62; — commis pour pourvoir aux secours à donner aux pauvres, III, 66; — commis pour faire des remontrances à Biron, III, 78, 80, 113, 114; — résigne en faveur de Berbisey, III, 90, 188; — préside à la grand'Chambre, III, 140, 141; — appelé Gonfalonier de la Ligue, III, 141; — présente des lettres pour la taxe des présidents, III, 142; — dispute avec Montholon, III, 143; — commis pour les changements à la forme de l'élection du maire de Dijon, III, 150, 152; — député à Biron à ce sujet, III, 166; — sa mort, III, 87.

Esbarres (Charles d'), marié à la fille de l'audiencier Berbisey, II, 30.

Esbarres, chanoine de la Sainte-Chapelle, II, 549.
— doyen de la Sainte-Chapelle, I, 65.
— fils de l'Eslue (d'), II, 301.
— Eslue (d'), III, 57.
— (Jean), chanoine de Langres, I, 2, 130, 260; II, 314, 372.
— (Marie), fille du président, II, 322.
— (Nicolas d'), seigneur de Couchey, et sa femme, II, 367.
Esbarres (Pierre d'), II, 158, 511.
— conseiller au Parlement, III, 5;
— sa réception, III, 196, 197,198.
— trésorier, III, 131.
Escars (M. d'), abbé de Saint-Bénigne, I, 2; — évêque de Langres, I, 110, 138, 139, 141, 216; II, 566.
Espagne (Bourguignons pensionnés par l'), II, 46.
Espagnol, chanoine de la Sainte-Chapelle, I, 138.
Espagnol du château de Dijon, II, 557.
Espagnols passent la Saône, II, 536; III, 24.
Espeuilles (le capitaine d'), I, 62.
Espiard Melchior, élu du Roi en Bourgogne, III, 63, 176.
Essarois, village (Côte-d'Or), II, 102.
Este (cardinal d'), I, 16.
Est (M. d'), II, 385.
Estienne (M.), prévôt, I, 99.
Estrées (M. d'), II, 222.
Etats généraux tenus à Blois, I, 23, 42.
— de la Ligue, I, 101; — députés de Bourgogne aux, I, 261, 262, 263, 264, 268, 269, 272, 282; — convocation de Mayenne, I, 270; — tenue des, I, 278, 279, 283, 288, 298, 306, 311, 342, 357, 405; — sobriquet sur les, I, 292; — reçoivent des lettres du Pape et du Roi d'Espagne, I, 300; — révoquent les bulles du Pape, I, 303;
— procession à cause des Etats, I, 310; — députés à la conférence de Surène, I, 312; — propositions du duc de Féria, I, 319; — élisent le fils de l'Empereur, I, 318; — arrêt rendu contre eux par le Parlement de Paris, I, 337;
— élection d'un Roi, II, 327; — retour des députés, I, 108, 338, 342, 368, 369; II, 49; — cassés par le Parlement de Paris, II, 88; — dépenses, III, 104; — dépenses. Voir aussi Suresnes (conférences de), et notables.
Etats de Bourgogne (tenue des), I, 7, 23, 64, 84, 88, 149, 160; — mécontents d'un enregistrement du Parlement, I, 244; — s'opposent à l'érection du bailliage de Saulieu, I, 253; — convoqués à Semur, I, 378; — tenus à Dijon, I, 389, 390, 392; — tenus à Avallon, II, 303, 334, 337; — ajournés à la venue du Roi, II, 354; — tenus à Beaune, II, 486; — demandent au Roi d'être déchargés des garnisons, III, 101; — octroi pour les dettes de la province, III, 104; — protestent contre l'enregistrement de l'Edit de Nantes, III, 158, 163; — députent au Parlement touchant les dettes de la province, III, 164; — s'opposent à la translation du Bureau des finances à Autun, III, 86; — sollicitent l'annexion de la Bresse au duché, III, 218; — obtiennent une pancarte pour l'acquittement des dettes, III, 231. Voir aussi Elus.
Etevaux, village (Côte-d'Or), II, 63.
Etrangers chassés de Dijon, II, 44, 333, 450, 504.
Evreux (évêque d'), II, 320, 337.

F

Farge (La), religieux, I, 157.
— lieutenant de La Fortune, III, 67, 125.

Farnet (Antoinette), veuve Baudot, II, 38.

Faubourgs de Dijon, défense d'y recevoir des marchandises, I, 303; — attaqués, II, 129, 141, 335, 391, 408; — refusent la garnison, II, 220; — occupés par les soldats, II, 237, 335, 369, 504, 505; — occupés par Biron, 531.

Faur (Du), président au Parlement de Toulouse, I, 301.

Fauverney, village (Côte-d'Or), II, 115.

Favolles ou La Fayolle, capitaine du château de Dijon, III, 19, 239, 240, 244, 245, 247, 249, 254, 256.

Fay près Chalon, prise du château, II, 482.

Fayet, greffier du conseil d'Etat, II, 571, 572.

Fayolle (la). Voir Favolle.

Fère (la), ville (Aisne), II, 212, 253; — livrée aux Espagnols, I, 401; — rendue au Roi, II, 75; — défaite d'un convoi, II, 174; — contenue, II, 207, 250, 360; — habitants chassés par les Espagnols, II, 223; — assiégée, II, 257, 260; III, 76; — séjour de Henri IV, III, 51.

Feria (duc de), ambassadeur d'Espagne, amène une armée à Mayenne, I, 378; — impolitesse envers le duc de Savoie, I, 287; — entre aux Etats de Paris, I, 319; — s'oppose à la trêve, I, 338; — propose l'Infante comme reine, I, 344; — les Parisiens veulent le tuer, I, 355; — désavoué par Philippe II, I, 402; — chassé de Paris, II, 72, 73; — arrêté par Mayenne, II, 98.

Ferrand, prisonnier, I, 213.

Ferrare (le duc de), passe à Dijon, I, 17, 19.

Ferré, grenetier, II, 6.

Ferté-Milon (La), (Aisne), II, 17, 21, 244; — siége, II, 288.
— sur Grosne, (abbaye de La), III, 163.

Ferrière (La), capitaine de Saulx-le-duc, I, 97.

Ferté-Imbaut (Claude d'Estampes, seigneur de La), I, 329; — tente de surprendre Avallon, I, 74.

Fervaques, Guillaume de Hautemer (baron de), maréchal de France, poursuivi pour crime de lèze-majesté, I, 24; — nommé lieutenant de Mayenne en Bourgogne, I, 45; — bat le comte de Tavanes, I, 46; — emprisonné au château de Dijon, I, 48; — revient à Graucey, I, 115; II, 84, 165, 186; — assiége Montsaugeon, II, 116, — récompensé de Saulx-le-Duc, II, 269; — défend à sa femme de faire des courses autour de Dijon, II, 75; — écrit à Dijon des lettres de menace, II, 75; — communique avec Guionvelle, II, 189; — arme les habitants de Selongey, II, 229; — Mayenne se fait livrer son épée et ses gages, II, 386, 388, 390.

Fervaques (Renée de Marconnay, dame de), condamne des paysans à mort, I, 106; — marraine de l'enfant de Vaugrenant, I, 286; — Franchesse lui réclame des prisonniers, I, 332; — dénonce la trêve à Franchesse, I, 339; — visitée par Mme de Vaux, I, 345; — entreprise tramée contre elle, I, 355; — veut rompre la trêve, I, 382, — sommée de l'exécuter,

— 301 —

I, 386, 419; — Tavanes la menace, I, 390; — juge des criminels, I, 390; — refuse de rendre des prisonniers, I, 392; — se retire à Saulx-le-Duc, I¹, 84, 165; — Vaugrenant lui fait des représentations, II, 146; — livre Rougemont aux Langrois, II, 156; — évocation sur la terre de Minot, III, 103.

Feu de la Saint-Jean à Dijon, I, 83; — allumé par Henri IV, II, 575.

Feuillet (Nicolas), habitant de Dijon banni, III, 20.

Fevre, avocat, II, 190.
— grenetier au grenier à sel, II, 232, 418, 443, 471, 486; III, 45, 46.

Fevret (Jacques), conseiller au Parlement, III, 3, 47, 148.
— avocat, III, 54.

Fidèle, procureur au bailliage, impliqué dans la conspiration La Verne, II, 276, 283.

Filles publiques fustigées, 1, 3.

Filsjean (M.), II, 25; — délivre Avallon, II, 145.
— bourgeois de Dijon, I, 327.
— lieutenant du bailliage d'Avallon, III, 159.
— gouverneur de la Chancellerie, II, 435, 449; III, 45.
— Sayve (Mᵐᵉ), II, 91.

Flavignerot, village (Côte-d'Or), pillage, II, 190, 495.

Flavigny, ville (Côte-d'Or), I, 47, 84, 125, 262; II, 253, 257; — garnison, I, 68, 83; — abbaye, I, 135; — cure, I, 219; — tentative sur, I, 324; II, 67, 308, 309; — capitaine, II, 117; — garnison battue, II, 234.

Fleur (La), capitaine ligueur, I¹, 127.

Fleurey-sur-Ouche (Côte-d'Or), I, 53, 387; — passage des Suisses, II, 14; — fortifiée, II, 175, 176; — aliénation de ses communaux, III, 229.

Fleutelot (René), élu maire de Dijon, I, 115, 129, 136, 146; II, 163; — compétiteur de La Verne à la mairie, I, 325; II, 161; — visite le président de Montholon, II, 164, 250; — Breunot, II, 165; — s'oppose aux propositions pacifiques de la Cour, II, 183, 185, 204; — refuse de sommer le premier président de représenter Mˡˡᵉ de l'Epervière, II, 211; — dispute avec Vellepelle, II, 213, — avec Tavanes, II, 261, 282, 350, 353; — refuse l'entrée de la ville aux soldats, II, 237; — découvre la conspiration La Verne, II, 262; — fait arrêter les auteurs, II, 264; — défend Breunot au conseil de l'Union, II, 267; — menacé d'être dagué, II, 269; — fait cesser les arrestations, II, 271, 292; — menacé de représailles par Vaugrenant, II, 274; — dispute avec Bernard et Fyot l'aîné, II, 293, 294; — signe la sentence des conspirateurs, II, 329; — reçoit des lettres du Roi, II, 333; — excité à reconnaître le Roi, II, 334; — veut rendre les conseillers prisonniers au Parlement, II, 353; — reçoit le député de Beaune, II, 357; — Mayenne lui ordonne de faire exécuter Gault et La Verne, II, 363; — s'excuse de cette mort, II, 368; — invite Mayenne à faire la paix, II, 381; — complice de l'évasion de Bretagne, II, 400; — Mayenne lui défend d'accorder des passeports, II, 426, — organise un service de surveillance de la ville, II, 459; — fait lui-même le guet, II, 476; — renvoie son passeport à Breunot, II, 481; — prend des mesures pour empêcher les garnisons, II, 495, 513; — s'oppose à l'entrée du baron de Thenissey, II, 502, 505, 509; — son domicile, II, 506; — blâmé de sa faiblesse au Conseil de la Ligue, II, 507 ; — confère avec le premier président, II, 517 ; — convoqué à l'assemblée du Logis-du-Roi, II, 522 ; — Biron le somme de lui ouvrir les portes de Dijon, II, 522 ; — délégué pour dresser les articles de la capitulation, II, 529 ; — fait partir les députés envoyés à Biron, II, 532 ; — Colin lui rend compte de la négociation, II, 535 ; — Breunot le détermine à recevoir le maréchal, II, 536, 537 ; — les habitants ne veulent pas le laisser sortir, II, 537 ; — attaqué par les Ligueurs, II, 538 ; — donne asile au conseiller Bernard, II, 540 ; — achète des grains pour la ville, II, 545 ; — porte une lettre chiffrée à Fyot l'aîné, II, 547 ; — reçoit Henri IV à Dijon, II, 549 ; — colloque de sa servante avec le Roi, II, 552 ; — signifie leur expulsion aux jésuites, II, 563 ; — nommé garde des Evangiles par le Roi, II, 566 ; — continué maire par Henri IV, II, 570 ; III, 28 ; — accompagne le Roi au feu de la Saint-Jean, II, 575 ; — sa mort, III, 25 ; — ses obsèques, III, 30 ; — rapprochements sur la date de sa mort, III, 30.

Fleutelot, contrôleur, I, 327 ; II, 537.
— (Jean), maître des Comptes, II, 253, 338, 339, 378, 482 ; — syndic, II, 404, 406, 414, 439, 568 ; III, 22.
— député au duc de Mayenne, III, 530.
— procureur, II, 140, 181 ; — fait prisonnier, II, 382, 384, 385, 389, 392 ; — substitut du procureur syndic, II, 313, 328, 376, 386.
— (Jacqueline Breunot, femme de), II, 181 ; — sa mort, III, 23.

Folembray (traité de), II, 570.
Folie (La), capitaine, I, 290 ; II, 347, 424.
Folie (La) soldat, II, 250.
Folin, conseiller au Parlement, I, 442 ; II, 67 ; III, 3.
— receveur de Saulx-le-Duc, II, 67, 405, 406.
— (Mme), II, 67.
Fondrière (M. de La), III, 244.
Fontaine-les-Dijon (Côte-d'Or), II, 402 ; — ravagé par les troupes, I, 79 ; II, 338 ; — procession à Fontaine pour la pluie, I, 151 ; — habitants enlevés par la garnison de Saulx, I, 121, 133 ; — dévotion à saint Bernard, I, 366 ; — ravagé par les Suisses, I, 108, 366 ; — ravagé par les royalistes, II, 175, 176, 421.
Fontainebleau, ville, I, 371 ; II, 89, 90, 360 ; III, 249.
Fontaine-Française, bourg (Côte-d'Or), I, 90, 144, 259 ; — combat de, I, 132 ; II, 552, 553.
Fontenay (abbé de), I, 301 ; — abbaye donnée à M. de Senecey, II, 310.
Forestier, bourgeois de Chalon, II, 235.
Forêt (La), habitant de Dijon banni, III, 23.
Forêts royales, aliénation, I, 193, 197.
Forez, province, Nemours sommé de rendre ses places, II, 37.
Forli, Italie, I, 417.
Forneret, auditeur à la chambre des Comptes, II, 132, 312, 373 ; III, 125.
— (Mlle), II, 312.
Fort-Royal (moulin Bernard), II, 536.
Forteau, capitaine du château de Dijon, III, 106 ; — capitaine du château de Saulx-le-Duc, III, 247, 252.
Fortune (Hyéronimo Rossi dit La), gouverneur de Seurre, I, 157 ; II, 137 ; III, 67 ; — repousse le prince de Mayenne, III, 33 ; — Biron lui défend de faire

des courses, III, 63; — impositions sur la province pour son éloignement, III, 63, 78; — payé par les Comtois, III, 67, 68; — Lux veut lui barrer le passage, III, 99; — arrête les habitants de Dijon, III, 99; — demande un subside aux magistrats, III, 101, 103; — habitants des villes de Bourgogne retenus par La Fortune, III, 105; — traite avec M. de Champeron envoyé par le Roi, III, 104, 105, 111, 112, 114, 123; — obtient lettres d'abolition, III, 115; — demande justice d'un attentat contre sa personne, III, 124; — évacue Seurre, III, 125.

Fosse (La), receveur à Châtillon, I, 264, 270.

Fossé (prise du château du), I, 66.

Fouche (La) (Haute-Marne), I, 82.

Foucherans (Jura), III, 195.

Foulières des brandons défendues à Dijon, II, 44.

Fourneret, fils, impliqué dans la conspiration La Verne, II, 271.

Fournier (Jacques), échevin, I, 423; II, 185; — impliqué dans la conspiration La Verne, I, 118, 120; II, 262, 263; — à Paris, II, 15; — en rapporte l'arrêt du Parlement qui reconnaît Henri IV, II, 17; — partisan du maire La Verne, II, 163; — visite le conseiller Breunot, II, 172; — veut s'emparer de la tour St-Nicolas, II, 265, 270; — en fuite, II, 272, 273, 277; — accusation contre lui, II, 277; — son procès, II, 301; — recommandé par le duc de Lorraine, II, 307; — sa condamnation, II, 329; — pendu en effigie, II, 366; — garnison mise chez lui, II, 372; — commis pour le soulagement des pauvres, III, 97.

— (Mlle), I, 261, 371; II, 426.

— (Marguerite), dame de Sacquenay, III, 218.

France (Discours sur l'état des affaires de), I, 419.

Franche-Comté, I, 89; — traite avec Henri IV, I, 140; — ravagée par l'armée du roi, I, 142, 144; II, 456; III, 8; — mesures prises contre la garnison de St-Jean-de-Losne, I, 266, 276, 420; — envahie par le duc de Bouillon, II, 418, 439, 453, 454, 467; — traité de neutralité avec la Bourgogne et la France, III, 37, 66, 68; — atteintes à cette neutralité, III, 90, 104, 195, 196; — ses habitants ne peuvent posséder de bénéfices dans le duché sans permission du roi, III, 204, 206.

— voir Parlement de Dôle.

Franchesse, capitaine du château de Dijon, I, 91, 124, 128, 266, 280, 283, 293, 320, 336, 365; II, 912, 126, 181; — assiste au combat de la Bellecroix, I, 76; — accuse le capitaine La Gauche, I, 98, 109; — repousse une attaque des royalistes, I, 116; — défié par Vaugrenant, I, 116; — tire le canon sur les troupes de Biron, I, 129; — soutient un siége contre Henri IV, I, 130 et suiv.; — rend la place, I, 135; — quitte le château, I, 136; — visite le roi, I, 137; — prise de son cerf, I, 284; — reçoit des lettres de Henri IV, I, 303; — de la duchesse d'Elbeuf; mécontent de Tavanes, I, 327; — envoie M. de Vaux à Mme de Fervaques, I, 331; — Mme de Fervaques lui dénonce la trève, I, 339; — promène Mlle de Montpesat, I, 341; — reçoit des lettres de Damville, I, 345, 350; — poursuit le capitaine La Gauche, I, 391; — exige sa mort, I, 394; — insulté par Lartusie, I, 395; — part en expédition, I, 410; — à Saumaise, I, 413; — n'assiste pas aux conseils du prince de Mayenne, I, 421; — sa querelle avec Vellepelle, I, 415,

423; — va au secours de Montsaugeon, II, 21; — demande des nouvelles de la Champagne, II, 42; — secourt les vignerons enlevés par les royalistes, II, 51; — commandant la garnison de Dijon, II, 54; — entreprise sur lui, II, 75; — menace Rondot et Gobin, II, 81; — reçoit des lettres de Mayenne, II, 85, 90; — de Jeannin, II, 108; — ménage les politiques, II, 87; — se déclare serviteur du roi, II, 88; — mystifié par un enfant, II, 95; — avertit le président de Montculot, II, 113; — reçoit des lettres chiffrées, II, 119; — Lartusie lui dément le bruit de sa défection, II, 135; — empêche la réélection de La Verne, II, 142, 154, 159, 162, 163; — jure de ne jamais mettre garnison dans la ville, II, 154; — assiste le prince de Mayenne, II, 156; — veut perdre La Verne, II, 164, 166; — somme Fervaques de ne point faire la guerre, II, 166; — va la nuit au secours de Talant, II, 175; — se rend à l'assemblée de la ville pour la paix, II, 181; — interpelle les députés du Parlement sur les moyens de faire la paix, II, 181; — s'oppose aux desseins de la Cour, II, 182, 183, 185; — malmené par la première présidente, II, 187; — demande la tour St-Nicolas, II, 188; — défié par Vaugrenant, II, 190, 198, 199, 202; — Charny lui demande l'exemption de garnison pour Couchey, II, 191; — s'excuse de ne point assister à une assemblée générale, II, 197; — y assiste, II, 204; — surprend des lettres du président Fremyot, II, 209; — reçoit des nouvelles de Laon, II, 210, 212; — témoin d'une dispute entre La Verne et Bernard, II, 211; — sollicité pour La Verne, II, 223; — solde de lui et de sa garnison, II, 227; — mort de son neveu, II, 234; — jalousé par Tavanes, II, 237; — visite M. de Villers-la-Faye, II, 243; — conseillé de se soumettre, II, 244; — fait établir les minimes au Vieil-Collége, II, 251; — promet de ne point introduire de garnison, II, 261; — projet des conspirateurs à son endroit, II, 263, 269; — ses mesures pour arrêter les conspirateurs, II, 264, 268, 271; — fait des perquisitions chez le président de Montculot, II, 270; — refuse de voir La Verne, II, 271; — saisit les meubles de Lavisey, II, 279; — reçoit des nouvelles de Mayenne, II, 279; — donne une fausse alarme à Dijon, II, 280; — son cerf, II, 284; — son avis sur la conspiration, II, 295, 296; — jure de livrer les conspirateurs au peuple, II, 301; — en querelle avec Tavanes, II, 301, 352; — maltraite des avocats, II, 304; — promet la vie sauve à La Verne, II, 304; — entreprise sur Flavigny, II, 308; — ne veut rentrer à Dijon qu'après le jugement des prisonniers, II, 324; — mandé par Vellepelle, II, 327; — mentionné dans la sentence des conspirateurs, II, 330; — envoie au maire des lettres du roi, II, 333; — en reçoit aussi, II, 337; — dit qu'elles sont fausses, II, 338; — demande la mort des conspirateurs, II, 338; — autorise la visite des conspirateurs, II, 339; — prend sa part dans la rançon de Lavisey, II, 353; — interroge des marchands de Lorraine, II, 360; — conjure Mayenne de faire la paix, II, 361; — reçoit l'ordre d'exécution de La Verne et de Gault, II, 363, 364; — reconduit le Parlement, II, 371; — confident de Mayenne, II, 372; — reçoit l'épée de Fervaques, II, 390; — invité de ne plus tourmenter Mme La

— 305 —

Verne, II, 391 ; — court après le conseiller Bretagne, II, 400 ; — refuse la restitution d'une charrette de vin, II, 406 ; — dégage M. de Villers d'un emprunt, II, 449 ; — épure sa garnison, II, 462; —envoye un tambour à Beaune, II, 463 ; — ses approvisionnements, II, 476 ; — fait le guet dans la ville, II, 476, 504 ; — rejoint l'armée espagnole, II, 479 ; — renvoie le passeport de Breunot, II, 481 ; — gourmande l'échevin Morandet, II, 485 ; — visité par Breunot, II, 489 ; — renforce la garnison de Montbard, II, 491 ; — sa biche mange les sacs de procédures, II, 492 ; — promet de ne point admettre les Espagnols au château, II, 497, 502, 504, 514, 521, 525 ; — excité par Bernard contre la ville, II ; — ses appointements, II, 514 ; — convoqué à l'assemblée du Logis-du-Roi, II, 522, 523, 524, 525, 526 ; — avisé des députations décidées dans cette assemblée, II, 528 ; — ses menaces contre la ville, II, 529, 530, 531, 532 ; — sa lettre à Mayenne interceptée et envoyée à Biron, II, 537 ; — se proclame espagnol, II, 540 ; — envoie une lettre chiffrée à Fyot l'aîné, II, 547 ; — sommé de se rendre, II, 554 ; — avis qui lui sont transmis par des dames, II, 555 ; — entrevue avec le comte de Thorigny, II, 557 ; — demande un délai au roi, II, 558 ; — rendu furieux, II, 559 ; — enlèvement de son bâtard, II, 561 ; — le roi lui accorde un délai, II, 565 ; — capitule, II, 565, 568 ; — Mayenne veut le faire assassiner, II, 576 ; — veut rompre la capitulation, II, 576 ; — évacue le château, II, 583; 584 ; III, 6, — sa garce, II, 584 ; — fils, II, 464, 559.
— chevalier, capitaine de Montbard, I, 112, 117, 295, 313, 316, 317, 318 ; — mérite la roue, I, 423 ; — se jette dans Montbard, II, 39, 40 ; — enlève le bagage du baron de Lux, II, 40 ; — bat le marquis de Mirebeau, II, 55 ; — vient à Dijon, II, 61 ; — tente une surprise sur Flavigny, II, 67 ; — prend Montachon, II, 93 ; — va trouver le roi, II, 99 ; — brouillé avec Tavanes, II, 100 ; — pris par Mayenne, II, 126 ; — fait élire le maire de Montbard, II, 165 ; — retient Duguet, II, 193 ; — tué par les siens, II, 234, 236.

Franchesse, (Mme), II, 378.
— comte de Lyon, I, 354.

Francisque, capitaine italien, III, 31.

François Ier, insulté par les prédicateurs, II, 281.
— duc d'Anjou, son épée, II, 386.

François, messager de la ville, I, 280, 320, 353, 373 ; II, 227, 398.

Françon Jean de Mauléon (seigneur de), II, 431.

Frasans (Bénigne de), greffier au Bureau des finances, II, 411 ; III, 185.
— Etienne, greffier au Bureau des finances, II, 411.
— (Mme de) II, 496.

Fremy, procureur, III, 119.

Fremyot (André), conseiller au Parlement, I, 167 ; II, 4, 149 ; III, 144, 145.
— doyen de Saulieu, III, 235.

Fremyot (Bénigne), président au Parlement, I, 181, 299 ; II, 254 ; III, 1 ; — confère pour la paix avec le baron de Sennecey, I, 122 ; — traite de la reddition de Talant, I, 133 ; — garde des Evangiles, I, 146 ; — nommé abbé de St-Etienne, I, 150 ; — démolit la portelle du Castrum, I, 151 ; — ses qualifications, I, 152 ; — élu maire, I, 152 ; — part pour l'assemblée de Rouen, I, 153 ; — cède l'abbaye de St-Etienne à son fils, I, 159; — vend la charge de son frère, I, 167, 168; — député à l'assemblée de Chartres, I, 258; — va en cour, I, 269, 275; — superintendant de la sœur du roi, I, 310; — en conférence avec Bernard, I, 314; — perd Mme d'Effrans, sa fille, I, 324; — annonce la paix, I, 384, 408; — assassinat d'un de ses serviteurs, II, 30; — annonce son prochain retour à Dijon, II, 88; — invite le maire de Dijon à reconnaître Henri IV, II, 97; — va en cour, II, 117, 136; — en revient, II, 114; — le roi lui écrit, II, 117; — nommé archevêque de Sens, II, 124; — Franchesse surprend ses lettres, II, 209; — malade, II, 235; — résigne en faveur de Picardet, II, 235; — ménage l'accommodement de Sennecey, II, 240; — annonce la réduction des villes de Picardie, II, 256, 420; — confère avec Sennecey, II, 421, 427, 476; — arrive à Beaune, II, 492; — à Dijon, II, 544; — altercation avec Breunot, II, 545; — passions du président, II, 555; — chargé de négocier la reddition de Talant, II, 557; — assiste au conseil d'Etat, II, 564; — commis pour le département des chambres, II, 573; — annonce une audience royale, II, 579; — réclame les gages de la cour, III, 11; — répond pour la cour au chancelier, III, 12; — chargé de dresser des mémoires contre le projet d'ériger un présidial à Chalon, III, 19; — assemblée tenue chez lui pour la sûreté de la ville, III, 21, 22; — dénonce à la cour le refus des carmes de prier pour le roi, III, 24; — invite la cour à s'emparer de l'administration de la ville lors de la mort du maire Fleutetot, III, 25; — la cour lui donne la garde des clefs de la ville, III, 26; — discours à ce sujet à la chambre de ville, III, 28; — nommé garde des Evangiles, III, 30; — Biron lui prescrit de faire élargir Et. Bernard, III, 43, 48; — ancien avocat général, III, 44; — invité à faire retirer les soldats qui veulent forcer les coffres du roi, III, 45, 46, 48, 49; — créancier du Parlement, III, 57; — député en cour pour les dons, III, 62; — commis pour faire des remontrances à Biron, III, 70; — continué maire, III, 79; — dresse des mémoires pour les garnisons, III, 83; — fait arrêter des soldats pillards, III, 84; — convoqué aux Etats de Compiègne, III, 88; — presse la mairie de contribuer à l'indemnité de Talant, III, 101; — député à l'assemblée convoquée par Biron, III, 110; — reçoit des augmentations de gages, III, 113, 124, 131, 148; — député en cour, III, 140; — fait recevoir son fils conseiller au Parlement, III, 144; — commis pour le changement de la forme des élections municipales, III, 150; — malade, III, 152; — député à M. de Biron touchant les élections municipales, III, 169, 179; — membre de la commission du Parlement au sujet de la translation du Bureau des finances, III, 186; — rend compte de son voyage en cour, III, 190; — id., vers le maréchal de Biron, III, 217; — insulté par le grand prieur de Champagne, III, 192 et suiv., 206; — député au duc de Savoie, III, 198; — au maréchal de Biron, III, 215, 216, 230; — au Roi, III, 216, 217; — chargé de demander au Parlement de Dole des explications sur les infractions à la neutralité; III, 214; — commis pour recevoir le serment de fidélité des officiers de Bresse, III,

— 307 —

224, 225; — insulté, ainsi que son fils, aux Etats de Bourgogne, III, 234, 235, 236, 237; — préside la Tournelle, III, 237; — assiste le marquis de Mirebeau, III, 242, 245; — député au baron de Lux, III, 248.

Fremyot (Claude), président à la Chambre des comptes, Biron loge dans sa maison, I, 130; II, 542; — on lui refuse l'entrée de la ville, I, 390; — son neveu d'Effrans suspect, II, 76; — son frère lui écrit, II, 209; — emprisonnement de son valet, II, 228; — confère avec le Parlement pour le paiement des gages, II, 400; — Mayenne lui refuse des passeports, 425; — loge le chancelier Thibaut, II, 434; — délégué pour dresser les articles de la capitulation, II, 529; — chargé de la répartition d'une taxe, II, 508.
— (Mme), I, 168, 222.
— (Mlle), III, 57, 62.

Fresne (Mme de), III, 14.

Frouaille, avocat, I, 382; II, 183; — commissaire pour le procès La Verne, II, 283; — refuse, II, 285; — corrompt les portiers de la ville, II, 512.

Fyot d'Arbois, capitaine royaliste, tué en duel à Paris, I, 119; II, 347; — prend Bremur, I, 280; — revenu à Saint-Jean-de-Losne, I, 28; II, 67; — écrit à son frère le conseiller, II, 274, 280; — écrit à Mme Morelet, II, 320; — annonce l'accord du duc de Guise, II, 324.

Fyot d'Arbois (Jean), puîné, conseiller au Parlement, I, 288; II, 2; III, 2, 141; — arrestation de sa femme, I, 88; — impliqué dans la conspiration La Verne, I, 118; II, 263; — reçu conseiller au Parlement, I, 182, 183, 185, 186; — envoyé en cour, I, 195, 303; — poursuivi à cause de sa femme, II, 260, 261; — syndic de la cour, I, 267, 275, 293, 361, 362, 376; II, 8, 23, 24, 29, 52, 63, 60, 109, 155, 179, 190, 230, 236, 244, 254; — commis sur le fait des monnaies, I, 406; — retourne de Mâcon, II, 52; — débat avec La Verne, II, 54; — demande un passeport pour son frère, II, 74; — ses lettres sont interceptées, II, 124; — son frère lui donne des nouvelles politiques, II, 144; — député à la Chambre de ville pour les propositions de paix, II, 178, 183; — cousin de La Verne, II, 208, 209; — commis pour demander réparation des insultes faites au président de Montholon, II, 249; — dispute avec Breunot, II, 257; — avisé par lui de se cacher, II, 266; — arrêté, II, 268; — reçoit des lettres de son frère, II, 274; — son procès, II, 288, 294, 304; — irrité contre Guérin, II, 309; — visité par Fleutelot, II, 339; — avisé de la maladie du lieutenant Montholon, II, 339; — sa rançon, II, 369, 384, 385, 388; — réclamé par M. de La Romagne, II, 371; — délivré, II, 388; — Mayenne lui accorde un sursis, II, 403, 407; — quitte Dijon, II, 413; — compris dans le rôle des gages, II, 419; — occupation de sa maison, II, 430, 443; — député à Biron, III, 115; — rend compte de son voyage à Grenoble, III, 226; — député à la Chambre des pauvres, III, 226.

Fyot de Barain, conseiller au Parlement, I, 412; III, 3, 196; — répond au président d'Esbarres sur la trêve, III, 226.
— frère, à Malte, II, 348.

Fyot (Gasparde de Montholon, femme de), dénonce à Vaugrenant les menées des ligueurs, I, 86; — arrêtée dans un char de fumier, I, 88; — son mari poursuivi pour elle, I, 200, 201.

— 308 —

Fyot (Jacques), avocat, I, 6.

Fyot l'aîné (Jean), conseiller au Parlement, I, 172, 179, 280; II, 123, 172; III, 2. — dispute avec La Verne, I, 179; — rapporteur dans le procès Béranger, I, 184; — membre du conseil de la Ste-Union, I, 280, 289, 291, 293, 307, 317, 365, 417; II, 3; — annonce la paix, I, 309, 353; — s'oppose aux exactions de Tavanes, I, 337; — délégué à la conférence de Couchey, I, 367, 371; — commis pour le paiement des gages, I, 392; — se plaint du mépris qu'on a pour la justice, II, 10; — garant du baron de Lux, II, 11, 27, 28; — manque l'audience, II, 34; — son laquais battu, II, 58; — reçoit un édit du roi, II, 68; — invité à faire payer les gages de la cour, II, 71; — pallie les ravages des troupes, II, 72; — ses craintes sur le bruit de l'accommodement de Mayenne, 90, 92; — menace les politiques, II, 93; — tableau où il est représenté pendu, II, 94; — menacé de mort, II, 96; — pressenti sur un impôt pour la garnison, II, 102; — prie qu'on ne lise pas certaines lettres, II, 103; — invité à conseiller le prince de Mayenne sur ses déportements, II, 109; — donne son avis sur la trêve, II, 225; — cas qu'en fait le Parlement de Semur, II, 236; — malade de la goutte, II, 254; — beau-père de J. Bouchu, II, 255; — consulté sur la libération d'un jeune espion, II, 258; — au conseil de la Ligue, II, 289, 504, 514; — mécontent des mesures de rigueur prises contre la cour, II, 293; — accusé de vouloir sauver les politiques, II, 294; — invite Mayenne à faire la paix, II, 298; — opposé à la remise des conseillers conspirateurs, II, 299, 317; — visite Breunot, II, 300; — annonce des nouvelles de Rome, II, 311; — sollicité par Venot, II, 327; donne des conseils à Mayenne, II, 334; — brouillé avec son fils, II, 341; — demande l'avis de Mayenne sur les prisonniers, II, 341; — reçoit une lettre du chanoine Bégat, II, 407; — conseille la modération à M. de Villers-la-Faye, II, 480; — insulté dans les rues, II, 510, 511, 555; — sa demeure, II, 511; — on lui refuse des passeports pour les conseillers, II, 515; — s'oppose à l'assemblée provoquée par Breunot, II, 520; — demande que l'on invite Mayenne à faire la paix, II, 521; — député à l'assemblée du Logis-du-Roi, II, 522, 525; — ajoute aux articles de la capitulation, II, 530; — ramené du château dans sa maison, II, 535; — se cache dans une cave, II, 541; — loge des soldats, II, 545; — on lui adresse du château une lettre chiffrée, II, 547; — mandé devant le conseil d'Etat, II, 563; — exclu de la Chambre des vacations, III, 34; — refuse de connaître du traité de Folembray, III, 76; — résigne en faveur de Massol, III, 142, 145, 154; — sa mort, III, 145, 146, 154.

Fyot (Mlle) l'aînée, I, 373; — altercations avec Mme Brulart, II, 373, 102; — altercations avec Mme Bouchu, II, 95; — altercations avec Mme Fyot, II, 97.

— (Mlle), veuve, I, 373, II, 23, 37.

— (Mlle), mariée au fils Bouchu, I, 377.

— (Guillemine Morelet, veuve de M. le trésorier), II, 286, 294, 330, 337.

G

Gabelle, deniers pris par Nemours, I, 300; — règlement donné par le Parlement, I, 399, 403; — les gages du Parlement y sont assignés, I, 406; — ordonnance de Mayenne, II, 394, 401; — trouble apporté au commerce du sel, II, 500.

Gabrielle d'Estrées, duchesse de Liancourt, présente à l'attentat de J. Châtel, II, 425; — Henri IV va au-devant d'elle, III, 14.

Gadagne de Verdun, sénéchal de Lyon, I, 371; — recouvre Verdun, I, 371, 374; — fiancé à Mlle de Montculot, I, 387; — tué par Guillerme, I, 417.

Gagne (Barthélemy), conseiller au Parlement, I, 171, 178, 182.

Gagne (Barthélemy), chanoine de la Ste-Chapelle de Dijon, blessé par les royalistes, I, 80; — nommé échevin, I, 115, 273; — impliqué dans la conspiration La Verne, I, 118; II, 262; — en fuite, II, 268, 272, 273, 277; — son procès, II, 300; — s'évade, II, 321; — sa condamnation, I, 120; II, 329; — découvre à la maréchale de Tavanes le mariage de son fils, II, 348; — pendu en effigie, I, 120; II, 366; — vente de ses meubles, II, 408; — remplacé par le sacristain Horiot, I, 122; II, 436.

Gagne (Jean), conseiller au Parlement, I, 173; III, 2, 128, 191, 205; — reçu conseiller, I, 184, 185, 188, 252; II, 2, 11, 28; — nommé syndic, I, 363, 376; II, 10, 29, 122, 206, 220, 254, 394; — rapporte l'affaire Dubuisson, II, 7; — député à la mairie pour soutenir les propositions de paix faites par la cour, II, 183; — commis pour demander réparation de l'insulte faite au président de Montholon, II, 249; — impliqué dans la conspiration La Verne, II, 288; — son procès, II, 294, 304, 309; — visité par sa femme, II, 330; — sa rançon, II, 369, 384, 385, 388; — réclamé par Jacquot fils, II, 371; — délivré, II, 368; — Mayenne lui accorde un sursis, II, 403, 407; — quitte Dijon, II, 413; — compris dans le rôle des gages, II, 419; — son logis, II, 443; — revient à Dijon, 543; — va se faire rétablir à Semur, II, 566; — entre à la Chambre des vacations, III, 34; — dépose sur un rassemblement populaire, III, 119; — reçoit des augmentations de gages, III, 124, 138; — délégué à la Chambre des pauvres, III, 226.

Gagne fils, II, 309.

Gaillard (Jean), bourgeois de Châtillon, II, 102.

Gaillardière (Mme de La), II, 115.

Gaillon ville (Eure), I, 402.

Galériens demandés pour le Canada, III, 140, 143.

Gallois, avocat, I, 398.

— conseiller au Parlement, III, 4, 75, 205, 248; — sa réception, III, 75, 81, 83.

Galois, fermier des gabelles, I, 300, 341.

Ganay (Jules de), conseiller au Parlement, I, 171, 255.

— lieutenant au comté de Charollais, I, 231.

Garnier (Denis), procureur à la cour, II, 232; — impliqué dans la conspiration La Verne, II, 276, 277, 301, 329, 408; — banni, II, 333, 334; — pendu en effigie, II, 366; — garnison dans sa maison,

II, 382; — commis au soulagement des pauvres, III, 97.
Garnier fils, avocat, II, 302, 551.
— conseiller au Parlement de Dole, III, 66, 68.
— cordelier à Paris, II, 73.
Garnison soldée par la ville de Dijon, I, 113; II, 52, 338, 339; — refusée, I, 380; — Tavanes veut en introduire, II, 69, 167, 256, 282, 357, 497; — impôt pour la, II, 102; — votée par la mairie, II, 181, 220; — on surseoit à son établissement, II, 227; — annonces de, II, 259, 333; — envoyée par Mayenne, II, 413, 414, 415, 440, 441, 443, 484; — refus des Dijonnais d'en recevoir, II, 490, 504, et suiv., 513; — ses courses, II, 499, 501.
Gascogne (pays de), I, 31.
Gastebois, de Langres, III, 31.
Gauchat (Le), partisan Franc-Comtois, III, 31.
Gauche (La), capitaine ligueur, II, 12; — arrête le marquis de Mirebeau, I, 66; — commandant de Rouvres, I, 97; — sauvé du supplice par les dames de Dijon, I, 109, 394; — condamné à mort, I, 390; — s'évade de la prison, I, 391; — ses complices poursuivis, I, 391, 392; — réintégré en prison, I, 392; — une fille le demande pour mari, I, 393; — lutte contre les bourreaux, I, 393; — transporté par les dames aux Cordeliers, I, 394, 395; — promet de tuer le Roi, I, 396; — se sauve de Dijon, I, 397; — représentations faites par le Parlement au sujet de son enlèvement, I, 400; — retiré à Châtillon, I, 401; — bannissement de ses complices, I, 406; — pris par les Langrois, I, 407; — retiré vers Guionvelle, I, 413; — méritait la potence, I, 423; — Mayenne lui refuse sa grâce, II, 7; — enlève le capitaine Terrion, II, 49, 58, 116; — tourne autour de Dijon, II, 224; — tué, II, 355; — sauvé par La Verne, II, 367, 376.
Gaudet (dom), prieur des Chartreux de Dijon, I, 370; II, 261.
Gaulot, boucher, I, 391.
Gaulpain (pont), à Dijon, II, 534.
Gault, capitaine ligueur, I, 279, 283, 354, 359; — complice de la conspiration La Verne, I, 119, 120, 123; II, 262, 263; — envoyé par Franchesse à Vaugrenant, II, 199; — arrêté par Franchesse, II, 268; — charges contre lui, II, 270; — accuse le conseiller Quarré, II, 276, 278; — suspect à Vaugrenant, II, 278; — visité par sa femme, II, 275; — la présidente Jeannin sollicite pour lui, II, 287, — son courage, II, 295; — interjette appel, II, 295, 303, 307, 312, 315; — son procès, II, 300, 301, 313, 317, 319, 323, 325; — mis au cachot, II, 308; — meurtrier de Baudot, II, 316, 325; — accuse La Verne de l'avoir engagé à tuer, II, 327; — condamné à mort, II, 328 et suiv., 356; — son exécution, II, 363, 376; — inhumé à St-Jean, II, 366; — garnison dans sa maison, II, 372, 443; — service funèbre empêché, II, 372; — son corselet confisqué, II, 408.
Gautier, échevin, II, 185, 510; III, 96; — juge le procès La Verne, II, 329.
— apothicaire, II, 502; III, 239.
Gelées, à Dijon, I, 114, 125; II, 132, 420, 487.
Genebrard, archevêque d'Aix, I, 108, 370.
Genevois (Mlle), belle-sœur de Breunot, I, 370.
— M. député par M. de Dinteville à Dijon, I, 371, 373, 374.
Genicourt, maître des requêtes, III, 217.

Genlis, bourg (Côte-d'Or), I, 307 ; — royalistes assemblés à, II, 239.

Gentil, recteur des jésuites de Dijon, I, 390, 396 ; — déplore le régicide, I, 396 ; — parle contre Henri IV, II, 136 ; — fait faire une procession aux enfants du collége, II, 281 ; — sommé de quitter Dijon avec sa compagnie, II, 556.

Gentilshommes contraints de faire élection de domicile dans les villes, III, 47.

Gentot, bourgeois de Dijon, II, 118.

Gergy, village (Saône-et-Loire), I, 290.

Gerland, village (Côte-d'Or), incendié, II, 402.
— chevalier de, II, 462.

Gesvres (Potier de), secrétaire d'Etat, II, 157 ; III, 71, 83.

Gevrey, bourg (Côte-d'Or), I, 121, 273 ; II, 447.

Gigot, marchand, I, 303.

Gillot, pâtissier, II, 268.
— conseiller au Parlement de Paris, III, 102.
— hôtelier à Beaune, I, 123 ; II, 448.

Gilly-les-Citeaux, village, (Côted'Or), prise du château, I, 21, 63, 67 ; — incendie du village, I, 323 ;
— cellerier de, II, 389.

Girard, attaché au duc de Nemours, I, 384.
— (Jean), chirurgien à Chalon, I, 343.

Giraud, beau-frère de Fleutelot, maire, II, 263.

Girault, habitant de Dijon, banni, III, 23.

Girette, sergent royal, II, 18 ; — **Giroux**, avocat, II, 201.
— (Benoît), conseiller au Parlement, III, 4, 55, 56, 62, 64, 204, 205, 234 ; — poursuivi par M. de Souvert, II, 60, 61.

Gissey-le-Vieil (Côte-d'Or), château, II, 244.
— M. de, II, 79.

Givry (Anne d'Anglure, baron de), nommé gouverneur du Berry, II, 35 ; — tué devant Laon, II, 221.
— Anne d'Escars, cardinal de), abbé de St-Bénigne, évêque de Lisieux, II, 152, 311.

Gobin, voir de Requeleyne.

Godran (Odinet), président au Parlement, I, 169, 179, 187, 188, 217 ; — fonde le collége des jésuites de Dijon, I, 29, 223 ; — ses obsèques, ibid.; — reçoit une réprimande, I, 169, 178, 205, 246, 251 ; — baron d'Antilly, I, 181.
— capitaine de Mâcon, I, 210.
— collége. Voir jésuites.

Gondy (cardinal de), arrivé à Rome, II, 68, 82, 309 ; — rapporte l'absolution du roi, II, 210, 213 ; — envoie un paquet au roi, II, 228.

Gonthier, greffier en chef du Parlement, I, 309, 330 ; II, 462, 581 ;
— donne un bal, I, 322 ; — revient de Paris, I, 422 ; — y retourne, II, 411, 428 ; — pillage de sa maison empêché par M. Thibaut, II, 435, 436 ; — prise de son château d'Ebaty, II, 482.
— fils, I, 330, 331, 365.
— (Mlle), I, 286, 366, 369.

Gorrin (M. de), I, 192.

Gortet, échevin, II, 185 ; — juge les conjurés La Verne, II, 323 ;— député par les Etats à Mayenne, I, 359 ;— va au-devant du Roi, II, 548.

Goubault (M.), II, 436.

Gougenot fils (femme de), I, 274.

Gouville, capitaine ligueur, I, 414 ; II, 107, 243 ; — assiégé dans Thoissey, II, 40 ; — pris par Alphonse Ornano, II, 51 ; — à Mâcon, II, 52 ;— ravages de ses soldats, II, 67, 72 ; — mécontent de Mayenne, II, 70 ; — retenu à Dijon, II, 75 ; — en garnison à Avallon, II, 87, 89, 101, 114 ;

— pris par les Avallonnais, II, 143; — mis en liberté, II, 148; — son opinion sur la Ligue, II, 242, 244; — insulte le président de Montholon, II, 245; — maltraité par les habitants, II, 258; — attaqué par Vaugrenant, II, 266; — arrête les conspirateurs, II, 268; — accuse Bernard et Fyot l'aîné, II, 294; — son propos sur la cour, II, 305; — favorable à La Verne, II, 306; — témoin d'un duel, II, 343; — en garnison à Autun, II, 400.

Graces, fils du procureur, I, 326.

Grains (enharrement et traite des), I, 260.

Grammont (Antoine de), commandant de Bar-sur-Seine, II, 64, 138, 355, 424.

Grancey-le-Château, bourg (Côte-d'Or), château, I, 25, 329, 349; II, 16; — garnison, I, 106, 109, 112, 269; II, 161, 350; — attaque sur, I, 387, 414; II, 65; — ravagé par la grêle, II, 224.

Grands-Maîtres des eaux et forêts, I, 401.

Grandvelle, capitaine ligueur, I, 127.

Grange engloutie, II, 16.

Grange (A. de La), conseiller au Parlement, I, 172, 184, 210, 223, 231, 373; II, 501; III, 3, 111, 36, 79, 113, 128, 184, 193, 221.

— lieutenant au bailliage d'Autun, II, 147.

Grangier, apothicaire, II, 21, 192, 280.

— libraire, II, 110.

Gravet, lieutenant général au présidial de Bresse, III, 226, 227.

Gray (ville), I, 144; II, 321, 454, 487.

Greffes des présentations, création des, I, 217.

Greniers à sel, érection d'office, I, 195, 204, 214; — ferme, I, 244. Voir aussi Gabelle.

Grenoble (ville), menacée par les ligueurs, I, 87.

— capitaine royaliste, I, 291, 300, 315.

Griguette, greffier de Parlement, I, 250; II, 397, 475; III, 245.

Grisole (Mme de), II, 346.

Grivel, député Franc-Comtois, III, 109.

Grivelet, docteur, III, 195.

Gros ou Legros, avocat, II, 124, 127.

— échevin, III, 213.

— syndic de la ville, I, 157; III, 170, 171, 172, 251.

— procureur envoyé au Roi, II, 242, 250; — envoyé au baron de Lux, II, 251, 252; — au président Jeannin, II, 253.

Grostet, avocat juge du procès La Verne, II, 305, 329.

Guelaut, lieutenant de la paroisse Notre-Dame, II, 185.

— (Claude), II, 56.

— marchand, II, 502, 507, 535.

— (Guillaume), II, 55.

— échevin ecclésiastique, II, 185.

Guenebault, de Châtillon, II, 79.

Guéniot, sergent royal à Nuits, II, 129.

Guérin, prieur du château, II, 251, 287, 385; — emprisonne La Verne, II, 267; — maltraite les parentes du prisonnier, II, 335, 339.

Guesle (La), ancien président au Parlement de Dijon, II, 150; — procureur général au Parlement de Paris, vient à Dijon remplir une commission du Roi, I, 244.

Guet et garde, II, 503, 504; — corps de garde établi sur la place de la Sainte-Chapelle, II, 99, 527; — fait par les habitants, II, 515; III, 21, 24.

Guibert (Vincent), capitaine d'Aignay, I, 287; II, 193.

Guichardet, sergent de la mairie, II, 188, 202, 269; — battu par une femme, II, 283.

Guiche (M. de La), I, 277.

Guijon, procureur du Roi à Autun, II, 104.
— (Jacques), lieutenant criminel au bailliage d'Autun, fait l'épitaphe de l'avocat Langlois, II, 242; — menacé par Biron, III, 80.
Guillaume (rue), à Dijon, II, 478, 514, 515.
— Porte, II, 517, 529; III, 198, 199.
Guillerme, capitaine, gouverneur de Seurre, I, 60, 62, 64, 91, 250, 405; II, 55, 455; — combat avec Vaugrenant, I, 106; — déjoue une entreprise de Vaugrenant, I, 113, — tue le comte de Verdun, I, 121; II, 417; — tué à Beaune, I, 123; — bruit de sa mort, II, 24; — mandé à Dijon, II, 76; — repousse une attaque sur Seurre, II, 105; — défait, II, 179; — laissé à Beaune par Mayenne, II, 447; — tué par les Beaunois, II, 448, 449; — ses armes, II, 458.
Guiller, procureur, III, 115.
Guillot, vigneron, III, 169.
Guionvelle (Pierre d'Anglure, seigneur de), assiste au combat de Meuilley, I, 48, 49; — prend Fleurey, I, 53; — arrive à Dijon, I, 66; — assiége et prend Mirebeau, I, 67, 74; — prend plusieurs châteaux dans le Bassigny, I, 82; — assiége Château-Vilain, I, 84; — accompagne le duc de Guise, I, 100; — réuni aux Espagnols, I, 144; — va aux Etats de la Ligue, I, 265; — reçoit La Gauche, I, 413; II, 7; — mandé au secours de Montsaugeon, II, 21; — se sauve de Chaumont, II, 97; — reconnaît Henri IV, II, 104; — communique avec Fervaques, II, 189; — Mme de Biron demande à Mayenne une déclaration contre lui, II, 441.
Guiot, échevin de Châtillon, I, 315.
Guise (ville), prise de, I, 140.
— (Charles de Lorraine, duc de), II, 82, 264, 268, 271, 278, 347; — s'échappe de Tours, I, 72; — prend Bar-sur-Seine, I, 100; — marche au secours de Trombleconn, I, 128; — reçu par Henri IV, I, 136; — prend Champlitte, I, 138; — en lutte avec d'Epernon, I, 148; — à Tours, I, 284; — à Chablis, I, 294; — à Noyers, I, 296; — en mésintelligence avec Mayenne, I, 299; — se rend aux états à Paris, I, 307; — proposé roi avec l'Infante d'Espagne, I, 345, 353, 402; — appelé roi camus, I, 348; — sa mère ménage son accommodement avec le Roi, I, 387; — soutenu par l'Espagne, I, 388; — envoie d'Orbès à Rome, I, 397; — ses rapports avec Mayenne, I, 402, 416; — quitte Paris, I, 416; — chef de faction, II, 4; — va trouver les Espagnols, II, 20; — se joint au comte de Mansfeld, II, 21, 22; — à Paris, I, 76; — à Reims, II, 96, 100; — écrit au maire de Dijon, II, 82; — la Champagne le refuse comme gouverneur, II, 98; — fait son accord avec le Roi, II, 112, 113, 128, 142, 144, 250, 280, 324, 360; — tue Saint-Pol, II, 112; — ses accès de fureur, II, 116; — bruit de sa mort, II, 121; — bat le duc de Nevers, II, 135; — va assiéger Laon, II, 144, 149; — le Roi le marie, II, 149, 250; — invite d'Uxelles à faire sa soumission, II, 150; — reprend l'écharpe rouge, II, 170, — enfermé dans Reims, II, 177; — ses troupes licenciées, II, 237; — le Roi va l'assiéger, II, 342; — écrit à Nemours sur les bruits de sa soumission, II, 346; — mande à Mayenne son accommodement, II, 373; — opposé aux Espagnols, II, 415; — arrive à Dijon, II, 576; — gouverneur de Provence, III, 200.
— (cardinal de), passe à Dijon, I, 3, 16, 25.

B

Guise (Henri, duc et duchesse de), passent à Dijon, I, 17, 25; — duc repousse les Reîtres, I, 37; — commande à Paris, I, 41; — assassiné à Blois, I, 43; — obsèques, I, 44.
— (duchesse douairière de), I, 25, 27.
— (duchesse de), I, 354; — ménage l'accommodement de son fils, I, 317; II, 69, 123, 128, 142, 324; — jalouse de Mayenne, I, 542.
Guitry. Voir Chaumont-Quitry.
Guyenne (province de), I, 149; — soulèvement, II, 21.
Guyon, maire d'Autun, élu du tiers-état, I, 150.
Guyton-Morveau (rue), à Dijon, II, 555.

H

Ham (en Picardie, prise de), I, 136; II, 577; — contenu par sa garnison, II, 207, 250.
Haussonville (Jean, baron de), recrute des lansquenets au Roi, II, 423; — envahit la Franche-Comté, II, 453; — reçoit les députés envoyés par la ville au maréchal de Biron, II, 533, 534.
Havre-de-Grâce rendu au Roi, I, 409; II, 4, 58, 64.
Hennequin (Anne Molé, femme de J.), II, 239.
Hénon (Pierre), sergent de ville, arrêté, II, 268; — dégradé, II, 283.
Henri II, roi de France, insulté par les prédicateurs, II, 281.
— III, roi de France; fête à l'occasion de son retour, I, 17; — entre à Dijon, I, 19, 167; — prières publiques pour sa lignée, I, 31; — chassé de Paris, I, 41; assassiné, I, 51; — obsèques, I, 142; III, 17, 19, 20; — publication de son édit de 1577 sur les protestants, II, 457.
— roi de Navarre, entre à Dijon, I, 17.
— IV, roi de France, I, 83, 84, 86, 91, 92, 89, 93; — bat Mayenne à Arques, I, 55; — à Ivry, I, 60; — bruits répandus sur son impiété, I, 61; — assiége Tours, I, 62; — Paris, I, 62; — Chartres, I, 69; — Rouen, I, 78; — blessé à Aumale, I, 79; — lève le siége de Rouen, I, 80, 81; — assiége Epernay, I, 87, 91, 92, 93; — sa conversion, I, 108; — entre dans Paris, I, 113; — prend la ville de Laon, I, 118; — attentat de J. Châtel sur sa personne, I, 122; II, 425; — fait son entrée à Dijon, I, 131; II, 548; — gagne la bataille de Fontaine-Française, I, 132; II, 552, 553; — va souper aux Chartreux, I, 133; — visite les tranchées, I, 133; — récompense les royalistes bourguignons, I, 135; — va au-devant du connétable, I, 136; — entre au château, I, 137; II, 584; III, 6; — assiste à la procession de la Ste-Hostie, I, 137, 138; III, 5; — part pour entrer en Franche-Comté, I, 139; III, 8; — revenu à Dijon, I, 140; — passe la Saône, I, 141; — accorde une trêve à Mayenne, I, 141, 147; — assiége Pesmes, I, 142; — bloque Besançon, I, 142, 143; — arrêt qui ordonne de dire la collecte pour lui, I, 145; — entre à Lyon, I, 146; — serment de fidélité que lui prêtent les Dijonnais, I, 146; — absous par le pape, I, 147; II, 456, 466; — malade, I, 159; — marie sa sœur, I, 159; — conquiert la Bresse, I, 161; — épouse Marie de Médicis,

I, 162; — presse le pape de le reconnaître, I, 261; — mécontent de la prise de Flavigny, I, 262;— essaie de surprendre Orléans, I, 274; — assiége Meheun-sur-Loire, I, 275, 276; — bat les Espagnols, I, 277; — marche au secours de Noyon, I, 295; — à Mantes, I, 337; — ses paroles au sujet de sa conversion, I, 298; — reconnu à Rome, I, 300; — renvoie les soldats étrangers, I, 300; — rétablit les prêches, I, 302; — promet sa conversion, I, 303, 349; — campé à St-Denis, I, 304, 306; — se fait instruire dans la religion catholique, 315; — assiste aux obsèques de Henri III, I, 316; — entrera à Paris par la brèche, I, 316; — pressent ses officiers sur sa conversion, I, 319; — prend Dreux, I, 327, 328, 330, 335; — à Mantes, I, 329; — va toujours au prêche, I, 329; — refuse des passeports aux députés des Etats, I, 342; — prépare son couronnement, I, 344, 345; — sa conversion, I, 351; — reconnu par le duc de Lorraine, I, 352; — prépare son sacre, 353; — confère avec Mayenne, I, 358, 363, 367; — va à la messe en tremblant, I, 370; — tentative d'assassinat, I, 374; — réjouissance en Italie pour son couronnement, I, 375; — se fait sacrer à Chartres, I, 381; — fait une levée de Suisses, I, 385; — séjourne à Fontainebleau, I, 385; — prolonge la trêve, I, 387; — recouvre Meaux, I, 389; — ordonne à Vaugrenant de rassembler ses forces, I, 397; — reçoit des troupes anglaises, I, 397; — visite le cardinal de Bourbon mourant, I, 402; — nomme l'évêque de Troyes, I, 406; — refuse à Mayenne la continuation de la trêve, I, 419; — ses conditions à ce sujet, I, 422; — attaqué par les prêcheurs, II, 3;— pratique les villes de la Loire et de la Seine, II, 4; — entré dans Meaux, II, 15; — prend la Ferté-Milon, II, 17; — assiége Château-Thierry, II, 17; — séjourne à Senlis, II, 25; — la reine Louise lui demande justice de la mort de son mari, II, 30; — se fait sacrer à Chartres, II, 46; — attendu à Orléans, II, 49; — entré à Paris, II, 62, 66, 71; — couronné à St-Denis, II, 68, 69; — édit contre les Ligueurs, II, 68; informe Cypierre de son entrée à Paris, II, 72, 73; — on annonce sa venue en Bourgogne, II, 75;— reçoit diverses soumissions, II,75; — révoque les offices donnés par Mayenne, II, 80;— assassinat tenté par deux religieux, II, 82, 92; — écrit au maire de Dijon, II, 83; — va à Rouen, II, 83; — les princes veulent le reconnaître, II, 85; — fait instruire sa sœur, II, 89;— va entrer à Troyes, II, 89;— accorde un édit à Paris, II, 98; — rétablit le Parlement, II, 98; fait les cérémonies de Pâques, II, 98; — exige que Mayenne désarme, II, 106, 111, 115; — refuse d'entendre l'archevêque de Lyon et le baron de Lux, II, 111;— à Chartres, II, 115; — publie une nouvelle amnistie, II, 117; — écrit au président Fremyot, II, 117; — à Vaugrenant, II, 118; — fait prêcher à Paris, II, 119; — marche contre les Espagnols, II, 123; — reconnu par le pape, II, 127; — marche au secours de La Capelle, II, 131; — doit venir en Bourgogne, II, 134; — revenu à Paris, II, 134; — fait son accord avec Mayenne, II, 135;— prend Douai, II, 143, 144;— Péronne, II, 244; — fait instruire le prince de Condé, II, 148; — assiége Laon, II, 149, 153, 154.

157, 158, 170, 171, 175, 189, 195, 196, 203, 228 ; — reçoit la soumission du duc de Nemours, II, 151 ; — sa réplique au duc de Guise, II, 170 ; — défait un convoi venu de La Fère, II, 174 ; — idolâtré des Parisiens, II, 177 ; — La Sorbonne lui prête serment de fidélité, II, 203 ; — marié avec l'Infante d'Espagne, II, 221 ; — renvoie l'ouverture d'une lettre du pape après la prise de Laon, II, 228 ; — assiége Soissons et La Fèrè, II, 257, 260 ; — prépare sa venue en Bourgogne, II, 261 ; — insulté par les prédicateurs, II, 281 ; — ses paroles aux vaincus de Laon, II, 284 ; — rend un édit sur les rentes, II, 310 ; — traite ouvertement, II, 311, — fait son entrée à Paris, II, 324, 337 ; — écrit au maire de Dijon, II, 333 ; — et à Franchesse, II, 337 ; — sa venue en Bourgogne, II, 334 : — fait reconnaître le prince de Condé comme son successeur, II, 337 ; — va assiéger Reims, II, 342, 345 ; — rend un édit contre les Ligueurs, II, 346 ; — menace Mayenne de lui faire son procès, II, 350 ; — va à Lyon, II, 352, 360 ; — reçoit les députés de Beaune, II, 352, 362 ; — ses affaires prospèrent, II, 360 ; — reconnu par le pape, II, 369 ; — prend les Flamands sous sa protection, II, 371 ; — accueille les députés d'Autun, II, 378 ; — disposé à la paix, II, 389 ; — bruits répandus contre lui, II, 396 ; — s'approche de Bourgogne, II, 399, 403, 406 ; — envoie Biron en Bourgogne, II, 403 ; — annoncé à Nevers, II, 408 ; — envoie un passeport à Sennecey, II, 411 ; — lui refuse, II, 414 ; — entreprise des soldats de Soissons sur sa personne, II, 415, 416, 423 ; — en Picardie, II, 418, 420 ; — veut faire bâtir un citadelle à Amiens et à Dijon, II, 423 ; — fait la solennité du Saint-Esprit à Paris, II, 430 ; — nomme Venot conseiller-maître à la Chambre des comptes, II, 433 ; — sa venue à Lyon, II, 434 ; — à Auxerre, II, 437 ; — nouvel attentat sur le Roi, II, 445, 477, 481 ; — déclare la guerre à Philippe II, II, 452 ; — bruit de son arrivée à Semur, II, 456 ; — défend à sa sœur d'avoir des relations avec les ministres réformés, II, 464 ; — retenu par les ambassadeurs vénitiens, II, 465 ; — envoie des forces en Bourgogne, II, 465 ; — ses paroles aux députés de Châtillon, 489 ; — ordonne aux Chabot de rejoindre Biron, II, 490 ; — fait une déclaration contre les officiers demeurant dans les villes rebelles, II, 498 ; — à Fontainebleau, II, 499 ; — fait son entrée à Troyes, II, 517, 547 ; — annonce son arrivée à Biron, II, 548 ; — sa réception à Saint-Seine, II, 548 ; — refuse de recevoir le Parlement, à son entrée à Dijon, II, 548 ; — Biron lui présente le conseiller Breunot, II, 550 ; — va reconnaître le château et Talant, II, 551 ; — visite les Chartreux, II, 551, 559 ; — envoie le marquis de Mirebeau à la découverte, II, 551 ; — son colloque avec la servante du maire, II, 552 ; — pardonne aux chefs du Parlement, II, 552 ; — campe à Lux, II, 553, 554 ; — revient à Dijon, II, 556 ; — fait chanter le *Te Deum* à la Sainte-Chapelle, II, 556 ; — Mayenne lui demande ses conditions, II, 556 ; — somme le château de Dijon, II, 556 ; — monte sur la terrasse du Logis-du-Roi, II, 557 ; — donne un délai à Franchesse, II, 558, 565 ; — fait rompre les moulins, II. 559 ; — remet le libelle de Bernard au procureur général, II, 561; — va se baigner dans l'Ouche, II, 561; — fait rendre une mallette volée par les soldats, II, 561; — fait chercher les écrits du président d'Esbarres et de Legouz de Vellepelle, II, 563; — annonce à Cypierre le prochain accommodement de Mayenne, II, 564; — fait la débauche avec Biron, II, 565; — reçoit les compagnies de la ville, II, 567; — sa réplique au président de Montholon, II, 567; — dort avec son chien, II, 568; — reçoit le Parlement de Semur, II, 569; — continue les pouvoirs du maire Fleutelot, II, 571; — met le feu à la fouillère de la place St-Jean, 575; — collationne chez le procureur Cothenot, II, 576; — sa réponse à l'évêque de Chalon, II, 576; — reçoit le Parlement réuni, II, 580; — reçoit la Chambre des comptes, II, 580; — plaisanteries qu'il lui adresse, II, 581; — va au-devant de Gabrielle d'Estrées, III, 14; — ses demandes aux Comtois, III, 15; — ordonne l'expédition des lettres confirmatives de la capitulation de Dijon, III, 16; — ordonne la mise en jugement d'Et. Bernard, III, 39; — puis sa mise en liberté, III, 42; — informe le Parlement de son absolution par le pape, III, 51; — ordonne de reconnaître Sennecey comme son lieutenant-général en Bourgogne, III, 58; — sa réponse aux députés de la ville et du Parlement sur les débats pour l'élection du maire, III, 160, 161; — sa réponse aux députés du Parlement au sujet de l'édit de Nantes, III, 203; — tentative d'assassinat sur sa personne par une femme de Saint-Denis, III, 209; — reçoit une députation de la ville, III, 213; — se rend à Bourg avec la Reine, III, 216; — quitte Lyon en poste, III, 216; — défend aux Comtois de posséder des bénéfices en France sans sa permission, III, 232; — dénonce au Parlement la conspiration de Biron et du comte d'Auvergne, III, 238; — son entretien avec le capitaine La Plume, III, 244; — le Parlement l'informe de la situation de la province, III, 250; — satisfait de la ville et du Parlement, III, 250; — satisfait des services du marquis de Mirebeau, III, 253; — ordonne au maréchal de Lavardin de faire évacuer la Bourgogne à ses troupes, III, 256.

— (le Père), jésuite, III, 184.

Hermine, secrétaire du duc de Nemours, I, 384.

Hoges (Pierre d'), maître des eaux et forêts à Chalon, II, 168, 169, 226, 228, 229, 233, 247; — poursuit La Verne comme assassin de son beau-père, II, 331, 335, 336, 351.

— (Claude de Chantepinot femme de M. d'), poursuit La Verne comme assassin de son père, II, 168, 176, 213, 214, 215, 331, 335, 336, 351.

Honfleur (prise d'), II, 158.

Hongrie, envahie par les Turcs, I, 272; II, 308.

Hôpital Saint-Fiacre de Dijon, I, 3, 14, 28.

— Notre-Dame de Dijon, I, 28.

— de peste de Dijon, II, 156, 533.

Hôpitaux (réforme des), III, 162, 194, 209.

Horace (M.), III, 247.

Horiot, nommé chanoine de la Ste-Chapelle, I, 122; II, 263, 436; — banni, III, 23.

— secrétain de la Sainte-Chapelle, I, 353.

Hôtels de Dijon :

— de l'Ange, I, 304.

— de l'Arbre d'Or, II, 3.

— de Langres, I, 139; II, 570.

Hôtel du Lion-d'Or, I, 127; II, 514
— du Miroir. V. Miroir.
— de Montigny, II, 511.
— des Quatre-Couronnés, I, 304.
— du prince d'Orange, I, 123.
— Saint-Louis, II, 575.
— de ville de Dijon, III, 6.
Hudelot, de Seurre, II, 449.
Huguenots arrêtés à Dijon, I, 9.
— (ministres), I, 161.
— baptême des enfants, I, 208.
Huissiers du Parlement et huissiers des requêtes, préséance, III, 20.

Humbert, avocat, II, 82, 146.
— conseiller à la Chambre des comptes, III, 47, 128.
— capitaine royaliste, II, 175.
— (Etienne), I, 175.
— greffier, I, 308; II, 32, 33.
— (Mme), II, 33, 312.
Humières (M. d'), I, 130; — commandant l'armée, II, 256, 577.
Huot-Regnaudot, bourgeois, II, 55.
Hurtebart, lieutenant de Vaugrenant, I, 119.
Huss (Jean), I, 372.

I

Impôt sur les denrées et marchandises, I, 197, 209; III, 58, 60, 77, 78.
— pour les garnisons, I, 258, 259, 266, 273, 280, 281, 293, 299.
— sur Dijon, II, 213, 438, 439, 440, 441.
Imposition foraine, I, 209.
— des capitaines (contre l'), III, 47.
— sur le vingtième, III, 113, 189, 197.
— sur les cabaretiers, III, 113, 143. Voir aussi Emprunts.
Incarville, secrétaire d'Etat, III, 147.
Infanterie dijonnaise. Voir Mère-Folle.
Is-sur-Tille, ville (Côte-d'Or), I, 97; III, 252; — passage de mesdames de Guise, I, 27; — combats aux faubourgs, I, 46, 161; — prise de la ville, I, 50; II, 170; — passage des Suisses, I, 51, 53; — des Ligueurs, I, 100; — des royalistes, II, 14; — du légat, I, 57; — prêche établi dans la ville, I, 161; — prise de la tour, I, 275, 285; — capture de Rougemont, II, 86; — seigneur, II, 319; — garnison, II, 350, 355; — passage des chefs Ligueurs, II, 359, 496; — ravagé par les Ligueurs, II, 360, 436.
Isle (Mlle de l'), fille du prince de Condé, II, 149.
Ile de France, trève, I, 273; — commerce rétabli, I, 279; — gouverneur, II, 577.
Ivry (bataille d'), I, 60, 62.
Izier, village (Côte-d'Or), [combat d'], I, 98.

J

Jachiet, procureur syndic de la Mairie, I, 104, 161, 200.
— procureur réprimandé par la cour, III, 24.
— échevin, II, 185; — juge le procès La Verne, II, 323, 329.

Jacob. Voyez Jacquot.
Jacobins, chapitre général, II, 3; — prédicateur, II, 14; — couvent, II, 162, 163; — on y établit des soldats, II, 278; — église, II, 281; — à la procession du Jubilé, II,

457; — suspects aux habitants, II, 529; — Jacobin emprisonné, II, 554; — portier banni, III, 23.
Jacotot. Voir Jaquotot.
Jacques, écuyer, II, 484.
— habitant de Dijon, II, 188.
Jacquin, secrétaire, I, 129.
— capitaine de la paroisse St-Pierre, II, 185.
— notaire, II, 188.
— arrêté par les Ligueurs, II, 535;
— procureur, I, 221.
Jacquinot (J.), maire de Dijon, I, 160, 161, 162; III, 187, 213, 235, 238, 239.
— échevin, II, 185; III, 96; — juge le procès La Verne, II, 329; — garde des Evangiles, III, 165, 171, 172, 179.
— fils, II, 510.
Jamain (M.), II, 50.
Jamet (M.), conseiller de Mayenne, II, 62, 130.
Jannet, avocat, II, 119.
Jannot, intendant de Damville, II, 387.
Jaquot, trésorier de France, II, 143, 388, 487, 499; III, 320.
— (Philibert), seigneur de Magny, père du premier président de la Chambre des comptes et ancien président de cette Chambre, II, 426, 499, 501, 514.
— gendre du président Legrand, II, 231.
— (Mlle), I, 380.
— fils, II, 219, 335.
— capitaine des gardes de Mayenne, II, 371, 380, 427.
— (M.), 236; — premier président de la Chambre des comptes, I, 156; II, 327, 334, 335, 342, 378; — refuse d'être le surintendant des finances de Mayenne, II, 426; — quitte Dijon, II, 499, 501; — harangue le légat de Médicis, III, 129.
— (Jean), conseiller au Parlement, III, 5, 182, 189, 196, 197, 203.

Jaquot Madeleine Sayve, sa femme, I, 102.
— grand prieur de St-Bénigne, I, 158.
— avocat à Semur, I, 201.
Jaquotot (Jean), conseiller-maître à la Chambre des comptes, I, 360; II, 253, 341, 390, 391, 487, 499, 501, 568; — syndic, II, 404, 406, 439; III, 34.
— (Mlle), II, 285.
Jarrenet, chanoine de la Sainte-Chapelle, I, 128.
Jean (François), jacobin, fondateur de la confrérie du Cordon, à Dijon, III, 153.
— (Frère), portier des Jacobins, banni, III, 23.
— de Langres, messager de Dijon, III, 168.
Jeandet (Abel), de Verdun, I, 94.
Jeannin, président au Parlement, I, 280; III, 1; — reçoit les plaintes du Parlement contre la mairie, I, 259; — presse l'arrivée des députés aux Etats, I, 261; — député de la Cour aux Etats, I, 263; — renvoyé à la conférence de Surêne, I, 287, 312; — dispute avec Bernard, I, 366, 367, 368; II, 62; — bien vu du roi, I, 367; — écrit sur la paix avec le Roi, I, 370; — envoyé en Italie, I, 387; — arrive à Dijon, I, 385; — consulté par le Parlement pour les gages, I, 392; — blâme l'enlèvement de la Gauche, I, 394; — part pour Lyon, I, 396, 397, 405; — incendie de sa maison de Semur, I, 421; — envoie des messagers à Mayenne, I, 421; — assiste au Conseil de l'Union, II, 3; — entre à la Cour, II, 6, 20; — va à Mâcon, II, 16, 19, 64; — va à Lyon pour la délivrance de Nemours, II, 16; — consulté sur une taxe du Parlement de Paris, II, 24; — part pour Mâcon, II, 33; — en revient, II, 52; — mandé par Mayenne,

— 320 —

II, 45, 62; — revient à Dijon, II, 54; — négocie pour faire cesser le brigandage, II, 58; — retourne en cour, II, 64, 71; — mande que les affaires vont de mal en pis, II, 90, 108; — négocie pour la paix, II, 115, 130, 151; — envoyé en Flandre, II, 145; — écrit à Thenissey, II, 146; — enfermé dans Laon, II, 148, 222; — possesseur de l'hôtel d'Oigny, II, 153; — fait prisonnier, II, 196, 243, 244, — sorti de Laon, II, 203, 212, 228; — à Soissons, II, 221; — paroles que lui adresse Henri IV, II, 284; — demande que l'on fasse grâce aux conspirateurs, II, 285; — a perdu la confiance de Mayenne, II, 288; — part pour la conférence, II, 307; — va conclure le traité, II, 311; — à Paris, II, 342, 359, 361; III, 140; — on lui montre des lettres de Mayenne et de Guise interceptées, II, 346; — retourne vers Mayenne, II, 349; — Henri IV lui fait des menaces sur Mayenne, II, 350; — à la conférence de Poissy, II, 350 — sort de Paris mal édifié, II, 354; — Mayenne ne veut pas qu'il rive le clou de la paix, II, 356; — consulté par les députés d'Autun envoyés au Roi, II, 378; — mal vu du Roi, II, 416; — compris au département des gages de la cour, II, 427; — désespère de la paix, II, 481; — annonce la paix à sa femme, II, 489; — fait sa rentrée au Parlement, III, 89; — le Parlement lui écrit touchant ses débats avec la Chambre des comptes, III, 126, 127, 213; — le Parlement lui écrit touchant les élections municipales de Dijon, III, 155, 161; — fait payer les gages du Parlement, III, 191; — assiste à la procession de la réduction de la ville, III, 208; — poursuit la réunion de la Bresse au ressort du Parlement de Dijon, III, 220, 222; — résigne en faveur du fils de Brulart, et prend congé de la cour, III, 232, 236; — sollicité pour la démolition du château, III, 247; — envoyé par le Roi en Bourgogne pour la reddition des places de Biron, III, 252; — arrive à Dijon, III, 253; — raconte au Parlement l'arrestation de Biron, et explique sa mission, III, 254; — va trouver le baron de Lux, III, 255; — se rend à Beaune, III, 256.

Jeannin, doyen de la cathédrd. 'Autun, nommé député aux Etats de Paris, son départ, I, 262, 263, 264; — nommé, dit-on, à l'évêché d'Auxerre, I, 291; — écrit touchant la conférence de Surêne, I, 295; — touchant la conversion du Roi, I, 319; — retourne des Etats, I, 368; — empêche un mouvement royaliste à Autun, II, 106, 107; — nommé abbé de Moutier-St-Jean, II, 108; — brouillé avec M. de Chissey, II, 230; — annonce la paix, II, 308.

— (la présidente), I, 354; — marie sa nièce, I, 269; — avisée de la paix, I, 367; — son mari lui écrit, II, 90, 108; — Sennecey la met en cause, II, 210; — sollicite pour le capitaine Gault, II, 287; — réplique sévèrement à Mlle de Monpezat, II, 287; — fait évader le conseiller Bretagne, II, 399, 400; — sauve la maison Bretagne du pillage, II, 435; — loge le comte de Thorigny, II, 542.

Jésuites bannis du royaume, I, 122; II, 430; — id. de la république de Venise, II, 69; — chassés de Dijon, I, 133; II, 556, 557, 563; III, 184; — leurs processions, I, 368; II, 281, 486; — suspects à Lyon, II, 70; — libelles diffamatoires contre eux, II, 86; — exécrés par les vignerons, II, 132; — chassés

— 321 —

de Paris, II, 204, 430, 463; — de Lyon, II, 457; — reçoivent des nouvelles de Rome, II, 311; — colléges de Paris fermés, II, 362; — prières publiques pour Mayenne, II, 466; — Jésuites de Dijon (attentat sur le roi par un élève des), II, 477; — inventaire de leur mobilier, III, 17.

Jeunesse (La), capitaine ligueur, II, 201, 202.

Joannès, capitaine ligueur, à Nuits, I, 301.

Jobard, avocat, I, 325.

Joffrine (Mme), I, 394.

Johannès, capitaine, gouverneur de Nuits, pendu, I, 72, 301.

Joigny, ville (Yonne), (entreprise sur), I, 385; — reconnaît Henri IV, I, 46; — prise d'assaut, I, 62; — rendue, I, 73.
— (comte de), prend Epoisses, II, 231.

Joly, greffier du parlement, I, 194, 225; II, 305, 354, 413, 422, 424, 483.
— fils, II, 413.

Joinval (Nicolas Brulart, abbé de), III, 61.

Joly (Anatoire), marchand et échevin, I, 360; II, 185, 204; — garde des Evangiles, II, 155; — commissaire pour le jugement de La Verne, II, 318, 325, 328; — veut la paix, II, 488; — s'oppose à l'entrée des garnisons, II, 506; — attaqué par les soldats de Thenissey, II, 510; — se plaint de ce qu'on veut désarmer les habitants, II, 513; — député vers Tavanes, II, 528; — fait rouvrir les portes au député Breunot, II, 534; — commis pour acheter des grains, II, 545.

Joly (Barthélemy), procureur à la cour, 1, 207.

Jomard, geôlier de Dijon, II, 56.

Jominet, prêtre de la Sainte-Chapelle, banni, III, 23.

Joncy, village (Saône-et-L.), II, 65.

Jonvelle (Haute-Saône), I, 126, 147; II, 453.

Jouancy (M. de), III, 208, 209.

Journet, chapelain de la Sainte-Chapelle, I, 145.

Joyeuse (duc de), I, 33, bat Damville, I, 83, 85; — fait trève avec Montmorency, I, 272; — promet de s'opposer à Henri IV, II, 53; — arrive à Lyon, II, 69; — envoie des députés à la conférence de Poissy, II, 359.
— cardinal, I, 261, 289; II, 74, 123.

Jubilé de 1600, I, 161; II, 457; — contre le Turc, II, 370.

Juifs (rue des), à Dijon, II, 551.

Juilly (M. de), III, 123.

Junot, intendant de M. Damville, II, 410.

Juny (J.), messager, I, 322, 353; II, 78, 86, 157, 243, 252, 422.

Juret, bourgeois de Dijon, I, 323, 372.
— la mère (Mme), II, 515.

Jussey (Haute-Saône), II, 453; III, 33.

Justices de Dijon (grandes), I, 93.

L

Laboriblanc (Regnaut-David, sieur de), gouverneur de Louhans, II, 130, 155; III, 111.

Ladone, avocat au bailliage d'Autun, II, 348.

Ladvocat aîné, bourgeois, banni, II, 252.

La Fère. (Voir Fère.)

La Ferté. (Voir Ferté.)

Lafond, capitaine ligueur, I, 99.

La Fontaine, parisien, banni, III, 23.

La Marche. (Voir Marche.)

Lambert (M.), I, 298, 308, 356, 383.

La Motte. (Voir Motte.)

Langlois, avocat, II, 242.
— échevin de Paris, II, 73.
— maître des req., III, 209, 210, 211.

Langres, ville (Haute-Marne), garnison, I, 66, 68, 89, 363, 364, 373, 382; II, 385; — décrète les frères d'Esbarres, I, 372 ; — en trêve avec Tavanes, I, 379 ; — prend La Gauche, I, 407; — habitants assiégent Montsaugeon, II, 19, 148, 207, 456; — annonce la paix, II, 117; — ses habitants retirent leurs enfants de Dijon, II, 189; — arment les paysans de la banlieue, II, 206 ; — traitent de la reddition de Montsaugeon, II, 257, 315, 344 ; — canon amené devant Dijon, II, 558.

Langres évêque, I, 89, 110, 403, 417; II, 566, 575 ; — fait à Dijon une procession à laquelle Henri IV assiste, III, 5, 6 ; — concussions commises par ses officiers, III, 13.

— (hôtel de), à Dijon, I, 139; II, 570.

Languedoc (soumission de la province de), II, 130.

Languet, député de Chalon aux Etats de la Ligue, I, 388.

Lanques (Antoine de Choiseul, baron de), I, 49 ; — défait par le duc de Lorraine, I, 103; — tué, I, 311.

Laon, ville (Aisne), prise par Henri IV, I, 118; — siége de, II, 146, 148, 149, 151, 153, 154, 157, 158, 170, 171, 174, 175, 189, 194, 195, 203, 210, 212, 216, 221, 222, 223, 228, 231, 235, 239, 243, 244, 250, 252, 259, 260, 261, 282; — entreprise sur, II, 418.

Lans (baron de), capitaine royaliste, II, 80.

La Perrière. (Voir Perrière.)

Larcher, conseiller au Parlement de Paris, assassiné par les Seize, II, 151.

Larme, commis-greffier, II, 204, 205, 339.

— greffière, II, 483.

— (Mlle), II, 496.

Larrey, hameau de Dijon, I, 12; II, 211 ; — combat entre les ligueurs et les troupes du maréchal d'Aumont, I, 75;— abandonné par les royalistes, I, 77 ;— colombier et maison de Jeannin, I, 399, 400; — prieuré, I, 400 ; — traversé par le Parlement de Semur à son retour, II, 569.

Larrey - les - Châtillon, village (Côte-d'Or, I, 415.

Lartusie, commandant la citadelle de Chalon, I, 69, 82, 109, 362; II, 63 ; — déjoue une entreprise sur la citadelle, I, 70; — assiste aux Etats, I, 87 ; — force les boulangers de Chalon à cuire le pain, I, 291 ; — refuse des passeports au chirurgien de Bissy, I, 343 ; — ses menaces aux députés de Chalon, I, 390 ; — poursuit La Gauche, I, 391 ; — réclame sa mort, I, 394, 395 ; — le refuse aux dames de Dijon, I, 396 ; — persécute les Dijonnais, I, 396, 408, 413; — les Lyonnais saisissent l'argent qu'il a déposé à la banque, II, 36; —consulte Franchesse et le conseil de la Sainte-Union, à ce sujet, II, 37, 39 ; — sommé par les Lyonnais de reconnaître Henri IV, II, 41; — demande à reconnaître le Roi, III, 73 ; — lui envoie son fils, II, 98 ; — fait sa soumission, II, 133 ; — suspect aux ligueurs, II, 135 ; — déclare ne pouvoir plus retenir les villes de Bourgogne, II, 147 ; — prête serment de fidélité au Roi, III, 89.

Lartusie neveu, surprend Verdun, II, 12 ; — battu par les Suisses, II, 14, 17 ; — arrive à Dijon, II, 306, 335.

La Tour. (Voir Tour.)

Latrecey (Pierre Regnier, président de), I, 123, 152; II, 396 ; — Fervaques lui écrit, II, 175 ; — prend part à la querelle de Franchesse, II, 198 ; — refuse d'être commissaire pour le jugement des conspirateurs, II, 271, 272;—

Tavanes lui compte 200 écus, II, 358; — La Marche lui confisque un charroi de blé, II, 403; —va à Beaune, II, 422; — fait évacuer la maison de Saulon, II, 443; — prisonnier des Beaunois, II, 448, 449; — réfugié à Vergy sans ses nièces, II, 456; — revient à Dijon, II, 458; — fait arrêter tous les enfants de Beaune étant à Dijon, II, 459; — Biron jette ses lettres au feu et le menace, II, 467; — envoie de l'argent à son frère, II, 481; — demande un passeport pour des conseillers, II, 516; — délégué pour dresser les articles de la capitulation, II, 529.

Latrecey, village (Haute-Marne), I, 331; II, 108.

Laureau, sergent au bailliage, III, 176.
— de la ville, III, 97.

Lausanne (Suisse, entreprise du duc de Savoie sur), II, 434.

Lausseure, sergent, II, 194, 201, 242.

Lautrec (combat de), I, 83.

Lavalle, marquis de Nielle (René de), II, 158.

Lavardin, envoyé par le Roi en Bourgogne (maréchal de), III, 249, 250, 253, 254; — son entrée à Dijon, III, 255; — se rend à Beaune, III, 256; — le Roi lui ordonne de faire évacuer la Bourgogne, III, 256.

La Vau. (Voir Vau.)

La Verne. (Voir Verne.)

Lavisey, commissaire général de l'artillerie en Bourgogne, I, 79, 297; — conduit les députés des États généraux en Comté, I, 73; — bâtonnier de Saint-Jean, I, 83; — accompagne Tavanes devant Château-Vilain, I, 84; — envoyé en Allemagne par les États, I, 86, 89; — impliqué dans la conspiration La Verne, I, 118, 119, 120, 123; II, 262, 263; — capitaine des enfants de la ville, I, 135; — ramène un convoi de Comté, I, 316; —commissaire pour la monnaie, I, 392, 410, 411; — fait emprisonner le receveur d'Autun, II, 23; — demandé par Odebert, II, 199; — ennemi du président d'Esbarres, II, 215; — perquisition de sa personne, II, 268, 270, 272; — pris aux Cordeliers, II, 274; — récuse ses juges, II, 275, 315; — visité par sa femme, II, 279; — saisie de ses meubles, II, 279; — son procès, II, 283, 300, 317, 319, 323, 325; — offre 10,000 écus pour se racheter, II, 296; — mis au cachot, II, 308; — sa femme recourt à Mayenne, II, 309; — condamné à la prison perpétuelle, II, 328 et suiv.; — tiré du cachot, II, 341; — sa rançon, II, 353, 383; — rançonné et insulté par le prince de Mayenne, II, 357; — on lui lit sa sentence, II, 364; — garnison dans sa maison, II, 372; — Mayenne s'en enquiert, II, 374; — les ligueurs opposés à sa délivrance, II, 390; — libéré, II, 419; — se retire à Saint-Jean-de-Losne, II, 424; — Tavanes occupe sa maison, II, 443, 468, 506, 514; — à Mâlain, II, 491, 492; — annonce que Mayenne et Nemours sont inféodés à l'Espagne, II, 492; — communique avec les habitants, II, 531; — porte la Sainte-Hostie à la procession, III, 9; — représailles contre le président d'Esbarres, III, 10; — envoyé en députation au Roi, III, 16; — commis pour le soulagement des pauvres, III, 96.

Lavisey (Mme), II, 491.

Layer (chapelle du château de), II, 427.

Le Belin. (Voir Belin.)

Leblanc (Nicolas), bourgeois à Beaune, II, 40; III, 12.

Lebourg, procureur au Parlement, I, 376.
Lebrun, député du Parlement de Dôle, III, 195, 231.
Lechenaut, habitant de Chalon, III, 105.
Le Compasseur. (Voir Compasseur.)
Ledoux (M.), II, 26.
— veuve Malyon, II, 298.
Légat du Pape (cardinal Cajetan), exhortation aux Etats, I, 279, 283; — excommunie le Roi, I, 281; — contraint au Parlement de Paris de quitter la place réservée au Roi, I, 319; — id. aux Etats, I, 335; — les Parisiens veulent le jeter dans la Seine, I, 326, 334; — arrêt rendu contre lui par le Parlement de Paris, I, 337; — veut excommunier ceux qui parlent de paix, I, 337; — s'oppose à la trêve, I, 338; — quatrain à son sujet, I, 339; — propose l'Infante comme reine, I, 344; — les Etats lui dénient toute autorité politique, I, 357; — départ de ses neveux, I, 405; — sauvegardé par Henri IV, II, 73; — chante messe devant le Roi, II, 75, 78.
— Cornaro, II, 400.
— Alexandre de Médicis, I, 158; III, 128, 129, 130.
Legaton, sergent de la mairie, I, 389, 423; II, 232.
Léger, sergent, III, 15.
Legoux (M.), II, 38.
Legoux de la Berchère, président au Parlement de Dijon, épouse Mlle Brulart, I, 265, 269; — achète l'office de Vaugrenant, I, 421; II, 18; — impliqué dans la conspiration La Verne, II, 268, 274; — imposé à 200 livres, II, 443; — excite Brulart à quitter la Ligue, II, 515; — nommé président des requêtes du palais, II, 578; III, 64; — prend sa loi, III, 15; — reçu, III, 16.

Legouz de Vellepelle, avocat général au Parlement, I, 392; III, 191; — reçoit des lettres de Mayenne, I, 292; — poursuit la réception de son frère, I, 358, 418; — se querelle avec Franchesse, I, 423; — réprimandé, I, 398; — ses remontrances à la Saint-Martin, I, 358, 359; — soupe à Talant, II, 116; — demande l'entrée d'une garnison, II, 137; — envoie un libelle à la Chambre de ville, II, 160; — intrigue aux élections municipales, II, 163; — va au secours de Talant, II, 175; — s'offre pour second à Franchesse, II, 198; — auteur de sa querelle avec Vaugrenant, II, 202; — s'oppose à la trêve demandée par le Parlement, II, 205, 206, 209; — dispute avec le maire, II, 213; — beau-frère de Chauffour, II, 243; — sommé de poursuivre les auteurs de l'insulte faite au président de Montholon, II, 248; — accompagne Franchesse chez La Verne, II, 264; — s'oppose à ce que les conseillers conspirateurs soient jugés par la cour, II, 271; — veut faire arrêter le conseiller Bretagne, II, 276; — fait des rondes la nuit, II, 280; — assiste à un sermon du père Buffet, II, 281; — menace de quitter la Ligue, II, 236; — opposé à la remise au Parlement des conseillers emprisonnés, II, 289, 298; — ennemi de Lavisey, II, 291; — réclame au prince de Mayenne et à Tavanes les conseillers prisonniers, II, 305, 330, 342, 345, 346; — annonce au premier président le refus du prince, II, 309; — mande Franchesse, II, 317; — empêche la délivrance de Lavisey, II, 390; — fait un discours à la rentrée du Parlement, II, 292; III, 215; — nommé conseiller, II, 437; — ses frères lui reprochent la ruine de

— 325 —

leur maison, II, 447; — rend compte d'un message fait à Tavanes, II, 472; — empêche le meurtre de Dubuisson, II, 483; — opposé à la paix, II, 488; — veut se retirer à Châtillon, II, 487; — insulté par les habitants, II, 512; —corrompt les portiers de la ville, II, 512; — député à l'assemblée du Logis-du-Roi, II, 525;—ajoute aux articles de la capitulation, II, 530; — pardonné par le Roi, II, 552; — le Roi fait rechercher ses écrits, II, 563; — complice du libelle de Bernard, III, 40; — débats avec le procureur général pour la préséance, III, 44; — ses conclusions lors de la rupture des coffres du Roi, III, 49; — fait le discours de rentrée, III, 132, 133, 134; — envoyé aux Etats de Bourgogne, III, 163, 218; — fait fermer les portes de la ville, III, 193; — envoyé au chapitre général à Citeaux, III, 221; — fait un propos pour le doyen de Saint-Jean, III, 227.

Legouz de Vellepelle, chanoine de Langres, I, 41, 363; — nommé conseiller au Parlement, I, 358, 410, 417; — opposition à sa réception, II, 24, 29; — s'offre pour second à Franchesse, II, 198; — l'accompagne chez La Verne, II, 264; — réfugié au château, II, 541.

— (Prudent), avocat, I, 398; — bafoué par le peuple, II, 511; — réfugié au château, II, 541; —blessé grièvement, II, 544.

Legrand, président à la Chambre des comptes, III, 161; — fait rebâtir le château du Fossé, I, 285; écrit à sa femme, I, 312; — à Mme Bouvot, II, 87, 142; — annonce les décisions prises au grand conseil de l'Union, II, 94; — annonce le combat de la Capelle, II, 142; — prisonnier, II, 153; — envoyé en Flandre, II, 146; — employé pour obtenir une trêve, II, 220, 225; — écrit touchant le meurtre de Chantepinot, II, 222; — beau-père du président Jacob, II, 231; — vient faire délivrer les prisonniers, II, 304; — accompagne Mayenne à Bruxelles, II, 310, 321; — y est arrêté pour Mayenne, II, 372;—arrive à Dijon, II, 431; — Jeannin lui écrit sur la paix, II, 489; — veut se retirer à Châtillon, II, 489; — son logis, II, 511, 576, — seigneur de Duême, II, 525; — excite le premier président Brulart à différer son assemblée, II, 530; — envoyé à Mayenne pour son accommodement, II, 564; III, 8; — sollicité pour les gages de la cour, III, 147.

Legrand (Mme), présidente, I, 311, 344, 380, 383; II, 210, 372.

Legrand (Antoine), I, 342, 358.

— avocat, I, 348.

— (Baptiste), conseiller à la Chambre des comptes, II, 433.

Legros. (Voir Gros.)

Lemaistre, président au Parlement de Paris, député à la conférence de Surêne, I, 308, 312, 339; — dispute devant Mayenne avec l'archevêque de Lyon, I, 352; — emprisonné, I, 353, 368; — auteur de l'arrêt du Parlement qui reconnaît Henri IV, II, 35, 36; — sauve Mayenne après la journée d'Ivry, II, 35.

Le Marlet. (Voir Marlet.)

Lembert, député de Chalon aux Etats, I, 390.

Le Meix. (Voir Meix.)

Lentier (M.), I, 276.

Lenti (Mme de), II, 50.

Lépante (victoire de), jubilé à cette occasion, I, 5.

Lépine, dit Robert, capitaine royaliste, exécuté, I, 20, 68.

Le Pont, sergent de troupe, III, 39.

Lesdiguières (connétable de), I, 86, 87; — presse le duc de Nemours, I, 95; — projet de mariage de sa fille avec Saint-Sorlin, I, 285; II, 36; — maréchal de France, I, 369; — bat le duc de Savoie, I, 375, 376, 400; — converti, I, 376; — prend le Pas-de-Suze, II, 46; — renforcé par le connétable, II, 311; — prend Chéras, en Piémont, II, 432.

Lescurier, habitant de Dijon, banni, III, 23.

Le Secq, bourgeois, compromis dans la conspiration La Verne, I, 118; II, 272, 273.

Lesné (M.), chassé de la ville, I, 119.

Lhuillier, prévôt des marchands de Paris, I, 113; II, 73.

Libelle affiché à la porte du Palais, III, 104, 106.

Lichey, près Dijon, rente, II, 340.

Lieu-Dieu (Côte-d'Or, abbaye de), ruinée, II, 464.

Ligot, capitaine ligueur, II, 387.

Lignerac (M. de), II, 284.

Ligue, serment du Parlement à la, I, 190; — on porte son deuil, I, 311; — testament de la, II, 77; — refroidie à Dijon, II, 83; — emblèmes de la, II, 86; — patenôtres de la, II, 92, 110; — marques aux maisons des piliers de la, II, 94; — on lui voit le cul, II, 103; — brûlée à Paris, II, 51, 216, 239; charrettes de la, II, 420.

Limousin (province du), soulèvement, II, 21.

Listenois (M. de Baufremont-), I, 37.

Livet, procureur, II, 136.

Loches (Claude de Lenoncourt, seigneur de), dispute avec le chanoine Bégat, II, 77; — menacé de perdre son fief, II, 147; — avisé de la soumission du duc de Guise, II, 151; — accompagne le prince de Mayenne, II, 157; — assiste Franchesse, II, 200; — son chapelain, II, 280; — favorable à Mayenne, II, 306; — colloque avec Sennecey, II, 384; — se retire en sa maison, II, 396.

Loches (Henriette de Saulx, dame de), II, 147, 151.

Logis-du-Roi à Dijon, I, 17, 18; II, 329; — rempli de soldats, II, 282; — feu d'artifice tiré sur la terrasse, III, 228.

Loire (rivière de), armée royale sur la, II, 434, 446.

Loisie (M. de), I, 405.

Loménie, (Antoine de), secrétaire d'Etat, se rend à Dijon, II, 530, 544.

Longchamp-les-Paris, I, 308.

Longeaut, village (Côte-d'Or), II, 10.

Longecourt, village (Côte-d'Or), I, 20, 296; II, 505, prise du château, I, 103, 318, 323.

Longepierre, village (Saône-et-Loire), château, I, 291, 207; III, 122.

— (baron de), II, 122.

Longeville (de), capitaine ligueur, I, 302.

Longueval (M. de), capitaine royaliste, I, 159.

Longueville (duc de), reprend Pont-de-l'Arche, I, 269; — va trouver Mayenne, I, 282; — blessé, II, 142; — bat les Espagnols, II, 432; — tué devant Doullens, II, 490, 499.

Longvic, village (Côte-d'Or), I, 110; II, 258, 361, 413; — occupé par le maréchal d'Aumont, I, 77; — occupé par Vaugrenant, II, 198, 320, 330.

Longvy, sur le Doubs, village (Jura), I, 419.

Loppin, conseiller-maître à la Chambre des Comptes de Dijon, I, 259; II, 386, 415, 483.

Loriot, habitant de Dijon, I, 382.

Lorraine (duché), trève, II, 11; — ravagée par des orages, II, 224; — traite foraine du duché, II, 231.

Lorraine (cardinal de), passe à Dijon, I, 3, 16, 25 ; — sa mort, I, 18.
— (duc de), prend le château de Coiffy et plusieurs autres places du Bassigny, I, 80, 82 ; — traite avec la ville de Strasbourg, I, 260 ; — brigue la royauté, I, 303 ; — se rend à Paris, I, 309 ; — à Reims, II, 96 ; — fournit des troupes à l'Union, I, 318 ; — lui en refuse, I, 359 ; — traite avec Henri IV, II, 92 ; — recommande Jacques Fournier, II, 307 ; — réclame M. de la Tour, II, 332.
Losne (fort de) (Côte-d'Or), I, 262 ; II, 120.
Louhans, ville (Saône-et-Loire), prise par le maréchal d'Aumont, I, 78 ; — soumission, I, 130, 135 ; — ravagée par la grêle, II, 149 ; — érection du bailliage, III, 19.
Louis XIII, roi de France, naissance et réjouissances à Dijon à ce sujet, I, 163 ; III, 227, 228 ; — nommé gouverneur de Bourgogne, III, 255.
Louis, messager, II, 288.
Loups blancs (ligueurs appelés), II, 223.
Lourdon (château de, Saône-et-Loire), II, 47, 130, 219 ; — prise de, I, 274 ; II, 127 ; — attaque de, I, 276, 313, 327, 332.
Louvetiers, ordre de chasser les loups, III, 140.
Loyson, capitaine royaliste, I. 97.
Lubert (M.), conseiller d'Etat, I, 510 ; — trahit Vaugrenant, II, 27, 28.
— Mme), II, 67.
Lucenay-l'Evêque, village (Saône-et-Loire), II, 104, 107, 166, 216, 229.
— **le-Duc**, village (Côte-d'Or), III, 70.
Lugny, bourg (Saône-et-Loire), château, I, 82.
Lugoly, huissier du conseil d'Etat, II, 575.

Lures (M. de), favorable à Mayenne, II, 306, — prend le chapitre de Chenôve, II, 312 ; — le château du Bassin, II, 317 ; — ses ravages autour de Dijon, II, 320 ; — prend M. de Pluvaut, II, 321 ; — mis en garnison à Autun, II, 400, 501 ; — tué à Autun, II, 516.
Lux, village (Côte-d'Or), château, I, 62 ; II, 225, 496, 553, 573 ; III, 241.
Lux (Edme de Mâlain, baron de), gouverneur de la citadelle de Chalon, I, 91, 96 ; — note sur ce personnage, I, 42 ; — fait des courses sur les ligueurs, I, 49 ; — battu à Is-sur-Tille, I, 50 ; — embrasse le parti de la Ligue, I, 58 ; — assiége Til-Châtel, I, 65 ; — marche au secours de Rouen, I, 79 ; — dégage le capitaine Rougemont, I, 96 ; — beau-frère de Vitry de Chanrevoir, I, 96 ; — marche avec Tavanes, I, 100 ; — va aux Etats de la Ligue, I, 101 ; — aide Lyon à secouer le joug de la Ligue, I, 112 ; — se déclare royaliste, I, 115 ; — assiége Montsaugeon, I, 116 ; — confère avec Sennecey pour la paix, I, 122 ; — entre à Beaune, I, 123 ; — lieutenant général en Bourgogne, I, 155 ; — reçoit le duc de Savoie, I, 161 ; — baptême de son fils, I, 162 ; — arrête un colonel suisse, I, 260, 262 ; — travaille à la délivrance des enfants de Sennecey, I, 318, 320 ; — défait par Odebert, I, 325 ; — traite de la reddition de Blaisy, I, 329 ; — reçoit Sennecey, I, 373 ; — engagé pour le duc de Savoie, I, 378 ; — arrive à Dijon, I, 389 ; — doit rapporter la trêve, I, 423 ; — négocie la paix, II, 8 ; — bruit de sa mort, II, 11 ; — à Paris, II, 12 ; — revenu à Mâlain, II, 15, 40, 52, 284 ; — y reçoit Jeannin, II, 16 ; — part pour Lyon, II, 22 ; — fait saisir le président de Montcu-

lot, II, 26, 98; — à Lyon, II, 37, 49; — tourne casaque, II, 39; — à Mâcon, II, 45; — avisé des mouvements royalistes en Champagne, II, 71; — compagnie du baron de, II, 78, 96, 101; — annonce la prise de Montbard, II, 126; — prend l'écharpe blanche, II, 172, 186; — attaque les faubourgs de Dijon, II, 173; —fortifie Fleurey, II, 175; — attaque Fontaine, II, 176; — vole une marchande, II, 190; — va au secours de Vaugrenant, II, 199; — enlève le président d'Esbarres, II, 201; — prend Avosnes, II, 205; — seigneur de Missery, II, 206; — son secrétaire est tué, II, 232; — bloque Dijon, II, 317; — courses de sa compagnie, II, 321, 326, 367; — sa part dans les prises, II, 334; — tente d'enlever Talant, II, 358; — bat le capitaine de Villeneuve, II, 446; — pratique le baron de Sennecey, II, 476; — invite les magistrats de Dijon à venir trouver Biron, II, 531; — vend des grains à la ville, II, 545; — fait évacuer les soldats logés chez Bernard, II, 545; — va au-devant du roi, II, 547; — témoin de Vaugrenant dans un duel, II, 581; — arrête un messager de l'Espagne, III, 55; — le Parlement lui enjoint de faire respecter la neutralité avec la Franche-Comté, III, 90; — veut bâtir un fort à Pouilly-sur-Saône, III, 99; — invité aux funérailles du maire, III, 100; — provoque une assemblée générale pour le paiement de la somme promise à La Fortune, III, 103; — la mairie lui fait plainte sur les excès des gens du château, III, 106; — demande au Parlement d'abandonner un quartier de ses gages, III, 114; — annonce au Parlement la paix de Vervins, III, 115; — se plaint de la négligence des Elus au sujet de la composition avec La Fortune, III, 123; — prend possession de Seurre, III, 125; — a des assignations sur les deniers de Bresse, III, 143; — — accusé de soutenir la cause de Coussin, III, 169; — veut intervenir dans la querelle entre Biron et le Parlement, III, 169, 172; — envoyé par Biron au Parlement au sujet des élections municipales, III, 179, 180; — Biron dégage ses effets saisis à Paris, III, 181; — chasse les jésuites qui étaient rentrés sans permission à Dijon, III, 184; — transmet au Parlement les ordres du Roi touchant l'élection du maire, III, 185; — promet d'intercéder pour La Jeunesse, III, 191; — préside à la réception du duc de Savoie à Dijon, III, 198; — annonce au Parlement l'ordre de faire saisir les bénéfices possédés au duché par les Comtois, III, 206; — présente les députés de Dijon au Roi, III, 213; — assemble les Etats de Bresse, III, 224; — dirige les élections municipales à Nuits, III, 233; — complice de la conspiration de Biron, ses pourparlers avec le Parlement, III, 238, et suiv.; — sort du château de Dijon avec sa troupe, III, 242; — retiré à Saulx-le-Duc, III, 242; — écrit en cour, III, 243; — met garnison à Mâlain, III, 244; — renforce celle de Saulx-le-Duc, III, 245; — écrit aux villes de la province, III, 246; — se rend maître de Saulx-le-Duc, III, 247; — écrit au Parlement, III, 247, 248; — proteste de sa fidélité, III, 247; — demande une entrevue avec des députés du Parlement, III, 247; — résultat de cette entrevue, III, 247; — refuse de rendre ses places, III, 249; — le Roi fait marcher contre lui, III, 249; —

consigne sa famille et ses biens à M. de Sennecey, III, 252; — sa réponse aux députés du Parlement, III, 252; — écrit au président de Crépy, III, 253; — Jeannin va le trouver, III, 254, 255; — se retire en Franche-Comté, III, 256.

Lux (baronne de), I, 286; II, 433.

Luxembourg, ville, II, 121.
— province, II, 472.

Lyon, ville (Rhône), I, 87, 161, 162, 281, 287, 291, 317, 352, 380; II, 210, 274; III, 182; — Mayenne se saisit de sa citadelle, I, 33; — arrête le duc de Nemours, I, 109, 111; II, 380, 381, 383; — reçoit Ornano, I, 111; — soulevé contre Nemours, I, 329, 352, — le prince de Mayenne se dirige sur, I, 340; — Dandelot y est prisonnier, I, 372; — démolition de la citadelle, I, 377; — discours de la sédition, I, 383; — annonce sa délivrance aux bonnes villes, I, 384; — ses habitants sont divisés; ils font la guerre à Saint-Sorlin et soudoyent les troupes d'Ornano, I, 386; — font trêve avec St-Sorlin, I, 388; — manifeste contre Nemours, I, 397; — conditions pour sa délivrance, I, 402, 413, 421; — intelligences avec le Roi, I, 422; — pratiqué par les royalistes, II, 8, 22; — déjoue une tentative d'évasion de Nemours, II, 22; — traite avec Ornano, II, 32; — reconnaît Henri IV, II, 34; — députe au Saint-Père, II, 37; — invite les villes de Bourgogne à reconnaître Henri IV, II, 37; — lion exhibé par les Lyonnais, II, 38; — ils font crier vive le Roi aux jésuites, II, 38; — banquier de la cour d'Espagne, II, 46; — refus des habitants de revenir à la Ligue, II, 48; — préparatifs de l'entrée de Henri IV, II, 69; — guerroyent contre St-Sorlin, II, 139, 237; — mécontents d'Ornano, II, 238; — du connétable, II, 415; — mot de Bellièvre au sujet du duc de Nemours, II, 244; — venue de Henri IV, II, 261, 324, 403, 406, 434, 465; — fête l'absolution du Roi, II, 369, — l'armée royaliste s'y dirige, II, 457; — bruit de sa reprise par Nemours, II, 457; — communique à Mayenne les lettres de son frère Nemours, II, 482; — sollicite la réunion de la Bresse au Lyonnais, III, 217, 219.

Lyon (du), président des Monnaies à Paris, I, 216, 247.

Lyonnais, province, Nemours visite le, I, 67; — places du, II, 37; — nouvelles du, II, 340.

M

Macheco (Mlle), I, 371.
— de Nuits (M.), III, 233.

Machefer, à Dijon (croix), II, 277.

Mâcon, ville, I, 97, 103, 210, 313, 321, 380; II, 50; — prise de, I, 109, 274; — convoité par Nemours, I, 375; — suit la fortune de Lyon, II, 33, 34; — fermeture des portes, II, 34; — projet de bâtir une citadelle, II, 40; — reçoit le prince de Mayenne, II, 43; — émeute, II, 43, 47, 49; — cerné par les royalistes, II, 46; — chasse sa garnison, II, 61; — sur le point de reconnaître Henri IV, II, 98, 104; — bloque son gouverneur, II, 104; — Tavanes veut s'en assurer, II, 110; — soumission,

127, 130; — Biron marche sur, II, 477; — menacé par les Savoyards, III, 177.

Mâconnais réuni au Parlement de Semur, I, 412; — soulèvement, II, 30; — troubles, III, 82.

Madeleine, de Dijon, commandeur de la, III, 193; — champ de la, II, 540; — église, II, 370, 551.

— marchand à Dijon, I, 391.

Magny (Jérôme de Cirey, ancien doyen du Parlement, seigneur de), I, 383; II, 31, 370, 393, 394, 566; III, 208, 256; — sa mort, III, 9.

— fils, II, 490.

Magny-sur-Tille, village (Côte-d'Or), II, 130, 389.

— **les-Aubigny**, village (Côte-d'Or), II, 501.

Mahaut, contrôleur, II, 195, 366,

Maignard (A.), chanoine de la Sainte-Chapelle, I, 138.

Maillard, chanoine de la Sainte-Chapelle, I, 118, 119.

— (Mme), audiencière, II, 477.

— conseiller au Parlement, I, 199;

— député en cour, III, 213.

— fils, I, 340; II, 149.

— maître des Comptes, II, 531.

— trésorier, II, 121, 312, 572, 438, 483, 576.

— (Mme), trésorière, II, 437, 438.

Maillerois (Jean de), reçu conseiller au Parlement, I, 169, 172; III, 2; — sommé de remplir sa charge, I, 174; — commis pour la distribution des sacs, I, 179, 180, 252; — opposé au serment de la Ligue, I, 191; — rançonné par Thénissey, II, 118; — assiste à l'élection du maire, II, 160, 162; — rapporteur du procès d'Hoge contre La Verne, II, 226, 228; — commis pour réclamer les conseillers emprisonnés, II, 290; — nommé syndic, II, 327; — récusé par La Verne, II, 351; — refuse de faire les rondes, II, 460; — sa mort, III, 53, 54, 84.

Mailly-le-Château, village (Côte-d'Or), I, 318, 326.

Maire, procureur, II, 283.

— échevin, III, 97,

— (Mlle), II, 283, 284, 511.

Maires de Dijon, élection, I, 4, 8, 13, 15, 34, 51, 70, 88, 103, 115, 136, 152, 153, 157, 160, 161, 162, 199, 202, 232, 323; II, 155, 159, 162, 163, 164, 570; III, 25, 79, 98, 248, 251.

Mairie de Dijon, insultée par le Parlement, exige une réparation, I, 159; défend de parler politique, I, 359; II, 480; — prétend que le Parlement sape ses priviléges, I, 393; — convoque le Parlement à l'hôtel de ville pour les garnisons, II, 8; — violente opposition qu'elle fait aux propositions pacifiques du Parlement, II, 181, 188, 192; — convoque la Chambre des Comptes à l'hôtel de ville, II, 195; — demande à Mayenne de faire la paix, II, 283, 434; — informe les villes du pays, de la conspiration La Verne, II, 303; — reçoit le duc de Mayenne, II, 369; — interdit la garde de parler aux suspects, II, 369; — saisit les provisions des absents, II, 425; — avisée de la prise de Beaune, II, 450; — ses prescriptions à ce sujet, II, 450, 459; — fait arrêter les enfants des Beaunois, en pension à Dijon, II, 459; — exige du blé de Mme de Villers-le-Faye, II, 465; — refuse un aide à Mayenne, II, 477; — fatiguée de la Ligue, II, 484, 487, 500; — demande la paix, II, 488; — fait murer la porte du boulevard de Saulx, II, 491; — Mayenne lui annonce un messager, II, 494; — Tavanes lui transmet la réponse de Mayenne, II, 497; — s'oppose à l'entrée des garnisons, II, 505,

— 331 —

507, 508, 513; — Mayenne la conjure de ne point recevoir Biron, II, 522; — convoque une assemblée générale des habitants, II, 525; — mandée devant le conseil d'Etat, II, 564; — rétablie par le maréchal de Biron, II, 566; — reçue par le Roi, II, 566; — va au devant du Parlement de Semur, II, 565; — échevins ligueurs révoqués, II, 575; — convoquée chez le président Fremyot, pour des mesures de sûreté générale, III, 21; — s'oppose à l'immixtion du Parlement dans ses affaires, après la mort du maire Fleutelot, III, 25, 30; — fait un règlement pour le soulagement des pauvres et la peste, III, 91; — débats avec le Parlement pour la forme des élections municipales, II, 116 et suiv., 149 et suiv., 152 et suiv.; — évocation de cette affaire par le Roi, III, 178, 184, 185, 187; — reçoit le duc de Savoie, III, 198 et suiv.; — débats avec les boulangers, III, 207; — Biron sollicite le maintien du maire Jacquinot, III, 235; — consulte le Parlement sur l'ajournement des élections municipales, III, 245; — va au devant du maréchal de Lavardin, III, 255.

Maisey-le-Duc, village (Côte-d'Or), I, 297.

Maîtrot, conseiller au Parlement de Dole, III, 121.

Maizières (abbaye), abbé de, II, 45, 421.

Malacre, capitaine de Montbard, II, 40.

Maladière de Dijon, II, 173; — occupée militairement, II, 61.

Maladrerie de Dijon, III, 92.
— réformée, III, 162.

Mâlain, village (Côte-d'Or), I, 122, 286, 293, 330, 373; II, 14, 15, 45, 400, 491; — château petardé, I,

309; — garnison royaliste, II, 40, 224, 397, 400; — séjour de P. d'Epinac, archevêque de Lyon, II, 127, 346; — courses de la garnison, II, 178, 190, 212, 213, 321, 345, 408, 446, 468, 518; — prisonniers, II, 327, 328, 332, 346, 398; — Fremyot y confère avec Sennecey, II, 421, 427; — séjour de Mme de Lux, II, 433; — fourragé par la garnison de Dijon, II, 474; — garnison du baron de Lux, III, 244.

Malion (Mme), II, 26, 122, 398.

Mallet, procureur à Dijon, II, 143.

Malfon, (M.), I, 309.

Malpoy (By.), bourgeois, II, 56.
— capitaine royaliste, I, 338, 366; II, 348.
— marchand, I, 361; III, 125.
— échevin, II, 185; — juge le procès La Verne, II, 329; — opposé à la paix, II, 488.

Malte (île de), II, 348.

Malteste, avocat à Charolles, III, 158.

Mammès ou **La Tache**, sergent de la mairie, II, 555.

Mangonneau, huissier au Parlement de Dijon, II, 541; III, 12.

Mansfeld (Charles, comte de), marche au secours de La Ferté-Milon, II, 21; — sur la frontière de Picardie, II, 121; — assiège La Capelle, II, 123; — autour de Ham, II, 212; — Mayenne prend son commandement, II, 256.

Mantes (ville), II, 22; — Henri IV y prépare son couronnement, I, 344; — ouvre ses portes à Mayenne, après la défaite d'Ivry, II, 35.

Marais (édit pour desséchement des), III, 217.

Marc, lieutenant de la paroisse Saint-Pierre, II, 185.
— reçu procureur à la Cour, III, 25, 45, 116.

Marcelois (Côte-d'Or), seigneur de, II, 206.

Marchand fils, impliqué dans la conspiration La Verne, II, 270, 273, 318.

Marchault, conseiller aux enquêtes de Paris, chancelier du duc de Mayenne, et l'un des Seize de Paris, II, 430.

Marche-en-Luxembourg (La), II, 356.

— **sur-Saône**, village (Côte-d'Or), I, 142; II, 361.

Marche (La), capitaine de Saulx-le-Duc, I, 372; II, 23, 65; — réclame ses soldats, I, 419; — rompt la trêve, II, 423; — fait un prêche à Saulx-le-Duc, II, 84; — renvoie les chevaux de Mme de Tart, II, 117; — maltraite un vigneron, II, 191; — confisque un chariot de M. de Latrecey, II, 403; — accident de son frère, III, 421, 467; — ses lettres d'abolition, III, 112.

Marcheseuil (Etienne, seigneur de), II, 383.

Marcigny-les-Nonnains (Saône-et-Loire), prise de, II, 352.

Marcilly, lieutenant du château de Dijon, I, 96; II, 81, 200, 314, 341, 357; — nommé bailli de Bourbon-Lancy, II, 358, 362; — prend sa part de la rançon de Lavisey, II, 353.

Maréchal, élu du Roi, I, 314, 405; II, 489, 581; III, 63.

— (Mlle), II, 250, 417.

Mareuil (René, du val de Rochefort-la-Croisette, seigneur de), II, 324, 378.

Marey, village (Haute-Marne), II, 122.

Margelle (La), village (Côte-d'Or), I, 58.

Margeret (Chrétien), auditeur, puis conseiller-maître à la chambre des Comptes, I, 407; II, 562; III, 218.

Marguerite de Valois, reine de Navarre, entre à Dijon, I, 17.

Mariche, sergent au bailliage, III, 176.

Marie de Médicis, reine de France, mariée à Lyon à Henri IV, I, 162; — accouche du Dauphin, I, 163.

Marion, sergent de la mairie, III, 96.

Marlet (Le), seigneur de Gemeaux, maire de Dijon, I, 202.

— seigneur de Saulon, I, 105, 236, 304, 307, 311, 324; II, 443.

Marnay, en Comté (Haute-Saône), I, 126.

— (M. de), I, 289.

Marquet. Voir Des Marquets.

Marsannay-la-Côte, village (Côte-d'Or), I, 77, 97.

Marseille, ville, reconnaît Henri IV, I, 374.

Martène, capitaine royaliste, II, 101, 105.

Martigny (Mlle de), I, 365.

Martin, secrétaire de la ville, I, 423; II, 16, 20, 21, 23, 26, 58; III, 154.

— cordonnier, II, 541;

— gouverneur de Beaune, II, 256.

— (Julien), fondateur du Vieil-Collège, I, 122.

— parcheminier, III, 23.

— procureur, I, 221; III, 69.

— (Mme Odot), II, 66.

Mascarades défendues, II, 450.

Mascon, échevin, II, 185; — juge le procès La Verne, II, 329.

Masque (Chrétien de), marchand, I, 361; II, 511.

— échevin, III, 96.

— (Cl. de), II, 395, 397, 408, 463.

Massey, procureur au Parlement, I, 118.

Massol ou **Massot**, conseiller-maître à la chambre des Comptes, emprisonné à Brancion, I, 353, 370; II, 65, 89, 119, 134; — délivré, II, 170, 171.

— (Jean), conseiller au Parlement, III, 4, 20; — sa réception, III, 142,

144, 145, 146, 150, 151, 154, 155, 176.
Massol ou **Massot** (Mme), II, 449, — marchand à Beaune, I, 302, 304.
Masson (Charles), I, 286; — tué, II, 51.
— (Denis), blessé mortellement, II, 51, 58, 59.
Mathey, chanoine de la Sainte-Chapelle, I, 75.
— (M.), I, 362.
Matignon (maréchal de), I, 314.
— comte de Thorigny. Voir Thorigny.
Maugiron (comte de), I, 86, 87; — rend la ville de Vienne, I, 396; — id. de Montbrison, II, 134,
Maurice de Nassau, lieutenant général du Roi en Flandre, II, 371.
Mauris, capitaine ligueur, institué capitaine de Talant, I, 102, 173, 200; — reçoit des dames à Talant, I, 320; — rançonne La Verne, II, 26, 119; — maltraite le conseiller Massol, II, 89, 134; — Massol lui échappe, II, 171, 173; — second de Franchesse dans son duel avec Vaugrenant, II, 200; — va en Lorraine, II, 238, 251, 252, 256; — fait prisonnier, II, 250, 255; — renforce sa garnison, II, 296; — mandé par la maréchale de Tavanes, II, 315; — elle lui écrit, II, 344; — court au secours de Brancion, II, 337, 352; — reconnaît Henri IV, II, 563.
— frère, capitaine de Brancion, II, 653.
Maussan, huissier à la Cour, II, 573.
Mauvilly, village (Côte-d'Or), III, 149.
Mayenne (Charles de Lorraine, duc de), arrive à Dijon, I, 15, 38, 40; — naissance et baptême de son fils, I, 25; — va prendre possession du comté de Tende, I, 27; — part pour la Flandre, I, 28; — s'empare de Dijon, I, 32; — id. de Lyon, I, 33; — marie sa belle-fille, I, 40; — surprend Vergy, I, 41; — va en Dauphiné, I, 42; — soulève Dijon, I, 44; — part pour Paris, I, 45; — nommé lieutenant général de France, I, 46; — bat le comte de Brienne, I, 49; bat Crillon, I, 50; — reprend Montereau, I, 50; — battu à Arques, I, 55; — battu à Ivry, I, 60; — fait pendre des séditieux à Paris, I, 55; — prend Château-Thierry, I, 69; — marche au secours de Rouen, I, 78, 79; — en fait lever le siége, I, 81; — prend Pont-Audemer, I, 89; — marche au secours d'Epernay, I, 92; — écrit à la mairie de Dijon, I, 118; — arrive dans cette ville, I, 120; — fortifie Beaune, I, 121; — marie Mlle de Montpezat au vicomte de Tavanes, I, 122; — fait une expédition en Comté, I, 126; — rejoint l'armée du connétable de Castille, I, 126; — campé en Franche-Comté, I, 127; — envoie défier le Roi, I, 135; — négocie avec le Roi, I, 140, 142, 147; — repoussé de Seurre, I, 146; — passe à Vitteaux, I, 149; — défend Calais, I, 151; — se rend au Parlement, I, 229; — gratifié du revenu de plusieurs châtellenies, I, 231; — réprimande les membres de la chambre des Requêtes, I, 236, 239; — défend de payer les gages du Parlement, I, 240; — plaintes au sujet de la violation des prisons par le duc d'Elbœuf, I, 241, 242, 249; — passeport pour retirer ses meubles à Soissons, I, 258; — chef de l'armée papale, I, 261; — fait un appel pour les Etats, I, 270; — ouvre les Etats, I, 278; — reçoit l'armée espagnole, I, 278; — mécontente les nobles de Bourgogne, I, 282; — reçoit le duc de Longue-

ville, I, 282; — assiége Noyon, I, 292; — écrit au Parlement de Dijon, I, 292; — confère avec les Etats, I, 298; — en mésintelligence avec les princes de sa maison, I, 299; — traite avec le Roi, I, 306; — va clore les Etats, I, 309; — expose la situation politique au Parlement, I, 321; — offensé d'un arrêt du Parlement de Paris, I, 339; — écrit au baron de Talmay, I, 339; — le Parlement de Paris lui signifie son arrêt, I, 339; — donne un prieuré au frère de Bissy, I, 352; — nomme des maréchaux de France, I, 354, 368; — confère avec le Roi, I, 358, 363, 367, 370; — fait décrier les monnaies, I, 359; — articles de sa soumission, I, 370; — à Paris, divisé avec le duc de Guise, I, 388; — craint les Parisiens, I, 388; — ordonne la continuation de la trêve, I, 391; — d'accord avec le Roi, I, 401, 410; — crée de nouveaux offices, I, 401; — vient en Bourgogne, I, 401; —veut délivrer le duc de Nemours, I, 401, 402; — racommodé avec le duc de Guise, I, 402; — contremande ses ambassadeurs au Pape, I, 402; — défend les impositions extraordinaires, I, 409; — crée de nouveaux offices, I, 410; — reçoit des plaintes sur les déportements de Thenissey, I, 415; — vient en Bourgogne, I, 415, 416; — va à Lyon, I, 416; — sollicité de faire la paix, I, 417; — délaissé par les siens, II, 5; — refuse la grâce de La Gauche, II, 7; — retenu par les Parisiens, II, 12; — ne sait où il en est, II, 15; — conseille l'arrêt rendu par le Parlement de Paris, II, 18; — en empêche la publication, II, 19; — Villeroy l'excite à la paix, II, 30; — informé que la Bourgogne branle, II, 39; — défend de publier la nouvelle du sacre du Roi, II, 49; — domine à Paris, II, 58; — retiré à Soissons, II, 62, 66; — réduit au petit pied, II, 64; — se retire à Reims, II, 71, 96, 100; — vient en Bourgogne, II, 75; — à Paris, II, 76; — d'accord avec le Roi, II, 77; — écrit à la ville de Dijon, II, 82; — se rend à Bar-le-Duc, II, 85, 90, 97, 99; — le Parlement de Paris casse ses actes, II, 88; — veut reconnaître Henri IV, II, 89, 90, 98, 112; — fait décapiter Rosne, II, 85; — veut faire de Paris une ville de guerre, II, 93; — refuse de faire des vêpres siciliennes en France, II, 94; — fait arrêter le duc de Féria, II, 97; — les royalistes bourguignons demandent qu'on lui retire ce gouvernement, II, 100; — annonce la paix, II, 103; — maintenu gouverneur de Bourgogne, II, 105; — fait son accord avec le Roi, II, 113, 119, 120, 123, 135, 203; — va recevoir les Espagnols, II, 115; — veut établir un Parlement à Reims, II, 116; — le roi lui refuse la Bourgogne, II, 128; — plus fort que jamais, II, 140; — traîne les négociations en longueur, II, 142; — à La Fère, II, 152; — menacé dans son gouvernement, II, 178; — se retire avec les Espagnols, II, 189; — a le gouvernement d'Orléans, II, 203; — Amiens refuse ses soldats, II, 207; — donne son fils en otage au Roi, II, 212; — le Parlement demande qu'il fasse la paix, II, 219; — autorise son fils à rendre Laon, II, 222; — enfermé dans Amiens, II, 223; — exige que l'on reçoive La Verne comme conseiller au Parlement de Dijon, II, 226; — recommande la douceur aux maires des villes, II, 227; — s'assure des villes de Picardie, II, 228; — abandonné des Français, II, 232 ; — écrit à M. de Chauffour, II, 242 ; — abandonne l'alliance hispano-savoyarde, II, 254 ; — se retire en Flandre, II, 256 ; — veut mettre garnison à Dijon, II, 256 ; — les Elus lui écrivent sur les misères du pays, II, 259 ; — vient en Bourgogne, II, 261 ; — avisé de la conspiration La Verne, II, 275 ; — conserve le gouvernement de Bourgogne, II, 279, 310 ; — la mairie de Dijon lui représente le misérable état de la ville, II, 283 ; — arrêté à Bruxelles, II, 288 ; — invité par le conseil de l'Union à faire la paix, II, 298 ; — la mairie lui demande la mise en jugement des conspirateurs, II, 306 ; — visité par Sennecey, II, 308 ; — prisonnier de l'Archiduc, II, 310, 320, 321, 341 ; — traite en hésitant, II, 311 ; — met les conspirateurs de Dijon en jugement, II, 321, 330 ; — remercie les ligueurs de Dijon de leur zèle, II, 322 ; — écrit à Etienne Bernard, II, 327 ; — sans volonté parmi les siens, II, 333 : — conseils que lui adresse Fyot l'aîné, II, 334 ; — la noblesse de Bourgogne le refuse comme gouverneur, II, 337 ; — annonce de sa venue, II, 340, 342 ; — veut qu'on exécute les conspirateurs, II, 341 ; — à bout de ressources, II, 344 ; — saisie de ses dépêches au roi d'Espagne, II, 345 ; — les députés de Beaune ne peuvent le rejoindre à Bruxelles, II, 248 ; — consent à la reddition de Montsaugeon, II, 349 ; — détenu à Anvers, II, 349, 352 ; — vient à Nancy, II, 349 ; — le Roi menace de lui faire son procès, II, 350 ; — n'est point en Lorraine, II, 353 ; — sa lettre à Jeannin interceptée, II, 356 ; — approche de Nancy, II, 356, 361 ; — retenu à Bruxelles, II, 361 ; — ordonne l'exécution de La Verne et Gault, II, 363 ; — a la Romagne, II, 368 ; — arrive à Dijon, II, 368, 369 ; — salué par le Parlement, II, 370 ; — lâché sur promesse de se représenter bientôt, II, 372 ; — se confie à Franchesse, II, 372 ; — mécontent de l'accord du duc de Guise, II, 373 ; — estime Vaugrenant, II, 373 ; — tient conseil, II, 374 ; — reçoit les députés de Beaune, II, 374 ; — fâché contre Petit-Ruffey, II, 374 ; — conseillé par le commandeur de la Romagne de faire la paix, II, 374 ; — M. de Talmay refuse de l'accompagner, II, 375 ; — veut charger Sennecey de faire son accord, II, 375 ; — reçoit le clergé et le maire de Dijon, II, 375 ; — conseillé de désavouer le procès La Verne, II, 377 ; — refuse de rendre les conseillers prisonniers, II, 379 ; — reçoit le président de Montholon, II, 380 ; — consulte Buatier, II, 380 ; conseillé par le maire et d'Esbarres de faire la paix, II, 381 ; — traite avec Vaugrenant, II, 382 ; — reçoit la famille de La Verne, II, 382 ; — assemble son conseil pour son accord, II, 382 ; — pouvoir qu'il donne à Sennecey, II, 382 ; — rançonne les conseillers prisonniers, II, 384, 385, 388 ; — mécontent du traité de la ville d'Autun avec le Roi, II, 385 ; — se fait donner l'épée et les gages de Fervaques, II, 386, 388, 390 ; — fait rendre Châteauneuf à Damville, II, 387 ; — dîne avec Mme de Brion, II, 387 ; — décharge M. Chabert du logement militaire, II, 387 ; — part pour Beaune, II, 388 ; — envoie des délégués hors de France, II, 388 ; — promet de ménager Mme La Verne, II, 391 ; — séjourne à Beaune, II, 395, 408 ; — loge à Santenay, II, 395 ; — convie le duc de Nemours à une entrevue, II, 396, 402; — s'assure d'Autun, II, 396, 400; — impose une taxe sur les vins, à Beaune et à Chalon, II, 397, 403; — le Parlement lui fait des remontrances pour ses gages, II, 401; — assailli par le connétable, II, 402; — accorde un sursis aux conseillers libérés, II, 403, 407; — emprunte au premier président, II, 404; — saisit les deniers des greniers à sel, II, 405; — à Tournus et Seurre, II, 408; — menace les politiques, II, 409; — va à Autun, II, 409, 413; — assiége Saint-Gengoux, II, 409; — apaise un soulèvement dans Beaune, II, 410; — fortifie cette ville et démolit ses faubourgs, II, 411, 412, 416, 418, 421, 422; — mot atroce qu'il dit à une femme, II, 413; — le Parlement lui adresse d'énergiques remontrances, II, 413, 414; — met garnison à Beaune, à Dijon, II, 413, 414, 424; — envoie du vin à Autun, II, 413; — envoie un mandement pour les gages de la Cour et des Comptes, II, 415; — attend une armée d'Italie, II, 415; — ses ruines en Bourgogne, II, 418, — — entreprise sur Laon, II, 418 ; — défend de faire des prisonniers pour les cotes d'impôts, II, 418; — accorde un délai à la ville de Dijon pour l'acquit de ses dettes, II, 419; — presse le départ de Sennecey, 419; — prépare une entrevue avec les ducs de Savoie, de Nemours et le connétable de Castille, II, 419; — va à Montbard, II, 428; — revient à Beaune, II, 420; — visité par Sennecey, II, 422; — envoie Tremblecourt en Allemagne, II, 423; — désire la retraite des politiques de Dijon, II, 413; — arrive à Dijon, II, 424; — accorde à Mme Brulart l'exemption du logis de M. de Crépy, II, 425; — refuse des passeports à M. Fremiot, des Comptes, II, 425; — révoque tous les passeports, II, 426; — contraint le général Jacob à être le surintendant de ses finances, II, 426; — veut imposer la province, II, 426; — accorde Lavisey à M. de Marcilly, II, 426; — impose la ville et les privilégiés, II, 428, 432, 433, 439, 440, 441; — le Parlement lui en adresse des remontrances, II, 429, 441; — retient Villars-Oudan, II, 431; — cherche à retenir Sennecey, II, 431, 433; — va recevoir l'armée d'Italie, II, 431; — élude l'installation de l'abbé de St-Etienne, II, 431; — nomme Venot conseiller-maître à la chambre des Comptes de Dijon, II, 433; — laisse périmer les passeports de Sennecey, II, 434; — fait piller la maison de La Verne, II, 424, et celles des absents, II, 435; — tient prisonnier le maître de la monnaie, II, 434; — promet un bon coup à la mairie, II, 434; — nomme le dénonciateur Horiot, chanoine de la Sainte-Chapelle, II, 436; — attend des Napolitains, II, 437; — emprunte à M. de Villers-la-Faye, II, 438; — compose de la confiscation de La Verne, II, 438; — abandonné par les Lorrains, II, 439; — met garnison dans Dijon, II, 435, 440, 441; — menace le Parlement, II, 440; — Mme de Brion lui demande une déclaration contre Guionville, II, 441; — fait ses doléances au Parlement, II, 442; — quitte Dijon, II, 444; — promet un office au procureur syndic Baudoin, II, 446; — à Chalon, II, 446; — perd la ville de Beaune, II, 447; — emprisonne les principaux Chalonnais, II, 453, 469, 476; — se rend à Bourg, II,

455; — somme Biron de cesser ses entreprises, II, 457; — marche au secours du château de Beaune, II, 458, 468; — son entretien avec un chartreux, II, 460; — logé à la tour du Blé à Chalon, II, 461; — moqué par la garnison de Saint-Germain, II, 464; — fait faire des prières publiques, II, 465, 466; — secouru par Nemours et Treffort, II, 466; — appelé au secours de Beaune, II, 472; — demande un aide à la mairie de Dijon, II, 477; — pénurie d'argent où il se trouve, II, 481; — fait brûler les faubourgs d'Autun, II, 481; —brouillé avec Nemours, II, 482, 483; — veut mettre garnison à Dijon, II, 484; — passe en Comté, II, 485, 487, 488; — reçoit une députation de Châtillon, II, 487; — la mairie de Dijon lui demande de faire la paix, II, 488; — reçoit un message de Jeannin, II, 489; — fait démanteler Champforgueil, II, 491; — prête serment au roi d'Espagne, II, 492; — veut lui livrer le Bourgogne, II, 494; — promet la paix à la mairie, II, 494, 497; — le roi refuse de traiter avec lui, II, 496; — vend 200 queues de vin, II, 501; — conjure la mairie de Dijon de ne point recevoir le maréchal de Biron, II, 522; — cantonné sur la Vingeanne, II, 524; — la ville lui envoie une députation, II, 530, 531; — marche au secours du château de Dijon, II, 546; —battu à Fontaine-Française, II, 552; — maudit par les Espagnols, II, 553; — demande au Roi à traiter, II, 556; — veut faire assassiner Franchesse, II, 576; — conditions de son accommodement, II, 577; III, 8; — veut installer Thianges à Seurre, III, 33; — exige la mise en liberté d'Etienne Bernard, III, 42; — on présente au Parlement son accord avec le Roi, III, 75; — enregistrement de son accord, III, 76.

Mayenne (Henri, prince de), sa naissance et son baptême à Dijon, I, 25; — nommé lieutenant-général en Bourgogne, I, 102, 279; — entre à Dijon, I, 102, 287, 357, 320; II, 61, 65; — son expédition dans la province, I, 103; — assiége Saint-Jean-de-Losne, I, 103; — entreprise sur l'Auxois, I, 104; — prend Mâcon, I, 109; — marche contre Lyon, I, 112; — fait lever le siége de Montsaugeon, I, 116; — repoussé de Seurre, I, 146; — assiste aux Etats, I, 278; — attendu à Auxerre, I, 282; — état de sa maison, I, 290; — force les coffres de sa mère, I, 290; II, 90; — se rend au Parlement, I, 291; — va à Lyon, I, 259, 304, 386; — à Beaune, I, 302, 317; — va à Mâcon, I, 304, 313, 321, 380, 381, 382; II, 13, 40; — va à Autun, I, 316; II, 239; — va à Auxonne, I, 318; — visité par Nemours et Saint-Sorlin, I, 321; — va à Cluny, I, 321; — emprunte à Mâcon, I, 321; — part pour l'Auxois, I, 322; — va au bal avec sa sœur, I, 322; — marche sur Lyon, I, 340; — visite Bissy blessé, I, 343; — revient à Dijon, I, 348, 350; — avisé de la mort de Bissy, I, 351; — cantonné à Chagny, I, 359; — malade de la *picquotte*, I, 365; — fait publier la trêve, I, 363; — va au devant des députés, I, 368; — court au secours de Saint-Seine-s.-Vingeanne, I, 379; —vient tenir les Etats, I, 388; — réclame La Gauche, I, 393; — veut le sauver, I, 394, 395; — blâmé sur cet acte par le Parlement, I, 400; — vérification de ses pouvoirs, I, 403, 404; — réclame ses provisions, I, 409; — repoussé par les Suisses, II, 13; — va au secours de Montsaugeon, II, 21; — à Tournus, II, 35; — compose avec Mâcon, II, 43; — cerné dans Mâcon, II, 46; — à Lourdon, II, 47; — battu par Ornano, II, 51, — à Tournus, II, 52; — reçoit des lettres de Senneccy, II, 52; — à Beaune, II, 61; — va à Mâlain, II, 62, 64; — prend le château de Villy, II, 63; — menace le receveur Petit, II, 70; — le clergé lui refuse les décimes, II, 81; — force les coffres des receveurs, II, 108, 253; — craint d'être enlevé par les politiques, II, 91, 104; — fait conduire les munitions au château, II, 102; — remercie le guet, de sa garde, II, 103; — tente une entreprise sur les villes douteuses, II, 111; — autour de Vitteaux, II, 116; — à Montbard, II, 119, 123; — enlève le produit des greniers à sel, II, 124; — marche sur Autun, II, 124; — marche sur Chalon, II, 145; — Saint-Sorlin lui offre des troupes, II, 140; — modifications à ses pouvoirs, II, 144; — son père veut l'envoyer en Italie, II, 144; — prend la revente des greniers à sel, II, 152; — manque de se noyer dans l'Ouche, II, 156; — retarde son voyage, II, 161; — éconduit La Verne, II, 162; — va à Beaune, II, 165; — retiré à Tournus, II, 178, 201; — sollicite en faveur de La Verne, II, 179, 245; — la mairie de Dijon lui envoie sa délibération contre le Parlement, II, 185; — près de Chalon, II, 189, 211; — autorise la trêve des Beaunois, II, 207; — autorise la ville de Dijon à proposer une trêve, II, 217, 218; — revenu à Dijon, II, 224, 240; — fait une expédition dans le Langrois, II, 225; — bafoue le président de Montholon, II, 245; — projet des conspirateurs sur lui, II, 263, 269; — demande une garde particulière, II, 264; — défend à Dijon de porter des armes, II, 268; — somme le premier président de représenter son fils, II, 274; — fait saisir les biens de Lavisey, II, 275; — rentre au Logis-du-Roi, II, 285; — repousse les prières des parentes de La Verne, II, 285, 336; — prié de faire juger les coupables, II, 286; — refuse de rendre les conseillers prisonniers, II, 291, 302, 305, 309, 346, 354; — constitue le tribunal pour juger les conspirateurs, II, 297; — promet la vie sauve à La Verne, II, 306, 330; — entreprend sur la ville de Flavigny, II, 305; — on lui refuse l'entrée de Chanceaux, II, 312; — fait délivrer les prisonniers à la mairie, II, 324; — ne veut revenir qu'après leur jugement, II, 324; — Tavanes désire se décharger de sa garde, II, 317; — entreprise des conjurés sur sa personne, II, 329; — menaces des vignerons contre lui, II, 333; — revient à la débandade, II, 335; — altercation de Thenissey avec le prince de Mayenne, II, 339; — refuse la délivrance de La Verne, II, 341; — duel entre ses officiers, II, 343; — Thoires s'en moque, II, 344; — désordre et misère de sa maison, II, 349; — va trouver son père, II, 345; — la mairie lui adresse des remontrances énergiques, II, 350; — prend sa part de la rançon de Lavisey, II, 353; — sollicite pour l'établissement des Minimes, II, 354; — insulte Lavisey, II, 354; — va au devant de son père, II, 359; — refuse le conseiller Quarré à M. de Thianges, II, 359; — fait justice de brigands, II, 360; —

— 339 —

poursuivi par le Parlement de Semur, II, 377; — bafoue M. de Thoires, II, 431 ; — gouverneur de Chalon, II, 577, — blessé devant Seurre, III, 33.

Mayenne (duchesse de), bruit de sa mort, I, 259; II, 279; — vient au mariage de Mlle de Montpesat, sa fille, I, 329 ; — visite la sœur du roi, I, 354 ; — le maitre de la monnaie refuse de fondre sa vaisselle, II, 99 ; — enfermée dans Laon, II, 148; — malade, II, 279, 284, 308.

Mayenne (Emmanuel, fils de), commande dans Laon, II, 148 ; — demande du secours, II, 194 ; — fait prisonnier, II, 196, 222, 243, 244 ; — paroles que lui adresse Henri IV, II, 284.

Meaux, ville, I, 272; — rendue au Roi, I, 110, 389 ; II, 315.

Medavy (M. de), rend ses places à Henri IV, I, 337; II, 75 ; — Fervaques veut lui confier Saulx-le-Duc, II, 165.

Médicis (Alexandre de), légat du Pape, son entrée à Dijon, I, 158 ; III, 128.

Médicis. (Voir Catherine.)

Mehenn-sur-Loire (Loiret), (prise de) , I, 275, 276.

Meix (Le), village (Côte-d'Or); combat entre les royalistes et les ligueurs, I, 107.

Melun, ville (Seine-et-Marne), II, 577 ; III, 249.

Menard, habitant de Dijon banni, III, 23.

Mense (M. de), capitaine ligueur, I, 303.

Mercœur (Philippe-Emmanuel de Lorraine, duc de), gouverneur de Bretagne, I, 82, 271 ; — défait les princes de Conti à Craon, I, 82; — reconnaît le roi d'Espagne, I, 288 ; — assiége Angers, I, 292 ; — refuse de reconnaître Mayenne, I, 296, 299 ; — la Reine sa sœur,
moyenne son accord avec le Roi, I, 278 ; II, 64 ; — envoie ses députés à l'assemblée de Reims, II, 100 ; — fait sa soumission. II, 121 ; — empêche les villes de Bretagne de reconnaître le Roi, II, 340 ; — envoie des députés à la conférence de Poissy, II, 350 ; — resserré dans Nantes, II, 360,

Mère-Folle, de Dijon, marche au baptême du fils de Mayenne, I, 26 ; — pour la batture d'une femme, I, 31 ; — pour le carnaval, I, 283 ; — pour la naissance du Dauphin, III, 228.

Méry (en Perche), I, 337.

Mesnil (M. de), président au Parlement de Paris, II, 290.

Messigny, village (Côte-d'Or), III, 66, 255; — pillé par les Reitres, I, 20, 22; — envahi par les ligueurs, I, 127; II, 509; — prise de la dîme, I, 362; — passage des Suisses, II, 14; — combat, II, 148.

Mesvre (Saône-et-Loire), II, 104.

Métiers (édit sur les), III, 223, 230.

Metz (M. du), I, 26.

Meudon (Seine-et-Oise), I, 354.

Meursault, bourg (Côte-d'Or), (rencontre à), I, 139; — soulèvement de, II, 19; — rassemblement des communes à, II, 161; — siège, II, 220; — prise, II, 225; — démolition de l'église, II, 229; — saccagé, II, 234.

Michault, dit La Tâche, sergent, II, 464.

Michel (Pierre), vicomte mayeur de Dijon, I, 51, 58; — complice du libelle de Bernard, III, 40.

Midan, dit Libie, bourgeois de Dijon, III, 116, 121.

Miette, avocat au bailliage de la Montagne, II, 240.

Milan, II, 427;

Milanais (troupes dans le), II, 308.

Milhau (comté de), I, 276.

Milice bourgeoise de Dijon ; officiers changés, II, 578.

— 340 —

Millet (Etienne), conseiller au Parlement, I, 26, 32, 98, 172, 185, 251, 304, 306, 308, 231; II, 231; III, 57, 101, 103, 128, 147, 166; — tente de s'emparer de la citadelle de Chalon, I, 70; — accompagne les Suisses en Bourgogne, I, 298; — écrit touchant la conférence de Surêne, I, 304; — se rend à Soleure, I, 310; — dispute avec le président d'Esbarres, II, 574; — procès que lui intente Mayenne, III, 10.
— (Mme), sa mère, I, 285.
— échevin, III, 152.
Milletot, conseiller au Parlement, III, 106, 174, 230, 233, 234; — député à l'assemblée de Chartres, I, 258; — beau-père de M. Chantureux, II, 287; — syndic, III, 3, 128, 136, 149, 193, 212; — envoyé en Cour, III, 155, 194; — rend compte de son voyage, III, 160, 203; — député à Beaune, III, 250, 252, 253.
— (Mlle), I, 371; II, 287.
Millière (Guillaume), conseiller au Parlement, II, 2, 38; III, 3, 150; — député à l'élection du maire, I, 324; — Nevers prend sa terre de Villeneuve, I, 341; — commis pour les affaires de monnaies, I, 376, 380, 497; — poursuivi par des soldats, II, 137; — député au duc de Mayenne, II, 370; — connaît de l'affaire de Chantepinot, II, 334; — propose d'inviter Mayenne à faire la paix, II, 521; — mandé par le chancelier, II, 558; — Montholon sollicite son maintien, II, 569; — évincé du Parlement, son rétablissement, II, 570; III, 81; — compris au traité de Folembray, III, 76, 148.
— (Michel), conseiller au Parlement, II, 2, 29, 58; — député à l'élection du maire, II, 160; — pour parler au prince de Mayenne, II, 249; — on prend son bétail, II, 254; — député au duc de Mayenne, II, 429, 441; — député au vicomte de Tavanes, II, 451; — invite le président Brulart à quitter le Ligue, II, 334; — sa haquenée volée par les carabins, II, 537; — député à Seurre, III, 125; — sa mort, III, 197; — son remplacement, III, 198; — Mayenne le fait arrêter comme otage, III, 42.
— (Guillaume), marchand, maire de Dijon, I, 4.
— écuyer, II, 492.
— (Hugues), roué comme assassin, I, 28, 48.
— (Mlle), II, 97.
Millotet, avocat général du Parlement, III, 83, 163; — dispute avec le conseiller Valon, I, 412; II, 236; — dispute avec le conseiller Saumaise, III, 37; — dévastation de sa maison, II, 467; — dépositaire d'une requête contre M. et Mme de Brion, III, 24, 27; — demande le jugement d'Etienne Bernard, III, 37; — débat avec le procureur général pour la préséance, III, 44; — fait un discours sur la paix, III, 47; — ses conclusions contre la rupture des coffres du Roi par les soldats, III, 49; — ses violences dans l'affaire des élections municipales, III, 116 et suiv.; — en désaccord avec le procureur général, III, 120.
— (Mme), II, 501.
— fils, 373; — garnison dans sa maison, II, 443.
Milly-en-Gatinais, conférences pour la paix, I, 371, 374, 391.
Mimeure, village (Côte-d'Or), I, 331.
Minimes, établis au Vieil-Collége de Dijon, I, 122; II, 251, 354; — chassés, I, 142; III, 17, 21; — rétablis, III, 107, 146, 153, 154.
Mirande, hameau de Dijon, I, 340; II, 272, 361.

Mirebeau, ville (Côte-d'Or), I, 73, 144, 269, 325; II, 312, 455, 551; — prise de, I, 66, 73; — Henri IV y entre, I, 132; — marquisat, I, 174, 182, 202, 219, 220; — horloges de, II, 170; — château, II, 222; — entreprise sur, II, 355; — marchands, II, 493; — traite foraine établie à, III, 24.

Mirebeau (marquis de). (Voir Chabot-Biron.

Mirebeau (Jacques-Chabot, marquis de), guide les reîtres de Henri IV, I, 58; — fait prisonnier par les ligueurs, I, 65, 66; — attaque les faubourgs de Dijon, I, 78; — fait des approvisonnements à Bèze, I, 89; — se retire à Fontaine-Française, I, 90; — fortifie Montsaugeon, I, 96; — bat les ligueurs à Izier, I, 99, 324; — accompagne les Suisses, I, 111; — prend l'abbaye de Saint-Seine, I, 112, 310; II, 39; — entre à Beaune, I, 224; — élu de la noblesse, I, 150; — pille les habitants de Flavigny, I, 262; — poursuit Rougemont, I, 289; — prend Baigneux, I, 257; — tente de réconcilier Tavanes et Vaugrenant, I, 310; — guette le convoi de Lavisey, I, 316; — en lutte avec Cypierre, I, 346; — se casse une jambe, I, 352; — bat les gardes du prince de Mayenne, I, 356; — taille en pièces des brigands, I, 368; — prend la tour de Saint-Seine-sur-Vingeanne, I, 379; — revient à la Cour, II, 35; — le roi veut le marier, II, 39; — battu à Salmaise, II, 55; — ravage autour de Dijon, II, 59; — à Semur, II, 352; — a le don du château de Saulx-le-Duc, II, 359; — gouverneur de Saint-Jean-de-Losne, II, 384; — Tavanes annonce sa mort, II, 457; — le Roi lui ordonne de rejoindre Biron, II, 490; — le Roi l'envoie à la découverte des Espagnols, II, 551; — se distingue au combat de Fontaine-Française, II, 553; — apaise une émeute à Dijon, III, 87; — nommé lieutenant général en Bourgogne; ses mesures contre les partisans de Biron, III, 241 et suiv.; — demande des fonds, III, 246; — reçoit des nouvelles de la cour, III, 246; — tient conseil sur des lettres écrites par le baron de Lux, III, 247; — annonce l'arrivée du maréchal de Lavardin, III, 249; — félicité par le Roi, III, 250, 253; — va au devant du maréchal de Lavardin, III, 255.

Mireboret, march. à Dijon, II, 479.

Miroir (hôtel ou maison du), à Dijon, I, 129; II, 195, 261, 329, 468, 535, 540.

— rue du, II, 512.

Missery (seigneur de), II, 26; — gouverneur de Semur, I, 213.

— château (Côte-d'Or), II, 206.

Mochet, avocat, commandant du fort de Losne, défend des prisonniers, I, 308, 311; II, 69; — désire reprendre sa robe d'avocat, I, 311; — réclame le fils Gontier, I, 331; — envoyé en Allemagne, I, 379; — délivre le chanoine Thomas, II, 24; — reconnu lieutenant de Vaugrenant, II, 44; — attaque Talant, II, 175; — convoye les neveux de Villars, II, 258; — écrit au président d'Esbarres, concernant les prisonniers, II, 340; — Breunot lui demande un passeport, II, 478.

— (Mme), I, 374; II, 67.

Moignard, gouverneur de l'hôpital Saint-Fiacre, I, 118.

Moine (M.), II, 25.

Moissenot, habitant, II, 539.

Moisson, maître des requêtes, I, 83, 140, 156; II, 393, 394; III, 14; — loge le chancelier, II, 555, 569; — hôtel, II, 555.

Moisson, curé de St-Médard, I, 163.
— fils, II, 319, 487, 493.
— secrétain de l'abbaye de Saint-Etienne, III, 213.
Môle et Coconnas (conspiration de La), I, 14.
Moleron (Bourgeois de), conseiller au Parlement, I, 171, 194; — malade de la peste, I, 210; — commissaire pour les monnaies, I, 217; — fait une mercuriale comme syndic, I, 251, 252; — débat avec M. de Ganay, I, 255; — rétablissement de son office, I, 357, 360, 410.
Moloy (M. de), capitaine ligueur, I, 74.
Monet, procureur, I, 341.
Moniot (M.), II, 175.
— échevin, III, 224.
Monin, procureur, II, 282.
Monnet, habitant de Beaune, I, 123.
Monneton, capitaine royaliste, I, 70.
Monnnaies, décri, I, 100, 206, 209, 281, 305, 354, 359, 414, 415; II, 137; III, 23, 74, 75; — édit sur les, I, 216, 217, 218, 241, 283, 285; II, 575; — désordres, I, 291, 293, 305, 332; — règlement sur les, I, 307, 313, 333, 357, 360, 361, 375, 378, 379, 380, 383, 392; — essai, I, 406, 409, 410; — refus du maître de la monnaie de frapper, I, 410, 411; — maître, prisonnier de Mayenne, II, 434; — président, III, 23.
Montachon, hameau (Côte-d'Or), II, 93.
— (Guy de Clugny, seigneur de), II, 93.
Montagu (château de), prise par Nemours, I, 72.
Montagu (Simon de), lieutenant général au bailliage d'Autun, I, 318; II, 143.
Montaigne (mort de), I, 301.
Montargis, ville, II, 484.

Montauban, ville, I, 149.
Montbaloux, seigneur de Santigny I, 241.
Montbard, ville (Côte-d'Or), I, 373, 377; II, 308, 327, 333, 337, 469; — siége, I, 59; — rendu au chevalier Franchesse, I, 112; II, 39, 126, 135; — fortifications de, II, 114, 123; — élection du maire, II, 165; — garde de la place, II, 237; — garnison, II, 339, 452, 491, 497; — investi, II, 409, 437; — incendie des faubourgs, II, 434; — prêt à se soulever, II, 491.
Montbard, commissaire aux requêtes du Palais, I, 174, 178, 237.
Montbrison, ville, I, 146; II, 496; rendue à Henri IV, I, 337.
Montcenis, bourg (Saône-et-Loire), I, 92, 105, 289, 362; II, 151.
Montculot (Claude-Sayve), seigneur de), président à la chambre des comptes de Dijon, I, 277; — présent à l'assassinat de Chantepinot, I, 75; — refuse le bâton de Saint-Jean, I, 84; — impliqué dans le procès La Verne, I, 118; — fiançailles de sa fille, I, 387; — Lux saisit sa terre, II, 26; — menacé par les vignerons, II, 113; — comparaison de sa cave et de ses livres, II, 270; — reçoit de l'argenterie de Vaugrenant, II, 417; — reçoit M. de Sennecey, II, 422; — député au Roi, II, 531; — s'excuse de recevoir le Roi dans sa maison, II, 575.
Montculot (Charlotte Noblet, femme du président de), II, 203, 436, 488, 493, 497, 523, 555.
— (Chrétienne Sayve, demoiselle de), II, 368.
Montdidier (Somme), I, 81; — reddition de, II, 22.
— neveu de Lartusie, II, 130.
Montejoris (évêque de), II, 73.
Monteler, château (Haute-Marne), I, 82.

Montélimart, ville, I, 86.
— (Colas, vice-sénéchal de), I, 401; II, 75, 260.
Montereau, ville, I, 50.
Montessus (M. de), gouverneur de la citadelle de Chalon, I, 179, 210.
— député de la noblesse aux Etats de Bourgogne, III, 158, 163.
— seigneur de Soirans, I, 194
Montfort (château de) (Côte-d'Or), I, 352; II, 126, 237.
Monthelon (Saône-et-Loire), I, 92; II, 107.
Montgommery (Gabriel, comte de), I, 8.
Montholon (Nicolas de), président au Parlement, I, 175, 289; II, 1, 254; III, 1; — résigne en faveur de son gendre de Crépy, I, 181; — dispute avec le président d'Esbarres, I, 270; — dispute avec le conseiller Saumaise, I, 232; — va saluer le prince de Mayenne, II, 288; — avisé des menaces tenues contre le Parlement, I, 393; — avisé de l'enlèvement de La Gauche, I, 394; — fait réprimander l'avocat du Roi, I, 398, — dispute sur les pouvoirs du prince de Mayenne, I, 404; — s'oppose à de nouvelles créations d'offices, I, 410, 411; — reçoit des nouvelles de son fils étant à Rome, II, 33, 308, 309; — assiste à la procession sans manteau, II, 150; — visité par le maire Fleutelot, II, 164; — s'oppose à la réception de La Verne, et demande sa mise en jugement, II, 164, 166, 167, 176, 214; — menacé par les partisans de La Verne, II, 172; — évite l'assemblée pour la trêve, II, 204; — visité par Franchesse, II, 223; — insulté par les ligueurs, II, 244; — avocat du Roi à Saint-Jean-de-Losne, II, 246; — refuse de connaître de l'appel de Gault, II, 312, 316, 325, 328; — dispute avec Breunot, II, 325; — visite la mère du conseiller Fyot, II, 337; — consulté sur la visite de Mayenne, II, 370; — refuse d'aller lui réclamer les conseillers emprisonnés, II, 379; — visite Mayenne, II, 380; — fait retirer les sacs du conseiller Bretagne, II, 401; — fait un règlemen pour la distribution des sacs, II, 462; — connaît de la négociation du lieutenant Berbisey comme conseiller, II, 472; — excité à quitter la Ligue, II, 515; — consulté pour assembler le Parlement à cet effet, II, 517, 518; — propose de reconnaître le Roi, II, 521; — député à l'assemblée du Logis-du-Roi, II, 523, 525; — convoqué à une assemblée de la ville, II, 525; — d'avis de remettre l'assemblée, II, 527; — délégué pour dresser les articles de la capitulation, II, 529; — député au Roi, II, 531, 546; — se plaint de ce qu'on ne suit pas ses avis, II, 537; — rédige l'arrêt de reconnaissance du Roi par le Parlement, II, 541; — député pour aller féliciter le maréchal de Biron, II, 542; — Breunot l'informe des mauvaises dispositions de ceux de Semur, II, 545; — fait manquer la députation au Roi, II, 547, 548; — préside la députation envoyée au Logis-du-Roi, II, 551; — dispute avec le procureur général Picardet, II, 555; — va saluer le chancelier, II, 556; — chargé d'expulser les jésuites, II, 557; — négocie l'accommodement du Parlement, II, 558, 559, 560, 562; — harangue Henri IV, II, 566; — rabroué par le Roi, II, 567; — sollicite pour le maintien du conseiller Millière, II, 569, 570; — délégué pour réorganiser le collége Go-

dran, II, 579; III, 15; — dénonce la captivité de son fils arrêté en Franche-Comté, III, 27, 68; — fait une proposition pour le paiement des gages, III, 35; — fait une proposition sur la neutralité avec la Franche-Comté, III, 37; — fait arrêter Etienne Bernard, III, 38; — ses conseils à la femme de Bernard, III, 43; — ancien avocat général, III, 44; — député à Biron, III, 80; — se plaint du président d'Esbarres, III, 116; — dispute avec Boursault, III, 127; — dispute avec d'Esbarres, III, 143; — remis à sa place par Breunot, III, 128; — Crépy lui conteste la présidence de la Tournelle, III, 140, 141, 142; — député au duc de Savoie, III, 196; — résigne en faveur de son fils, III, 232, 233, 236; — tient l'audience malgré sa résignation, III, 234.

Montholon (de), avocat général, I, 187, 212, 230.

— (Nicolas de), avocat général, I, 270.

— (Philippe de), seigneur d'Orain et de Montgey, lieutenant au bailliage de Chalon, I, 248; II, 333.

— (Bénigne Chantepinot, femme du président de), II, 168.

— fils, I, 403, 405; II, 308, 309; III, 67.

— (Guillaume de), avocat, III, 102,
— conseiller au grand Conseil, III, 102; — reçu président au Parlement, choisit la grand'Chambre, III, 232, 233, 234, 236, 237.

Montigny, Saint-Barthélemy, village (Côte-d'Or), III, 191.

— (Haute-Marne), I, 82.

Montigny (M. de), I, 48; — député à la conférence de Surène, I, 312; — présent à l'attentat de J. Châtel, II, 425.

Montjallin, lieutenant du gouverneur de Beaune, I, 290.

Montluel (Ain), prise de, II, 237, 400, 415, 436, 457.

Montmançon, village (Côte-d'Or), domaine de, I, 159.

Montmorency (Henry, duc de), connétable de France, entre à Dijon, I, 136; — assiste à la procession de la Sainte-Hostie à Dijon, I, 138; III, 5; — ses gens dévalisés par le prince de Mayenne, I, 139; — fait trêve avec Joyeuse, I, 272; — marche pour rejoindre le Roi, I, 275, 306; — à la garde noble du prince de Condé, I, 285; — mort de son fils, I, 286; — projet de mariage de ses filles, I, 287; — assiste au siége de Dreux, I, 328; — rejoint Damville, I, 416; — promet de s'opposer à Henri IV, II, 53; — manque une entreprise sur Vienne, II, 603; — fait trêve avec Nemours, II, 399; — attaque Mayenne, II, 403; — prend Montluel, II, 436; — Biron marche à sa rencontre, II, 477; — entre dans Vienne, II, 489, 490; — le Roi envoie au devant de lui, II, 577, 579; — le Roi va à sa rencontre en chassant, II, 579.

Montmoyen, village (Côte-d'Or), II, 480.

— (Claude Regnier, seigneur de), président à la Chambre des Comptes, II, 396.

— (Marguerite Godran), sa femme, II, 396, 488.

— (Perronne de), veuve de Jean de Sercey, II, 396.

— (Jeanne de), dame de Fussey, II, 396.

Montmoyen, (baron de), gouverneur de Beaune, I, 290, 291, 301, 396; — assiste aux Etats, I, 87; — rompt les coffres du grenetier de Beaune, II, 253; — ses serviteurs, II, 283; — retiré à Autun, II, 348, 501; — traite avec les députés de Beaune, II, 362; — mandé par Mayenne, II, 372; — apaise une émeute à

Beaune, II, 410 ; — fait le *trental* de son père, II, 418 ; — échappe aux Beaunois, I, 123 ; II, 448 ; — sommé de se rendre, II, 465 ; — — blessé à Chalon, II, 476 ; — son frère lui envoie de l'argent, II, 481 ; — mot que lui adresse Biron, II, 516 ; — indemnisé pour la capitainerie d'Aisey et de Châtillon, III, 209, 212.

Montmusard (rente de), à Dijon, ravagée, I, 364 ; II, 141, 233, 493, 495 ; — occupée par les soldats, II, 55, 358, 369, 398.

Montolin, député à la conférence de Surêne, I, 312.

Montpensier (François de Bourbon, duc de), I, 124, 277, 302 ; — reçu à Soissons, II, 234.

— (duchesse de), bannie de Paris, II, 73 ; — cachée à Paris, II, 82 ; — poursuivie par la reine *Blanche*, II, 82 ; — négocie l'accommodement des princes, II, 223 ; — complote la mort du Roi, II, 423 ; — reléguée à Montargis, II, 484.

Montpezat (Mlle de), fiancée et mariée au vicomte de Tavanes, I, 122, 287, 289, 299 ; II, 257, 348, 432, 444 ; — reçue par son frère, le prince de Mayenne, I, 313, 321 ; — vient à Dijon, I, 316, 317 ; — visite Talant, I, 320 ; — soupe chez le maire, I, 324 ; — va au bal, I, 322 ; — promenée par Franchesse, I, 341 ; — veut rompre son mariage, I, 367 ; — réclame La Gauche, I, 383 ; — son colloque avec la présidente Jeannin, II, 287 ; — visite la maréchale de Tavanes, II, 339 ; — quitte Dijon pour Sully, II, 491.

Montréal (Yonne), rivière de, II, 225.

Montrereuil, habitant de Dole, I, 194.

Montrevel (Antoine de La Baume, comte de), I, 83.

Montrousset, notaire, impliqué dans la conspiration La Verne, II, 277.

Mont-Saint-Jean (Côte-d'Or), I, 331.

Mont-Saint-Phal (M. de), I, 8.

Montsaugeon, château (Haute-Marne), I, 371, 376, 390 ; — pris par les royalistes, I, 58 ; — assiégé par Tavanes, I, 96 ; — gouverneur, I, 106, 124 ; II, 77, 456, 458 ; — assiégé par les Suisses, I, 110, 111 ; — assiégé par les Langrois, I, 116, 117 ; II, 19, 20, 21, 22, 148, 225 ; — assiégé par le duc de Nevers, I, 312 ; — proposition de l'échanger contre Saulx-le-Duc, I, 372 ; — ravages de sa garnison, I, 372, 382, 385 ; — rompt la trêve, I, 382 ; — assiégé par le duc de Bouillon, II, 10 ; — dégagé par Tavanes, II, 225 ; — composition de, II, 257, 287, 315, 344, 349, 559 ; — inspecté par Tavanes, II, 469.

Montsaugeonnois, I, 37.

Monyot, marchand, I, 361.

Mooch (bataille de), I, 14.

Morandet, avocat, I, 270, 405 ; II, 25, 31.

— échevin, II, 167, 185, 190, 204, 211 ; — commissaire pour le procès des conspirateurs, II, 271, 272, 289, 300, 305, 329 ; — dispute avec Petit-Ruffey, II, 275 ; — se plaint de Tavanes, II, 350 ; — demande la paix, II, 484, 488 ; — somme Tavanes de ne point recevoir de garnison, II, 508 ; — convoque le Parlement à une assemblée de l'hôtel de ville, II, 525 ; — député avec Breunot au maréchal de Biron, II, 528 ; — commis pour dresser les articles de la capitulation, II, 529.

More, capitaine ligueur, II, 476, 483.

— trompette, II, 490, 497, 543.

Morel, échevin, II, 185 ; III, 97 ; — juge le procès La Verne, II, 329 ; — ne veut pas la paix, III, 488.

Morel (Henry), II, 242.
— huissier, I, 180; III, 34.
Morelet, conseiller-maître à la chambre des Comptes, I, 259, 360; II, 252, 317, 405, 573; III, 218, 247, 257.
— fils, étudiant, I, 88, 120; II, 252, 532, 535, 573.
— procureur à la chambre des Comptes, III, 185.
— (Mlle), I, 260; II, 294, 295, 339, 406.
Morey, village (Côte-d'Or), I, 97.
Morillot, grenetier, III, 245.
Morimond (abbaye), abbé député du Bassigny, II, 98.
— (place du), à Dijon, II, 507.
Morin (J.), conseiller au Parlement, I, 306; II, 2; III, 3; — dispute avec le président d'Esbarres, I, 267; — député pour aller saluer le maréchal de Biron, II, 542; — résigne, III, 56, 57; — sa mort, III, 234.
— conseiller, III, 103.
— lieutenant au bailliage, I, 305, 399; II, 487, 499, 501; III, 45.
Morin de Cromé, l'un des Seize de Paris, I, 376, 384.
Morisot, bourgeois, I, 119; II, 183.
— avocat à la Cour, II, 268, 455.
— greffier à la chambre des Comptes, II, 268, 312, 414, 516, 581.
Morlain (M. de), gouverneur de Charlieu, II, 498.
Morland (M. de), I, 310.
Morlent (M. de), commissaire des vivres, II, 568.
Mornac (Chevalier, dit), capitaine ligueur, I, 304; II, 113, 121.
Morveau-près-Dijon (rente de), II, 44, 272.

Motte (La), serviteur de M. de Sennecey, II, 69, 212, 232, 308.
— soldat, portier de Rouvres, II, 147, 245, 246.
Motte-Champagne, capitaine ligueur, I, 317, 341.
— II, 425.
Motte-au-Muet (Saint-Médard), ferme dépendant de Dijon, I, 342; II, 141, 493.
Motte-Réal (La). (V. Buatier.)
Motte-Ternant (La) village (Côte-d'Or), prise du château, I, 68.
— (Mlle de), III, 123.
Mouchet, habitant de Dole, I, 194.
Mouhy, marchand à Dijon, I, 316.
Moulin Bernard, à Dijon, brûlé par le maréchal d'Aumont, I, 75, 95; — pris par Vaugrenant, II, 524.
— de Chèvre-Morte, II, 559.
— d'Ouche de Dijon, I, 95.
— de Vesson, brûlé par Vaugrenant, I, 75; — rompu par Henri IV, II, 559.
— Saint-Etienne, à Dijon, I, 276, 284.
Moulins, ville, en Bourbonnais, II, 481; III, 182.
Moult (comte de), I, 87.
Moutier-Saint-Jean (abbaye), village (Côte-d'Or), I, 99, 296. — assiégé, II, 273, 440.
Munier, rentier de Montmusard, II, 398.
— bourgeois de Dijon, III, 116, 121.
Munster (M. de), neveu du président d'Esbarres, II, 210.
Mussy-la-Fosse, village (Côte-d'Or), I, 313.
Mussy-s.-Seine (Aube), menacé par les ligueurs, I, 100, 141.

N

Nagu de Varennes, seigneur de Marcey, capitaine ligueur, I, 350; — chevalier d'honneur du Parlement, II, 99, 111.

— 347 —

Nagu de Varennes (M. de), I, 87, 326; — Nemours exige qu'il lui livre Mâcon, I, 375; — chevalier d'honneur du Parlement, II, 1; III, 2; — calme une sédition à Mâcon, I, 43, 49; — bloqué par les Mâconnais, I, 104; — refuse du canon à Tavanes, I, 138; — préséance au Parlement avec de Ragny, III, 56; — accompagne Biron au Parlement, III, 180; — tue M. de Parcours et obtient des lettres de grâce, III, 223, 224, 225, 226, 229.
— fils fait Bissy prisonnier, I, 348.
Naissant, boucher à Dijon, I, 391, 406.
Nancy, ville (Meurthe), II, 100, 311, 349, 356, 361.
Nangis (M. de), I, 373.
Nantes (ville), évêque de, I, 297, 303; II, 360.
— (édit de), opposition formée par le Parlement de Dijon à son enregistrement, III, 156, 158, 159, 163, 174, 175, 189, 190, 192, 194, 196, 203, 204, 205; — opposition formée par les Etats de Bourgogne, III, 158, 163.
Nanteuil, près Paris, conférences de, II, 123, 130, 136.
Nantouillet (M. de), II, 67.
Naples (émeute à), II, 308.
Napolitains en garnison à Paris, II, 5; — en garnison à Dijon, II, 437.
Narbel, habitant de Dijon, I, 269, 285.
Narbonne, ville, soumission de, II, 130, 506.
Nathan (Jacob), I, 227.
Naulot (M.), II, 434.
Navarre (roi de). (V. Henri IV.)
Nemours (Charles de Savoie, duc de), I, 53; II, 255, 271, 287, 297, 300, 315; — entre à Dijon, I, 16, 49; — prend Is-sur-Tille, I, 50; — prend Tournus, I, 50; — reçoit les Suisses à Dijon, I, 51; — enfermé dans Paris, I, 62; — arrive à Dijon, I, 67; — assiége et prend Gilly, I, 67; — part pour le Lyonnais, I, 67; — entre à Beaune, I, 71; — fait pendre le capitaine Johanès, I, 72; — prend le château de Montaigu, I, 72; — charge le maréchal d'Aumont, I, 78; — reçoit l'accession à la Ligue des royalistes du Dauphiné, I, 87; — — arrive à Lyon, I, 87; — envoie des troupes au vicomte de Tavanes, I, 93; — pressé par les ligueurs, I, 95; — arrêté par les Lyonnais, I, 109, 112, 380; — s'évade de sa prison, I, 117; II, 237, 244, 259; — fait une expédition en Comté, I, 126; — sa mort, I, 146; — se rend aux Etats de Paris, I, 261; — prend Mâcon, I, 274; — traite avec le Roi, I, 277; — projet de le marier avec une princesse de Condé, I, 281, 285, 287; — élu roi, 292; — recrute des gentilshommes, I, 296; — en mésintelligence avec Mayenne, I, 255; — rend les enfants de M. de Sennecey, I, 318, 319, 320; — visite le prince de Mayenne, I, 321; — ses extorsions à Lyon, I, 321; — perd du terrain, I, 352; — envoie des troupes au secours du duc de Savoie, I, 375; — surprend Varennes, I, 375; — refuse de publier la trêve, I, 376; — achète la terre d'Epoisses, I, 376; — les Lyonnais lui démolissent sa citadelle, I, 377; — lève des troupes pour le duc de Savoie, I, 378; — fait tuer Dandelot, I, 380; — enfermé dans Pierre-Encise, I, 384, 396; — nommé par le roi d'Espagne pour commander en France, I, 387; — Mayenne veut le délivrer, I, 401; — délivré, I, 408; — les Lyonnais refusent de le délivrer, I, 413, 422; — Jeannin négocie sa délivrance, II, 10; —

tentative d'évasion déjouée, II, 22; — délivré par ordre du Roi, II, 36; — retenu par Alphonse, II, 37; — sa mère l'invite à reconnaître Henri IV, II, 37, 371; — Franchesse prend son château de Montbard, II, 40; — sa mère sollicite sa délivrance, II, 77; — tourne casaque, II, 142; — fait sa soumission, II, 151; — le Roi le fait délivrer, II, 153; — conserve le gouvernement du Lyonnais, II, 170; — sorti du château de Pierre-Encise, II, 174; — impose Dijon, II, 213; — réfugié à Vienne, II, 238; — on ignore son sort, II, 254; — surintendant de sa maison, II, 255; — écrit au prince de Mayenne, II, 255; — Thenissey va le trouver, II, 276; — rassemble ses troupes, II, 311; — investit Vienne, II, 322; — assiégé dans Vienne, II, 340, 469; — Guise dément le bruit de sa soumission, II, 346; — Bouvot va le trouver, II, 349; — attribue sa prison à Tavanes, II, 351; — fait trêve avec le connétable, II, 399; — Mayenne a une entrevue avec lui, II, 402, 419; — Bouvot ménage son accord, II, 404; — Tavanes répand le bruit qu'il est rentré dans Lyon, II, 457; — vient au secours de Mayenne, II, 466; — brouillé avec Mayenne, II, 482, 483; — prête serment au roi d'Espagne, II, 492; — forcé de rebrousser sur Bourg, II, 496, 499; — peu touché de la prise de Vienne, II, 506.

Nemours (Anne d'Est, duchesse de), I, 16; — va trouver le Roi, I, 345; — visite sa sœur, I, 354; — reçoit les reproches du Roi sur son fils, II, 387; — va à Lyon, I, 414; — ménage l'accommodement de son fils, II, 69, 77, 96, 142, 371; — jalouse de Mayenne, II, 142; — reléguée à Montargis, II, 484.

Neuchaise d'Effrans. (Voir Effrans.)

Neufchâtel, en Normandie, I, 79.

Neuilly, président au Parlement de Paris, accusé de régicide, II, 92; — banni de Paris, II, 235.

Nevers (ville), venue de Henri IV, II, 408.

Nevers (duc de), envahit la Bourgogne, I, 105; — est dans Paris, I, 257; — à Tours, I, 284; — en Champagne, I, 293; — entre dans Tonnerre, I, 294; — assiège Moutier-Saint-Jean, I, 296; — Bar-sur-Aube, I, 327; — Château-Vilain, I, 330; — autour d'Arc-en-Barrois, I, 331; — sort de Langres, I, 334; — menace Dijon, I, 336; — aux environs de Vitteaux, I, 340, 432; — près d'Arnay, I, 341; — assiége Eguilly, I, 346; — assiège Montfort, I, 352; — envoyé vers le Pape, I, 369; — dans la vallée d'Aglan, I, 377; — rejoint Lesdiguières, I, 377; — en Comté, I, 378; — mandé par le Pape, I, 385; — le Pape le contremande, I, 397, 402; — entre à Rome, I, 412; — séjourne à Forli, I, 417; — le Pape lui envoie le cardinal Possevin, I, 417; — écrit au Roi touchant sa négociation avec le Pape, II, 9; — quitte Rome mécontent du Pape, II, 20, 32, 33; — refuse de retourner vers le Pape, II, 45; — revient en France, II, 46; — arrive à Lyon, II, 69; — sa négociation traversée par le légat, II, 73; — de retour à Langres, II, 82, 96; — reçoit la soumission de Guionvelle, II, 104; — va trouver le Roi, II, 108; — battu par le duc de Guise, II, 135; — fait l'appointement du duc de Guise, II, 142; — gouverneur de Champagne, II, 170, 250; — sa fille épouse le duc de Guise, II, 250; — ses propositions au Pape, II,

250, 309 ; — s'avance dans l'Auxerrois, II, 399 ; — vient en Bourgogne, II, 465.
Nicolardot, avocat, refuse de juger le procès La Verne, II, 285.
— garde des Evangiles, I, 202.
Nicolas, capitaine ligueur, gouverneur de Nuits, I, 72, 90, 91, 128 ; II, 77, 121, 129, 240, 452, 461, 469, 473, 475, 524, 537.
— contrôleur à Dijon, II, 262, 270.
— frère, religieux, I, 145, 152.
— huissier au Parlement, I, 188.
— le Petit, I, 362.
— secrétaire de Mayenne, II, 123.
Niort (ville), assemblée des Réformés, II, 4.
Nitry (Yonne), II, 232.
Nobles (Election de), I, 187.
Noblesse de Bourgogne, refuse de juger la conspiration La Verne, II, 285.
Noblet (M.), I, 422.
— avocat, II, 117.
— échevin, député en cour, III, 161.
— (Mme la présidente), I, 286, 294, 299 ; II, 116, 479, 493 ; III, 93.
Nogent-le-Roi, ville (Haute-Marne), I, 100 ; II, 87.
Noiron (M. de), I, 250.
Noirot, capitaine de Châtillon, I, 296, 314, 315.
Nolay, bourg (Côte-d'Or), II, 475, 82.
Nollet, échevin, III, 119.
Nolot, messager, II, 244.
Nonderoy, surintendant des finances, II, 396.
Nostradamus prédit la prise de Beaune, II, 458.
Notables (assemblée des), III, 127.
Notaires (édit sur les), III, 69.
Notre-Dame de Dijon (église), I, 92 ; II, 281, 512 ; — Henri IV y entre, I, 139 ; III, 6, 9 ; — familier de, II, 328.

Notre-Dame de Dijon, (paroisse), II, 509, 515.
Notre-Dame-d'Etang, image, I, 72, 92, 151, 368.
— hermite tué, II, 563.
Notre-Dame-de-Lorette, I, 402.
Noue, près Dijon (ferme de la), II, 178.
Noyers, ville (Yonne), I, 294, 296 ; — reconnaît Henri IV, I, 114 ; II, 77 ; — assiégé, II, 73, 74, 134, 135 ; — pris par Biron, II, 114 ; — Tavanes court au secours de, I, 114 ; — en est repoussé, II, 121 ; — attaque des habitants sur le château, II, 123 ; — combat, II, 124 ; — prise du château, II, 138 ; — tenu par Vitteaux, II, 141, 476 ; — trêve entre la ville et le château, II, 231, 476 ; — capitulation du château, II, 360 ; III, 136, 197 ; — entreprise de la garnison du château sur la ville, II, 420 ; — démantèlement, III, 139.
Noyon (ville), siége de, I, 252, 295 ; — le gouvernement change la garnison, I, 419 ; — contenu, II, 207, 250 ; — rendu, II, 260.
Nuits, ville (Côte-d'Or), I, 49, 60, 88 ; II, 134 ; — saccagé par les reîtres, I, 21 ; — Nemours fait pendre son gouverneur, I, 72 ; — pris par Biron, I, 128 ; II, 517, 524, II, 240 ; — gouverneur, I, 132, 301, 469, 524 ; — garnison, I, 311 ; II, 306, 386, 461, 464 ; — garnison, II, 72, 259 ; — entreprise sur, II, 121, 129 ; — papeterie de, II, 224 ; — artillerie, II, 384, 431 ; — sommé de se rendre, II, 452, 473, 475 ; — troubles à l'occasion des élections municipales, III, 233, 235 ; — promet fidélité au Roi, III, 246.
Nyaut (alias Gentôt), procureur à la Cour, II, 573.

O

O (M. d'), I, 385; — annonce un succès du Roi, II, 174; — chasse un huguenot d'auprès la sœur du roi, II, 179.

Obier, notaire, bâtonnier de N.-D, II, 254, 258; — impliqué dans la conspiration La Verne, II, 271, 293, 409.

Ocquidam (J.), conseiller au Parlement, I, 171, 196, 204, 233.

— (Bénigne), conseiller au Parlement, I, 173; III, 2, 128, 141, 150, 245, 243, 135, 136; — reçu au Parlement, I, 229, 236; — rançonné par La Verne, II, 301; — revenu de Paris, II, 414; — délégué pour assister à l'élection du maire de Dijon, II, 570; — délégué pour consulter le chancelier, II, 574; — syndic, II, 578; — délégué pour réorganiser le collége Godran, II, 579; III, 15; — délégué pour bâtonner les registres ligueurs de la Cour, III, 10; — député à la Chambre de ville, III, 21; — envoyé à la mairie signifier l'arrêt qui donne au président Fremiet la garde des clefs de la ville, III, 26, 27, 28; — député au Roi, III, 218, 222; — à Beaune, III, 230, 252.

Odebert (Louis), conseiller au Parlement, I, 172, 409; II, 2; III, 2, 166, 242; — loge le légat, I, 158; — député à l'élection du maire, I, 324; — député avec Saumaise, I, 333; — défend la cause de Rouhier, I, 414, 417; — rapporteur des provisions du chanoine de Vellepelle, II, 29; — informe sur la vie de La Verne, II, 66, 167; — commis pour réclamer les conseillers emprisonnés, II, 290; — reçoit le prince de Mayenne à la Cour, II, 354; — commis pour visiter Mayenne, II, 370; — délégué vers Tavanes, II, 451; — député au chancelier, II, 555; — délégué au maréchal de Lavardin, III, 256; — loge le légat de Médicis, III, 130; — membre de la Chambre des pauvres, III, 184; — invité aux obsèques du conseiller Morin, III, 234.

Odebert (Pierre), conseiller au Parlement, I, 171; — son avis sur une mercuriale, I, 251; — sa mort, III, 81.

— (Jean), lieutenant de Vaugrenant, II, 46; — défait le baron de Lux, I, 325; — réclame le fils Gonthier, I, 331; — arrêté par Sennecey, I, 356, 383; — bruit de sa mort, II, 20; — enlève les vignerons de Dijon, II, 111; — aux portes de Dijon, II, 199, 200; — tue M. de Saint-Léger, II, 258; — tue un garde de Mayenne, II, 540.

Odinelle, essayeur de la monnaie, I, 333; II, 463.

Oigny (abbaye d'); abbé, I, 196; — hôtel à Dijon, II, 153.

Olivarès (duc d'), en Espagne, I, 87.

Orages à Dijon et en Bourgogne, I, 4, 7, 8, 12, 28, 51, 114, 156, 265; II, 201, 222, 224; — froid et neige, I, 6, 12, 34, 124, 148, 156; — et gelées, II, 114, 126.

— à Soissons et Reims, I, 328.

Orbês (Jean de Piles, abbé d'), I, 397; II, 370.

Orge (d'), procureur à la chambre des Comptes et payeur des gages, I, 257, 259, 321, 411; II, 23.

Orléans (Louis d'), avocat général au Parlement de Paris, II, 235.

Orléans (ville), tentative de Henri IV sur, I, 275, 289; — rendu au Roi, I, 389; II, 95; — négocie avec Henri IV, I, 422; II, 4, 8, 22, 25, 33, 58; — suppression de la confrérie du Cordon, II, 260; — voyage qu'y doit faire Henri IV, II, 261.

Ornano (Alphonse), lieutenant général du Roi Henri IV, en Dauphiné, quitte le parti du Roi, I, 86, 87; — reçu à Lyon, I, 112, 384, 386, 421, 422; II, 32; — prend Vienne, I, 396; — somme Nemours de rendre ses places, II, 37; — assiége Thoissey, II, 39, 48; — assiége Vienne, II, 41, 73; — bat le prince de Mayenne, II, 51, 52, 178; — s'approche de Dijon, II, 157; — marche au secours de Cruzille, II, 159; — prend Bran

cion, II, 170; — lieutenant de Nemours en Lyonnais, II, 170; — en dispute avec le comte de Tavanes, II, 178, 216; — se retire, II, 189; — conseille la soumission aux Beaunois, II, 195; — les Lyonnais l'accusent de l'évasion de Nemours, II, 238; — renforcé par Lesdiguières, 311; — prend Montluel et Pont-de-Veyle, II, 400.

Ouche (rivière d'), I, 95; II, 561.
— (voir Moulin).
— (voir Porte).

Oudineau, grand-prévôt de l'hôtel du duc de Mayenne et l'un des Seize de Paris, II, 430.

Oudot, habitant de Dijon, banni, III, 23.

Ouges, village (Côte-d'Or), I, 323.

P

Pagny-le-Château, village (Côte-d'Or), I, 41, 101; II, 362, 396, 406, 417, ; — séjour du roi Henri III et de la Cour, I, 17; — Tavanes s'en empare, I, 141; — Chabot-Charny y est inhumé, I, 154; — le Parlement y envoie une députation, I, 204; — Mme d'Elbeuf s'y rend, I, 306; — pillage de la basse-cour du château, II, 477.

Pailly (Le) (Haute-Marne), château des Tavanes, I, 83, 212; II, 97, 345.

Pain (taxe du), I, 379.

Paix de Vervins, I, 156.
— (annonce de la), II, 106, 309, 310, 333, 402, 481.

Palais de Justice de Dijon, I, 18, 223, 308.

Pallier, avocat, refuse de juger le procès La Verne, II, 313, 314, 318.

Pape, subsides envoyés par le, I, 49; — armée envoyée à Mayenne,

I, 261; — sommé par Henri IV de le reconnaître, I, 261; — écrit aux Etats, I, 300; — les Etats révoquent ses bulles, I, 303; — en résolution de reconnaître le Roi, I, 374; II, 127; — mande, contremande et rappelle le duc de Nevers, I, 385, 397, 402; II, 45; — ambassade pour la paix envoyée au, I, 389, 401; — les cantons suisses lui envoient une ambassade, I, 402; — envoie le cardinal Possevin au duc de Nevers, I, 418; — reçoit le cardinal de Gondy, II, 68; — envoie un légat en France, II, 69, 341, 400; — les succès du Roi le disposent à l'indulgence, II, 73, 213; — tient un consistoire, II, 125; — difficulté de pénétrer dans son cabinet, II, 225; — ses conditions pour l'absolution du Roi, II, 228; — rejette les propositions du duc de Nevers, II, 250; — navré de ce qu'il a fait, II, 309; — absout le

Roi, II, 369, 456; III, 51; — reconnu pour la collation des bénéfices, III, 57.

Paradin (duel de), II, 425.

Paray-le-Monial, bourg (Saône-et-Loire), I, 55; II, 93.

Parcours (Jean Grain de Saint-Marsault, seigneur de), gouverneur du château de Dijon, I, 155; II, 584; — lieutenant du maréchal de Biron, II, 545; — convoqué pour des mesures de sûreté générale à prendre à Dijon, III, 21; — le Parlement lui fait des remontrances sur les violences de ses soldats, III, 46, 48, 49; — autorise une attaque des habitants par ses soldats, III, 85, 87; — la ville lui demande de faire garder les vendanges, III, 9, 100, 223; — tué par M. de Varennes-Nagu, III, 223.

— (Mme de), III, 225

Pardessus, grand-prieur de l'abbaye de Saint-Bénigne, II, 311, 528.

Paris (ville), I, 62, 64, 302; — rendu à Henri IV, I, 113; II, 66, 72, 73, 324, 337; — sédition, I, 260, 328, 329; — cherté des vivres, I, 276, 423; — abondance des vivres, I, 278, 281, 283, 334; — tableau, I, 278; — demande la paix, I, 293, 344, 375, 416, 422, 423; II, 5; — divisé contre les Espagnols, I, 334, 338; — va en dévotion à Saint-Denis voir le Roi, I, 345; — veut reconnaître Henri IV, I, 351; — assiégé, I, 351; — invité à assister à la conversion du Roi, I, 354; — on tue les Espagnols, I, 355; — jouit de la trêve, I, 369; — factions qui le divisent, II, 4, 15; — garnison étrangère, II, 5; — royalistes bannis, II, 11; — gouverneurs, II, 22; — tenu pour rendu, II, 42; — émeute à, II, 49; — réduction de la Bastille; II, 72, 78; — discours de sa réduction, II, 86; — projets de Mayenne sur, II, 93; — faux bruits répandus sur, II, 95, 143; — ne voit pas le Roi à moitié, II, 99; — nouvelles de, II, 151, 204, 210, 360, 443, 481; — situation florissante, II, 177; — brûle la Ligue en place de Grève, II, 216; assemblée du clergé de France, II, 460; — gouverneur, II, 577.

Paris, chanoine de la Sainte-Chapelle, I, 105, 154, 383.

Parize, procureur à Dijon, II, 143.
— prieur, II, 143.
— secrétaire de Sennecey, II, 212, 340.

Parisot, bourgeois de Saulx-le-Duc, II, 67.
— serviteur du vicomte de Tavanes, II, 257, 279.

Parlement d'Aix, reconnaît Henri IV, II, 30; — gages, III, 206.
— de Bordeaux, III, 10.
— de Dijon, I, 72; — convoque une assemblée pour négocier la paix, I, 128; — Parlement de Semur rentre à Dijon, I, 135; — réunion des deux fractions, I, 136; — homologue la coutume du duché, I, 174; III, 9, 12, 15, 18, 98; — cotisé pour les fortifications, I, 176; — astreint à la garde aux portes, I, 176, 258, 277; — distribution de procès entre la Grand'-Chambre et la Tournelle, I, 179, 240; — désordres dans les mœurs et dans les lois, I, 180; — institution de la chambre des Requêtes, I, 180, 182, 189, 236, 237; — imposé par la mairie, I, 184, 234, 266, 267, 268, 273, 280, 281, 293, 294, 298, 306, 321; — gages, I, 185, 193, 198, 200, 209, 222, 240, 392, 403, 406; II, 155, 211, 254, 401; III, 58, 69, 72, 73; — transféré à Autun, I, 186; — établissement de la Chambre mi-partie (opposition à l'), I, 186, 189; — conteste la préséance au prieur

de Saint-Bénigne, I, 188; — prête le serment à la Ligue, I, 190; — reçoit une députation du Parlement de Dole, I, 193; — département des Chambres, I, 195, 224; — refuse de contribuer à une subvention pour la guerre, I, 196; — le Roi veut qu'il jure la Ligue, I, 196; — gourmande les officiers municipaux de Dijon au sujet de la peste, I, 196; — réparation exigée par ceux-ci, I, 199; — création de nouveaux offices, I, 203, 217, 223, 249, 255, 410; — visite le grand-prieur de France, I, 204; — consulté par la mairie sur les fortifications, I, 206, 208; — enregistre l'édit de pacification, I, 210; — rentrée et ouverture des Chambres, I, 210, 246, 397; II, 391; III, 43, 44, 89, 181, 182, 187, 214, 228; — chevaliers d'honneur, I, 211; — remontrances aux conseillers et aux gens du Roi, I, 211, 214; — répliques des derniers, I, 212, 215; — salle des séances, I, 223; — département des Chambres, I, 225, 235, 250, 252, 253; II, 293, 394, 573; — fait des représentations à Mayenne sur la préséance aux processions, I, 235; — se plaint à Mayenne de la violation des prisons par le duc d'Elbeuf, I, 241, 242; — reçoit le procureur général La Guesle, envoyé de Paris par le Roi, I, 244; — reçoit l'arrêt du conseil concernant la chambre des Requêtes, I, 251, 254; — buvettes, I, 255; — va saluer le prince de Mayenne, I, 288; — valide les actes du conseil de l'Union, I, 291; — publie la déclaration de Mayenne, I, 292; — reçoit des lettres de Mayenne, I, 292; — rend un arrêt sur les monnaies, I, 293; — fait un règlement sur les procureurs, I, 309; — consulté par la mairie pour la garde des vendanges, I, 332; — convoqué à une assemblée de la mairie, I, 335; II, 8; — refuse d'aller à la garde des portes, I, 340; — ordonne le paiement des rentes, I, 362; — règlement sur les huissiers, I, 363; — fait observer la trêve, I, 383; — nomenclature des membres de la Cour, II, 1; — contribue pour la garnison, II, 9, 52, 102, 196, 217; — s'oppose à une taxe mise par le Parlement de Paris, II, 24; — sollicite le prince de Mayenne pour les gages, II, 70; — reçoit une réponse du Parlement de Semur, II, 100; — saisi par le receveur Requeleyne de la rupture de ses coffres par le prince de Mayenne, II, 109; — les politiques de la Cour demandent la paix, II, 179; — opposition violente de la mairie aux propositions de la Cour, II, 181, 188, 192; — soutenu par la population, II, 188; — attaqué par les prédicateurs, II, 188, 232; — la mairie lui fait des excuses, II, 189; — provoque une négociation pour une suspension d'armes, II, 197, 204, 206, 217, 218; — demande à Mayenne de faire la paix, II, 219; — demande une trêve au parlement de Semur, II, 205, 215, 218, 220; — méprisé de ce Parlement, II, 236; — la chambre des Requêtes demande à participer aux épices, II, 236; — évincé de la garde des portes, II, 238; — insulté dans la personne du président de Montholon, II, 245; — irrité contre le prince de Mayenne, II, 249; — fait défense aux commandants militaires de prendre l'argent des receveurs, II, 253; — chambre des Vacations, II, 254; III, 183, 213; — poursuite pour les gages, de concert avec la chambre des Comptes, II, 404, 406, 413, 414, 415, 416, 418, 428,

471, 486, 494, 578 ; — le conseil de l'Union veut lui ôter la connaissance du crime de conspiration commis par ses membres, II, 270 ; — exige la remise de ces membres, II, 289, 296, 298, 299, 300, 302, 305, 322, 325, 336, 342, 345, 355, 356, 378, 379 ; — statue sur l'appel des accusés, II, 315, 316, 319, 322, 325, 328 ; — imposé pour la garnison, II, 328, 334, 338, 345, 439, 440, 442, 444, 445, 446, 458 ; — entrée du prince de Mayenne et de Tavanes, II, 354 ; — mauvais traitements infligés aux conseillers prisonniers, II, 357, 359 ; — ils sont rançonnés, II, 357, 369, 383, 384, 385, 388 ; — Le Parlement visite Mayenne, II, 370, 371, 379, 439, 441 ; — insulté au sortir du Logis-du-Roi, II, 380 ; — privé de bois et de lumière, II, 394, 395, 397, 402, 408, 428 ; — règlement de présentation, II, 397 ; — la Tournelle demande le partage des sacs déposés chez le conseiller Bretagne, II, 400 ; — vérifie des lettres sur la gabelle, II, 401 ; — département des gages, II, 428 ; — compris dans un impôt levé par Mayenne, II, 428 ; — en fait des remontrances à Mayenne, II, 429 ; — menacé par Mayenne, II, 440 ; — refuse de se rendre à une assemblée pour la garnison, II, 441 ; — doléances que lui adresse Mayenne, II, 442 ; — Tavanes le convoque à l'occasion de la prise de Beaune, II, 450 ; — valide les actes de Tavanes, II, 458, 460 ; — fait des rondes, II, 460 ; — règlement de Montholon sur la distribution des sacs, II, 462 ; — fait des menaces à Tavanes à l'occasion de ses gages, II, 471 ; — département des gages, II, 490 ; — réclamation des greffiers à ce sujet, II, 492 ; — refus de passeports aux membres du Parlement, II, 499, 515, 516 ; — départ du premier huissier, II, 585 ; — murmures du peuple contre la Cour, II, 515 ; — assemblée des Chambres pour statuer sur le danger de la ville, II, 517, 520, 521 ; — Tavanes s'efforce de l'empêcher, II, 519, 520 ; — reconnaît Henri IV, II, 521, 522, 541 ; — convoque une assemblée générale des corps et députations de la ville, II, 521, 522, 525 ; — n'assiste pas à la procession de la Sainte-Hostie, crainte d'être enlevé, II, 535 ; — ratifie ce qui a été fait par la Mairie, II, 542 ; — fait chanter un *Te Deum* à la Sainte-Chapelle, II, 543 ; — Biron l'affranchit du logement des troupes, II, 545 ; — le presse d'envoyer une députation au Roi, II, 545 ; — députe au Roi, II, 546, 551 ; — le Roi refuse de le recevoir, II, 548, 549 ; — sollicite une audience du Roi, II, 551 ; — le Roi pardonne à ses chefs, II, 552 ; — envoie une députation au chancelier, II, 555 ; — le président Fremiot, chargé de négocier son rétablissement, II, 558 ; — négociations à cet effet, II, 559, 560, 562, 563 ; — imposé pour la composition de Talant, II, 563 ; — imposé pour la guerre, II, 564, 565, 567, 568, 595 ; — reçu par le Roi, II, 566 ; — traité de *débotté* ou *debutté*, II, 570 ; — son rétablissement par le chancelier, II, 571 ; — donne entrée à M. de Cypierre, II, 573 ; — veut aller se montrer réuni au Roi, II, 574, 575 ; — droit des huissiers du conseil d'Etat et des fourriers du Roi sur son rétablissement, II, 578, 579 ; — refus de décharge aux huissiers de la Cour, II, 578 ; — séance des présidents, II, 578 ; — s'associe au vœu des habitants, pour la démolition du château, II, 578, 579 ; — envoie une députa-

tion au connétable, II, 579, 581;
— reçu par le Roi après sa réunion, II, 580: — recommandations qu'il en reçoit, II, 580; — Parlement ligueur imposé à la composition de Franchesse, II, 580, 581; III, 11; — envoie une députation à Biron au sujet du château, II, 581, 582; — assiste avec le Roi à la procession de la Sainte-Hostie, III, 5; — enregistre les provisions de Biron comme gouverneur de Bourgogne, III, 8; — rouvre ses audiences, III, 10; — suppression des arrêts contre l'autorité royale, III, 10; — réclamation pour les gages, III, 11, 24, 34; — réclamation des meubles saisis et vendus sur les officiers de la Cour, III, 10, 14; — gages des présidents, III, 15: — célèbre les obsèques de Henri III, III, 18, 19, 21; — s'oppose à l'érection d'un présidial à Chalon, III, 19: — s'oppose à l'érection d'un bailliage à Louhans, III, 19; — préséance entre les huissiers de la Cour et ceux des Requêtes, III, 20; — contribue à la réparation des brèches de la ville, III, 20; — prend des mesures extraordinaires pour la sûreté de la ville, III, 21; — réparations au parquet des gens du Roi, faites sans permission de la Cour, III, 22; — va à la garde des portes, III, 25; — veut s'emparer de l'administration municipale après la mort du maire, III, 25, 30; — assiste aux obsèques de Vaugrenant, III, 32; — débats entre le Parlement de Semur et de Dijon pour les gages, III, 34, 36; — le maréchal de Biron lui communique des propositions de neutralité entre les Bourgognes, III, 37; — fait arrêter Etienne Bernard, III, 38; — le relâche, III, 43; — débats de préséance entre les gens du Roi, III, 44, — saisi d'une tentative d'effraction des coffres du Roi par les soldats de Biron, III, 45, 46, 48, 49; — révision des registres de la Ligue, III, 47; — informé par le Roi de son absolution, III, 51; — démarche de Biron pour la réception de nouveaux membres, III, 53; — ajournement de la réception de nouveaux officiers, III, 54; — liquidation des dettes du Parlement, III, 57; — défense aux grenetiers à ce sujet, III, 59; — supprime toutes les taxes imposées sur la Saône, III, 59; — règlement pour les causes jugées précédemment devant les deux Parlements, III, 60; — admet les conseillers aux requêtes à participer aux épices, III, 64; — contribue au curage de Suzon, III, 65; — contribue pour le soulagement des pauvres, III, 66, 72, 73, 89; — enregistre la neutralité entre les deux Bourgognes, III, 68; — son ressort est augmenté de ce qui a été conquis en Bresse, III, 70; — exige de Biron qu'il maintienne la neutralité des Bourgognes, III, 70; — défend aux grenetiers de ne solder les assignations qu'après les gages des officiers, III, 81; — député au maréchal de Biron, III, 81, 83, 215; — poursuit criminellement des soldats du château, II, 84; — cesse les audiences à cause de la peste, III, 88; — va en procession aux Carmes, III, 90; — se concerte avec la Chambre des Comptes pour le soulagement des pauvres, III, 90; — refuse de contribuer aux charges de la ville, III, 99, 101; — modifie la forme des élections municipales de Dijon, III, 101, 116 et suiv., 150 et suiv.; — discute pour le paiement des gages, III, 102, 113, 115, 131, 132, 139, 142, 143, 147, 148; — pour-

suit les auteurs d'un libelle affiché à la porte du Palais, III, 104, 106 ; —Biron lui demande l'abandon d'un quartier des gages, III, 114, 123 ; — proteste contre les augmentations de gages accordées à plusieurs membres de la Cour, III, 24, 148 ; — la Chambre des Comptes lui interdit de connaître de ses attributions, III, 126, 207, 208, 212, 216, 218, 220, 233, 236 ; — règle le roulement des Chambres entre les présidents, III, 140, 141, 237 ; — taxe accordée aux présidents, au commissaire, III, 142 ; — s'oppose à l'établissement de blanques, III, 148 ; — rang des chevaliers de la Cour sur l'état des gages, III, 148 ; — obligation aux nouveaux reçus de faire faire le fonds de leurs gages, III, 148 ; — difficultés qu'il oppose à l'enregistrement de l'édit de Nantes, III, 156, 158, 159, 163, 174, 175, 189, 190, 192, 194, 203, 204, 205 ; — va à la procession de la Sainte-Hostie ; ordre des autorités, III, 157 ;—réprimande aux gens du Roi sur une question de préséance, III, 157 ; — fait des remontrances aux Etats pour les gages, III, 163 ;—ses débats avec Biron au sujet des élections municipales de Dijon, III, 164, 165 et suiv.; — propos d'un vigneron sur le parlement, III, 169 ; — refuse d'enregistrer l'évocation au Conseil de l'affaire des élections municipales, III, 179 ; — réclame contre Biron qui a enlevé l'argent réservé pour les gages, III, 181 ; — en adresse des plaintes au Roi, III, 182 ; — paiement des gages, III, 183, 191, 204, 205, 212, 213, 215, 219, 220 ; — reçoit des ordres du Roi touchant l'élection du maire, III, 184, 187 ; — s'oppose à la translation du bureau des finances à Autun, III, 185 ; — décision contre les gens du Roi, III, 191 ; — avisé de l'arrivée du duc de Savoie, III, 196 ; — nomme une députation pour aller le recevoir, III, 196 ; — séance des conseillers aux requêtes, III, 204 ; — règlement sur les défauts, III, 211 ; — réunion de la Bresse au ressort du Parlement de Dijon, III, 214 ; — envoie une députation au Roi, III, 215, 216 ; — contribue au curage du cours de Suzon, III, 224 ; — rend une décision concernant les présidents ayant résigné, III, 234 ; — avisé de la conspiration de Biron, III, 237 ; — prend des mesures de sûreté générale, III, 138 et suiv.; — informe le Roi de la situation de la province, III, 244 ; — consulté sur la remise des élections municipales de Dijon, III, 245 ; — demande la démolition du château de Dijon, III, 247 ; — envoie une députation au baron de Lux, III, 248 ; — notifie aux commandants des places rebelles l'arrivée des troupes royales, III, 250 ; — envoie des députés dans ces places, III, 250 ; — députe au maréchal de Lavardin, III, 256. — (Voir aussi Parlement de Semur.)

Parlement de Dole, envoie une députation à celui de Dijon, I, 193; III, 66, 121, 195, 231 ; — fait des propositions pour une neutralité, III, 37 ; — publie la neutralité, III, 42, 66 ; — réclame un prisonnier, III, 55 ; — se plaint des procédés de Biron, III, 70 ; — prend l'épouvante sur un bruit d'invasion, III, 89 ; — sommé par le Roi de maintenir la neutralité du comté de Bourgogne, III, 214.
— de Grenoble. Sollicite la réunion de la Bresse à son ressort, III, 217 ; — accueille un conseiller de Dijon, III, 226.

Parlement de Paris, rend un arrêt contre les Etats et le légat, au sujet de la loi salique, I, 337; — le signifie à Mayenne, I, 335; — fait des plaintes pour ses gages, I, 406; — reconnaît Henri IV par arrêt solennel, II, 17, 35; — persécution dont il est cause à Dijon, II, 21; — impose les greniers à sel d'Auxerre et Bar-sur-Seine,II, 24; — vent quitter Paris, II, 36; — réuni, II, 82, 131; — casse ce qui a été fait par Mayenne et les Etats, II, 88; — rétabli par Henri IV, II, 98; — poursuit les assassins de Brisson, II, 125; — poursuit les anciens ligueurs, II, 235; — condamne J. Châtel, II, 426, 430; — bannit les Jésuites, II, 430; — gages, III, 206.

— (royaliste) de Semur, II, 240; — reçoit une extension de ressort, I, 412; — convoque l'arrière-ban, II, 140; — publie une déclaration contre les ligueurs, II, 31, 146; — celui de Dijon lui demande une trêve, II, 205, 218, 219, 220; — dédaigne de lui répondre en corps, II, 226; — méprise celui de Dijon, II, 236; — loué par J. Guyon, II, 242; — fait le procès aux magistrats ligueurs, II, 255; — demande M. de la Tour comme otage, II, 329; — ne recevra pas les conseillers émigrés sans lettres, II, 342, 362; — fait le procès aux juges de la conspiration La Verne, II, 377; — informé de l'attentat de J. Châtel, II, 425; — publie l'arrêt contre les jésuites, II, 463; — transféré à Beaune, II, 467; — Fremiot exige qu'il rentre le premier à Dijon, II, 560; — rentre en triomphe à Dijon, II, 509; — fait sa rentrée au Palais, II, 569; — va saluer le Roi, II, 569; — le maréchal de Biron, II, 574; — député pour l'élection du maire de Dijon, II, 570; — prétend assister au rétablissement du Parlement de Dijon, II, 570; — réunion des deux Parlements, II, 571.

Parlement de Toulouse, rend un arrêt contre les ligueurs, II, 121;— ne fait plus état de Mayenne, II, 398.

Parme (Farnèse, duc de), fait lever le siége de Rouen, I, 78, 81, 92; — blessé au bras, I, 81; — marche au secours d'Epernay, I, 92.

Pas-de-Suze (Piémont), II, 46.

Pasquier, maître des requêtes de l'hôtel, III, 14.

Passage (M. du), I, 87.

Passier (M.), I, 156.

Pâtissiers (bannière des), II, 516.

Paule (de), président au Parlement de Toulouse, I, 301.

Pauvres (secours aux), III, 66, 72, 73, 90, 91.

Pèlerinage de la paroisse Saint-Pierre de Dijon à l'abbaye de St-Claude du Jura, III, 128.

Pélissier, seigneur de Flavignerot, II, 190, 479, 495.

— (Mlle), II, 497.

— secrétaire de Mayenne, nommé gouverneur de Talant, I, 272; — surintendant de la maison de Mayenne, I, 287; — arrive à Dijon, I, 313, 367; II, 279, 518; — va en Cour, I, 318; — apporte la trêve, I, 329, 358, 389, 401; — envoyé en Espagne, I, 413; II, 389; — annonce la venue de Mayenne, II, 287, 298, 361; — va rejoindre Mayenne, II, 488, 524; — apporte les lettres de Mayenne à la mairie, II, 523.

Pelletier, receveur de la Chambre des Comptes, II, 404, 405, 495,

Pellevé (cardinal de), I, 338.

Pennerot, capitaine royaliste, I, 68, 74.

Pensionnaires de l'Espagne en Bourgogne, II, 46.

Pépin, chanoine musical de la Sainte-Chapelle de Dijon, augmentation de ses gages, I, 4; —

nommé chapelain, I, 5 ; — gratifications qui lui sont accordées, I, 67 ; — se dispute avec Thevenot, I, 20 ; — son frère assiste à la reprise de Gilly, I, 63, — offre le pain bénit, I, 67 ; — se réconcilie avec le doyen, I, 152.

Pépin (Mme), I, 355.

Pequelin, prêcheur des Carmes, II, 465.

Perat (Claude), bourgeois, II, 6.

Percey (M. de), I, 54.

Péricard, évêque d'Avranches, I, 312.

Périgord (province), soulèvement en, II, 21.

Perle (La), capitaine de Seurre, I, 124 ; II, 77, 452, 454, 455 ; III, 31, 67.

Péronne, ville (Somme), fait sa soumission à Henri IV, II, 145, 250 ; — reste neutre, II, 232, 506.

Perreau, greffier de la mairie de Dijon, III, 170.

Perrière (La), village (Côte-d'Or), marquisat, I, 174 ; — prise du château, I, 104, 324, 325, 330 ; II, 258.

— habitant de Dijon, III, 23.

Perrigny-lès-Dijon, village (Côte-d'Or), assiégé, I, 77 ; — occupé, II, 437, 527.

— (M. de), III, 252 ;

Perrin, avocat, I, 282, 284 ; — procureur, I, 119.

— impliqué dans la conspiration La Verne, II, 285, 293.

— dit la Longe, II, 221, 310.

Perriquet, bourgeois de Dijon, II, 118.

Perrot, dit La Jeunesse, III, 190.

Perruchot, marchand, I, 392, 410, 411 ; II, 6, 98, 301.

— apothicaire, II, 529 ; — libéré, II, 436 ; — correction donnée par la femme à son amant, II, 437.

Peschard, bourgeois de Dijon, I, 408 ; II, 319.

— frères, assassinés, I, 63.

Pesmes, bourg (Haute-Saône), I, 325 ; — siége de, I, 142 ; — reprise de, I, 146.

Peste à Dijon, I, 23, 144, 152, 153, 199 ; II, 6 ; III, 8, 90, 91.

Petit, vicomte Mayeur, de Dijon, I, 199.

— contrôleur, II, 492.

— receveur général, I, 341 ; — menacé par Tavanes et Mayenne, II, 70 ; — impliqué dans la conspiration La Verne, II, 292 ; — réfugié à Saint-Jean-de-Losne, II, 312, 327 ; — Mayenne veut le rançonner, II, 374 ; — jardin de M., II, 510 ; — paie les gages de la Chambre des Comptes, III, 215 ; — du Parlement, III, 220.

— (Mlle), II, 426.

Petit-Ruffey, seigneur de Pouilly, contrôleur provincial d'artillerie, I, 382 ; — refuse de mener les munitions au château, II, 77 ; — le prince lui donne du fer, II, 99 ; — garde le prince, II, 103 ; — intrigue contre le maire La Verne, II, 163 ; — enlèvement de son bétail, II, 224 ; — tire Gouville d'un mauvais pas, II, 258 ; — visite La Verne le jour de la conspiration, II, 264 ; — député avec Morandet, II, 275 ; — Mayenne le remercie de son zèle, II, 322 ; — fait sauver le conseiller Bouhier, II, 374 ; — Mayenne mécontent de lui, II, 374 ; — fait vendre Premières, II, 383 ; — ses gages, II, 500 ; — réfugié au château, II, 541 ; — revenu dans sa maison, II, 573 ; — banni, III, 23.

Petitot, échevin ecclésiastique, II, 185.

Pétot (Claude), prieur de la Sainte-Chapelle, conseiller clerc au Parlement, II, 2, 26, 84, 212, 229, 482 ; III, 3, 128 ; — reçoit Henri IV à la porte de la Sainte-Chapelle, I, 158 ; — se casse la jambe, I, 287 ; — reçoit le cardinal légat

Alexandre de Médicis, III, 130.
Pétot médecin, II, 925;
Philippe II, roi d'Espagne, propose sa fille pour reine de France, I, 348; — désavoue le duc de Féria, I, 402; — Mayenne veut et ne le veut pas comprendre dans son traité, II, 18, 96; — fait des offres à Mayenne, II, 140; — Henri IV lui déclare la guerre, II, 453; — Mayenne et Nemours lui prêtent serment de fidélité, II, 492.
Picard, habitant de Dijon, II, 541, 555.
Picardet, procureur général du Parlement, député à l'assemblée de Chartres, I, 258; — va en Cour, II, 117; — Fremiot résigne en sa faveur, II, 235; — dispute avec Cothenet, II, 236; — son gendre Berbisey lui écrit une lettre compromettante, II, 478; — arrive à Dijon, II, 544; — va au-devant du Roi, II, 547; — interrogé par le chancelier, II, 557; — le Roi lui remet le libelle d'Etienne Bernard, II, 561; — discourt sur la réunion des Parlements de Semur et de Dijon, II, 572; — envoyé à la mairie signifier l'arrêt qui donne au président Fremyot la garde des clefs de la ville, III, 26, 27, 28, 29; — provoque l'arrestation d'Etienne Bernard, III, 38; — rend compte de son voyage en Cour, III, 103; — reçoit des augmentations de gages, III, 148; — blâmé de s'être fait nommer élu de la noblesse aux Etats, III, 164; — accusé d'être le complice de Biron, III, 238.
— (Mlle), fille, II, 554.
Picardie (province), union des villes, I, 401; — villes pratiquées, II, 16, 35, 506; — réduction des villes, II, 95, 250, 256, 260, 280, 288, 360; — contenues par la force, II, 207, 250; — neutralité des villes, II, 231; — villes demandées par l'Espagne, II, 321; — voyage du Roi en, II, 403, 418, 422; — dispute avec le président de Montholon, II, 555.
Pichelin, serviteur de M. de La Ferté, I, 329.
Pied-Ferré, prêtre de N.-D. de Dijon, II, 328.
Piémont envahi par Lesdiguières, I, 376, 432.
Piennes (M. de), II, 260.
Pierre, sergent de la mairie, II, 202.
Pierre-Fort, château, II, 244.
Pierre-Scise (château de), à Lyon, pris par les Lyonnais, I, 330, 372, 380; II, 259.
Lapierre, capitaine ligueur, I, 99, 346; II, 5; — sa cruauté, II, 12.
Pignalet, procureur, capitaine des murailles de la ville, II, 185; — veut chasser les politiques, II, 87, 90; — le prince lui donne du fer, II, 99; — remercié de la garde du prince, II, 103; — menace les Bretagne, II, 115; — amène un secours à Tavanes, II, 146; — dispute avec Requeleyne son gendre, II, 156, 298; — s'empare de la maison du Miroir, II, 195; — arrête les conspirateurs, II, 268, 303; — menace Breunot, II, 271; — menace Tavanes au sujet des garnisons, II, 282; — dispute avec M. de Communes, II, 307; — empêche la libération de Requeleyne, II, 318; — Mayenne le remercie de son zèle, II, 322; — gagné en faveur des accusés de la conspiration, II, 327; — juge le procès La Verne, II, 329; — député par la ville à Mayenne, II, 359; — sa rançon, II, 365, 375, 397; — saisit l'argenterie de Vaugrenant, II, 417; — arrête le baron de Neufchaise, II, 480; — opppossé à la paix, II, 488; — ses gages, II, 500; — veut une garnison, II,

507; — hostile à la garnison, II, 513; — suspect aux habitants, II, 515; — effarouché par la bannière des pâtissiers, II, 516; — veut empêcher la sortie des députés envoyés au maréchal de Biron, II, 532; — s'empare de la tour de Guise, II, 539; — retiré au château, II, 539; — banni, III, 23.

Pignorey (J.), enfant de chœur, I, 154.

Piot, receveur, II, 5.

Pipet (château de), à Vienne, I, 386; II, 51, 73, 489.

Piquottin, orfèvre, I, 84.

Pisani (marquis de), gouverneur du prince de Condé, II, 337; — porte la Sainte-Hostie à la procession, III, 9.

Pize (M. de), marchand, I, 408, 413.

Place du Morimont, à Dijon, II, 507.
— Saint-Jean, I, 274; II, 116, 478, 507, 536, 338, 540; III, 239.
— Saint-Médard, II, 102.
— Saint-Michel, II, 512.
— Sainte Chapelle (de la), II, 31; III, 239.

Plaisance (cardinal de), légat du Pape, presse l'arrivée des députés des Etats, I, 261.

Planche (La), capitaine, I, 64.

Plastrier fils, I, 417.

Platière (M. de La), II, 412.

Plessis. (Voir Du Plessis.)

Plombières, village (Côte-d'Or), I, 261; — saccagé par les reîtres, I, 22, 185; — par les Albanais, I, 364; — par les ligueurs, II, 15; — par Thenissey, II, 501, 509.

Plume (La), cpitaine royaliste, I, 95, 213, 294; — compromis dans la conspiration de Biron, III, 343.

Pluvault (Joachim de Rochefort, seigneur de), III, 197; — banni de Dijon, II, 252; — pris à Domoy, II, 321; — sa mort, II, 359.

— complice de la conspiration de Biron, III, 239, 240; — ses pourparlers avec le Parlement, III, 239, 240; — mandé par le Roi, III, 241, 253; — va au-devant du maréchal de Lavardin, III, 255.

Poillechat, avocat, II, 183; III, 121; — refuse d'être juge des conjurés La Verne, II, 304, 305; —juge ce procès, II, 329; — dispute avec Guelaud, II, 502.
— marchand, II, 510.
— substitut du procureur général, II, 178.

Poinson (M. de), I, 355; II, 337.

Poissy, près Paris, II, 367; — conférence pour la paix, I, 370, 401; II, 350.

Poitiers, ville (Vienne), ouragan à, I, 157; — négocie avec Henri IV, II, 4, 8; — rendue, II, 36, 53.

Police (règlement pour la), I, 222; III, 17.

Poligny (M. de), I, 403.
— (Jean de), conseiller au Parlement, III, 4, 102.
— (Mme de), I, 319.

Politiques chassés de Dijon, I, 119; — remuent les cornes, I, 127; — menacés, II, 76, 409, 418; — Mayenne désire leur sortie de Dijon, II, 423.

Pollville attaque Dijon, I, 526.

Pommard, bourg (Côte-d'Or), soulèvement, II, 19; — saccagé, II, 534.

Pomponne, vigneron, II, 173.
— de Bellière. (Voir Bellièvre.)

Poncenac, gouverneur de Soissons, II, 235.

Ponier fils, II, 96.

Pont, marquis de, I, 40, 58, 159; II, 100.
— capitaine royaliste, II, 408.

Pont-aux-Chèvres, à Dijon, III, 93; — fortification, II, 81.

Pontailler, ville (Côte-d'Or), I, 73, 231; — garnison, I, 98; — Henri IV y passe la Saône, I, 140; —

— 361 —

aliénation du domaine, III, 112, 135.

Pont-Audemer, ville (Seine-Inférieure), prise par Mayenne, I, 89; — rendue à Henri IV, II, 64.

Pont-Carré (M. de), député à la conférence de Surêne, I, 312.

Pont-de-l'Arche, ville (Seine-Inférieure), I, 81, 260.

Pont-de-Vaux, ville (Ain), II, 496.

Pont-de-Veyle, bourg (Ain), prise, II, 400, 496.

Pontoise (ville), assemblée de, I, 405; — défection de, II, 12, 16, 22; — séjour de Henri IV, II, 69.

Pontoux, maire de Seurre, I, 124; II, 452, 455.

Popon (Maclou), conseiller au Parlement, I, 168, 171, 175, 176, 179, 193, 198; III, 443.

Porcelet (M.), I, 293.

Porcheresse-Antully (La), village (Saône-et-Loire), I, 93.

Porte-au-Lion, à Dijon, I, 139; III, 6.

— Guillaume, combat, III, 85.

— d'Ouche, II, 502, 506, 515, 520, 532, 534, 569.

— Saint-Nicolas, I, 18; II, 79, 329, 495, 515; III, 85.

— Saint-Pierre, II, 517, 536, 538, 548.

Possevin, cardinal, I, 418.

Poste (édit touchant les relais de), III, 195, 206, 207.

Poterie (capitaine de La), I, 264, 290.

Pothières, village (Côte-d'Or), pris, saccagé et brûlé, II, 118, 346, 389, 414, 422.

— (abbé de), II, 346.

Potot, avocat à Dijon, II, 41, 484; III, 251.

— médecin, II, 559.

— (Mme), prisonnière, II, 210.

— d'Avosne, pille le château de Blaisy, I, 340; — pris par le seigneur de Blaisy, II, 205; — repris dans sa fuite de Flavigny, II,

231; — compose avec Brocard, II, 253.

Potot du Vallier, II, 206; — s'évade de Vergy, II, 231; — se bat avec Giroux, II, 261.

— frères, prisonniers à Vergy, II, 210.

— meunier de Saint-Etienne, II, 536, 538.

Pouffier (Jean), seigneur de Taniot, marchand, bourgeois de Dijon, I, 63 83, 88, 162, 316, 361, 382, 443, 501.

— (Bénigne), étudiant, I, 88; II, 22, 501; — marié à Mlle Baillet, II, 319; — ses brigues, III, 116, 117, 152.

— Baillet (femme), II, 488.

— contrôleur, I, 405.

— huissier, I, 41.

— garde des Evangiles, III, 238.

Pouilly-les-Dijon, hameau de Dijon, I, 90; II, 192; — embuscade, I, 276; — pillé par le baron de Lux, II, 175, 218, 224.

Pouilly-Bessey (Louis de), envoyé en Savoie, II, 255, 311, 351, 409, 436, 455; — reconnaît Henri IV, II, 563.

Pouilly (Charles de Stainville, seigneur de), I, 283; II, 55, 69, 114, 116, 216; III, 164, 182, 183, 184, 197.

— (Mlle), II, 58.

Pouilly-sur-Saône, fort de, I, 157; III, 99; — garnison, III, 82; — péage, III, 182, 183, 197.

Poule qui crie vive le Roi, II, 95.

Prairies mises en regain, III, 14.

Pralin (M. de), I, 316; II, 138.

Prauthoy, bourg (Haute-Marne), saccagé, I, 117; II, 229.

Prédicateurs annoncent l'élection du duc de Guise comme roi de France, I, 350; — redoublent de fureur, I, 359, 364, 375, 390, 396; II, 45, 55, 76, 495; — attaquent Henri IV, II, 20, 50, 73, 132, 281; — des politiques, II, 59; — attaquent les vignerons, II, 128; — le Parlement, II, 188, 232; — les rois François Ier et Henri II, 281.

Prédicateurs (Voir aussi Besson, Buffet, Christophe.)

Premières, village (Côte-d'Or), II, 383.

Prenois, village (Côte-d'Or), combat de, II, 416; — curé banni, III, 23.

Prés (château des), à Flavigny (Côte-d'Or), II, 231.

Présentations (édit sur le doublement des), III, 21.

Presle (Jules de), seigneur de Domois, I, 297; — sa fille mangée par un loup, I, 314; — enlevé à Domois, II, 153; — poursuit la libération de M. de Pluvault, II, 321.

Prevost, garde de la monnaie, I, 412; II, 430.
— III, 143, 191.
— avocat, conseil de la ville, I, 180; II, 185, 310, 459; — juge le procès La Verne, III, 329.
— capitaine de la paroisse Saint-Médard, II, 318, 430.

Prinstet, huissier au Parlement, III, 15.

Prisque, substitut du procureur du Roi, à Chalon-sur-Saône, III, 19.

Processions à Dijon, I, 9, 72, 92; — de la Sainte-Chapelle, II, 145, 310, 368; — de la Sainte-Hostie, II, 150, 525; — ordre des autorités, III, 157.

Processions à l'occasion de la Saint-Barthélemy, I, 9.
— des Jésuites, I, 368; II, 281.
— du Jubilé, II, 417.
— pour Mayenne, II, 466, 467, 468.
— ordonnée par Henri IV, II, 556.
— pour la reddition du château, II, 575, 578.
— pour l'absolution du Roi, III, 51, 52.
— pour la conservation du Roi, III, 68, 210.
— pour la reddition de la ville, III, 74, 115, 208.
— pour la paix, III, 115.
— de la paroisse Saint-Pierre à Saint-Claude, III, 128.
— pour le temps, III, 222.
— pour la naissance du Dauphin, III, 227.

Procureur général. (Voir Picardet.)

Procureurs au Parlement (règlement imposé aux), I, 309.

Protestants demandent leur renvoi à la Chambre mi-partie, I, 285; — publication de l'édit de 1577, II, 451.

Provence (Province), trêve en, I, 272; — nouvelles de, I, 356.

Provins, ville (Seine-et-Marne), I, 367.

Prudent (M.), capitaine ligueur, II, 4, 172.

Pugeaut, capitaine ligueur, II, 37.

Puy (Le), en Auvergne, I, 61.

Q

Quarré (J.), conseiller au Parlement, I, 44; III, 2, 242; — impliqué dans la conspiration La Verne, I, 118; II, 262; — commissaire aux requêtes du Palais, I, 174, 178, 237; II, 2, 196; —
— parent de La Verne, II, 214;
— fait des vers grecs en songe, II, 242; — emprisonné au château, II, 272; — son interrogatoire, II, 272; — chargé par Gault, II, 276, 278; — récuse le tribunal, II, 278; — son procès, II, 304; — visité par sa femme, II;

330; — mort de son fils, II, 334; — sa rançon, II, 369, 384, 385; — réclamé par M. de Thianges, II, 359, 371; — Mayenne lui accorde un sursis, II, 403; — quitte Dijon, II, 407; — compris dans le rôle des gages, II, 419; — Mme de Montculot préserve sa maison du pillage, II, 435, 436; — délégué pour assister à l'élection du maire, II, 570; — son opinion sur le procès fait à Etienne Bernard, III, 42; — reçoit des augmentations de gages, III, 124; — syndic, III, 212, 233; — accuse le procureur général, III, 238; — rend compte de son voyage en Cour, III, 256, 257.

Quarré (Mlle), I, 366, 435, 436, 447, 473, 493.
— (Jean), conseiller au Parlement, III, 3.
— (le Petit), II, 96, 454.
Quentin, avocat, II, 183; — commissaire pour le procès La Verne, II, 283; — refuse, II, 285.
Quetigny, village (Côte-d'Or), II, 459.
Quillot, clerc de procureur, I, 201.
Quottier fils, II, 212.

R

Ragecourt (M. de), II, 87.
Ragny (François de la Magdelaine), I, 70.
— (Léonor de la Magdelaine), I, 71; — cru tué au siège d'Autun, I, 71; — les Autunois veulent le recevoir, II, 106; — blessé devant Noyers, II, 124, 127; — attaque Autun, II, 140; — attaque Moutier-Saint-Jean, II, 273; — autour de Beaune, II, 161; — prend Vézelay, II, 45; — arrive à Dijon, II, 561; — préséance au Parlement avec Nagu de Varennes, III, 56; — reçu bailli d'Auxois, III, 102; — préséance avec M. de Mercey, III, 56.
Rahon (Jura), château, I, 291.
Ramaille (Bonaventure), massier de la Sainte-Chapelle, I, 109; — bourgeois, I, 380, 385, 389, 392.
Rambouillet (M. de), député à la conférence de Surène, I, 312.
Rambures (Charles, sire de) II, 158.
Rampoux (M. de), gouverneur de Beaune, II, 473, 552, 554.
Rapelet, échevin, procureur, II, 21;
— impliqué dans la conspiration La Verne, II, 272, 276; — quitte la ville, II, 334; — porte la Sainte-Hostie à la procession, III, 9.
Ratelier, (Edme de Pallerey, s^r de Ratilly, dit le capitaine), capitaine ligueur, I, 95; II, 538, 557.
Ravières, bourg (Yonne), II, 77.
Raviot, habitant de Chalon, III, 105.
Réal, capitaine ligueur, I, 343.
Réal de la Motte, proteste contre l'expulsion de son beau-frère Pallier, II, 313, 314; — cède l'office de général des monnaies, II, 430; — Tavannes lui reproche son refroidissement pour l'Union, II, 456; — accompagne les députés envoyés au maréchal de Biron, II, 432; — ramène Fyot dans sa maison, II, 535; — interpelle le baron de Lux sur sa rentrée au château de Dijon, III, 239.
(Voir aussi Buatier).
Rebourg, bourgeois de Dijon, I, 391, 225.
Recologne (Jacques de), échevin, II, 185; III, 98; — juge le procès La Verne, II, 329.

— 364 —

Refuge (Mlle du), I, 286.
Regnault, de Nuits, I, 340, 349; — II, 233.
— avocat, III, 119.
— huissier au Parlement, II, 241, 283; III, 39.
— maître des enfants de chœur de la Sainte-Chapelle, I, 154.
— Thibaut fils, II, 241, 283.
Regnaudot, receveur, II, 428, 568;
— huissier payeur, II, 495; III, 52, 72, 183.
Reid, bourgeois de Dijon, I, 2.
Reims, ville (Marne), I, 73, 167, 282; II, 106, 113; — assemblée des princes ligueurs, I, 306; — maintenue par Saint-Pol, I, 424; II, 4; — prise par le duc de Bouillon, II, 46; — citadelle, II, 68; — soumission, II, 88; — veut se soumettre, II, 177; — siége, II, 342, 345.
Reitres (Invasion des) en Bourgogne, I, 20, 36, 58, 74, 175, 176.
Remond, lieutenant général au bailliage de Châtillon, député aux Etats, I, 311; — empêche Châtillon de reconnaître Henri IV, II, 41.
Renne (curage du cours de), à Dijon, II, 88; III, 65.
Renouillet (Le), échevin de Dijon, III, 97.
Rentes (paiement des), I, 241, 302.
— édit sur les, III, 9, 12, 13, 14.
Renvoisy (Richard de), maître des enfants de chœur de la Sainte-Chapelle, I, 7, 35.
Requeleyne (Bénigne de), dit Gobin, grenetier, favorise l'évasion de Mme Fyot, I, 88; — élu maire, I, 153, 155; III, 98; — marie sa fille, I, 280; — menacé par Tavannes, II, 67; — menacé de la prison, II, 76; — menacé par Franchesse, II, 81; le prince de Mayenne force ses coffres, II, 108; — dispute avec Pignalet, son gendre, II, 156, 288; emprisonné au château, II, 292; — Pignalet empêche sa libération, II, 318; — libéré, II, 338; — son colloque avec La Verne, II, 341; — sa rançon, II, 423; — les soldats du château veulent forcer ses coffres, III, 48; — prend le président Fremyot à la gorge, III, 49; — sa mort et ses obsèques, III, 100.
Requeleyne fils, II, 283; III, 48 — désigné maire, III, 245.
— (Mme), II, 294.
Retz (maréchal, duc de), III, 369; — meurtre de son envoyé en Suisse, I, 420; — ramène des Suisses au Roi, II, 7; — recouvre Saint-Seine-sur-Vingeanne, II, 11; — visité par le trésorier Maillard, II, 12; — le comte de Verdun, II, 13; — lève le siége de Montsaugeon, II, 22; — emmène Vaugrenant, II, 24; — envoyé pour délivrer le duc de Nemours, II, 77.
Reuillon (M. de), I, 377.
Revol, secrétaire d'Etat, député à la conférence de Surêne, I, 313;
— sa mort, II, 351.
Reynie (Hugon de la), président au Parlement, I, 170, 175, 227, 357, 360, 410; II, 29; — blâme le syndic de la mairie de Dijon, I, 200;
— s'oppose à l'enregistrement des lettres de création d'un cinquième président, I, 224, 225, 227, 238; — envoyé au duc de Mayenne pour une question de préséance, I, 232, 233; — député en cour, I, 240;
— rend compte de son voyage, I, 249.
Rhône, fleuve (Pont du), I, 87.
Reuillon (M. de), II, 243.
Riantreux (M. de), lieutenant de Rosne, II, 75.
Riceys (les), bourg (Aube), II, 355.
Richard (J.-B.), avocat à Dijon, II, 242; III, 54.
— abbé canonique de Saint-Etienne de Dijon, II, 431.
— orfévre, II, 383.
— de Renvoisy (V. Renvoisy).
Richemond (M. de), I, 26.

Rimon (de), capitaine du château de Brancion, II, 134.

Rivières-les-Fosses, village (Haute-Marne), II, 19; — saccagé, II, 229, 230.

Robelin (Vincent), conseiller au Parlement, I, 172, 190, 192, 222, 256.

— (fils), conseiller au Parlement, I, 412; III, 3; député à Paris, III, 124, 127; — député à Saulx-le-Duc, III, 250, 351, 252, 253; — député au sujet de l'édit de Nantes, III, 194, 203; — dispute avec Ocquidam, III, 248.

— lieutenant général au bailliage d'Autun, I, 281.

— (Mlle), I, 376, 377.

Robert, avocat, II, 122.

— auditeur à la Chambre des Comptes, II, 412, 413, 415.

— bourgeois, I, 327.

— échevin, II, 185.

— juge le procès La Verne, II, 319.

— générale, I, 351.

— grenetier à Beaune, II, 253, 404.

— femme du conseiller Breunot, III, 43.

— official de Langres, II, 251.

— (Pierre), trésorier de France, I, 421; II, 233, 511, 576.

Roche (marquis de la), I, 87; III, 141, 143.

Rochebaron (M. de), I, 26; II, 117; — assiége Lourdon, II, 327; — arrêté par Sennecey, II, 356.

— élu de la noblesse, III, 158.

— (Françoise d'Aumont, dame de), II, 65.

Rochefort (René), chevalier de, I, 95.

— La Croisette, s^r de Mareuil (René de), II, 278, 561.

— dame de Brouilly (Marie-Renée de), II, 414.

Rochefort en Auxois (Côte-d'Or), château, II, 324.

Rochefort sur le Doubs (Jura), II, 312.

Rochefort, s^r de Pluvault (de), I, 35.

Rochefoucauld (François, comte de La), I, 8.

Rochelle (La), ville (Charente-Inférieure), I, 149; II, 148; — siége, I, 11.

Roche-Pot (Côte-d'Or, château de la), I, 146.

Rocheprise (Côte-d'Or, château de), I, 280.

Roclon (M. de), II, 230.

Rohier, tanneur, I, 289.

Roillet, avocat à Chalon, I, 289.

Romagne (commanderie de la), I, 139; II, 368, 469.

— (Philippe de Foissy, commandeur de la), puis grand-prieur de Champagne, I, 311, 329; — fait rendre l'abbaye de Bèze à l'évêque de Langres, I, 403; — ménage la restitution de Saint-Seine au maréchal de Retz, II, 11; — arrive à Dijon, II, 127; — en suspicion, II, 131, 133; — annonce la prise de Laon, II, 157; — en procès avec d'Esbarres, II, 215; — donne des nouvelles de Mayenne, II, 352; — réclame le conseiller Fyot, II, 371; — conseille la paix à Mayenne, II, 374; — ménage l'accommodement du vicomte de Tavannes, II, 563; — reçu au Parlement, III, 105; — dispute avec le président Fremiot qui le fait emprisonner, III, 192 et suiv.; — suite de cette affaire, III, 206, 217, 218, 219, 220, 221.

Romain (M. de), II, 518.

Rome, II, 308; — consistoire, I, 300; — intrigues de la cour de, I, 325; — ambassadeurs du roi à, I, 338; — mission de Sennecey, I, 405; — nouvelles de, I, 413; II, 20, 32, 33, 45, 68, 212, 225; — château Saint-Ange, II, 250.

Rondot, bourgeois de Dijon, I, 323, 327; II, 67, 251, 443, 479; III, 153.

— contrôleur, II, 81.

— (Mme), II, 327.

Roquelaure (Antoine, s^r de), II, 577, 583.
— (duc de), I, 137.
Roquette (la), faubourg de Paris, I, 325.
Rosaire (femmes de la congrégation du), I, 394.
Rose, évêque de Senlis, député aux Etats, I, 357.
Roserot, procureur à Dijon, II, 455; III, 246.
Rosne, nommé maréchal de France, I, 368; — lieutenant de, II, 75; — Mayenne le fait décapiter, II, 89; — négocie la paix, II, 359.
Rosny, surintendant des finances, III, 147; — fait chasser les jésuites rentrés à Dijon, III, 184; — paye les gages du Parlement, III, 191.
Rosticoti, capitaine royaliste, lorrain, I, 124, 126; II, 350, 436, 439.
Rouen (Seine - Inférieure), ville assiégée par Henri IV, I, 78, 79, 80, 81; — commandant de, I, 408; —négocie avec Henri IV, II, 4, 12, 58, 64, 95; — Henri IV y va, II, 88.
Rouet, procureur à la cour, I, 207.
Rougemont (M. de), capitaine royaliste, I, 68; II, 90, 96, 103, 271, 275, 285, 310; — devient ligueur, II, 289; — pris et mené à Langres, II, 86; — exécuté à Langres, II, 156.
Rougetet, bourgeois, II, 479.
Rougette, garde des Evangiles, I, 153; — pris par les soldats, I, 423; II, 5, 8, 16, 26; — délivré, II, 20, 23; — délégué de Tavannes, II, 427; — colloque avec Tavannes, II, 508; — chargé de négocier la reddition de Talant, II, 557, 563; — commis pour le soulagement des pauvres, III, 97.
Rouhier, avocat, échevin, I, 278, 360; II, 167, 181, 185, 211; — député aux Etats de Blois, I, 23; — maire de Dijon, I, 34; — nommé conseiller au Parlement, I, 360, 363, 408, 410, 412, 414, 415; poursuit la vérification des provisions, I, 417; II, 386; — dispute avec le prieur des cordeliers, II, 61; — avec Coussin, II, 241; — avec l'official Robert, II, 251; — appelé au conseil de l'Union, II, 8, 112; — s'oppose aux propositions pacifiques de la cour, II, 182, 204; — commissaire pour le jugement des conspirateurs, II, 271, 272, 278, 289, 300, 301, 305, 307, 318, 323, 327, 329; — d'Effrans recourt à lui, II 333; — se plaint du prince et de Tavannes, II, 350; — empêche le service funèbre de La Verne, II, 372; — empêche la mairie de parler de paix à Mayenne, II, 375; — hérite des charges de La Verne, II, 376; — son fanatisme, II, 377, 390; — rabroué par Sennecey, II, 384; — menace la veuve de La Verne, II, 386; — nommé conseiller au Parlement, II, 437, 438, 471; — dénonce l'échevin Morandet, II, 484; — réclame une garnison, II, 506, 507; — dispute avec un habitant, II, 507; — manque l'assemblée au Logis-du-Roi, II, 530.
Rouvray (Mme de), I, 347.
— (M. de), I, 85, 290, 349.
Rouvres (Côte-d'Or, château de), village, I, 75, 231; II, 48, 202; — la cour y séjourne, I, 17; — ravagé par les Reîtres, I, 20; — le maréchal d'Aumont y séjourne, I, 75; — fortifié, I, 98; — portier, II, 245; — combat, II, 411; aliénation du domaine, III, 112, 128.
Roy, échevin, III, 247; — marchand du Bourg, II, 272, 306, 318; — impliqué dans la conspiration La Verne, II, 338.
Roye (Somme), sa reddition, II, 22.
Royhier (V. Rouhier).
Rubis, habitant de Dijon, II, 540.
Rue du Champ-de-Mars, II, 510.

Rue des Champs, batterie de siège qu'on y établit, II, 565.
— de la Chapelle-aux-Riches, III, 130.
— des Crais, II, 291.
— des Forges, II, 569.
— Notre-Dame, III, 6.
— de la Poissonnerie, II, 512.
— Poullaillerie, II, 507, 540.
— Saint-Jean, II, 507.
— Saint-Nicolas, II, 510.
— Vannerie, II, 511.
— Verrerie, à Dijon, II, 258; — homme assassiné et jeté dans un puits, I, 27.

Ruffey (sr de), I, 16.
Ruffey-les-Dijon, village (Côte-d'Or), I, 79, 86, 139; — passage des Reîtres, I, 22; — pillage, II, 210, 224, 504.
Ruilly, village (Saône-et-Loire), I, 290.
Ruilly (M. de), tué, I, 289.
Ruine (la), capitaine mineur du roi, I, 134; II, 568.
Rusard (M.), de Langres, III, 248.
Ruzé, secrétaire d'Etat, II, 566, III, 16.

S

Sablonnière (la), capitaine des gardes du prince de Mayenne, I, 125; II, 306; — veut forcer l'abbaye de Saint-Bénigne, II, 5, 109; — intrigues contre La Verne, II, 163; — tue en duel le capitaine d'Amour, II, 215; rançonné par Tavannes, II, 273; — fait des rondes, II, 280; — dispute avec le baron de Vitteaux, II, 285, 286; — reçoit Mme de Brion, II, 387; — amène des prisonniers, II, 402; — tué devant Beaune, II, 468; — donne des nouvelles de Mayenne, II, 481; — amène une garnison à Dijon, II, 508.
Sabran (M. de), gouverneur de Verdun, III, 111.
Sacquenay, village (Côte-d'Or), II, 337.
— capitaine royaliste, I, 285.
Sacrilège commis par les ligueurs, II, 381.
Saffier (M.), I, 354.
Saffres (Antoine de Cléron, sr de), II, 206.
Saillans (Chrétienne de Baissey, dame de), I, 296, 301, 302, 313, 320, 321, 339, 348, 376.
Saint-Apollinaire, village (Côte-d'Or), I, 86, 369; — saccagé par les Reîtres, I, 20, 23; — saccagé par les Albanais, I, 79, 364; — pillé par les royalistes, II, 130.
Saint-Aubin-les-Meursault, village (Côte-d'Or), II, 19.
Saint-Aubin en Comté, I, 276.
Saint-Bartholony, capitaine ligueur, II, 347.
Saint-Bénigne de Dijon, abbaye, église, I, 72, 130; — imposition sur l'abbaye de, I, 65, 72, 92; — abbé de, I, 152; — dîme de, I, 337; — Tavannes veut la forcer, II, 5; — refuse de payer les décimes, II, 81, 109, 110; — repousse une attaque de Tavannes sur ses greniers, II, 497; — cloche de l'église rompue par un boulet tiré du château, II, 544; — battue par le château, II, 563.
Saint-Bernard, de Fontaines (chapelle), III, 34.
Saint-Bonnet, général des finances, I, 185.
Saint-Claude (Jura, pèlerinage de), I, 157.
Saint-Cloud-les-Paris, I, 52, 55.

Saint-Denis, en France, I, 279, 316; III, 209; — combat de, I, 276; — séjour de Henri IV, I, 353; II, 68, 414; — gouverneur de, II, 577.

Saint-Esprit de Rome, religieux du, II, 32.

Saint-Etienne de Dijon, abbaye, I, 149, 152, 159; — imposition sur, I, 65; — dîmes de, I, 337; — économat, 357; — abbaye, II, 62; — abbé, II, 431; — couvent, II, 434; — propriétaire du bois d'Asnières, II, 402, 463; — propriétaire du moulin, I, 95; II, 524; — on veut y loger Henri IV, I, 548; — église, III, 68; — place, III, 228.

Saint-Flour, ville (Cantal), rendue à Henri IV, I, 337.

Saint-Gengour, bourg (Saône-et-Loire), I, 336; II, 50, 409.

Saint-Jacques-des-Vignes, entre Chenôve et Dijon (chapelle), I, 7, 12; II, 172.

Saint-Georges-les-Seurre (château de), II, 40.

Saint-Germain-les-Chalon (Saône-et-Loire), II, 464.
— (Mme de), II, 464.

Saint-Gorry, près Toulouse, I, 301.

Saint-Gras (M. de), I, 395.

Saint-Jean (église), à Dijon, I, 92, 147; II, 188, 281; III, 68; — sépulture de Vaugrenant, III, 32; — bâton, I, 84; — feu, II, 167; — paroisse, II, 506.
— (V. aussi place et rue).

Saint-Jean-d'Angély, ville (Charente-Inférieure), II, 337; — assemblée des réformés, II, 4.

Saint-Jean-de-Losne, ville (Côte-d'Or), I, 75, 153, 265, 273, 284, 285, 286, 293, 300, 308, 358, 366, 369, 374, 405; III, 16; — surprise par Tavannes, I, 47, 54, 62; — gouverneur, I, 68, 74, 77, 83, 84, 85, 88, 93, 98, 125, 312; — garnison, I, 68, 98, 266; II, 38, 46, 48, 161, 194, 242, 296, 319, 321, 339, 362, 407, 410, 413, 421, 424, 426, 438, 477, 479, 493, 498, 499; — siége, I, 103, 318, 320; — arrivée des Suisses, I, 110; II, 7; — la garnison ravage les environs de Dijon, I, 111, 276, 334, 338, 340, 358; II, 44, 59, 91, 111, 112, 120, 124, 172, 175, 308, 347, 389, 411, 436, 438; — bat celle de Seurre, I, 311, 352; — attaque les faubourgs de Beaune, I, 331; — enlève des habitants de Dijon, II, 24, 54, 59, 120; — trahison contre Vaugrenant, II, 27; — feux de joie pour les succès du Roi, II, 58; — Vaugrenant le quitte, II, 134; — engagement avec la garnison de Bonnencontre, II, 257; — incendie, II, 460; — la garnison défait un parti de Biron, II, 468; — Chabot-Charny s'y retire, II, 477; — émigration de Dijonnais à Saint-Jean-de-Losne, II, 488, 490, 493; — arrivée de Biron, II, 503.

Saint-Léger, capitaine ligueur, I, 330.
— (M. de), II, 258.

Saint-Luc (François d'Espinay, s^r de), négocie pour le roi avec les villes de Picardie, II, 21.

Saint-Malo, ville (Ille-et-Vilaine), I, 288.

Saint-Martin-de-Levée, près Chalon (Saône-et-Loire), II, 179.

Saint-Mathieu, capitaine, I, 309, 324.

Saint-Maur-des-Fossés (Seine), I, 302.

Saint-Médard (église), à Dijon, I, 67, 206.
(V. place).

Saint-Michel (église) de Dijon, I, 76, 146; II, 246, 281, 372; — fonte de cloches, I, 10; — Henri IV y entre, I, 139; III, 6, 9; — église fermée, II, 59; — prières publiques, III, 227; — paroisse, II, 515.
(V. place.)

Saint-Nicolas (tour) à Dijon, I, 130; II, 495, 561.

— 369 —

Saint-Nicolas (faubourg), II, 546. V. porte et rue.
Saint-Nicolas-des-Champs (Curé de), de Paris, II, 445.
Saint-Nicolas-de-Varangeville (Meurthe), I, 397.
Saint-Ouen (combat de), I, 49.
Saint-Philibert, village, canton de Gevrey (Côte-d'Or), I, 85.
Saint-Philibert (église) de Dijon, I, 99, 155; II, 281.
— vacherie de la paroisse, II, 252;
— curé insulté par les soldats, II, 381.
Saint-Pierre (la tour) (Saône-et-Loire), siège, I, 105.
— (église), à Dijon, I, 157.
— porte, II, 517, 536, 538, 548.
— (Renée de Lorraine, abbesse de), I, 25.
Saint-Pol, maréchal de la Ligue, I, 49, 58, 265, 279, 354, 368, 388; — maintient Reims, I, 424; II, 4.
Saint-Pourçain en Bourbonnais, ville (Allier), II, 475.
Saint-Riran, doyen de Vergy, I, 390.
Saint-Romain, village (Côte-d'Or), occupé par les ligueurs, II, 225.
Saint-Seine-l'Abbaye, bourg (Côte-d'Or), II, 79; — passage du duc de Mayenne, I, 34; — prise, I, 58, 112; II, 39; — passage du Roi, II, 547, 548.
— abbé de, I, 84.
Saint-Seine-sur-Vingeanne, village (Côte-d'Or), I, 65, 140, 144, 265, 271; II, 11; — tour de, I, 73;
— combat de Fontaine-Française, I, 132; II, 553.
— (M. de), I, 272.
Saint-Sorlin (Henri de Savoie, marquis de), arrive à Beaune, I, 71;
— cantonné aux environs de Mâcon, I, 115; — fiancé à la fille de Lesdiguières, I, 285; II, 36; — à Mlle de Montmorency, I, 289; — arrive en Bourgogne, I, 320; — battu en Auvergne, I, 352; — pris par les Lyonnais, I, 380, 383; — se jette dans Vienne, I, 384; — fait la guerre à Lyon, I, 386; — fait trêve avec Lyon, I, 388; — pille Vienne, I, 408; — sa mère l'invite à reconnaître Henri IV, II, 37; — guerroye contre les Lyonnais, II, 48, 139, 237; — offre des troupes au prince de Mayenne, II, 140; — investit Vienne, II, 322; — y est assiégé, II, 340.
Saint-Usage, village (Côte-d'Or), I, 308; II, 468, 499.
Saint-Valery-sur-Seine (Seine-Inférieure), rendu au roi, I, 409.
Saint-Vincent (Chastenay, baron de), gouverneur de Châlon, I, 82, 232, 348.
— (Mme de), I, 264.
(V. aussi Chastenay).
— (Godefroy de Bissy, abbé de), I, 312.
Saint-Vitard (M. de), I, 61.
Saint-Yves, fêté par les avocats de Dijon, II, 124, 131.
Sainte-Catherine (prieuré de) de Paris, I, 352.
— (fort de) les Genêve, I, 162.
Sainte-Chapelle (chapitre et église de la), à Dijon, doyen, I, 1, 23, 35, 36, 65, 143, 153; — massiers, I, 1; — cloches, I, 2, 24; — chanoines, I, 2, 5, 24, 75, 80, 109, 118, 119, 120, 139, 144, 158; — chapelains, I, 2, 145; — église, I, 2; — fondation du chanoine Molinot, I, 4; — gratification au chant, I, 6; — enfants de chœur, I, 7; — secrétaire, I, 11; — querelle entre chapelains, I, 30; — fondation de l'amiral Chabot, I, 32; — armes des chanoines, I, 32; — présent de M. et Mme de Mayenne, I, 36; — vol commis dans l'église, I, 45; — office célébré par le cardinal Cajetan, I, 56; — devant Henri IV, I, 33; — imposition sur la, I, 65; — processions, I, 72, 83, 127; — vente de domaines, I, 155,

159; — *Te Deum*, I, 81, 83, 130, 132, 137, 140, 154, 156, 163; — services funèbres, I, 142; — le légat de Médicis y est reçu, I, 158; III, 130; — préséance avec le chapitre d'Autun, I, 160; — dîme, I, 337; — chanoines réfugiés, II, 352; — réception d'un chanoine, II, 436; — prière à l'occasion de l'assemblée pour la capitulation, II, 529; — *Te Deum* chanté pour la réduction de la ville, II, 543; III, 6; — Henri IV y est reçu, II, 548, 550; — il y fait chanter le *Te Deum* à l'occasion de la victoire de Fontaine-Française, II, 556; — de la prise de Ham, II, 577; — sermon du prédicateur du roi, II, 562; — procession solennelle à laquelle le roi assiste, III, 5, 19; — obsèques de Henri III, III, 18; — procession pour l'absolution du roi, III, 52; — service, III, 68; — *Te Deum* pour la naissance du Dauphin, III, 227.
V. aussi Sainte-Hostie.
Sainte-Chapelle (place de la), II, 31; III, 239.
Sainte Geneviève (abbaye de) de Paris, abbé emprisonné, I, 353, 368.
Sainte-Hostie de Dijon, III, 202; — procession, I, 7, 115, 129, 137, 138; II, 150; III, 6, 130; — bâtonniers, I, 34, 152.
Sainte-Union ou Ligue, serment des habitants de Dijon, I, 34, 47; fêtes pour la réconciliation du roi et des princes, I, 42; — conseil secret de la, II, 244, 351, 356, 425, 446, 450, 456, 459, 483, 484, 490, 497, 504, 514, 524, 530.
(V. aussi Ligue).
Saintonge (province de), III, 223.
Salins, ville (Jura), I, 126, 144; — assassinat d'un envoyé du Roi, I, 420.
Salives, bourg (Côte-d'Or), pris par les royalistes, II, 176.

Salmaise, village et château (Côte-d'Or), I, 28; — séjour de Franchesse, I, 419; II, 126, 193; — entreprise sur, II, 27; — combat, II, 55; — château, II, 237, 476.
Saluces (marquisat de), III, 123.
Sancerre, ville (Cher), siège de, I, 11.
Sancy (M. de), II, 383, 396.
Sanguin, conseiller au Parlement de Paris, II, 143; III, 102.
Santenay, village (Côte-d'Or), II, 19; — pillé, II, 115, 395, 396.
Saône (Imposition sur la), III, 59.
Sappel, procureur, II, 183.
Sarrasin (M.) I, 306.
Sarrault, secrétaire du maréchal de Biron, III, 46; 143, 169, 238, 249.
Sarrigny-Montagnot (M. de), II, 66.
Satyre (Ménippée), II, 239.
Saulen (M. de), exécuté à Dijon, I, 29.
Saulieu, ville (Côte-d'Or), II, 260, 330, 331, 361, 371, 416, 420; III, 34; — garnison de, I, 83, 90; — bailliage, I, 253; — doyen du chapitre de, III, 235.
Saulon-la-Rue, village (Côte-d'Or), I, 374; — château d'Effrans, II, 480.
Saulon. (Voir Marlet.)
— (Mlle Jacques, dame de), I, 342, 374.
Saulx, à Dijon (boulevard de), I, 205, 208; II, 491.
Saulx-le-Duc, bourg et château (Côte-d'Or), I, 282, 385; II, 146, 257, 379, 405, 467; — gouverneur du château, I, 97, 387; II, 165, 403, 421; — garnison, I, 106, 109, 368, 419; II, 80, 161, 367, 487; — garnison; excursions sur Dijon, I, 112, 310, 322, 333, 358, 363, 380, 382, 385; II, 9, 16, 31, 48, 50, 55, 59, 63, 66, 108, 115, 117, 124, 129, 130, 137, 141, 144, 173, 191, 254, 272, 308, 347, 361,

390, 408, 417, 421, 439, 484, 492, 494, 495, 518; — garnison enlève les habitants de Fontaine-lès-Dijon, I, 121; — tentative de surprise, I, 285; — bat les gardes du prince, I, 356; — pille Messigny, I, 362; — rompt la trêve, I, 382, 423; — entreprise sur, I, 414; II, 34, 65, 67, 358; — mauvais traitements endurés par les vignerons, 55; — prêche qui est établi, II, 84; — prise du capitaine Rougemont, II, 86; — pillage de Latrecey, II, 108; — pillage de Vesvrottes, II, 173; — attaque sur Fontaine-lès-Dijon, II, 133; — prisonniers, II, 241, 399, 454; — donné au marquis de Mirebeau, II, 359; — bat la garnison de Talant, II, 416; — le baron de Lux s'y retire, III, 242, 243, 247; — en renforce la garnison, III, 245; — députation du Parlement envoyée à, III, 248, 250, 252; — refus de rendre ce château, III, 249; — reddition, III, 255.

Saulx-Tavanes (Gaspard de), maréchal de France, I, 233; II, 315; — sa mort et ses obsèques, I, 13; — sa sépulture, I, 13, 18.

— (Françoise de La Baume-Montrevel, maréchale de), visitée par son fils Jean, I, 84, 369; II, 97, 257, 287, 339; — moyenne la cession de Montsaugeon, II, 315, 345; — mécontente du mariage du vicomte, II, 348; — demande le don de ce qu'elle doit à la ville de Dijon, II, 482; — négocie l'accommodement de son fils le vicomte, II, 557, 558.

— (Charles de), marquis de Lugny, fils de Jean, I, 89; II, 296.

— (Guillaume, comte de), lieutenant général du Roi en Bourgogne, I, 50, 60, 269, 273, 296; II, 435; — prend possession de la charge de lieutenant au gouvernement de Bourgogne, I, 10; — baptême de sa fille, I, 22; — baptême de son fils aîné, I, 30; — commence la guerre, I, 47; — surprend Flavigny et Saint-Jean-de-Losne, I, 47; — fait des courses, I, 49, 55; — pille l'abbaye de Cîteaux, I, 54, 125; — prend Saint-Jean-de-Losne, I, 62; — trêve avec Sennecey, I, 62; — se réunit au maréchal d'Aumont, I, 68; — assiége Autun, I, 69; — s'empare de Vergy, I, 72; — assiége le château de Vesvrottes, I, 73; — bloque Dijon, I, 75; — obligé de quitter Saint-Jean-de-Losne, I, 77; — se retire à Vergy, I, 78; — tend une embuscade à Saint-Philibert, I, 88; — bat les ligueurs à Izier, I, 99; — s'empare de Pagny, I, 101; — reçu à Verdun, I, 104; — brouillé avec Vaugrenant, I, 106; — accompagne les Suisses, I, 111; — amène des canons pour le siége du château de Dijon, I, 131; — remplacé par M. de Sennecey, I, 150; — tente de surprendre le fort de Losne, I, 262; — séjourne à Pagny, I, 265, 266; — ennemi de Vaugrenant, I, 281; — cède le gouvernement de Bourgogne à M. de Cypierre, I, 284; — battu à Montcenis, I, 289; — avisé de la paix, I, 319; — bat les ligueurs à Chambolle, I, 325; — veut s'emparer de Flavigny, I, 324, 400; — va trouver le duc de Nevers, I, 331; — brouillé avec Bissy, I, 346; — arrive à Vergy, I, 348; — dans Verdun, I, 353; — réconcilié avec son frère, I, 353; — indemnisé de Verdun, I, 371; — renvoie des prisonniers, II, 17; — bat le baron de Vitteaux, II, 27; — Auxonne veut le reconnaître, II, 61; — défend de prendre les laboureurs, II, 80; — mandé par le Roi, II, 122; — s'assure des villes du Mâconnais, II, 133; — marie sa fille au fils de Lartusie,

II, 133 ; — s'assure de Tournus, II, 138, 431 ; — court à son secours, II, 142, 146 ; — secourt Vaugrenant, II, 145 ; — Villers-la-Faye lui écrit, II, 147 ; — fait trêve avec les Autunois, II, 159 ; — fait trêve avec les Beaunois, II, 173, 194, 207, 215 ; — autour de Beaune, II, 161 ; — en mésintelligence avec Ornano, II, 178, 216 ; — informé de la prise de Laon, II, 195 ; — prend Avosnes, II, 205 ; — traite la reddition de Nuits, II, 240 ; — en relation avec Mauris, II, 255 ; — rançonne la Sablonnière, II, 273 ; — tient les Etats à Avallon, II, 303 ; — déclare l'auditeur Forneret de bonne prise, II, 312 ; — fait tuer le cellérier de Gilly, II, 389 ; — fait la guerre aux Beaunois, II, 408 ; — assure Verdun, II, 418 ; — Vaugrenant pille son village d'Arc-sur-Tille, II, 421 ; — déclare le baron de Talmay de bonne prise, II, 422 ; — revient de Paris, II, 464 ; — retiré à Bonnencontre, II, 469 ; — livre des munitions à Biron, II, 470 ; — négocie l'accommodement de son frère, II, 563 ; — ne peut prêter serment au Parlement, II, 564 ; — s'oppose à la réception de Sennecey comme lieutenant général, III, 58, 59, 65 ; — mandé par le Parlement lors de la conspiration de Biron, III, 238, 239 ; — prend le commandement, III, 240 ; — remplacé par le marquis de Mirebeau, III, 241 ; — va au devant du maréchal de Lavardière, III, 255.

Saulx-Tavanes (Jean, vicomte de), I, 83, 258 ; — assiste aux obsèques du cardinal de Lorraine, I, 19 ; — son mariage avec Mlle de Brion, I, 25 ; — nommé lieutenant général en Bourgogne, I, 80 ; — revient de Lugny, I, 82, 85, 86, 88, 89, 90, 91, 92, 93, 94, 95, 96 ; — va au siége de Château-Vilain, I, 84 ; — convoque les Etats de Bourgogne, I, 84 ; — va à Auxonne, I, 89 ; — marche contre Rougemont, I, 90 ; — part pour l'Autunois, I, 91 ; — assiége Verdun, I, 94, 95 ; — prend Montsaugeon, I, 96 ; — envoie Thenissey à Pontailler, I, 98 ; — part en expédition, I, 100 ; — parrain du fils de M. de Thianges, I, 100 ; — part pour les Etats généraux, I, 101, 263, 266 ; — assiége Saint-Jean-de-Losne, I, 103 ; — prend les châteaux de Longecourt et La Perrière, I, 104 ; — de Dondain, I, 105, 304, 307 ; — renvoie les Suisses, I, 108 ; — poursuit les Suisses royalistes, I, 111 ; — marche au secours de Lyon, I, 112, 299 ; — s'assure d'Avallon, I, 114 ; II, 87, 89 ; — marche sur le Maconnais, I, 115 ; — fait lever le siége de Montsaugeon, I, 119 ; — chasse les politiques de Dijon, I, 119 ; — marche au devant du duc de Mayenne, I, 120 ; — rend le château de Talant, I, 132, 133 ; — chevalier d'honneur au Parlement, I, 170 ; III, 2 ; — brouillé avec M. d'Uxelles, I, 269 ; — compose pour le château de Talant, I, 272, 273 ; — amène le prince de Mayenne en Bourgogne, I, 282, 287 ; — fiancé à Mlle de Montpesat, I, 287, 289, 293, 317 ; — état de sa maison, I, 290 ; — commandant à Beaune, I, 290 ; — vient au Parlement avec le prince de Mayenne, I, 291 ; — emprunte à Mlle Noblet, I, 294 ; — menace son frère de prendre Arc-sur-Tille, I, 296 ; — veut bâtir une citadelle à Talant, I, 301 ; — dédaigné par Mlle de Montpezat, I, 313 ; — assiége Lourdon, I, 313 ; — va au bal avec Mlle de Montpezat, I, 313 ; — cause une émeute à Beaune, I, 323 ; — assiste à l'élection du maire de Dijon, I, 323 ; — va recevoir des troupes suisses, I, 325 ; fait des emprunts forcés, I, 326 ; —extorsions de ses soldats,—vives réclamations de la mairie, I, 327, 328 ; — ne peut secourir Dijon, I, 336 ; — menaces de Mme de Thianges à son endroit, I, 356 ; — revient à Dijon, I, 350 ; — son altercation avec le maire, I, 350 ; — s'oppose au licenciement des Suisses, I, 354 ; — rassemble ses troupes, I, 355 ; II, 9 ; — veut surprendre Montcenis, I, 362 ; — invité à publier la trêve, I, 364 ; — va au devant des députés de retour des Etats, I, 368 ; — nommé maréchal de France, I, 369 ; II, 310 ; — visite sa mère, I, 369 ; — visite Montsaugeon, I, 376 ; — prend les armes contre Dijon, I, 378 ; — court au secours de Saint-Seine-sur-Vingeanne, I, 379 ; — fait trêve avec la ville de Langres, I, 379 ; — marche sur Mâcon, I, 380, 382 ; — dans Lyon, I, 386 ; — vient aux Etats du duché, I, 388 ; — fait rendre le bétail saisi par ceux de Montsaugeon, I, 389 ; — écrit lettres « à cheval » à Mme de Fervaques, I, 390 ; — rend l'abbaye de Bèze, I, 403 ; — va trouver Mayenne, I, 414 ; — fait une imposition, I, 416 ; — demande 15,000 fr. pour l'entretien du prince de Mayenne, I, 420 ; — défié par M. de Thenissey, I, 424 ; — chevalier d'honneur du Parlement, II, 1 ; — annonce la continuation de la trêve, II, 3 ; — impose le clergé, II, 5 ; — dispute avec le maire pour les garnisons, II, 5, 72, 350, 353 ; — demande la tour Saint-Nicolas, II, 5, 9 ; — veut secourir Montsaugeon, II, 11, 21 ; — repoussé par les Suisses, II, 13 ; — déclare La Verne de bonne prise, II, 26 ; — part pour Mâcon, II, 43 ; — cerné dans Macon, II, 46 ; — son entrevue avec M. de Chevrières, II, 48 ; — échappe aux Mâconnais, II, 49 ; — s'empare de Tournus, II, 52, 140, 142, 146 ; — dispute avec Chastenay Saint-Vincent, II, 63 ; — dîne à Mâlain, II, 64 ; — manque une entreprise sur Flavigny, II, 64, 308 ; — assiége Saulx-le-Duc, II, 66 ; — ses menaces aux receveurs, II, 67, 70 ; — reçoit un édit du Roi, II, 68 ; — retient les gages du Parlement, II, 70 ; — s'excuse auprès de la Cour à ce sujet, II, 74 ; — feint d'aller à Bar-le-Duc, II, 77 ; — veut changer le capitaine de Montsaugeon, II, 79 ; — empêche la soumission d'Avallon, II, 80 ; — n'y est reçu, II, 82 ; — Vitteaux manque de le prendre, II, 83 ; — écrit à Chauffour, II, 83 ; — Auxerre refuse de le recevoir, II, 87 ; — va trouver Mayenne, II, 93 ; — veut chasser les politiques, II, 93 ; — revient du Pailly, II, 97 ; — tente de s'emparer d'Auxonne, II, 97 ; — brouillé avec Franchesse, II, 100 ; — menacé par les politiques, II, 104 ; — reçoit des lettres de Mayenne, II, 105 ; — veut s'assurer des villes douteuses, II, 111, 112 ; — marche au secours de Noyers, II, 114, 129 ; — brouillé auec M. de Pouilly, II, 114 ; — traite avec le Roi, II, 114 ; — autour de Vitteaux, II, 116 ; — à Montbard, II, 115 ; — repoussé de Noyers, II, 121, 123, 124, 126 ; — marche sur Autun, II, 124 ; — à Beaune, II, 139 ; — fait trève avec Mâcon, II, 148 ; — mande au prince l'impossibilité de trouver de l'argent, II, 152 ; — assiége Crusille, II, 158, 159 ; — près de Beaune, II, 160 ; — arrive à Dijon, II, 163 ; — nombre de ses forces, II, 170 ; — jure de garder Tournus, II, 171, 218, 224, 240 ; — blessé, II, 178 ; — sollicite en faveur de La Verne, II, 178; — la ville lui envoie sa délibération contre le Parlement, II, 185; — ruine Tournus, II, 201; — informé de la demande de trêve par le Parlement, II, 205; — à Chalon, II, 211; — en expédition dans le duché, II, 216; — blessé dans un duel, II, 215; — assiége les villages du Beaunois, II, 219; — fait une expédition dans le Langrois, II, 225; — atrocités qu'il y commet, II, 229; — expose au Conseil la fâcheuse situation du pays, II, 227; — part pour Autun, II, 225, 239; — veut introduire les Savoyards à Dijon, II, 230; — jalouse Franchesse, II, 237; — menace le président de Montholon, II, 246, 247; — on fait ses excuses, II, 250; — couche à Talant, II, 251; — ménage son accommodement avec le Roi, II, 255; — envoie M. de Pouilly en Savoie, II, 255; — visite sa mère à Talant, II, 237, 339; — dispute avec le maire, II, 251, 282; — sa réponse au prieur des Chartreux, II, 261; — projet des conspirateurs à son endroit, II, 263, 269; — ses menaces de mort contre La Verne, II, 275, 292; — centre Bretagne, II, 292; — ses projets sur le conseiller Bretagne, II, 276, 302; — fait donner une fausse alarme, II, 280; — invité par les Dijonnais à se retirer à Talant, II, 282; — rentre au Logis-du-Roi, II, 285; — reçoit les parentes de La Verne, II, 285; — demande à emprunter au premier président, II, 287; — visite sa mère à Arc-sur-Tille, II, 287; — visite Brulard, Fyot et Bernard, II, 256; — prié de faire juger les conspirateurs, II, 287; — refuse de les rendre au Parlement, II, 291, 298, 305, 309, 349; — fait ouvrir les portes, II, 296; — veut sauver les conspirateurs, II, 295, 341; — soufflète Arvisenet, II, 297; — se retire à Talant, II, 296, 298; — engage Mayenne à faire la paix, II, 298; — en querelle avec le syndic Baudouin, II, 301; — en querelle avec Franchesse, II, 301, 352; — maltraite des avocats, II, 304; — promet la vie sauve à La Verne, II, 304; — refuse de signer l'ordre de libération des conspirateurs, II, 307; — on lui refuse l'entrée de Chanceaux, II, 312; — prend M. de Mareuil, II, 324; — ne veut revenir qu'après le jugement des prisonniers, II, 324; — désire se décharger de la conduite du prince de Mayenne, II, 327, 349; — projets des royalistes sur lui, II, 329; — revient à la débandade, II, 335; — colloque avec Franchesse, II, 338; — manque une entreprise sur Auxonne, II, 338; — renvoie à Mayenne la mise en liberté des conseillers arrêtés, II, 342; — ne rendra Montsaugeon que du consentement de Mayenne, II, 345, 349; — prise de son château de Brancion, II, 347; — marié avec Mlle de Montpezat, II, 348, 432, 444; — la mairie lui fait des représentations énergiques, II, 350; — menaces dont il est l'objet, II, 351; — prend sa part de la rançon de Lavisey, II, 353; — sollicite pour l'établissement des Minimes, II, 354; — promet de rendre les conseillers, II, 354; — reçoit le député de Beaune, II, 357; — tente de surprendre Saulx-le-Duc, II, 358; — paie 200 écus au président de Latrecey, II, 358; — va au devant de Mayenne, II, 359; — assiste à la réception du Parlement, II, 371; — son avis sur l'accord de Mayenne, II, 382; — berné par Sennecey, II, 384; —

cause de la mort de La Verne, II, 390; — prend Auxey, II, 395; — en conférence avec M. de Treffort, II, 409; — Bernard prié de lui parler des gages du Parlement, II, 415; — envoyé en Bresse, II, 424; — Jaquot lui parle de son refus d'être le surintendant de Mayenne, II, 426; — exige sa part des gages du Parlement, II, 427; — sollicite la réception des ligueurs nommés conseillers, II, 437; — laissé par Mayenne à Dijon, II, 444; — menace Breunot et le Parlement, II, 414, 445; — occupe la maison Lavisey, II, 445; — averti de la prise de Beaune, II, 450; — convoque à ce sujet une assemblée du Parlement, II, 450; — veut surprendre la tour Saint-Nicolas, II, 453; — fait des réquisitions, II, 453; — fait le guet en personne, II, 456, 470, 504; — colloque avec Real-La-Motte, II, 456; — répand de faux bruits, II, 457; — validation de ses actes comme lieutenant général, II, 458, 460; — fait faire des rondes par les membres du Parlement, II, 460; — impose le bailliage, II, 461; — autorise la coupe du bois d'Asnières, II, 462; — bannit Oudinelle, essayeur de la monnaie, II, 463; — menace un échevin de la potence, II, 466; — dispose les troupes pour la procession, II, 468; — inspecte Montsaugeon, II, 469; — dispute avec le premier président Brulart, II, 470; — menacé par la Cour s'il touche aux gages du Parlement, II, 471, 472; — conseil de l'Union tenu chez lui, II, 473; — le gouverneur de Nuits lui demande Seurre, II, 475; — fait vendre le sel du grenier, II, 477, 486; — appaise l'émeute des Savoyards, II, 478; — va à Talant, II, 479; — menace la ville d'une garnison, II, 480, 496, 504, 505; — délivre son parent de Neuchaize, II, 480; — va au devant de Mayenne, II, 484, 491; — amuse les échevins, II, 485; — confère avec le premier président, II, 486; — refuse des passeports, II, 487, 515, 516; — revient à Dijon, II, 497; — donne la réponse de Mayenne à la mairie, II, 497; — les moines de Saint-Bénigne repoussent ses entreprises, II, 497; — Saumaise lui demande un passeport, I, 498; — son entrevue avec Thenissey, II, 498, 500, 502; — veut faire élire Pignalet vicomte Mayeur de Dijon, II, 500; — visité par Desbarres, II, 506; — forcé de ne point recevoir de garnison, II, 508, 514; — « parle doux, » II, 512; — ses appointements, II, 514; — quitte la maison Lavisey, II, 514; — loge rue Guillaume, II, 514, 516; — assiste aux obsèques de M. de Romain, II, 518; — colloque avec Breunot, II, 519, 520; — s'efforce d'empêcher l'assemblée du Parlement, II, 519, 520, 521, 530; — convoqué à l'assemblée du Logis-du-Roi, II, 522, 523, 525, 526; — avisé des députations arrêtées à l'assemblée, II, 528; — ses menaces contre la ville, II, 529, 531; — repoussé dans le château, II, 539; — se refugie à Talant, II, 541; — on ménage son accommodement, II, 557, 559, 563; — reconnaît Henri IV, II, 563; — obtient lettres d'abolition, II, 580; — enregistrement de ces lettres, III, 14, 22; — indemnité pour Talant, III, 99, 101, 146, 197.

Saulx-Vantoux (Claude de), sa mort, I, 6.
— seigneur de Torpes, I, 13.
— Mme de Torpes, I, 29.
— tué en duel, I, 28.
— envoyé en Lorraine, I, 354.

Saumaise (Bénigne), conseiller au Parlement, I, 246; II, 122; III, 3, 248.
— (Jérôme), conseiller au Parlement, I, 172, 295, 324, 377, 417; II, 29; III, 53, 110; — rapporteur sur un cas de simonie, I, 219; — député pour aller saluer le prince de Mayenne, I, 288; — le maréchal de Biron, II, 542; III, 113; — le chancelier, I, 555; — dispute avec Bretagne, I, 289; — avec Montholon, I, 323; — avec Odebert, I, 333; — avec d'Esbarres, II, 488; — avec Millotet, III, 36; — commis pour l'affaire des monnaies, I, 307; — beau-frère de M. de La Tour, II, 103; — refuse d'assister à l'élection du maire, II, 160, 162; — poursuit La Verne, II, 176, 209, 214; — commis pour réclamer les conseillers emprisonnés, II, 290; — suspect aux ligueurs, II, 328; — reçoit des nouvelles de Paris, II, 354, 358; — reçoit le prince de Mayenne à la Cour, II, 355; — nommé garde des sceaux de la chancellerie du Parlement, II, 401; — demande un passeport, II, 498, 503, 515; — approuve l'assemblée des chambres, II, 516; — député à l'assemblée du Logis-du-Roi, II, 522, 525; — encourage le peuple à la paix, II, 529; — commis pour interroger Et. Bernard, III, 39.
— lieutenant au bailliage, II, 240.
Saumur, ville (Maine-et-Loire), I, 385.
Saunier (Pierre), évêque d'Autun, I, 87; — tente un soulèvement à Autun, II, 103, 106; — fait son entrée au Parlement, III, 107, 110.
Saulniers (recherche des faux), III, 128, 138, 174, 183, 209, 210.
Savigny-en-Revermont (Ain), III, 195.

Savigny-l'Etang (Saône-et-Loire), château de, II, 241.
Savoie (Charles-Emmanuel, duc de), veut chasser Lesdiguières du Dauphiné, I, 87; — passe à Dijon, I, 161; III, 196, 197, 198 et suiv.; — traite avec le Roi, I, 277; — admis dans la trêve entre Henri IV et Mayenne, I, 367; — battu par Lesdiguières, I, 375, 400; — publie la trêve, I, 378; — Mayenne ne le veut comprendre dans son traité, II, 18; — mission de M. de Pouilly, II, 255; — entrevue avec Mayenne, Nemours et Velasco, II, 419; — fait une entreprise sur Lausanne, II, 434; — battu devant Montluel, I, 457; — contenu par Biron, III, 177; — refuse de rendre le marquisat de Saluces, III, 213; — Biron envahit ses Etats, III, 213.
— II, 255, 311.
— arrivée de l'armée en Bourgogne, I, 123.
Savoisy, village (Côte-d'Or), château, II, 49.
Savot (Zacharie), secrétaire des Etats de Bourgogne, III, 63, 233, 240, 245.
— échevin, III, 96.
Savoyards en garnison à Dijon, I, 123, 125; II, 478, 480.
Sayve (Etienne), doyen de la Sainte-Chapelle, I, 36, 143, 153, 160; II, 454, 479.
— (Madeleine), femme de M. Jacob, président de la chambre des comptes, I, 162.
— (Etienne), conseiller au Parlement, III, 4, 81, 82, 83, 113, 195, 196, 203, 241.
— (F.), conseiller au Parlement, I, 171, 188, 190, 192; — impliqué dans la conspiration La Verne, I, 119; II, 273, 307, 317, 330, 338.
— (Didier), seigneur d'Echigey, conseiller au Parlement, I, 172, 178; II, 479, 493, 497.

Sayve (Mme), mère du conseiller, II, 273, 496,
Sceau (droit du petit), III, 14, 21, 146, 203, 204, 205.
— arrêt obtenu par le garde de la chancellerie de Bourgogne contre les officiers du, III, 211.
Schomberg, colonel des Reîtres, I, 258, 298; II, 383, 396; — député à la conférence de Surêne, I, 313.
Sebille, avocat, juge de La Verne, II, 305.
Sebillotte (M.), II, 453, 454.
Sedan, ville (Ardennes), I, 779.
Seize de Paris (les), II, 177, 430.
Sel (plainte sur la cherté du), III, 137.
— grand parti du, III, 204, 205.
Selles (baron de), II, 576.
Selongey, bourg (Côte-d'Or), Henri III y couche, I, 19; — M. de Saulx-Vantoux y est tué en duel, I, 28; — habitants armés, II, 229; — pillés par des brigands, III, 89; — autorisés à porter des armes contre les loups, III, 140.
Semoneresse des enterrements, II, 376.
Semur, ville (Côte-d'Or), I, 47, 117, 125, 324, 331; II, 333, 422, 438, 498; — Garnison, I, 68, 83, 94, 109; — Incendie, I, 110, 420, 421; — Prison du donjon, I, 213; — s'oppose à l'érection d'un bailliage à Saulieu, I, 253; — tentative sur, I, 294, 313; — avis d'une trève, I, 320; — reçoit le duc de Nevers, I, 346; — feux de joie pour les succès du roi, II, 64; — décri des monnaies, II, 137; — ravagé par la grêle, II, 224; — bruit de l'arrivée du roi, II, 456; — démolition du château, III, 254.
Senlis, ville (Oise), II, 25.
Sennecey-le-Grand, bourg (Saône-et-Loire), I, 372; II, 123.
— **les-Dijon**, village (Côte-d'Or), II, 272.

Sennecey (Cl. de Bauffremont, baron de), nommé lieutenant-général en Bourgogne, I, 55, 150; — assiége Argilly, I, 59; — lève un impôt pour la solde des troupes, I, 65; — assiége Til-Châtel, I, 65; — assailli par les royalistes, I, 68; — dépouillé par Vaugrenant, I, 79; — se démet de la lieutenance au gouvernement de Bourgogne, I, 82; — confère pour la paix avec les royalistes, I, 121; — commis pour traiter de la reddition du château de Dijon, I, 134; — commis pour traiter avec Mayenne, I, 137, 147; — sa mort, I, 152; — accompagne Mayenne au Parlement, I, 229; — validation de ses actes comme lieutenant-général, I, 260, 288; II, 460; — lève une taxe sur le blé, I, 284; — délivrance de ses enfants, I, 287, 318, 319, 320, 372; — met une garnison à La Perrière, I, 326; — reçoit l'armée ligueuse à Auxonne, I, 326; — arrête les lieutenants de Vaugrenant, I, 350, 365; — viole Mlle de Martigny, I, 365; — délivre ses prisonniers, I, 370, 371; — va trouver Mayenne, I, 373; — Vaugrenant lui fait la guerre, I, 380; II, 134; — arrive à Dijon, I, 389; — va à Rome, I, 389, 405; II, 74, 123; — accompagne Jeannin à Lyon, I, 397; — donne des nouvelles de Rome, I, 413; II, 20, 33, 47, 68; — part de Rome, II, 45; — arrive à Auxonne, II, 78, 127, 138; — visite l'archevêque de Lyon, II, 127; — prétend que les Français n'ont rien à attendre de Rome, II, 139; — demande l'augmentation de la garnison, II, 171, 227; — devenu suspect, II, 174; — met Mmes Jeannin et Legrand en cause, II, 210; — prépare sa soumission, II, 232, 240, 257, — rupture de sa mission vers le roi, II, 243; — attend

Mayenne, II, 262; — le visite, II, 308; — nommé lieutenant-général en Bourgogne, II, 310; — a le don de l'abbaye de Fontenay, II, 310; — empêché de se soumettre par Berbisey, II, 340; — refuse de remettre Auxonne à Mayenne, II, 356; — envoie Berbisey à Mayenne, II, 361; — mandé par Mayenne, II, 372, 373; — assiste à la réception du Parlement par Mayenne, II, 379; — son colloque avec Breunot, II, 380; — Mayenne veut le charger de son accomodement, II, 375, 381, — son avis sur l'accord de Mayenne, II, 382, 417; — propose à Breunot de l'accompagner, II, 383; — demande des passeports pour lui, II, 383; — son mot sur la libération des conseillers, II, 384; — ses répliques à Tavanes, à Rouhier et à M. de Loches, II, 384; — retourne à Auxonne, II, 385; — reçoit un passeport du roi, II, 411, 415; — passeports refusés, II, 413; — expirés, II, 434; — Mayenne presse son voyage, II, 419; — va à Malain, II, 421, 425, 427; — visite Mayenne à Beaune, II, 422, 424; — revient avec lui à Dijon, II, 424; — voyage traversé et rompu, II, 427, 429; — veut se retirer, II, 431, 433; — retourne à Auxonne, II, 439; — pratiqué par le baron de Lux et le président Fremyot, II, 476; — ses deux fils, II, 482; — touche de l'argent de Mayenne, II, 486; — bruit qu'il va traiter de la paix, II, 497; — reconnaît Henri IV, II, 498; — arrive à Dijon, II, 562; — ne peut prêter serment au Parlement, II, 564; — négocie la reddition du château, II, 565; — envoyé au duc de Mayenne pour traiter, II, 583, III, 33; — nommé lieutenant-général en Bourgogne, III, 57, 58, 59, 65, 77; — accompagne Biron au Parlement, III, 82; — le baron de Lux lui confie sa famille, III, 252; — va au-devant du maréchal de Lavardin, III, 255.

Sennecey (Mme de), I, 286.
Sens, ville (Yonne), II, 21; — entreprise sur, I, 385; — pratiquée par les royalistes, II, 8, 25, 42, 62, 64; — député au roi, II, 73, 80; — soumission, II, 87, 88, 96; — archevêque, II, 124; — armée du roi autour de, II, 368.
Serain (rivière du), II, 225.
— bourgeois de Dijon, II, 172.
Sergents, exactions, III, 135, 136, 137, 183.
Serpent vomi par une fille, I, 329.
— à Dijon (Combe à la), II, 493.
Serriguy, village (Côte-d'Or), I, 264.
Seurre, ville (Côte-d'Or), I, 83; II, 449; — Tentative de Vaugrenant sur, I, 62, 64, 113; II, 100, 105; — le capitaine La Perle s'en empare, I, 124; II, 452, 455; — garnison et courses de cette garnison, I, 145, 311; II, 207, 257, 306; III, 63; — assiégé par Biron, I, 150; — rendu au roi, I, 157; — commandant, I, 290; II, 24; — habitants arrêtés pour les cotes, II, 405; — visité par Mayenne, II, 408; — Charny n'ose s'en emparer, II, 454; — rendu au roi, II, 530; — entreprise sur, II, 155; — composition avec La Fortune, III, 104, 106, 113, 114, 124, 125, 182; — promet fidélité au roi, III, 246.
Sigy-le-Chatel (Saône-et-Loire), garnison, II, 435.
Simon, religieux carme, I, 374.
Siphoir, colonel suisse, I, 51.
Sivry, château (Côte-d'Or), I, 109, 332.
Soirans (seigneur de), I, 194.
Soissons (comte de), I, 82, — sa réponse à Henri IV, I, 279; —

— 379 —

préféré par la sœur du roi, I, 302; — mécontent du roi, I, 303; — prend Noyers, II, 83; — menacé par les Espagnols, II, 171; — veut être gouverneur de Bourgogne, II, 178; — nommé grand-maître de France, II, 250; — vient en Bourgogne, II, 261; — informé d'un complot contre la vie du roi, III, 209.

Soissons(ville),II,354,378,437,446; — citadelle, II,68;—soulèvement, II, 235; — soumission,II, 244;— tenu par Mayenne, II, 250, 288, 360; — la garnison de Laon s'y retire, II, 253;— assiégé, II, 257; — gouverneur, II, 310; — demande la paix, II, 308; — attentat de soldats sur Henri IV, II, 374; — garnison défaite, II, 463; — donné à Mayenne, II, 577.

Sombernon, bourg (Côte-d'Or), I, 31, 37, 109, 402; II, 321, 569.

— huissier au Parlement, I, 180.

Sorbonne, prête serment à Henri IV, II, 203.

Sorcière jetée dans l'Ouche, I, 413.

Soret, aubergiste à Beaune, II, 448.

Souvert (Georges de), avocat, II, 499; III,118;— nommé conseiller au Parlement, II, 574; III, 4; — sa réception ajournée, III, 15, 46, 54, 60; — poursuit Giroux, III, 60, 61; — sa réception, III, 83, 98.

— avocat aux Etats de Bourgogne

Souvert (Jean de), III, 234, 235, 236, 237.

Soyrot (M.), II, 327.

— commis du receveur général, III, 149, 186.

Strigonde, en Hongrie (Victoire remportée sur les Turcs à), I, 148.

Strozzi (Philippe), colonel général, I, 8.

Sully, château (Saône-et-Loire), II, 491.

Suisses, passage à Dijon, I, 51, 147, 155, 157; II, 12, 13; — passage à Saint-Jean-de-Losne, I, 110; II, 7; — à la solde de la ville, I, 73; — royalistes, I, 74. — levés pour la Ligue, I, 290, 318. — licenciés, 1, 366; — soulevés contre le duc de Savoie, II, 434; — députés envoyés au roi pour la neutralité du comté, II, 485, 487, 493; — régiment suisse employé au siége du château de Dijon, II, 546; — saisissent l'argent de La Fortune à Besançon, III, 126; — Biron envoyé en ambassade, III, 231.

Suresnes (Conférences de), I, 275, 277, 279, 281, 283, 285, 286, 287, 288, 292, 295, 297, 298, 302, 304, 308, 312, 314, 317, 322, 324, 354, 369, 371.

— (Voir Etats-Généraux.)

Suze (M. le comte de), I, 106, 348; — son frère, II, 8.

Suzon, à Dijon (cours du), I, 95, 162; — curage, III, 20, 65, 223.

T

Tabellions (Edit sur les), III, 18.

Tabourot (des Accords), complice du libelle d'Et. Bernard, III, 40.

— fils, auteur d'un coq-à-l'âne injurieux, II, 125.

— (Alexandre), lieutenant à la Ta-

ble de marbre, II, 393, 394, 506; III, 45.

Tagnière (La), hameau (Saône-et-Loire), II, 107.

Talant, château-village (Côte-d'Or), I, 72, 91, 261, 333; II, 116, 251;

— habitant brûlé vif, II, 23; — Mayenne s'en empare, I, 32, 33; — tentatives pour le suprendre, I, 38, 116; II, 174, 175, 263, 358; — remis par Chanlecy au vicomte de Tavanes, I, 102, 272, 273; — église foudroyée, I, 114; — reddition du château, I, 132, 133, 329, 557, 563; — capitaine, I, 290; II, 94, 315; — garnison, I, 130, 311; II, 216, 237, 239, 416, 422, 486, 497, 514, 518, 554; — ravages et prises faites par la garnison, II, 7, 91, 153, 417, 480, 494, 504, 551; — habitants guettés par les royalistes, II, 133; — séjour de la maréchale de Tavanes, II, 257; — refuge de Tavanes, II, 292, 296, 298, 352, 541; — on en menace Dijon, 523; — blocus, 547; — Henri IV en fait la reconnaissance, 551; — capture du régiment de Thenissey, II, 564; — indemnité accordée au vicomte de Tavanes, III, 99, 101, 102, 197; — passage du Légat sous Talant, III, 129, 130; — passage du duc de Savoie, 199; — passage du maréchal de Lavardin, 255; — démolition du château, 139; — les échevins se saisissent du château lors de la conspiration de Biron, III, 240.

Talmay, bourg (Côte-d'Or), I, 324.
— (Jean-Louis de Pontailler, baron de), gouverneur de Mirebeau, I, 66; — prend la tour de Saint-Seine, I, 74, — député aux Etats de la Ligue, I, 101, 311, 338; — député à la conférence de Couchey, II, 371; — refuse d'accompagner Mayenne, II, 375; — pris par les royalistes, II, 422.
— (Michel de Pontailler, chevalier de Saint-Jean-de-Jérusalem, dit le chevalier de), II, 127.

Taniot, hameau (Côte-d'Or), château, II, 222; — seigneur, II, 319.

Tapson, dit le Capitaine, emprisonné, II, 268; — son mariage, II, 270; — envoyé au président d'Esbarres, II, 520; — maison, II, 538.

Tart (André de Baissey, seigneur de), II, 119.
— (Mme de), II, 115, 117, 132.

Taupin (M.), I, 414.

Tavanes. (Voir Saulx-Tavanes.)

Termes, nommé archevêque de Bourges (M. de), II, 235.

Terrion, capitaine, II, 48, 58, 118.

Thenissey (Antoine de Gellans, baron de), I, 264, 297; — assiége Is-sur-Tille (note biographique), I, 65; — assiége Gilly, I, 67; — empêche la surprise d'Avallon, I, 74; — charge le maréchal d'Aumont, I, 78; — marche au secours de Rouen, I, 80; — mandé par Tavanes, I, 86, 100; — force l'abbaye de Bèze, I, 89; — assiste au siége de Verdun, I, 96; — envoyé à Pontailler, I, 98; — va trouver le duc de Nemours, I, 300; — assiége Dondain, I, 304, 307; — bruit de sa mort, I, 310; — s'empare de Châtillon, I, 314, 315; — s'empare de Courcelles-les-Rangs, I, 317; — engagé pour le duc de Savoie, I, 378; — se jette dans Vinay, I, 384; — retire le capitaine La Gauche, I, 401; II, 224; — impose les villages du bailliage de la Montagne, I, 407, 409; — ravage les terres du président de Crépy, I, 414; — plaintes sur ses déportements, I, 415; — défie Tavanes, I, 424; — pratique des villes pour le roi, II, 16; — va à Malain trouver le président Jeannin, II, 16, 19; — fête le marquis de Mirebeau, II, 35; — accompagne Nemours vers le roi, II, 36; — fait jurer l'Union aux Châtillonnais, II, 79; — attend l'armée royale, II, 101; — démolit les faubourgs de Châtillon, II, 101,

110; — renforce sa garnison, II, 111; — ses extorsions à Châtillon, II, 118; — blessé devant Noyers, II, 127; — négocie son accomodemment, II, 138; — à Dijon, II, 152, 154, 224, 276, 387; — devenu suspect, II, 174; — dans Tournus, II, 189; — exige de l'argent, II, 227; — ses atrocités dans le Langrois, II, 230; — visite Gault dans sa prison et le réclame, II, 278; — quitte Dijon, II, 339; — a une altercation avec le prince de Mayenne, II, 339; — s'empare de Pothières, II, 346, 389; — tente de s'emparer de Bar-s.-S., II, 355; — mandé par Mayenne, II, 372; — envoyé au duc de Nemours, II, 396; — enfermé dans Châtillon, II, 411, 414; — brûle Pothières, II, 414, 422; — annonce la retraite de Biron, II, 416; — ses ruines en Bourgogne, II, 418; — ses dommages, II, 420; — visite Mayenne, II, 420; — démolit les églises de Châtillon, II, 422; — pratiqué par les royalistes, II, 452; — projets de mariage, II, 452; — refuse d'exécuter la trêve, II, 483; — cantonné autour de Dijon, II, 499, 501, 504, 509; — entrevue avec Tavanes, II, 499, 502, 505; — ses jactances, II, 500; — Tavanes veut l'introduire dans Dijon, II, 505, 508; — exécré des populations, II, 509; — capture de son régiment, II, 564; — tué par M. de Chevigny, III, 208.

Thésut, avocat à Chalon (M. de), I, 344; III, 163.

Thevenot, chapelain de la Sainte-Chapelle, I, 2.

Thianges (François Damas, seigneur de), I, 286; — arrête le capitaine La Planche, I, 63; — arrive au secours de Dijon, I, 77; — reprend les places de la Bresse chalonnaise, I, 78; — repoussé par les habitants de Dijon, I, 79; — campé autour de Beaune, I, 91; — marche avec Tavanes, I, 100; — baptême de son fils, I, 100, 264; — député aux Etats de la Ligue, I, 101, 262, 264, 269; — marche au secours de Lyon, I, 112; — de Montsaugeon, I, 117; II, 20; — va au devant de Mayenne, I, 120; II, 259; — veut entrer de force à Dijon, I, 127; — tient le château de La Rochepot, I, 146; — assiége Dondain, I, 304, 307; — assiste Bissy mourant, I, 343, 344; — répond pour Chauffour, I, 348; — réclame Bissy, I, 349; — arrive à Dijon, I, 355; II, 504; — engagé pour le duc de Savoie, I, 398; — ses soldats assommés par les paysans, II, 19; — récit de son laquais au prince de Mayenne, II, 150; — devenu suspect, II, 174; — son laquais messager, II, 210; — demande de l'argent pour sa troupe, II, 227; — arrête les atrocités de Tavanes, II, 230; — proposé gouverneur d'Autun, II, 239, 241; — en garnison à Dijon, II, 259, 358, 505, 511; — Mayenne lui refuse la liberté du conseiller Quarré, II, 359, 371, 378, 384; — traite de la délivrance des conseillers du Parlement, II, 385; — fait sa soumission, II, 556; — Mayenne veut l'installer gouverneur de Seurre, III, 33.

Thianges (Mme de), jure à son fils de le déshériter, s'il sert le vicomte Tavanes, I, 349; — négocie la reddition du château de Beaune, II, 465.

Thiard (Cyrus de), I, 353; — neveu de Pontus de Thiard, évêque de Chalon, II, 78; — sacré évêque à Rome, II, 123.

Thiard, évêque de Chalon (Pontus de), I, 94; — obtient un don du roi, I, 215, 216; — va trouver Henri IV, I, 340; — visite son neveu mourant, I, 348, 351; — attend son neveu Cyrus de Thiard, II, 78; — veut dissuader Henri IV, d'allumer le feu de la Saint-Jean, II, 576.

Thibaut, conseiller de Mayenne, II, 431, 434, 436, 437, 446.

Thiroux, receveur à Autun, I, 272, 323; II, 23; III, 105.

Thoires (M. de), député aux Etats de la Ligue, contraint le légat à quitter la place réservée au roi, I, 335; — son mot sur le prince de Mayenne, II, 344; — reçoit des lettres de son frère le commandeur de la Romagne, II, 352; — bafoué par le prince de Mayenne, II, 431.

Thoissey, ville (Ain), prise de, II, 40, 146; — bloquée, II, 48; — assiégée par les Lyonnais, II, 159; — courses de la garnison, II, 237; — blocus, II, 350.

Thoisy-la-Berchère, village (Côte-d'Or), II, 5.

Thomas (J.), conseiller au Parlement, I, 172; II 2, 29, 459; III, 3, 193; — rapporteur de l'affaire de la violation des prisons de Dijon par le duc d'Elbeuf, I, 242; — propose un règlement pour les vacations, I, 253; — poursuit La Verne, II, 168, 214, 215, 223, 317, 328; — commis pour visiter Mayenne, II, 370, 429; — délégué vers Tavanes, II, 451; — délégué vers la Chambre des Comptes, II, 471; — demande un passeport, II, 503, 515; — s'entend avec Breunot pour convoquer les Chambres, II, 517; — ouvre avec Breunot la porte Saint-Pierre au maréchal de Biron, II, 538; — député avec Breunot pour parler au maréchal de Biron, II, 550; — député avec Breunot pour saluer le chancelier, II, 555, 556; — accompagne Breunot au devant du Parlement de Semur, II, 569; — créancier du Parlement, II, 570.

Thomas, chanoine, II, 23.
— fils, II, 13.
— (Mlle), I, 273; II, 13.
— veuve et héritiers, II, 398.

Thorigny (Odet de Matignon, comte de), entré dans l'Auxois, II, 466, 469; — logé chez le président Jeannin, II, 541; — porte une lettre chiffrée au conseiller Fyot, II, 547; — accompagne la députation du Parlement au roi, II, 547; — va au devant du roi, II, 548; — entrevue avec Franchesse, II, 557; — péril qu'il court aux tranchées du château, II, 565; — maintient Franchesse dans la capitulation, II, 576; — arrête le duel entre MM. de Vaugrenant et de Boissy, II, 581.

Thostes, village (Côte-d'Or), III, 190.

Thouars en Poitou, I, 285.

Tiers-parti, II, 423.

Til-Châtel, bourg (Côte-d'Or), assiégé par M. de Sennecey, I, 65; — assiégé par M. de Tavanes, I, 96.

Tillegrande (pays de, Côte-d'Or), I, 135.

Tilles (rivière des), I, 316.

Tillet, abbé de Saint-Etienne de Dijon (M. du), I, 150.
— grand-maître des eaux et forêts, I, 176, 177.

Tillières (comte de), I, 265; II, 142.

Tintry (M. de), I, 290.

Tirant, sergent royal, banni, III, 23.

Tiron (M. de), II, 490.

Tisserand (B.), conseiller au Parlement, I, 161, 238, 240, 269, 319; II, 573; III, 2, 14, 21, 39, 69, 70.
— (Jean-Jérôme), III, 5, 70, 72, 73, 80, 109, 141, 216, 222, 224, 225, 229, 242, 251, 253.
— (Hugues), I, 221.
— (Martin), I, 221.
— (Pierre), conseiller maître à la chambre des comptes, II, 562.

Tixerant, bourgeois de Chalon, II, 464.
Tixier, ancien vierg d'Autun, I, 212, 252.
— héritiers, I, 271.
Tixier (Philibert), conseiller au Parlement, II, 574; III, 15, 46, 83, 98, 105.
Tonnerre, ville (Yonne), le duc de Nevers y entre, I, 294.
Tortal, lieutenant du capitaine Pignelu, II, 480, 532, 539; — banni, III, 23.
Toulon-sur-Arroux, bourg (Saône-et-Loire), I, 92.
Toulouse, ville (Haute-Garonne), I, 88, 347; — se déclare pour Henri IV, I, 301; II, 53, 130, 227, 398;
— se déclare pour l'Union, II, 506.
— capitaine, I, 276.
Tour (M. de la), I, 49, 269, 295, 421; II, 20, 321, 327; — nommé président des requêtes, II, 19; — envoyé à Rome et en Espagne par Mayenne, II, 99, 103, 115; — apporte la trêve, II, 309; — demandé comme otage des conspirateurs de Dijon, II, 329; — arrêté en Lorraine, II, 332, 333; — délivré par le roi, II, 354; — écrit à son beau-frère Saumaise, II, 358; — apporte à Mayenne une lettre du duc de Guise, II, 373; — envoyé en Flandre, 385; — envoyé en Espagne, II, 476.
Tour (La), messager de Dijon, I, 317, 320; II, 223, 358, 406.
— capitaine ligueur, II, 285, 286.
— fils, II, 14.
— procureur à Beaune, I, 183.
Tour-aux-Anes, à Dijon, II, 510.
Tour-Saint-Nicolas, à Dijon, II, 5, 188, 198, 302, 329, 453; III, 202, 228.
Tournon (le baron de), I, 87.
Tournus, ville (Saône-et-Loire), I, 50; — Tavanes s'en empare, I, 52; II, 140, 148, 171; — soumission, II, 127, 130, 134, 138, 151;
— siège de l'abbaye, II, 134, 852;
— saccagé, II, 142, 189, 193; — séjour du prince de Mayenne, II, 178; — nom changé, II, 189; — séjour du duc de Mayenne, II, 403, 408; — séjour de Tavanes, II, 409; — garnison, II, 436; — pris par d'Uxelles, II, 461.
Tours, ville (Indre-et-Loire), I, 62, 72, 234, 388; — Parlement, I, 302.
Travery, près La Fère (Somme), III, 52.
Traves (sire de), tué, I, 10.
Treffort, gouverneur de Bresse (Joachim de Rye, marquis de), I, 87, 117; — attendu à Dijon, II, 152; — assiége Cruzilles, II, 159; — arrive à Beaune, II, 161; — à Dijon, II, 163, 224; — assiége les villages du Beaunois, II, 219, 220; — fait une expédition dans le Langrois, II, 225; — blâme la cruauté de Tavanes, II, 230, 234; — a une entrevue avec Mayenne, II, 402; — la ville de Chalon lui refuse l'entrée, II, 430; — marche au secours de Mayenne, II, 466; — sa mort, II, 483.
Tremblecourt (M. de), régiment de, I, 120; II, 350, 351, 356; — ravage la Franche-Comté, I, 126, 128, 147; II, 453; — soudoyé par l'Espagne, II, 350; — envoyé en Allemagne, II, 423; — cantonné à Is-sur-Tille, II, 436; — fait défection à Mayenne, II, 439; — chassé de Vesoul, II, 498.
Trembloy (hameau du, Côte-d'Or), I, 260.
Trémoille (Claude de la), lieutenant général des réformés, II, 4; — accompagne Henri IV à Dijon, II, 566; — va au devant du connétable, II, 577.
Tresnard, capitaine, I, 64.
Trésoriers de France, création d'office, I, 255.
Trêve entre Mayenne et Henri IV,

(publication de la), I, 107, 358, 360, 363, 364, 365; III, 32; — (conférences pour la), I, 108; — lenteurs des Ligueurs pour la publier, I, 363, 364; II, 102; — prolongation de la, I, 373, 376, 382, 385, 387, 388, 390, 391, 397, 419, 420, 423; — arrêt du Parlement sur la, I, 383; II, 3; — (annonce d'une), II, 78.

Trévoux, ville (Ain), III, 23.
Tribollet (Jean), habitant de Dijon, banni, III, 23.
Trois-Roys, à Dijon (hôtel des), I, 57.
Troncy, secrétaire à Lyon, I, 352.
Trotedan (M. de), I, 96; — gouverneur de Montsaugeon, I, 97, 106, 110, 124, 382, 389; II, 78, 306, 339, 456, 458.
Trouhans (Mme de), I, 34.
— (Alexandre de Crux, seigneur de), II, 119, 141, 443.

Trouhaut, village (Côte-d'Or), prieuré de, I, 281.
Troyes, ville (Aube), I, 208, 271, 287; II, 21, 546; — tentative de surprise, I, 64, — départ du prince de Mayenne, I, 303; — arrivée du duc de Guise, II, 21; — députe vers le roi, II, 42, 73, 78; — rendu à Henri IV, II, 62, 71, 80, 82, 83, 88, 95, 98; — entreprise du duc de Guise, II, 177; — réduction, II, 339; — entrée de Henri IV, II, 517, 547; — évêque, I, 416.
Tupin (M.), I, 3 6.
Turcs, envahissent la Hongrie, I, 272.
Turgis, capitaine, I, 64.
Turquam, officier des Monnaies, I, 216.
Turrel, correcteur à la chambre des comptes de Dijon, impliqué dans la conspiration La Verne, II, 268, 307, 317, 338.

U

Umflans (Suisse), I, 311.
— (Mlle de), I, 374.
Urfé (M. d'), II, 80.
Urthaut, royaliste, I, 366.
Urtebinet, receveur des amendes du Parlement, II, 394, 395, 397, 408, 428.
Usagers dans les forêts, I, 255.
Uxelles (baron d'), I, 90, 100, 101, 120, 136; — député aux Etats, I, 262, 269, 291, 376; — fait prisonnier, I, 316, 351; — reçoit une composition, I, 340; — tient pour la Ligue, II, 140; — Guise l'invite à se soumettre, II, 150; — s'empare de Tournus, II, 461; — son logis à Dijon, II, 549; — gouverneur de Chalon, III, 225, 232, 244; — achète le faubourg Saint-Laurent de Chalon, III, 232.
Uxelles (Mme la baronne d'), I, 286, 304, 316.

V

Vaivre-Rigny (La), hameau (Saône-et-Loire), I, 92.
Val-des-Choux (Côte-d'Or), couvent du, III, 192.
— maison de Dijon, I, 123.
Valence en Dauphiné, ville (Drôme), I, 86; II, 496.
Vallée (M. de la), II, 350.
— de Bordeaux (M. de), II, 343.
Valletier (J.-B.), ex-maître des Comptes, II, 122, 207.
Vallons en garnison à Paris, II, 5.

Valon de Barain, conseiller au Parlement, I, 171 ; — dispute avec Millotet, II, 236 ; — réclame ses meubles saisis et vendus par les ligueurs, III, 10, 55 ; — résigne en faveur de Berbis, III, 142, 145, 148, 150, 151, 176.
— (Jacques), conseiller au Parlement, I, 173, 175, 191, 228 ; III, 2.
Valon fils, conseiller, I, 228, 235.
Valot, procureur à Dijon, II, 6, 513.
Vandœuvre, village (Aube), 293.
Vanvey et Villiers, villages (Côte-d'Or), forêt de, III, 209, 212.
Varanges, village (Côte-d'Or), II, 417, 426.
Varanges (Jean de Chissey, seigneur de), II, 174, 176.
— (Mme de), II, 426.
Varennes-en-Mâconnais, village (Saône-et-Loire), I, 375.
— (Nagu de, voir Nagu).
Varois, village (Côte-d'Or), I, 22.
Vaudémont (prince de), I, 174 ; III, 122 ; — assiége Château-Vilain, I, 84.
Vaudémont-Lorraine (Louise de) veuve de Henri III, dite la Reine-Blanche, reçue par Henri IV, I, 378 ; — demande justice du meurtre de son mari, II, 30 ; — va en Belgique, II, 64 ; — fait l'accord du duc de Mercœur son frère, II, 250 ; — provoque l'arrestation d'Et. Bernard, III, 38 ; — a la jouissance du comté de Charollais, III, 231.
Vaugrenant (Baillet de), président aux requêtes du Palais, puis chef des royalistes en Bourgogne, I, 89, 281, 297, 300 ; — tente de soulever Dijon, I, 44 ; II, 263, 269 ; — bloque Dijon, I, 76 ; — nommé gouverneur de St-Jean-de-Losne, I, 78 ; — détrousse le baron de Sennecey, I, 79 ; — tend une embuscade à Saint-Philibert, I, 85 ; — fait des courses sur les faubourgs de Dijon, I, 93, 285 ; II, 266 ; — tente d'enlever Vergy à Tavanes, I, 102 ; — tente de s'emparer de Verdun, I, 106, 346, 353 ; — en désaccord avec Tavanes, I, 108 ; — accompagne les Suisses, I, 111 ; — tente de surprendre Seurre, I, 113 ; II, 101, 105, 106 ; — défie Franchesse, I, 115 ; II, 190, 198, 199, 202 ; — se bat à Paris, I, 119 ; — entre à Beaune avec Biron, I, 124 ; — blessé au siège du château, I, 125 ; — sa mort, I, 147, III, 32 ; — réclame sa femme aux magistrats de Dijon, I, 274, 280, 293 ; — pille Saint-Aubin en Comté, I, 276 ; — va au secours de Bremur, I, 282 ; — enlève des grains, I, 282, 283 ; — poursuit Rougemont, I, 289 ; — prend plusieurs châteaux en Comté, I, 291 ; — bien avec Bissy, I, 307, 310 ; — refuse de recevoir des dames de Dijon, I, 308 ; — achète une terre en Suisse, I, 311 ; — se bat avec Bussy, I, 315 ; — repousse une attaque sur St-Jean de Losne, I, 318, 319 ; — attend des suisses, I, 325 ; — tente de secourir le château de La Perrière, I, 327 ; — reprend cette place, I, 330 ; — met à rançon le fils Gonthier, I, 331 ; — va trouver le duc de Nevers, I, 331 ; — refuse de laisser percevoir la dîme, I, 337 ; — brouillé avec les chefs royalistes, I, 346 ; — Sennecey arrête ses lieutenants, I, 356 ; — fait saisir les biens des Dijonnais, I, 359 ; — dénonce la trêve à Franchesse, I, 360 ; — ses Albanais, I, 365 ; — cantonne ses soldats, I, 367 ; — fournit la garnison de Verdun, I, 374 ; — saisit les décimes du clergé, I, 377 ; — guerroie contre M. de Sennecey, I, 383, 384 ; — prend le bétail d'Auxonne, I, 386 ; — fait le mariage de M. de Gadagne, I, 387 ; — rassemble ses forces, I, 397 ; — le roi mécontent de ses

déportements, I, 406; —veut surprendre Auxonne, I, 413; — pille Longvy sur le Doubs, 419; — vend son office de président, 421, II, 18; — décoré de l'ordre de St-Michel, I, 421; — veut occuper Blaisy, II, 6; — emmené par le maréchal de Retz, II, 24; — de retour à St-Jean-de-Losne, II, 25, 126; — entreprise contre lui, II, 27, 28; — refuse des passeports aux dames, II, 33; — fait prêter serment de fidélité aux habitants de Saint-Jean-de-Losne, II, 46; — tentative d'empoisonnement sur, II, 46; — va en Cour, II, 69; — défend de prendre les laboureurs, II, 80; — demande du vin à la ville, II, 84, 112; — réclame deux soldats, II, 94; — reçoit lettres du duc de Nevers, II, 96; — en Auxois, II, 113; — pille Santenay, II, 115; — reçoit une lettre du Roi, II, 118; — mandé par le Roi, II, 122; — pille l'abbaye de Cîteaux, II, 125; — déclare Mme de Tart de bonne prise, II, 132; — part en expédition, II, 134; — assiége Chateauneuf, II, 137; — Culêtre, II, 137; — marche au secours de Lyon, II, 139; — attaque Autun, II, 140; — manque d'être pris ou tué, II, 145; — fait des représentations à Mme de Fervaques, II, 146; — Gesvre lui donne des nouvelles de Picardie, II, 157; — reçoit un convoi de munitions, II, 194; — trêve avec les Beaunois, II, 207, 215: — prend le château de Longepierre, II, 207; — promet d'échanger sa nièce contre les vignerons, II, 211; — court autour de Châtillon, II, 223; — à Langres, II, 232; — reprend le château d'Epoisses, II, 243; — réclame un jeune espion, II, 258; — appelé chevalier de deux jours, II, 269; — menace le maire de faire des représailles, II, 274, 277; — exige des lettres de créance de son cousin Quarré, II, 278; — laisse libre le gardien des Cordeliers, II, 296; — met garnison à Auxey, II, 306; — nommé gouverneur de Soissons, II, 310; — Réal lui demande un passeport, II, 313; — défend d'approcher de deux lieues de Dijon, II, 317; — reçoit Bouhier et Pouffier, 319; — Fyot d'Arbois lui écrit, II, 320; — fait manquer la réduction de Dijon, II, 324; — écrit à Rouhier, II, 327; — rappelé dans la sentence des conspirateurs, II, 329; — va trouver le Roi, II, 333; — attaqué devant le Louvre, II, 347; — à Semur, II, 352; —rapporte des lettres de rétablissement aux chanoines de la Ste-Chapelle réfugiés, II, 352; — idem aux conseillers réfugiés, II, 362; — revient avec les députés de Beaune, II, 353; — défend de faire la guerre aux Dijonnais, II, 359; — accord avec la ville de Beaune, II, 362; — consulté par sa nièce Mlle de Montculot, II, 368; — estimé de Mayenne, II, 373; — Mayenne lui demande un accord, II, 382; — gouverneur de Laon, II, 384; — perd Auxey, II, 395; — mande sa mère, II, 407; — saisie de son argenterie, II, 417; — pille Arc-sur-Tille, II, 421; — mal reçu par Biron, II, 435; — prépare la reddition de Beaune, II, 447; — entre dans Beaune, II, 449; — blessé au siége du château de Dijon, II, 461; — bat les Espagnols en Comté, II, 477; — envoie un passeport à Breunot, II, 492; — court au secours de Vesoul, II, 492; — mande le refus du Roi de traiter avec Mayenne, II, 496; — pillage de ses villages, II, 499; — passe autour de Dijon, II, 518; — envoi d'argent saisi, II, 523; — s'empare des moulins de Dijon, II, 524; — invite la mairie à ouvrir au maréchal de Biron, II, 525; — parle au syndic sous les murs, II, 531; — reconduit les députés envoyés à Biron, II, 534; — reçoit le messager secret de la ville, II, 537; — provoqué par M. de Boissey, II, 581.

Vaugrenant (Mlle de), I, 274, 280, 283, 285, 286.

Vaulx (de), commissaire aux requêtes du Palais, I, 174, 178, 237, 238, 274, 331, 355; II, 175.
— cousin du baron de Lux, II, 433.
— procureur, II, 16, 359.
— (Mme de), I, 349, 352.

Vausey (M. de), capitaine royaliste, trahit Vaugrenant, II, 27; — lui fait la guerre, II, 32; — prend Antilly, II, 44; — attaque Vaugrenant devant le Louvre, II, 347.

Vauteau, hameau (Saône-et-Loire), I, 92.

Vautheron, notaire, II, 51, 68.

Vaux, village (Haute-Marne), incendié, I, 117; II, 229, 230.

Vaux (Fr. de Rabutin, baron d'Epiry, seigneur de La), député aux Etats de la Ligue, I, 342; — député des Etats de Bourgogne, III, 158, 163.

Vaulx-Trez (M. de), I, 310.

Velars-lès-Dijon, village (Côte-d'Or), II, 96.

Vellepelle, village (Haute-Marne), II, 447. (Voir aussi Legouz de Vellepelle.)

Vendanges à Dijon empêchées par les ennemis, I, 54, 76, 77, 97, 119.

Vendôme (Cardinal de), I, 61.

Venise (République de), bannit les Jésuites, II, 69; — ambassadeurs reçus par le Roi, II, 465.

Venot, conseiller d'Etat, I, 295.
— (Jacq.) maître extraordinaire à la Chambre des Comptes, II, 433, 491; III, 34.

Venot, avocat à Autun, I, 367, 381, 401, 421; II, 109, 110, 111, 308, 320, 321, 327, 332, 334, 344.
— gendarme, II, 427.
— vierg d'Autun, II, 106, 140, 159, 241.
— conseiller au Parlement, III, 81, 82, 182, 196.
— chanoine d'Autun, III, 158.

Ventadour (Comte de), I, 301.

Verdun-sur-le-Doubs, ville (Saône-et-Loire), I, 54, 75, 79, 84, 88, 91, 93, 105, 374, 403; II, 139; — garnison, I, 83; II, 161; — siége, I, 94, 95, 98; — garnison battue sous les murs de Beaune, I, 343; — garnison promet à Bissy mourant de rester fidèle, I, 344; — Vaugrenant tente de s'en emparer, I, 346; — tenu par Chauffour, I, 353, 371; — rendu à Gadagne, I, 359; — surpris par Lartusie, II, 12; — gouverneur, II, 33; III, 111; — fait trêve avec Chalon, II, 239; — assuré par Tavanes, II, 418.

Verdun (comte de), I, 121, 371; II, 13, 239, 417.

Verne (Bénigne La), président au Parlement, I, 170, 172, 179, 203, 206, 208, 209, 227, 232, 235, 250, 251, 253; — réprimandé par la Cour, I, 173; — nommé chevalier, I, 202.
— avocat, II, 276.
— chanoine, II, 294.
— (Charlotte), II, 277.
— (Claude), arrêté à Talant, II, 7, 26, 89, 119.
— conseiller, II, 276.
— (Mlle), écuyère, II, 271.
— fils, échevin, conseiller de la ville, II, 185, 292, 371, 376; III, 119.
— (Jacques), marchand au Bourg, II, 507.
— (Jacques), maire de Dijon, entretient la Chambre de la fuite du Roi, I, 41; — entretient la

Chambre du massacre des Juifs, I, 43; — les royalistes veulent lui enlever les clefs de la ville, I, 43; — réélu maire, I, 70, 225; — fait assassiner l'avocat Chantepinot, I, 75; II, 168; — commis au magistrat, I, 101; — conspire contre la Ligue, I, 118, 119; — bat une femme au marché, I, 316; — nommé garde des Evangiles, I, 324; — pourvu d'un office de conseiller au parlement; en poursuit la vérification, I, 358, 360, 363, 410, 411, 412, 414, 417; II, 66, 75, 126, 135, 164, 166, 169, 208, 209, 223; — refuse de publier la trêve, I, 363; — refuse aux dames royalistes la permission d'enlever leurs malles, I, 378; — nomme son fils capitaine de paroisse, I, 408; — dispute avec Bernard, I, 408; — dispute avec Tavanes sur le fait des garnisons, II, 7; — dispute avec les ligueurs, II, 137; — fait le guet, II, 10; — menace M. d'Effrans, II, 76; — fait le guet, II, 90, 92, 129; — garde le prince de Mayenne, II, 91; — charge les patenôtres de la Ligue, II, 92; — tableau où il est représenté pendu, II, 94; — défend de parler du Roi, II, 96; — refuse du vin à Vaugrenant, II, 112; — demande des nouvelles à Mayenne, II, 119, 223; — son opinion ligueuse est ébranlée, II, 125; — altercation avec Roserot, II, 125; — met le commandeur de la Romagne en suspicion, II, 131; — fait emprisonner une vigneronne, II, 132; — trouve la garde des postes abandonnée, II, 138; — brigues pour empêcher sa réélection, II, 142, 154, 162; — redoute une entreprise des chefs ligueurs, II, 152; — en querelle avec Legouz de Vellepelle, II, 154; — son discours en quittant la mairie, II, 161; — éconduit par le prince, II, 162; — poursuivi pour le meurtre de Chantepinot, II, 164, 166, 168, 169, 172, 173, 176, 213-215, 226, 228, 229, 233, 240, 335, 351, 358; — évincé de la mairie, II, 162, 163, 164; — ses exactions, II, 166; — visite Breunot, II, 166, 221; — Bretagne, II, 172; — son domicile, II, 168; — a une entrevue avec Franchesse, II, 172, 198; — menaces de ses partisans, II, 172; — envoie un message à Mayenne, II, 173; — Fervaques en exige la remise entre ses mains, II, 175; — le prince de Mayenne sollicite en sa faveur, II, 179, 245; — visite le premier président, II, 189; — dispute avec Bernard, II, 211; — Mayenne exige sa réception au Parlement, II, 226; — découverte de sa conspiration, II, 262; — visité par sa famille, II, 264, 287, 326; — se rend au château, y est retenu, II, 265; — déclare la conjuration, II, 267, 270; — emprisonné, II, 267; — Franchesse refuse de le voir, II, 271; — mis sur le tortoir, II, 273; — ses terreurs et ses regrets, II, 275, 295; — désarmé, II, 276; — suspect à Vaugrenant, II, 278; — accuse Quarré, II, 278; — le maire et Tavanes se disputent ses armes, II, 282; — son procès, II, 283, 297, 300, 301, 304, 305, 311, 313, 317, 318, 319, 323; — dénonce ses complices, II, 285; — bruit de son évasion, II, 296; — ses concussions, II, 301; — promesse des chefs ligueurs de lui sauver la vie, II, 304; — inventaire de son mobilier, II, 304; — invite sa femme à faire des présents, II, 304; — le prince de Mayenne et Tavanes veulent le sauver, II, 306; — mis au cachot, II, 308; — obtient abolition du fait de Chantepinot, II, 310; — on fait demander sa

— 389 —

grâce, II, 326; — Gault l'accuse de l'avoir engagé à tuer, II, 327; — condamné à mort, II, 328 et suiv., 356; — sa famille repoussée par le prince de Mayenne, II, 336; — son colloque avec Requeleyne, II, 341; — Jaquotot demande sa délivrance, II, 341; — laisse son fils comme otage en Flandre, II, 359; — son exécution, II, 363, 376; — inhumé à Saint-Michel, II, 366; — ses derniers moments, II, 367; — garnison dans sa maison, II, 372; — service funèbre empêché, II, 372, 373, 375; — suppression de ses armoiries, II, 376; — causes de sa mort, II, 390; — perquisition de ses biens, II, 399, 434; — pillage de sa maison, II, 434; — convertie en magasin, II, 435; — Mayenne compose de sa confiscation, II, 438.

Verne (La), femme du maire, assiste à l'enfouissement de Chantepinot, II, 168; — va implorer le prince de Mayenne, II, 285; — invitée à donner 5,000 écus pour délivrer son mari, II, 286; — fait dresser son inventaire, II, 304; — fait sortir ses meubles de la ville, II, 362; — va implorer le duc de Mayenne, II, 382, 391; — livre l'épée et les gages de Fervaques, II, 386, 388; — bannie, II, 400.
— (Odot), marchand, II, 539.
— (Pierre), ancien maire, I, 33.
— religieux à l'abbaye de Saint-Etienne de Dijon, I, 119; II, 292.

Vergy (château de) (Côte-d'Or), I, 72, 75, 78, 260, 319, 339; II, 32, 147, 210, 231, 244, 276, 456, 475; — surpris par Mayenne, I, 41; — livré à Tavanes, I, 72; — retraite de Tavanes, I, 75, 348; — garnison, I, 98, 311; II, 424, 499; — Vaugrenant veut le surprendre, I, 102, 265, 266, 268; — chanoines chassés, I, 102; — incursions de la garnison sur Dijon, I, 112, 276, 304; II, 7, 59, 91, 96, 495; — incursions de la garnison sur Mâlain, I, 309; — prend les bœufs pour les cotes d'impôts, I, 313; — combat sous, II, 170; — vivres amenés à Biron, II, 470.

Vergy, comte de Champlitte, gouverneur du comté de Bourgogne (Cl. de), I, 259; — reçoit les ambassadeurs du Roi, I, 338.

Verneuil-en-Perche (Eure), I, 260, 337.

Verselin (M., capitaine lligueur), II, 96, 174.

Veson (Joseph de), conseiller au Parlement, II, 2, 229; III, 3, 75; — commis pour réclamer les conseillers prisonniers, II, 291; — député pour aller saluer le maréchal de Biron, II, 542; — résigne en faveur de son neveu Gallois, II, 75, 81.

Vesoul, ville (Haute-Saône), II, 523; — siége de, I, 126; II, 453, 492, 494, 498.

Vesvre (A. de la), conseiller au Parlement, I, 171, 179, 180, 188, 197, 204.

Vesvres (M. de), II, 312.

Vesvrotte, hameau (Côte-d'Or), siége du château, I, 73; — pillage du village, II, 173.

Vétus, maître des requêtes au conseil d'Etat, I, 229, 230, 231.

Vézelay, ville (Yonne), prise par Ragny, II, 15; — Avalonnais réfugiés à, II, 145; — composition de, III, 197.

Viande, taxe de la, I, 379.

Vianges (M. de) I, 258.

Viany, capitaine ligueur, pourvu d'un office de conseiller au Parlement, I, 365, 414, 415.

Viard fils, II, 41.

Vic (Méry de), maître des requêtes de l'hôtel du Roi, II, 153.

Viceville, gouverneur de Vienne, II, 496.

Vicomte. (Voy. Jean de Saulx, vicomte de Tavanes.)
Vidal (MM.), III, 222.
Vieil-Collége, à Dijon. (Voir Collége.)
Vieille-Ville (F. des Scepeaux, sieur de), maréchal de France, I, 2.
Vienne (en Dauphiné, ville, Isère), I, 61, 86; II, 349; — le marquis de St-Sorlin s'y jette, I, 384; — combat autour de, I, 386; — rendue par Maugiron, I, 396; — pillée par St-Sorlin, I, 408; — siége, II, 69, 340; — courses de la garnison, II, 237; — Nemours s'y réfugie, II, 238, 259, 276, 311, 469; — investie par Nemours, II, 322; — entreprise du connétable sur, II, 361; — cherté des subsistances, II, 410; — prise par le connétable, II, 489, 496, 499.
Vignerons de Dijon, soulèvement des, II, 122; — apostrophés par les prédicateurs, II, 128, 132; — exècrent les jésuites, II, 132; — enlevés par les royalistes, II, 191, 211, 213, 495; — renvoyés par Vaugrenant, II, 277; — veulent assommer le fils d'Esbarres, II, 511.
Vignier, nommé conseiller au Parlement, III, 83, 88, 90; — conseiller d'Etat, III, 162, 211.
Vignory, bourg (Haute-Marne), I, 37; II, 412.
Villaines-en-Duesmois, village (Côte-d'Or), I, 287.
Villars, amiral de France, I, 204, 294, 312; — compose avec Henri IV, I, 408; II, 4, 22, 75, 78; — blessé, II, 142.
Villars, avocat (M. de), II, 258, 284; — commissaire pour juger les conspirateurs, II, 297.
— (Mlle), I, 374.
Villars-Houdan, lieutenant de Mayenne, I, 121; II, 414, 422, 431, 514; III, 8; — fait sa soumission, II, 556.

Villeberny, village (Côte-d'Or), II, 113, 440.
— (Mlle de), II, 459.
Villecomte (Marie de Cirey, demoiselle de), I, 368, 374; II, 273.
Villemin (M.), II, 72, 78.
Villemot, vigneron, II, 173, 191.
Villemur (combat de), I, 83.
Villeneuve-lès-Essey, village (Côte-d'Or), I, 341, 382.
— le Roy (Yonne), II, 87.
Villeneuve (M. de la), capitaine ligueur du château de Châteauneuf; part en expédition avec le vicomte de Tavanes, I, 90, 91; — insolence d'un de ses officiers, I, 99; — assiégé dans Mehun-sur-Loire, I, 276; — prend part au combat de St-Denis, I, 277; — revenu en Bourgogne, I, 279; — capture le marchand Bouchin, I, 301, 302; — commande le château d'Eguilly, I, 391; — cruauté d'un de ses officiers, II, 6; — vole une marchande d'Autun, II, 25; — garde le territoire de Dijon, II, 54; — prend le château de Montachon, II, 93; — attaqué dans Châteauneuf, II, 137; — arrête les réfugiés d'Autun, II, 166, 216; — perd le château de Gissey, II, 244, — prend le Dijonnais Garnier, II, 276; — refuse d'évacuer Châteauneuf, I, 387; — battu au retour de Dijon, II, 446.
Villernoul, conseiller d'Etat, III, 203, 204.
Villeroy (Neufville de), secrétaire d'Etat, envoyé par le Roi à Mayenne, I, 137, 147; — envoyé par le Roi à la conférence de Surêne, I, 287; — fait prolonger la trêve, I, 387; — travaille à la paix; I, 422; — excite Mayenne à traiter, II, 30; — se déclare pour la paix, II, 35; — nommé secrétaire d'Etat, II, 351; — envoyé à Mayenne, II, 577, 583; III, 33; —

amène Bernard à Dijon, III, 42;
— chargé d'écrire touchant le démantèlement des places, III, 71;
— Henri IV lui fait écrire au chancelier touchant le débat entre la mairie et le Parlement de Dijon, III, 161.

Villers, fils de Mayenne, battu à Blaye, I, 313.

Villers-la-Faye (Côte-d'Or), château, II, 44, 417, 465.
— (Louis, baron de), perd un convoi de farines pris par Vaugrenant, I, 284; — invité d'engager Chauffour à quitter Bissy, I, 296; — regrette la mort de Bissy, I, 351; — reçoit un messager de Champagne, II, 42; — avisé de la venue du nouvel évêque de Chalon, II, 78; — en peine d'une déclaration du Roi contre les ligueurs, II, 146; — retire ses meubles au château de Dijon, II, 155, 158; — veut se retirer à Chevigny-Saint-Sauveur, II, 161; — Mayenne lui écrit touchant son beau-fils Chauffour, II, 242; — détenteur des armes de La Verne, II, 277; — enlève son mobilier de Chevigny, II, 416; — attaque de son château, II, 417; — Mayenne veut lui emprunter de l'argent, II, 437, 443; — Tavanes lui fait des réquisitions, II, 455; — prise de son équipage, II, 461; — prise de son bétail, II, 466; — conseils que lui donne Fyot, II, 480.
— (Françoise de Brancion, dame de), I, 297; II, 190; — intercède pour La Verne, II, 166; — parle aux conseillers prisonniers, II, 356; — demande à Franchesse la restitution d'une charrette de vin, II, 406; — fait garder son château, II, 417; — la mairie lui requiert du blé, II, 465, 466.

Villers (Jean-Damas, seigneur de), dîne à Talant, II, 116; — va rejoindre Mayenne, II, 287, 298; —

présage la paix, II, 307; — annonce l'arrivée de Mayenne, II, 340; — duel avec Des Boutons, II, 343, 344; — persiste dans l'Union, II, 344; — aventure de sa fille, II, 433.

Vimy, château de l'archevêque de Lyon, I, 384; II, 36.

Vin (prix du), I, 73; — convois de, II, 384, 386, 414, 415; — réquisitions, II, 454.

Vinay, près Lyon, I, 384; II, 36.

Vincennes (château de), I, 278; II, 66, 80, 113.

Vincent, conseiller-maître à la Chambre de Comptes, I, 360; — député avec Breunot au maréchal de Biron, II, 528, 530, 532, 535; — détermine le maire à ouvrir les portes, II, 536.
— bourgeois échevin, I, 373; II, 283, 284.
— greffier, III, 116.
— secrétaire du commandeur de Dyo; II, 69, 72, 73, 79, 80, 389, 415, 468, 469.

Vingeanne (contrée de la), I, 379.

Vintimille (Jacques de), conseiller au Parlement, I, 170, 191, 196, 236, 240; — débats avec le premier président au sujet de la Ligue, I, 191; — et du règlement, I, 240, 251; — consulté sur une question de préséance, I, 232; — envoyé pour recevoir le duc de Mayenne à l'entrée du Palais; I, 242.

Violette, capitaine ligueur, I, 201, 202; — capitaine royaliste, II, 137.

Virot, (G.), conseiller au Parlement, I, 171, 180, 191, 195.

Vitry-le François, ville (Marne), II, 250.
— **en-Parthois**, ville (Marne), II, 403.

Vitry de Chanrovoir s'empare de Saulx-le-Duc, I, 390; — tué, 387.

Vitry-Gobert (M. de), rend Meaux

au Roi, I, 110, 389; II, 3, 15; — blessé, II, 142; — estimé des royalistes, II, 235.

Vitry (M. de), II, 469.

Vitteaux, ville (Côte-d'Or), (I, 484, — assiégé, I, 24; — passage de Mayenne, I, 149; — bloqué par le duc de Nevers, I, 340, 342; — rassemblement de ligueurs, II, 116; — château, II, 145.

— (Guillaume, baron de), criminel de lèze-majesté, I, 24, 219, 236.

— (Antoine, baron de), I, 46, 48, 58, 83, 90, 91, 100; — traverse Dijon, I, 104; — va au devant de Mayenne, I, 120; — fait délivrer les enfants de Sennecey, I, 318, 320, — tue M. de Saulon, I, 340; — assiste Bissy mourant, I, 343, 344; — réclame Bissy mourant, I, 348, va en cour, I, 373; — engagé pour le duc de Savoie, I, 378; — amasse des troupes, I, 421; — envoyé vers le Roi, II, 8; — bruit de sa mort, II, 10; — à Paris, II, 12; — saisit la terre de Chevannay, II, 23; — battu par Tavanes, II, 27; — revenu à Vitteaux, II, 74, 178; — dîne avec Biron, II, 75; — prend l'écharpe blanche, II, 83; — manque d'attraper le vicomte de Tavanes, II, 83; — campe à Chenôve, II, 111; — tient le château de Noyers, II, 141, 145, 231; — vient à Dijon, II, 145, 154, 272, 358, 359; — le maire redoute une entreprise de sa part, II, 152; — devenu suspect, II, 174; — demande de l'argent pour la solde, II, 227; — fait des rondes à Dijon, II, 280; — dispute avec La Sablonnière, II, 285; — quitte Dijon, II, 288; — lâcheté de ses soldats, II, 361; — préside à l'exécution de La Verne, II, 364; — prend des soldats royalistes, II, 367; — fait l'amour à Mlle de Montculot, II, 368; — va quérir M. de Sennecey, II, 373; — lève un régiment, II, 382; — son entretien, II, 420; — visite le duc de Mayenne, II, 420; — tient le château de Duême, II, 437; — en garnison à Dijon, II, 514; — s'empare de Noyers, II, 517; — excès de ses capitaines, III, 90; — négocie la reddition de Noyers, III, 135, 197; — obtient des lettres d'abolition, III, 143.

Vœu de Sainte-Anne, à Dijon, I, 350.

Voisin, bourgeois de Dijon, II, 188.

Volay (M. de), conseiller d'Etat, député pour l'enregistrement de l'édit de Nantes, III, 155, 163, 168, 174, 203, 204.

Voleurs (poursuites contre des), III, 81.

Volnay, village (Côte-d'Or), II, 19.

Voucourt (M. de), capitaine ligueur, I, 265, 266, 272, 273, 280, 281, 379; II, 11.

Voulaines, village (Côte-d'Or), II, 431.

X & Y

Xaintonge (J. de), conseiller au Parlement, I, 281; II, 2, 229; III, 2, 148; — commis pour réclamer les conseillers prisonniers, II, 291, — commis pour visiter La Verne, II, 370; — député au chancelier, II, 555; — mandé au conseil d'Etat, II, 564.

Yago, messager de Mayenne, II, 556.

Yvert, sergent de la mairie, III, 97.

FIN DE LA TABLE.

ADDITIONS ET CORRECTIONS

TOME PREMIER

Page VI,   ligne 12. Chapelleries, *lisez* chapellenies.
— VII,   —   1. *Rectification.* Pepin était chanoine musical dès 1591. — *Ajouter après décembre* 1602 : à l'hôtel de Langres, devenu plus tard le couvent des Jacobines, où il passa presque toute son existence, ainsi que l'attestent les rôles des tailles de la ville.
— VII,   —   27. Les horreurs, *lisez* l'horreur.
— XIII,   —   5. *Ajouter après Jeanne de Ganay :* Jeanne Colin lui donna un fils nommé Jean, qui fut baptisé à l'église Saint-Michel le 2 juin 1582.
— XXX,   —   13. *Après mariage de sa femme, ajouter en alinéa :* Breunot, quoiqu'il fût déjà avancé en âge, ne demeura pas plus fidèle à la mémoire de Marguerite Robert qu'il l'avait été à celle de Jeanne Colin, sa première femme. Vers 1598 il épousa en troisièmes noces Catherine Leblond, veuve de Jean Morelet, conseiller maître à la chambre des Comptes, et alliée aux familles d'Esbarres et La Verne.
— XXXIX,   —   27. 1593, *au lieu de* 1595.
— XLI,   —   5. Villevieille, *au lieu de* Villeneuve.

Page   4,   *En note :* 1588, *au lieu de* 1568.
— 44,   *En note :* septembre 1595, *au lieu de* 1599.
— 76,   *La note doit être ainsi rectifiée :* Jean de Boyault, seigneur de Franchesse en Bourbonnais et du Maltray, fut institué par Mayenne gouverneur du château de Dijon.
— 97, ligne 12.   La Ferrière, *au lieu de* la Fatrière.
— 119, —   7. Besson, *au lieu de* Desson.
— 121, —   7. Autun, *au lieu de* Autain.
— 123,   *En note :* Président au Parlement, *lisez* à la chambre des Comptes.
— 132, —   2. Biron *lisez* Brion.
— 168, —   *Note* 2 : Vouloit, *lisez* souloit.
— 206, —   26. Premier Président, *supprimez* premier.
— 212, —   16. Premer, *lisez* premier.
— 233, —   20. Voyant, *au lieu de* Voyars.
— 264, —   *Note* 2 : Bissy, *lisez* Bussy.
— 264, —   4. Gerard, *lisez* Erard.
— 264, —   5. Chissay, *lisez* Chissey.
— 265, —   1. Guionvelle, *au lieu de* Guionnelle.
— 267, —   30. Faire, *au lieu de* foire.
— 307, —   *Note* 2 : Dartusie, *lisez* Lartusie.
— 313, —   1. Renol, *lisez* Révol.
— 324, —   0. Deux cens livres, *au lieu de* deux centimes.
— 342, —   *Note :* Roussin, *lisez* Rousset.
— 372, —   2. Precy, *lisez* Recey.
— 374, —   3. Femme, *au lieu de* ferme.
— 376, —   25. Sivor, *lisez* Livor.
— 376, —   *Note :* Larcger, *lisez* Larcher.
— 382, —   11. Petit-Ruffey, *au lieu de* Ruffey-Petit.
— 389, —   18. } *Après* Fleutelot, *supprimez* la virgule..
— 392, —   29. }
— 401, —   19. Proéureur, *lisez* procureur.

TOME II.

Page 19, ligne 17. Santenay, *au lieu de* Fontenay.
— 169,   *Note* 5 : *Après* M. P. Hoges, *ajoutez* maître des eaux et forêts du Châlonnais.
— 180,   *Note : après* Parlement, *ajouter* il avait épousé Jacqueline Breunot, sœur du conseiller.
— 204, —   31. *Lisez* Morandet.
— 212, —   32. *Lisez* Pelot.

Page 222, ligne 4. *Supprimez* premier.
— 225, — Note : *Lisez* Montréal.
— 253, — 9. Bernard, *lisez* Brocard.
— 275, — 33. Récuse, *au lieu de* récusé.
— 292, — 24. *Lisez* Bernard.
— 297, — 2. *Lisez* Bernardin.
— 331, — 31. *De la note : remplacez* sols *par* écus.
— 482, — 17. ⎫
— 490, — 5. ⎬ Biron *pour* Brion.
— 541, — 23. Carmes, *au lieu de* Capucins.
— 558, — 6. Président Fremyot, *au lieu de* Fremiot.
— 570, — Note : Guillaume, *lisez* Michel.

TOME III.

Page 150, Note : Bonnet, *lisez* Bossuet.
— 165, ligne 18. ⎫
— 194, — 5. ⎬ Milletot, *au lieu de* Millotet.
— 230, — 18. ⎭
— 165, — En note : Jacquinot, *au lieu de* Jacquinet.
— 218, — 18. Et en note : Morelet, *au lieu de* Morelot.

Dijon, imprimerie J.-E. Rabutôt.

e